Christian Solmecke

Das einzige Buch über Recht, das du lesen musst

CHRISTIAN SOLMECKE

mit Daniel Wiechmann, Sonja Kurth und Anne Herr

Das einzige BUCH über Recht, das du lesen musst

YES

Originalausgabe
1. Auflage 2025

Türkenstraße 89, 80799 München
info@yes-publishing.de

Redaktion: Stephanie Kaiser-Dauer
Umschlaggestaltung: Marija Džafo
Umschlagabbildung: Tim Hufnagl
Layout und Satz: Daniel Förster
Druck: GGP Media GmbH, Pößneck
Printed in Germany

ISBN Print 978-3-96905-349-2
ISBN E-Book 978-3-96905-350-8

INHALT

WARUM DIESES BUCH WICHTIG FÜR DICH IST UND WIE DU ES BENUTZT

Recht haben und recht bekommen gehen nicht immer Hand in Hand. Und das, obwohl wir – zum großen Glück – in einem Rechtsstaat leben. Jeder Rechtsanwalt kennt es: Sobald Menschen erfahren, dass man Anwalt ist, reagieren die meisten für fünf Sekunden mit ehrfürchtiger Neugier und einem leichten Herumdrucksen. Sind die fünf Anstandssekunden vorbei, stellen sie in der Regel eine Rechtsfrage, die ihnen offensichtlich seit Wochen, Monaten oder gar Jahren auf dem Herzen liegt. »Sagen Sie mal, Herr Solmecke, wie ist das eigentlich, wenn …« Willkommen in meiner Welt.

Ich kann diese Neugier gut nachvollziehen, schließlich wird unser Leben rund um die Uhr von Rechtsfragen und Gesetzen beeinflusst. Wie dein Tag im Job abläuft, wird maßgeblich vom Arbeitsrecht mitbestimmt. Wie viel von deinem Gehalt netto am Monatsende auf deinem Konto übrigbleibt, regelt das Steuerrecht. Und dass du deine Mietwohnung während eines Sabbaticals womöglich doch unterviermieten kannst, obwohl dein Vermieter die Untervermietung in deinem Mietvertrag eigentlich ausgeschlossen hat, wird im Mietrecht festgelegt. Die Kakerlake im Hotelzimmer neulich im Urlaub? Ist Teil des Reiserechts. Solltest du verheiratet und sehr unglücklich in deiner Beziehung sein, wirst du dich bald mit dem Thema Scheidungsrecht befassen müssen und dich über kurz oder lang vielleicht fragen, ob es nicht doch besser gewesen wäre, bei der Eheschließung einen Ehevertrag aufzusetzen. Und ob es heute Morgen eine gute Idee war, auf dem Weg zur Arbeit dem nervigen Autofahrer neben dir den Mittelfinger zu zeigen, kann dir das Strafrecht verraten. Das Recht ist einfach überall.

Gesetze regeln die Art, wie wir miteinander arbeiten, Handel betreiben, wie wir zusammenleben oder wie wir uns voneinander trennen. In Deutschland sind das (Stand: 24.5.2024) immerhin 1797 Bundesgesetze mit 52401 Einzelnormen sowie 2866 Bundesrechtsverordnungen mit 44272 Einzelnormen. Hinzu kommen die jeweiligen Gesetze und Rechtsverordnungen in jedem der 16 Bundesländer, die gewisse Rechtsbereiche unabhängig vom Bund regeln dürfen. Klar ist es nicht leicht, bei dieser Vielzahl an Vorschriften durchzublicken. Und nicht umsonst dauert ein Jurastudium ein bisschen länger als die meisten anderen Studiengänge.

Dennoch werbe ich dafür, dass sich jeder mit dem Thema Recht auch persönlich intensiver auseinandersetzt. Recht und Gesetz existieren ja nicht zum Spaß, sondern um jedem von uns ein Leben in maximaler Freiheit zu ermöglichen. Um diese Freiheit auch leben zu können, muss ich meine Rechte kennen. Denn wie soll ich einen Anspruch geltend machen, von dem ich nichts weiß? Wie kann ich mich gegen einen übergriffigen Chef, einen unredlichen Vermieter oder einen lügenden Ladenbesitzer zur Wehr setzen, wenn ich mit der Rechtslage nicht wenigstens grundlegend vertraut bin? Wie kann ich verhindern, dass ein privates Video im Internet von mir verbreitet wird, wenn ich nicht über die Vorgehensweisen, Personen und Institutionen Bescheid weiß, die mir helfen können, mein Recht durchzusetzen?

Für dieses juristische Nichtwissen gibt es Gründe. Die Art und Weise, wie in der Politik Gesetze auf den Weg gebracht werden, wie über Gesetze debattiert und gestritten wird, macht nur selten Lust, sich mit dem Thema Recht auseinanderzusetzen. In der Schule – immerhin kommt das Thema Recht dort schon vor – fehlt es in meinen Augen vor allem an der praktischen Vermittlung, welchen konkreten Einfluss Recht und Gesetz in unserem Alltag haben. Diese Lücke möchte ich mit meinem neuen Buch schließen.

Das einzige Buch über Recht, das du lesen musst ist dein persönlicher Jura-Crashkurs. Du erfährst alle notwendigen Basics, mit denen du ein solides Grundverständnis in allen für dich relevanten Rechtsfragen erhältst, und vor allem das damit verbundene Prozedere besser nachvollziehen kannst. Wie läuft ein Prozess ab? Wie verhältst du dich als Beklagter? Welche Pflichten hast du als Zeuge?

Damit das gelingt, erklärt dieses Buch kurz, wie unser Rechtssystem aufgebaut ist. Es führt dich in die wichtigsten Begriffe und Rechtsprinzipien ein, damit du in Zukunft besser verstehst, wovon Anwälte oder Politiker reden, wenn sie über Recht und Gesetz sprechen. Nach dem Grundlagenteil tauchen wir in die für dich wichtigsten Rechtsgebiete ein und behandeln typische Rechtsfragen, mit denen jeder irgendwann in seinem Leben konfrontiert wird. Der besondere Schwerpunkt liegt dabei auf Arbeitsrecht, Mietrecht, Vertragsrecht, aber auch auf Familien- und Eherecht, Strafrecht und dem Recht der Ordnungswidrigkeiten. Ich zeige dir in all diesen Rechtsgebieten deine Möglichkeiten auf, an dein Recht zu kommen und von anderen nicht ausgenutzt oder übervorteilt zu werden.

Aus Rechten leiten sich aber mitunter auch Pflichten ab. Welche Pflichten das sind und welche du auf keinen Fall ignorieren solltest, erfährst du ebenfalls überall dort, wo es für dich relevant ist. Ab wann begehst du eigentlich eine Unfallflucht? Wo beginnt ein Hausfriedensbruch? Wann verfallen meine Urlaubstage? Wer zahlt was bei einem Arbeitsunfall?

Das ganze Recht in einem Buch abbilden? Unmöglich! Und für juristische Laien auch nicht zielführend. Ich habe die Inhalte in jedem Rechtsgebiet so verkürzt, dass sie verständlich und dennoch korrekt sind. Und mich auf die Themen beschränkt, die für die meisten im Alltag besonders relevant sind. Unter der Überschrift »RECHT BEKOMMEN« findest du zudem immer wieder praktische Vorgehensweisen und Hinweise auf die wichtigsten Paragrafen, auf die du dich im Falle eines Falles berufen kannst.

Dieses Buch kann natürlich keinen Anwalt ersetzen. Es hilft dir jedoch, deine Rechtsansprüche in dem einen oder anderen Fall womöglich auch ohne Anwalt durchzusetzen, in dem du einem Streitpartner mit dem Verweis auf den einen oder anderen Paragrafen oder ein wichtiges Urteil signalisierst, dass du kein leichtes und vollkommen ahnungsloses Opfer bist. Und es sensibilisiert dich dafür, wann du in Zukunft unbedingt eine Rechtsvertretung an deiner Seite haben solltest. Dieses Buch wird sich auf jeden Fall für dich lohnen.

Ein letzter Hinweis: Die verwendeten Personenbezeichnungen beziehen sich gleichermaßen auf weibliche und männliche Personen. Auf gegenderte Bezeichnungen und in vielen Fällen auch auf Doppelnennungen wurde zugunsten einer besseren Lesbarkeit verzichtet.

GRUNDLAGEN DES RECHTS

Was ist eigentlich Recht?

Auf diese einfache Frage gibt es nicht die eine richtige Antwort. Das zeigt sich schon daran, dass in anderen Ländern die Rechtsprechung in Teilen auf anderen Grundsätzen aufgebaut ist als bei uns. In den USA beispielsweise spielen sogenannte Präzedenzfälle und das ungeschriebene Gewohnheitsrecht – Common Law – eine viel größere Rolle als hierzulande. Doch trotz dieser Unterschiede, die Rechtsordnungen in sich tragen können, gibt es wichtige Gemeinsamkeiten, die uns dabei helfen, zu verstehen, was Recht ist und warum wir es brauchen.

Recht ist immer der Wille zur Gerechtigkeit. Recht hilft uns, Konflikte zu vermeiden oder im Konfliktfall einen fairen Ausgleich zwischen den unterschiedlichen Interessen und Bedürfnissen der Konfliktparteien herzustellen. Wenn man so will, dann ist Gerechtigkeit das Produkt, das unsere Gerichte tagtäglich produzieren (sollten). Dazu braucht es unter anderem Gesetze und einen Plan, eine Prozessordnung, wer wann wofür zuständig ist, um für Gerechtigkeit im Verfahren zu sorgen.

Eine ideale oder gar absolute Gerechtigkeit kann es jedoch nicht geben. Zu einer Demokratie gehört, dass wir nicht alle dieselben Moral- und Gerechtigkeitsvorstellungen teilen müssen. Recht und Gerechtigkeit entstehen im demokratischen Prozess daher immer aus den Vorstellungen der Mehrheit heraus. Dazu gehört auch, dass das Recht sich verändern kann, etwa indem neue Gesetze geschaffen werden, um auf gesellschaftliche Entwicklungen (wie z. B. die Digitalisierung) zu reagieren oder weil sich Moralvorstellungen geändert haben (Ehe für alle).

Das Recht dreht sich jedoch nicht ausschließlich um Gerechtigkeit. Unsere Rechtsordnung dient auch wichtigen Werten wie Frieden und Freiheit. Gesetze sind schließlich nicht nur dazu da, um uns einzuschränken, sondern auch, um uns zu schützen und um jedem Individuum unserer Gesellschaft ein Maximum an Freiheit und Entfaltung zu ermöglichen. Bis zu dem Zeitpunkt, an dem diese Freiheit möglicherweise mit der Freiheit eines anderen kollidiert und sich die Konfliktparteien vor Gericht sehen, um eine Lösung zu erwirken. In unserer Rechtsordnung stehen Freiheit, Frieden und Gerechtigkeit in einer Art Dreiecksbeziehung zueinander. Die Freiheit von einzelnen Individuen wird im Zivilrecht sowie besonders im Grundgesetz verhandelt. Frieden ist primär Gegenstand des Strafrechts. Und das Verwaltungsrecht zielt unter anderem auf die soziale Gerechtigkeit ab. In einer Demokratie, in der die widerstreitenden Bedürfnisse zwischen den Menschen, aber auch unterschiedliche Positionen zu Themen wie Freiheit, Gleichheit und Frieden zeit- und kontextabhängig ständig neu verhandelt werden, ist der Versuch, die gerechteste Lösung zu finden, immer das Ergebnis von vielen Kompromissen und eine nie endende Aufgabe.

Doch woher kommt das Recht eigentlich? Wo hat es seinen Ursprung? Aus welchen Quellen wird es gespeist? Woher wissen wir, was richtig und was falsch ist? Seit Jahrhunderten beschäftigt sich die Rechtsphilosophie mit der Frage, ob es eine Art universell geltendes Recht gibt, das unserer Gemeinschaft und allen Dingen innewohnt und aus dem wir einfach unsere Gesetze ableiten können. Dieses universelle Recht wird als »Naturrecht« bezeichnet. Die Idee dahinter ist, dass um uns herum eine ewige moralische Ordnung existiert, auf der die Natur des Menschen und der Welt beruht. Moral und Recht werden im Naturrecht zusammengedacht. Das von Natur aus gegebene Recht wird als unveränderlich angesehen. Es ist zu allen Zeiten gleich und gilt für jeden, egal welchen Geschlechts oder Alters, egal wo man lebt oder herkommt. Der 1. Artikel des Grundgesetzes, in dem die Unantastbarkeit der Menschenwürde als höchster Rechtswert festgeschrieben ist, nimmt zum Beispiel Bezug zur Idee des Naturrechts. Ebenfalls angelehnt an das Naturecht sind übrigens die Menschenrechte. Dabei handelt es sich um unveräußerliche Rechte, die jedem Menschen von Geburt an zustehen. Dazu gehören unter anderen das Recht auf Leben, auf körperliche Unversehrtheit und auf persönliche Freiheit.

Neben dem Naturrecht steht die Idee des positiven oder gesetzten Rechts. Dabei handelt es sich um eine Rechtsquelle, die eindeutig von Menschen geschaffen wurde, eben durch niedergeschriebene Gesetze, wie zum Beispiel im

Bürgerlichen Gesetzbuch. Das positive Recht ist veränderbar. Es gilt zu bestimmen Zeiten und an bestimmten Orten. Moral spielt dabei erst einmal keine Rolle: Recht ist, was der Gesetzgeber als solches verabschiedet hat. Diese Gesetze müssen entsprechend befolgt und durchgesetzt werden, auch wenn sie der Einzelne vielleicht als ungerecht empfindet. Das hat den Vorteil, dass sich so die moralische Pluralität einer modernen demokratischen Gesellschaften abbilden lässt. Dieser sogenannte Rechtspositivismus stößt allerdings auch an Grenzen, wie beispielweise die Prozesse um Verbrecher des Nationalsozialismus oder um Mauerschützen der DDR gezeigt haben: Nüchtern betrachtet handelten die Angeklagten in der jeweiligen Zeit nach geltendem Recht. Sie befolgten lediglich die Gesetze. Durften sie für ihre offensichtlich unrechten Taten dennoch nachträglich rechtlich belangt werden? Zu den wichtigsten Prinzipien eines Rechtsstaates gehört schließlich die Rechtssicherheit. Bürger haben einen Anspruch darauf, dass Rechtsnormen sowie die daran gebundenen Pflichten und Berechtigungen klar, beständig und vorhersehbar sind. Sie müssen sich darauf verlassen können, dass ihnen keine Nachteile entstehen, wenn sie sich an die geltenden Gesetze halten.

In unserer Rechtsordnung begegnet man diesem Konflikt, indem positives Recht und Naturrecht nicht als unversöhnlicher Gegensatz begriffen werden. Grundlage dafür ist die sogenannte Radbruchsche Formel, die der deutsche Rechtswissenschaftler Gustav Radbruch 1946 entwickelt hat:

> »Der Konflikt zwischen der Gerechtigkeit und der Rechtssicherheit dürfte dahin zu lösen sein, dass das positive, durch Satzung und Macht gesicherte Recht auch dann den Vorrang hat, wenn es inhaltlich ungerecht und unzweckmäßig ist, es sei denn, dass der Widerspruch des positiven Gesetzes zur Gerechtigkeit ein so unerträgliches Maß erreicht, dass das Gesetz als ›unrichtiges Recht‹ der Gerechtigkeit zu weichen hat.«

In unserem Grundgesetz wird dieser Formel in Artikel 20 Absatz 3 Rechnung getragen. Dort heißt es, dass Verwaltung und Rechtsprechung »an Gesetz *und* Recht« gebunden sind, also nicht nur an das niedergeschriebene Gesetz. Im Ringen um Gerechtigkeit sind wir als Menschen eben nicht nur den Gesetzesparagrafen, sondern stets auch unserem Gewissen verpflichtet.

Unser Rechtssystem

Nun, wo du eine Vorstellung davon hast, was Recht eigentlich ist, stellt sich die Frage, wie man das Recht in einem Staat am besten organisiert, um Willkür zu verhindern und einen fairen Zugang für alle zu ermöglichen. Um zu verstehen, wie unsere Rechtsordnung aufgebaut ist, schauen wir auf das Prinzip der Gewaltenteilung, auf den Rechtsweg, die Gerichtsbarkeiten, die Instanzen und darauf, wie Gesetze eigentlich entstehen.

Gewaltenteilung

Für Vertrauen in das Recht und einen Rechtsstaat, der frei von Willkür ist, soll unter anderem die Gewaltenteilung sorgen. Sie ermöglicht die Unabhängigkeit der Justiz und einen geordneten Gesetzgebungsprozess. Die Gewaltenteilung entstand unter anderem, weil sich spätestens Ende des 20. Jahrhunderts das Verhältnis von Staat und Bürger grundlegend verändert hat. Früher wurde der Staat als eine Macht gesehen, der seine Bürger unterwirft und der durch das Recht gebändigt werden muss.

Der Staat galt als Obrigkeit, dem Bürger übergeordnet. Der Bürger wiederum schuldete dem Staat Gehorsam. Obwohl dieses Unterordnungsverhältnis längst überholt ist, existiert es in den Köpfen mancher Menschen noch immer. Sie schimpfen dann gerne auf »die da oben«, die ohnehin nur machen würden, was sie wollen.

Die Gewaltenteilung ist in Artikel 20 Absatz 2 des Grundgesetztes verankert. Sie dient der Machtbegrenzung staatlicher Akteure und basiert auf dem System der sogenannten *checks and balances*, also der Überprüfung und des Ausgleichs der drei Staatsgewalten: Legislative (gesetzgebende Gewalt), Exekutive (vollziehende Gewalt) und Judikative(rechtssprechende Gewalt).

Legislative

Die gesetzgebenden Organe in Deutschland sind zunächst der Bundestag sowie die Landtage. Nur sie können Bundes- oder eben Landesgesetze erlassen. Über den Bundesrat können die Länder zudem an Bundesgesetzen mitwirken und diese unter bestimmten Bedingungen sogar verhindern. Sowohl Bundestag als auch Landtag sind durch freie und geheime Wahlen legitimiert.

Exekutive

Zur Exekutive gehören Regierungen, Ministerien sowie Verwaltungs- und Vollzugsorgane wie die Polizei, die Staatsanwaltschaft, Behörden und Ämter wie zum Beispiel das Finanzamt und weitere staatliche Organisationen wie die Justizvollzugsanstalten. Diese Organe tragen die Verantwortung dafür, dass geltende Gesetze – mitunter unter Zwang – auch durchgesetzt werden.

Judikative

Die Rechtsprechung durch die Judikative erfolgt durch unabhängige Richter – obwohl vom Staat finanziert. Richter sind wie alle anderen staatlichen Organe auch selbstverständlich an Gesetz und Recht gebunden, können also nicht willkürlich entscheiden. Da viele unserer Gesetze jedoch abstrakt formuliert sind und nicht bezogen auf einen Einzelfall entstanden sind, müssen Richter prüfen, wie sie die geltenden Gesetze auf den konkreten Fall möglichst passgenau anwenden. Da auch Richter letztlich nur Menschen sind und sich irren können, besteht für die am Verfahren beteiligten Parteien in der Regel die Möglichkeit, Rechtsmittel – Berufung und Revision – bei einem Gericht in einer höheren Instanz einzulegen, also das Urteil überprüfen zu lassen. Die Gesamtheit aller Gerichte und Instanzen wird als Gerichtsbarkeit bezeichnet.

Die Gewaltenteilung sorgt letztlich dafür, dass das Recht nicht mehr Herrschafts- oder Machtinstrument des Staates ist. Im Gegenteil: Recht, Staat und Bürger stehen in einem gleichgeordneten Dreiecksverhältnis. In einem Konflikt zwischen Staat und Bürger entscheidet das Recht unabhängig darüber, ob und wie beide Parteien Rechte gegeneinander geltend machen können.

Wichtige Rechtsnormen: Gesetze und Verordnungen

Was Recht ist, steht im Gesetz. Zum Beispiel im Grundgesetz oder im Bürgerlichen Gesetzbuch. Doch wie entstehen Gesetze eigentlich? Und wie können Bürger, also du und ich, auf Gesetze einwirken?

Was gilt als Gesetz?

Formelle, also »richtige« Gesetze sind Rechtsnormen, erlassen von den gesetzgebenden Organen eines Staates. In Deutschland sind das vor allem der Bundestag und der Bundesrat, außerdem die Landtage. Bundesgesetze entstehen dabei durch ein sogenanntes förmliches Gesetzgebungsverfahren, das in der Regel mehrere Stufen durchläuft: Erst bringt jemand – häufig die Regierung – einen Gesetzesvorschlag ein, dann wird darüber im Bundestag beraten, auch der Bundesrat wird damit befasst, wobei er in ein paar Fällen auch zustimmen muss, und am Ende beschließt der Bundestag das Gesetz. Dann muss der Bundespräsident es noch unterschreiben, bevor es im Bundesgesetzblatt veröffentlicht wird. Geht alles glatt und halten sich alle beteiligten Institutionen an die vorgegebenen Fristen, kann ein Bundesgesetz frühestens 23 Wochen nach Einbringung im Parlament in Kraft treten.

Was ist eine Verordnung?

Neben diesen formellen Gesetzen gibt es auch noch Verordnungen. Ein Beispiel hierfür wäre die Straßenverkehrs-Ordnung (StVO). Für sie braucht es kein förmliches Gesetzgebungsverfahren im Parlament. Aber auch nur, weil das Parlament zuvor durch das Straßenverkehrsgesetz die Exekutive dazu ermächtig hat, das Thema Straßenverkehr durch eine Verordnung zu regulieren. Zuständige Behörde der Exekutive ist in diesem Fall das Bundesverkehrsministerium. Verordnungen geben quasi den vorgeschalteten Gesetzen, die frei sind von technischen Details und fallspezifischen Anordnungen, den nötigen Feinschliff.

Was ist eine Satzung?

Unterhalb der Rechtsverordnungen gibt es noch Satzungen. In diesen können zum Beispiel lokale Bauvorschriften festgehalten sein oder bestimmte kommunale Abgaben wie etwa Müll- oder Friedhofsgebühren. Auch hier gilt: Satzungen müssen im Einklang mit höherrangigem Recht, insbesondere Bundes- und Landesgesetzen, stehen.

Normenhierarchie

Gesetze stehen immer über Verordnungen und natürlich auch über Satzungen. Gerichte können aber auch die »normalen« Gesetze unterschiedlich bewerten. Und zwar gemäß der sogenannten Normenhierarchie. Formuliert ein Satiriker zum Beispiel ein Gedicht voller Beleidigungen über einen aktuellen Politiker, muss ein Gericht abwägen, ob in diesem Fall die Kunstfreiheit höher wiegt oder doch eher der Tatbestand der Beleidigung erfüllt ist. Die höchste Stufe innerhalb dieser Hierarchie hat das Grundgesetz (GG), unsere Verfassung. Die Regelungen dort sind daher auch besonders schwer zu ändern. Für Änderungen bedarf es einer Zwei-Drittel-Mehrheit im Bundestag und Bundesrat. Bestimmte

Grundsätze des GG können sogar gar nicht geändert werden. Sie sind durch die Ewigkeitsklausel in Artikel 79 des GG geschützt.

DIE EWIGKEITSKLAUSEL

Die Ewigkeitsklausel besagt, dass bestimmte grundlegende Prinzipien des Grundgesetzes nicht durch eine Grundgesetzänderung angetastet werden dürfen. Dazu gehören:

- die Gliederung des Bundes in Länder (Föderalismus)
- die grundsätzliche Mitwirkung der Länder bei der Gesetzgebung
- die in Artikel 1 GG niedergelegten Grundsätze (insbesondere die Menschenwürde und die Grundrechte)
- die in Artikel 20 GG niedergelegten Grundsätze (Demokratie-, Rechtsstaats-, Sozialstaats- und Bundesstaatsprinzip)

Artikel 79 Absatz 3 GG selbst kann nicht geändert oder aufgehoben werden. Die Ewigkeitsklausel ließe sich nur durch eine neue Verfassung aushebeln.

Jedes untergeordnete Gesetz muss sich in der Folge daran messen lassen, ob es im Einklang mit dem Grundgesetz (GG) steht. Ob das GG eingehalten wird, überprüft das Bundesverfassungsgericht (BVerfG, siehe Gerichtsbarkeit, Seite 23). Das BVerfG kann sowohl Gesetze, Urteile anderer Gerichte, den Bundeskanzler als auch den Bundestag stoppen, wenn sie etwas tun oder beschließen, was gegen die Verfassung verstößt.

Grundsätzlich gilt: Je niedriger eine Rechtsnorm in der Normenhierarchie steht, desto leichter kann sie verändert werden. Für die Rechtssicherheit ist es jedoch wichtig, dass Bürger sich auf die Gesetze verlassen können. Es wäre nicht gut, wenn Gesetze ständig geändert werden könnten.

Alle Rechtsnormen müssen aber nicht nur in der Theorie rechtmäßig sein, sondern auch in der Praxis rechtmäßig angewendet und durchgesetzt werden. Das übernimmt die Exekutive des Staates, also meist Behörden und Ämter von Ländern und Gemeinden, wie etwa die Polizei oder das Bürgeramt. Wer dann eine Rechtsnorm nicht befolgt, muss mit den angedrohten Konsequenzen rechnen. Das können Bußgelder sein, aber auch physischer Zwang, zum Beispiel in Form einer Haftstrafe.

Wie können Bürger die Gesetzgebung beeinflussen?

- *Wahlen*
  Bürger haben verschiedene Möglichkeiten, auf Gesetze einzuwirken. Zunächst einmal klassisch durch Wahlen. Durch sie werden die Politiker ausgewählt, die später auf Bundes- oder Landesebene über Gesetze entscheiden. Politik machen heißt gute Gesetze machen. Kein Wunder, dass sich in deutschen Parlamenten besonders viele Menschen mit Erfahrung in der Verwaltung oder mit juristischem Hintergrund finden.

- *Petitionen*
  Artikel 17 des Grundgesetzes ermöglicht es Bürgern zudem, sich mit Petitionen an den Gesetzgeber zu wenden, also zum Beispiel an den Bundestag oder den Landtag. Das Petitionsrecht ist unverbindlich, der Empfänger muss es jedoch zur Kenntnis nehmen, sachlich prüfen und Petenten – wie die Urheber einer Petition genannt werden – eine Antwort geben, wie er mit der Petition verfährt. Durch Petitionen kann in wichtigen Fällen öffentlicher Druck aufgebaut werden, denn nicht immer hält der Gesetzgeber Schritt mit den Entwicklungen in einer Gesellschaft.

  So führte die Verbreitung von Smartphones mit überall präsenter Kamera in den zurückliegenden Jahren auch zu einer Verstärkung des sogenannten Upskirtings. Dabei werden bei Frauen heimlich Video- oder Bildaufnahmen ihres Intimbereichs gemacht, indem ihnen unter den Rock oder das Kleid gefilmt wird. Dass es seit Januar 2021 nun den neuen § 184k »Verletzung des Intimbereichs durch Bildaufnahmen« im Strafgesetzbuch gibt, verdanken wir unter anderem der erfolgreichen Online-Petition zweier Frauen. Mehr als 100 000 Menschen unterstützten die Forderung, die in diesem Bereich vorhandene Gesetzeslücke zu schließen.

- *Verfassungsbeschwerde*
  Glaubt ein Bürger, dass er von einer Maßnahme betroffen ist, die auf einem verfassungswidrigen Gesetz beruht, und hat er sich deswegen bereits durch die Instanzen geklagt, hat er die Möglichkeit, mittels Verfassungsbeschwerde zum Bundesverfassungsgericht zu ziehen. Das prüft dann, ob die Maßnahme – und letztlich auch das ihr zugrunde liegende Gesetz – mit dem Grundgesetz im Einklang waren oder nicht. Ein Gericht, das einen

konkreten Fall verhandeln muss, kann das BVerfG sogar direkt fragen, ob ein Gesetz, das es eigentlich anwenden müsste, verfassungsgemäß ist. Dieses Vorgehen nennt sich konkrete Normenkontrolle. Von der abstrakten Normenkontrolle wird gesprochen, wenn Organe des Bundes ein Gesetz vom Bundesverfassungsgericht prüfen lassen, weil sie der Meinung sind, dass ein Gesetz nicht mit dem Grundgesetz im Einklang steht.

Der Rechtsweg

Die Ordnung unseres Rechtssystems spiegelt sich auch im sogenannten Rechtsweg. Mit diesem Begriff wird der verfahrensrechtlichen Weg, den eine Partei – so werden sowohl Kläger als auch Beklagter im Verfahren bezeichnet – beschreiten muss, um einen Anspruch gerichtlich durchzusetzen oder um sich gegen einen Anspruch zu verteidigen. Er umfasst die Gesamtheit der rechtlichen und institutionellen Schritte, die eine Person oder Organisation hierfür durchlaufen muss. Wenn man so will, stellt der Rechtsweg sicher, dass Streitigkeiten in geordneten Bahnen und nach festgelegten, für alle Parteien fairen Verfahrensregeln geklärt werden. Er sorgt also für Verfahrensgerechtigkeit und dafür, dass nicht jeder mit seiner Kündigung gleich zum Bundesverfassungsgericht, dem höchsten Gericht in unserem Land, rennen kann. Die Regelungen zum Rechtsweg sind in verschiedenen Gesetzen niedergeschrieben. Das beginnt beim Grundgesetz (GG), geht weiter mit dem Gerichtsverfassungsgesetz (GVG), der Zivilprozessordnung (ZPO), dem Arbeitsgerichtsgesetz (ArbGG), der Strafprozessordnung (StPO) oder auch der Verwaltungsgerichtsordnung (VwGO).

Je nachdem, in welchem Rechtsgebiet wir uns bewegen, können sich die Verfahrensregeln unterscheiden. So herrscht beispielweise vor dem Familiengericht mit Ausnahme von Umgangs- und Sorgerechtsverfahren bereits in der ersten Instanz die Pflicht zur anwaltlichen Vertretung. Vor dem Arbeitsgericht hingegen könntest du in der ersten Instanz theoretisch auch ohne Anwalt erscheinen.

Welche Rechtsgebiete gibt es?

Die Aufteilung der Rechtsgebiete erfolgt zunächst in das öffentliche Recht und in das Zivilrecht. Diese beiden Rechtsgebiete werden dann noch einmal differenzierter unterteilt.

Öffentliches Recht

Stehen sich vor Gericht Staat und Bürger oder zwei staatliche Institutionen gegenüber, spricht man vom öffentlichen Recht. Unter das öffentliche Recht fallen alle Rechtsgebiete, welche die Verwaltung betreffen, zum Beispiel die Straßenverkehrsordnung oder das Steuerrecht. Auch das Strafrecht mit seinen Strafgesetzen zählt zum öffentlichen Recht, da bei Straftaten allein die Staatsanwaltschaft als staatliche Institution mögliche Bösewichte anklagen darf. Gesetze, die das Verhältnis der Staaten untereinander regeln, wie das Europarecht und das Völkerrecht, zählen ebenfalls zum öffentlichen Recht.

Zivilrecht (Privatrecht)

Der zweite große Rechtsbereich ist das Zivilrecht, auch Privatrecht genannt. Es beschäftigt sich mit den Konflikten, die zwischen Bürgern untereinander geregelt werden müssen (wir behandeln diesen Themenbereich vertieft ab Seite 44). Zum Beispiel Mieter und Vermieter, die uneins über eine Schönheitsreparatur in der vermieteten Wohnung sind. Arbeitgeber und Arbeitnehmer, die sich über eine Kündigung in die Haare kriegen. Käufer, die sich vom Verkäufer hinters Licht geführt sehen. Auch Nachbarschafts- oder Erbstreitigkeiten zählen zum Zivilrecht.

Übersicht über die Rechtsgebiete

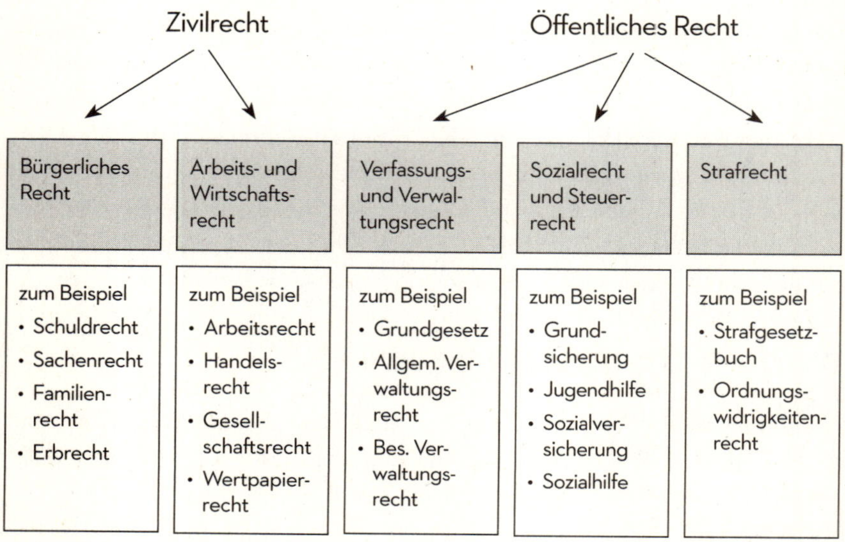

Gerichtsbarkeit und Instanzen

Die Unterteilung der Rechtsgebiete ist auch deswegen notwendig, um die Gerichtsbarkeit in unserem Land unabhängig, fair und sinnvoll zu organisieren und zu klären, welches Gericht für welche Fälle zuständig ist. Mit dem Begriff Gerichtsbarkeit wird zum einem die Gesamtheit der Gerichte bezeichnet. Zum anderen werden bestimmte Gerichtszweige einzelnen Gerichtsbarkeiten zugeordnet. Innerhalb der verschiedenen Gerichtsbarkeiten ist auch der *Instanzenzug* geregelt, um Urteile überprüfen zu können.

Damit du ein Gefühl dafür bekommst, mit welchem Fall du bei welchem Gericht landest, solltest du von den folgenden fünf sogenannten Hauptgerichtsbarkeiten wenigstens einmal gehört haben. Sie decken die meisten Rechtsthemen ab, die in deinem Leben eine Rolle spielen können.

Ordentliche Gerichtsbarkeit

Die ordentliche Gerichtsbarkeit ist für Zivil- und Strafsachen zuständig. Wenn du dich mit deinem Nachbarn streitest, dich scheiden lässt oder ein Testament anfechten möchtest, landest du hier. Wirst du bei einem Diebstahl erwischt, handelt es sich um eine Strafsache und damit ebenfalls um einen Fall für die ordentliche Gerichtsbarkeit. Ihr sind die folgenden Gerichte zugeordnet:

- *Amtsgerichte (AG):* zuständig für erstinstanzliche Zivil- und Strafsachen, kleinere Streitigkeiten, Familien- und Nachlasssachen
- *Landgerichte (LG):* zuständig für erstinstanzliche Zivil- und Strafsachen von größerer Bedeutung, Berufungsinstanz für Entscheidungen der Amtsgerichte
- *Oberlandesgerichte (OLG):* Berufungs- und Beschwerdeinstanz für Entscheidungen der Landgerichte, teilweise auch erstinstanzliche Zuständigkeit für bestimmte Streitigkeiten
- *Bundesgerichtshof (BGH):* höchste Instanz für Zivil- und Strafsachen, entscheidet über Revisionen und Beschwerden gegen Entscheidungen der Oberlandesgerichte

Arbeitsgerichtsbarkeit

Die Arbeitsgerichtsbarkeit ist für arbeitsrechtliche Streitigkeiten zuständig. Solltest du gegen deine Kündigung gerichtlich vorgehen, wird der Fall hier verhandelt.

- *Arbeitsgerichte (ArbG):* zuständig für erstinstanzliche arbeitsrechtliche Streitigkeiten zwischen Arbeitnehmern und Arbeitgebern
- *Landesarbeitsgerichte (LAG):* Berufungsinstanz für Entscheidungen der Arbeitsgerichte
- *Bundesarbeitsgericht (BAG):* höchste Instanz für arbeitsrechtliche Streitigkeiten, entscheidet über Revisionen und Beschwerden gegen Entscheidungen der Landesarbeitsgerichte

Verwaltungsgerichtsbarkeit

Die Verwaltungsgerichtsbarkeit ist für Streitigkeiten zuständig, die unter das öffentliche Recht fallen. Du willst ein Haus bauen und hast Ärger mit der Baubehörde? Du möchtest dagegen klagen, wenn dich eine Hochschule nicht zum Studium oder zur Prüfung zulässt? Um solche Themen kümmert sich das Verwaltungsgericht. Zu dieser Gerichtsbarkeit gehören:

- *Verwaltungsgerichte (VG):* zuständig für erstinstanzliche öffentlich-rechtliche Streitigkeiten, insbesondere zwischen Bürgern und staatlichen Behörden, Beamten und ihren Dienstherren oder zwischen staatlichen Behörden selbst
- *Oberverwaltungsgerichte (OVG) / Verwaltungsgerichtshöfe (VGH):* Berufungsinstanz für Entscheidungen der Verwaltungsgerichte
- *Bundesverwaltungsgericht (BVerwG):* höchste Instanz für öffentlich-rechtliche Streitigkeiten, entscheidet über Revisionen und Beschwerden gegen Entscheidungen der Oberverwaltungsgerichte beziehungsweise Verwaltungsgerichtshöfe

Sozialgerichtsbarkeit

Du hast Probleme mit deiner Krankenkasse oder staatlichen Sozialleistungen? Du möchtest einen fehlerhaften Rentenbescheid anfechten? Oder einen Arbeitsunfall anerkannt bekommen? Dann ist die Sozialgerichtsbarkeit mit den folgenden Gerichten für dich zuständig:

- *Sozialgerichte (SG):* zuständig für erstinstanzliche sozialrechtliche Streitigkeiten, zum Beispiel im Bereich der Sozialversicherung und Sozialhilfe
- *Landessozialgerichte (LSG):* Berufungsinstanz für Entscheidungen der Sozialgerichte

- *Bundessozialgericht (BSG):* höchste Instanz für sozialrechtliche Streitigkeiten, entscheidet über Revisionen und Beschwerden gegen Entscheidungen der Landessozialgerichte

Finanzgerichtsbarkeit

Das Finanzamt ist der Meinung, dass deine Reise nach Spanien in Wirklichkeit ein privater Urlaub und keine Weiterbildungsmaßnahme war, obwohl du in der Zeit auch einen Sprachkurs gemacht hast? Sollte dieser Fall vor Gericht landen, ist die Finanzgerichtsbarkeit zuständig. Verhandelt werden die Fälle an den folgenden Gerichten:

- *Finanzgerichte (FG):* Zuständig für erstinstanzliche steuerrechtliche Streitigkeiten zwischen Bürgern oder Unternehmen und Finanzbehörden.
- *Bundesfinanzhof (BFH):* Höchste Instanz für steuerrechtliche Streitigkeiten, entscheidet über Revisionen und Beschwerden gegen Entscheidungen der Finanzgerichte.

Es gibt darüber hinaus noch einige Sondergerichte, wie etwa die Verfassungsgerichte, zu denen das bereits angesprochene Bundesverfassungsgericht (BVerfG) sowie die Landesverfassungsgerichte zählen. Auch das Bundespatentgericht (BPatG), das die Patentgerichtsbarkeit verantwortet und für Streitigkeiten im Bereich des gewerblichen Rechtsschutzes, insbesondere natürlich des Patentrechts, zuständig ist, zählt zu den Sondergerichten.

Es kann auch vorkommen, dass ein Fall zwei Rechtsgebiete tangiert: Ein Diebstahl am Arbeitsplatz streift zum Beispiel das Strafrecht und das Arbeitsrecht. Eine Kündigungsschutzklage würde in diesem Fall am Arbeitsgericht verhandelt werden.

Berufung und Revision: Was ist der Instanzenzug?

Teil eines jeden Urteils ist die Belehrung der Verfahrensbeteiligten über die sogenannten Rechtsmittel: Ist eine der beiden Parteien mit dem Ausgang eines Verfahrens unzufrieden, kann sie in Berufung gehen oder Revision einlegen. Was ist der Unterschied zwischen diesen beiden Rechtsmitteln?

Berufung

Bei der Berufung kommt es im Grunde noch einmal zu einem Verfahren. Es werden sowohl die im Prozess zuvor präsentierten Tatsachen als auch die Rechtsgrundlagen für das Urteil überprüft. Und dem Gericht können neue Beweismittel und neue Tatsachen vorgelegt werden. Mit einer Berufung befasst sich die nächsthöhere gerichtliche Instanz. Dort kann das erstinstanzliche Urteil bestätigt, abgeändert, aufgehoben oder zurückverwiesen werden. Bei einer Zurückverweisung muss die Erstinstanz das Urteil noch einmal überprüfen. In Berufungsverfahren ist die Zurückweisung jedoch eine Ausnahme, da das Berufungsgericht selbst in der Sache entscheiden kann. Zurückverweisungen kommen daher eher in Revisionsverfahren vor, weil aus rechtlichen Gründen plötzlich eine Tatsache relevant wird, über welche die Vorinstanz noch nicht Beweis erhoben hatte.

Revision

Bei der Revision wird nicht noch einmal der gesamte Fall aufgerollt. Es wird lediglich überprüft, ob das Urteil in rechtlicher Hinsicht korrekt ist, also ob es wirklich auf Grundlage der geltenden Gesetze getroffen wurde. Revision wird daher gleich bei der jeweils höchsten Instanz eingelegt. In der ordentlichen Gerichtsbarkeit ist das in der Regel der BGH. Das Revisionsgericht kann Urteile aufheben und zur erneuten Verhandlung an die vorherige Instanz zurückverweisen, oder es kann die Revision verwerfen und das angefochtene Urteil bestätigen.

Sowohl für die Berufung als auch für die Revision gelten bestimmte Fristen. Verfahren sollen sich nicht ewig in die Länge ziehen, sondern abgeschlossen werden. Die Frist für Berufung oder Revision beginnt mit Zustellung des schriftlichen Urteils.

Dank der Gewaltenteilung, der Gesetzgebung und der Gerichtsbarkeit ist die Rechtsprechung in Deutschland kein in Stein gemeißeltes Werk, sondern ein System, in dem sich die verschiedene Akteure immer wieder gegenseitig auf die Finger schauen und in dem – ganz wichtig – keiner allein bestimmen kann. Auf diese Weise herrscht einerseits Ordnung (Rechtssicherheit), auf die sich jeder verlassen kann. Andererseits kann sich unser Rechtssystem notwendigerweise immer auch bewegen, um auf neue gesellschaftliche Rahmenbedingungen reagieren zu können. Und wir Anwälte? Haben auch noch ein Wörtchen mitzureden.

Den richtigen Anwalt finden

Neben Politikern und Richtern sind auch wir Anwälte wichtiger Teil des Rechtssystems. 2024 waren in Deutschland 165 776 Rechtsanwälte zugelassen. Und in vielen Fällen darfst du auch nicht ohne Anwalt vor Gericht erscheinen. Nur: Wie findet man unter all diesen den für sich richtigen? Wie in jeder anderen Berufsgruppe auch, gibt es Anwälte, die ihren Job besonders gut erledigen und einige, die sich keine große Mühe geben.

Fachanwaltstitel

Ein erster Hinweis auf die Qualität eines Anwalts im Hinblick auf ein bestimmtes Rechtsproblem ist der Fachanwaltstitel. So wie man für eine gute Pizza zum Italiener um die Ecke und nicht zum nächsten Asiaten gehen sollte, macht es Sinn, bei einem Sorgerechtsstreit einen Experten für Familienrecht aufzusuchen und nicht etwa einen Arbeitsrechtler. Zwingend ist der Fachanwaltstitel für Rechtsanwälte nicht. Grundsätzlich kann jeder zugelassene Anwalt in jedem Rechtsgebiet tätig werden. Ich selbst habe kurz nach meiner Zulassung auch als sogenannter »Wald- und Wiesen-Anwalt« gearbeitet, also alles an Fällen übernommen, was möglich war. Vormittags einen Arbeitsrechtsfall verhandeln, nachmittags eine Erbstreitigkeit erledigen und am Abend noch schnell eine Mietrechtssache bearbeiten. Ein hartes Brot.

Fachanwälte sind in der Regel echte Experten. Sie haben eine zusätzliche Ausbildung in ihrem Fachgebiet gemacht und entsprechende Praxisnachweise gegenüber der zuständigen Rechtsanwaltskammer erbracht. Außerdem müssen sich Fachanwälte regelmäßig fortbilden. Tun sie das nicht, sind sie nicht mehr berechtigt, den Titel Fachanwalt zu tragen.

Professionalität

Doch Fachwissen allein macht einen noch nicht zu einem guten Anwalt. Es ist ähnlich wie bei einem Lehrer. Der wird auch erst durch seine menschlichen und didaktischen Qualitäten sowie das gewisse Fingerspitzengefühl im Umgang mit seinen Schülern zu einem richtig guten und geschätzten Pädagogen. In meinen Augen sind menschliche und vor allem kommunikative Qualitäten wichtig für einen guten Anwalt. Wir Anwälte arbeiten für unsere Mandanten. Da Verfahren sich mitunter über Monate und Jahre hinziehen können, finde ich es wichtig, dass ein Anwalt stets einen guten Kontakt zu seinem Mandanten pflegt. Dazu gehört, ihn auf dem Laufenden zu halten und die nächsten Prozessschritte zu erklären. Dabei sollten Anwälte auch proaktiv auf ihre Mandanten zugehen und sie regelmäßig kontaktieren, statt erst zu reagieren, wenn sie vom Mandanten angerufen werden.

Anwälte müssen im Interesse ihrer Mandanten handeln. Dazu gehört auch, objektiv entscheiden zu können, welche Strategie für den Mandanten die beste wäre. Ein guter Anwalt wird seinem Mandanten also nie zu einem Verfahren raten, bei dem er weiß, dass dieser verlieren wird – nur damit er selbst abkassiert. Ein guter Anwalt sollte den Mandanten immer objektiv über alle Szenarien aufklären und wenn der Mandant dann auf eigenes Risiko trotzdem ein Gerichtsverfahren anstreben möchte, ist das seine Sache. Wenn ich als Anwalt weiß, dass die Erfolgsaussichten schlecht sind, muss ich das dem Mandanten mitteilen. Ich darf ihm nicht einfach so zu einem Prozess raten, weil ich gerade Arbeit brauche und es mir – theoretisch – egal sein könnte. Bezahlt werde ich schließlich immer, egal ob ich den Prozess gewinne oder verliere. Kann ein Mandant nachweisen, dass sein Anwalt ihn in den Prozess gedrängt hat, ohne ausreichend auf die Risiken hinzuweisen, können Schadensersatzansprüche entstehen. Von einem Anwalt, der sich bezüglich deiner Chancen vor Gericht nicht transparent äußert, würde ich dir dringend abraten. Solltest du aber trotz Aufklärung über das Risiko in den Prozess gehen wollen, ist das selbstverständlich dein gutes Recht.

Als Anwälte stehen wir nicht über dem Recht. Natürlich dürfen auch wir nicht einfach machen, was wir wollen. Daher haften wir in bestimmten Fällen auch für unsere Arbeit. Wir müssen zum Beispiel Fristen sehr streng einhalten. Verpassen wir eine, kann zum Beispiel ein Versäumnisurteil gegen unseren Mandanten ergehen. Sollte das Versäumen der Frist tatsächlich Schuld des Anwalts gewesen sein, kann der Mandant den Anwalt auffordern, die entstandenen Schäden zu tragen. Deshalb sind wir Anwälte auch verpflichtet, eine Berufshaftpflichtversicherung abzuschließen.

Was tun bei Problemen mit dem Anwalt?

Solltest du Probleme mit einem Anwalt haben, kannst du Beschwerde bei der Rechtsanwaltskammer einreichen. Das ist allerdings nur sinnvoll, wenn dein Anwalt wirklich gegen seine in der Bundesrechtsanwaltsordnung und in der Berufsordnung für Rechtsanwälte festgelegten Pflichten verstoßen hat. Etwa die Pflicht zur Einhaltung von Fristen oder die Pflicht, transparent über die Risiken und Kosten des Verfahren aufzuklären. Hat er einfach nur seinen Job nicht sonderlich gut gemacht, darf die Kammer nicht tätig werden. Was nicht heißt, dass du nicht wegen einer sonstigen Pflichtverletzung vor Gericht gehen und auf Schadensersatz klagen kannst.

Wenn du berechtigte Zweifel an der Qualität deines Anwalts hast, kannst du den Fall und die Arbeit deines Anwalts auch einem anderen Anwalt präsentieren und – ganz ähnlich wie bei einem Arzt – eine Zweitmeinung einholen. Entweder ist diese Ersteinschätzung kostenlos oder du investiert lediglich die maximalen Kosten für eine erneute Erstberatung. Achtung: Sprich mit dem zweiten Anwalt zuvor unbedingt über die Gebühren der Beratung. Denn legst du viele Dokumente vor und hast viele Fragen, geht der Gebührenanspruch von der relativ günstigen Erstberatung direkt in den Bereich der Geschäftsgebühr über – und dann kann die Zweitmeinung ziemlich teuer werden.

Das Mandatsverhältnis zu einem Anwalt gilt laut BGB übrigens als Dienstverhältnis höherer Art, das jederzeit gekündigt werden kann. Das bedeutet, dass du nur die Kosten tragen musst, die bis zu diesem Zeitpunkt angefallen sind.

PRAKTISCHE TIPPS !

- Suche nach einem Fachanwalt, der Spezialist in deinem Rechtsgebiet ist.
- Beschränke dich nicht nur auf Anwälte vor Ort, sondern ziehe ruhig auch eine deutschlandweite Suche in Betracht. Die meisten Kanzleien kannst du von überall aus Deutschland beauftragen. Sogar eine vollständig digitalisierte Aktenführung ist heutzutage möglich.
- Besonders wertvoll ist die persönliche Empfehlung durch Bekannte, Freunde oder Familienmitglieder, die gute Erfahrungen mit einem Anwalt gemacht haben.
- Informiere dich außerdem auf Empfehlungs- und Bewertungsplattformen wie Trustpilot und Anwalt.de oder checke die Google-Bewertungen im Vorfeld.

IN DIESEN RECHTSGEBIETEN GIBT ES FACHANWÄLTE:

- Verwaltungsrecht
- Steuerrecht
- Arbeitsrecht
- Sozialrecht
- Familienrecht
- Strafrecht
- Insolvenz- und Sanierungsrecht
- Versicherungsrecht
- Medizinrecht
- Miet- und Wohnungseigentumsrecht
- Verkehrsrecht
- Bau- und Architektenrecht
- Erbrecht
- Transport- und Speditionsrecht
- Gewerblicher Rechtsschutz
- Handels- und Gesellschaftsrecht
- Urheber- und Medienrecht
- Informationstechnologierecht
- Bank- und Kapitalmarktrecht
- Agrarrecht
- Internationales Wirtschaftsrecht
- Vergaberecht
- Migrationsrecht
- Sportrecht

Selbst für dein Recht einstehen

Verfahren ohne Anwaltspflicht und außergerichtliche Beilegung

Es gibt Verfahren, für die keine Anwaltspflicht besteht. Theoretisch könntest du zum Beispiel vor dem Arbeitsgericht in erster Instanz selbst Klage führen oder dich verteidigen. Auch bei Verwaltungs-, Sozial- und Finanzgerichtsverfahren in erster Instanz musst du dir in den meisten Fällen nicht zwingend einen Anwalt nehmen. Und selbst in einem Zivilprozess vor dem Amtsgericht kannst du selbst klagen oder dich selbst verteidigen – vorausgesetzt der Streitwert des Zivilverfahrens liegt nicht über 5000 Euro. Streitwert nennt man den Wert dessen, worum gestritten wird. Wenn es um Geld geht, ist das natürlich einfach zu bemessen. Geht es um eine Sache oder einen Vertrag, legen die Gerichte den Streitwert hingegen durch Schätzung fest. In Strafprozessen besteht ebenfalls erst ab einer Straftat, die eine Mindeststrafe von einem Jahr Freiheitsentzug vorsieht, die Pflicht, sich von einem Anwalt vertreten zu lassen. Ab dann reden wir nämlich von einem Verbrechen und nicht mehr von einem Vergehen. Mitunter musst du dich daher gar nicht erst auf die Suche nach einem Anwalt begeben.

Außerdem führen glücklicherweise nicht alle alltäglichen Streitigkeiten – etwa im Miet- oder Kaufrecht – tatsächlich zu einem Prozess. Häufig lassen sie sich außergerichtlich und ohne Anwalt klären. Vorausgesetzt du weißt, wie du das Recht selbst in die Hand nehmen kannst. Zum Beispiel, indem du eine juristisch fundierte Stellungnahme verfasst, in der du Bezug auf die einschlägigen Gesetze und – falls vorhanden – einen ähnlich gelagerten Fall der aktuellen Rechtsprechung nimmst und deinem Gegenüber damit signalisierst, dass du kein leichtes Opfer bist. Heutzutage gibt es – neben diesem sehr hilfreichen Buch – gute Möglichkeiten, sich in Sachen Recht zu informieren.

Wichtige Informationsquellen zu juristischen Fragen

KI-Tools wie ChatGPT können dir zum Beispiel eine erste Zusammenfassung der Rechtslage geben. Mittlerweile gibt es sogar mehrere speziell auf das deutsche Recht spezialisierte Anwalt-GPTs. Doch Achtung: Es ist wichtig, die Anhaltspunkte, die dir die künstliche Intelligenz (KI) liefert, immer noch einmal zu überprüfen. Wir haben die Erfahrung gemacht, dass die KI Rechtsfälle oft noch sehr vage und vereinfacht darstellt. Im Detail ist manches dann doch komplexer. Am besten fragst du die KI – beim KI-Copiloten von Microsoft passiert das in der Regel automatisch – nach ihren Quellen und nach den Urteilen, auf die sie ihre Einschätzung bezieht. Anhand ihres Aktenzeichens kannst du die präsentierten Urteile dann googeln und überprüfen, ob sie von anderen vertrauenswürdigen Quellen zitiert und erläutert werden. Diese Überprüfung von KI-Urteilen ist wichtig, da es dir passieren kann, dass die KI Urteile einfach erfindet, sogar inklusive fiktiver Aktenzeichen.

Eine gute Quelle für den Gegencheck von Urteilen ist die offizielle Website des Bundesjustizministeriums www.gesetze-im-internet.de. Juristische Plattformen wie Dejure.org verlinken außerdem nicht nur die Volltextveröffentlichungen von Urteilen, sondern – sofern vorhanden – auch Kurzfassungen in der Presse sowie Besprechungen auf den Websites von Kanzleien oder juristischen Informationsportalen, die das Urteil einordnen und kommentieren. Wenn du Glück hast, haben die *LTO* oder *beck-aktuell* – zwei wichtige juristische Online-Magazine – sich mit dem Urteil befasst.

Daneben gibt es auch juristische Repetitorien wie Jurafuchs.de, die Infos für Studenten aufarbeiten. Auch die Verbraucherzentrale oder Rechtsschutzversicherer bieten gute Aufbereitungen zu bestimmten rechtlichen Themen an. Werden Beiträge bei Google weit oben angezeigt, heißt das, dass jemand die Suchmaschinenoptimierung für seinen Text gut betrieben hat. Google bewertet hier verschiedene Kriterien, die in der Regel für eine gute Qualität des Beitrags sprechen: Aktualität, Umfang, klare Sprache und gute Struktur. Wichtig ist jedoch, dich umfassend zu informieren. Arbeite dich am besten durch zwei oder drei Kommentare zum Urteil, um zu sehen, wie Juristen die Rechtsprechung einschätzen. Und manchmal findet man den entscheidenden Hinweis zu einem sehr speziellen Rechtsproblem auch erst auf Seite 3 der Google-Suche.

Bei der Auswahl der Urteile solltest du unbedingt darauf achten, möglichst aktuelle Urteile zu verwenden. Je höher die Instanz, die das Urteil gesprochen hat, desto besser. Im Zivilrecht etwa der Bundesgerichtshof, im Arbeitsrecht das Bundesarbeitsgericht (siehe Gerichtsbarkeit, Seite 23). Bei Urteilen eines Amtsgerichts kann es sein, dass nach der Verkündung des Urteils noch Rechtsmittel eingelegt wurden und das Urteil vielleicht noch abgeändert wurde. In der Regel findest du bei Dejure.org – teilweise auch bei aktuellen Berichten über Urteile – einen Hinweis darauf, ob das Urteil »rechtskräftig« (nicht mehr anfechtbar) oder »noch nicht rechtskräftig« (Rechtsmittel können noch eingelegt werden) ist. Wenn du das Urteil über das Aktenzeichen bei Dejure öffnest, wird dir dort in der Regel angezeigt, ob die Sache in einer höheren Instanz anhängig ist beziehungsweise von dieser vielleicht schon entschieden wurde.

In den Urteilen findest du dann auch die Gesetzesparagrafen, auf deren Grundlage die Richter ihre Entscheidung getroffen haben. Auch diese kannst du googeln und sie dir bei Dejure oder gesetze-im-internet.de genauer anschauen und anschließend in deine Stellungnahme einbauen.

Sollte die Partei am Ende doch auf ihren Forderungen bestehen oder keine Einigung möglich sein, kannst du hinterher immer noch einen Anwalt zu Rate ziehen. Doch wie gesagt: Viele Fälle lassen sich bereits im Vorfeld gütlich klären, wenn man seinem Gegenüber etwa juristische Kompetenz signalisiert.

RECHT BEKOMMEN

Sobald deine Stellungnahme fertig ist, lasse sie noch von einer juristischen KI überprüfen. Weise dafür der KI eine Anwaltsrolle zu – oder arbeite mit AnwaltGPT – und bitte um Feedback, ob die KI noch Fehler in deiner Stellungnahme entdecken kann. Checke anschließend die Punkte, die die KI angemerkt hat, noch einmal gegen und bessere wo nötig nach. Noch mal: KI ist kein Tool, dem du blindlings folgen solltest, aber ein guter Sparring-Partner, um schneller und besser ans Ziel zu gelangen.

Lexikon: Wichtige juristische Begriffe

In der juristischen Kommunikation tauchen bestimmte Begriffe immer wieder auf. In Verfahren wird zum Beispiel über eine Leistung gestritten – doch was ist das eigentlich? Was heißt Fahrlässigkeit? Wo beginnt eigentlich ein Vorsatz? Warum unterscheiden Juristen zwischen Besitz und Eigentum oder zwischen Einwilligung und Zustimmung? Und mit welchen Kriterien bewertet man die Verhältnismäßigkeit, die in Gesetzen immer wieder enthalten ist? Viele dieser Begriffe werden auch auf den folgenden Seiten an verschiedenen Stellen auftauchen. Da sie wichtig für (d)ein juristisches Grundverständnis sind, schauen wir uns die wichtigsten davon genauer an.

Verhältnismäßigkeit

Der Begriff der Verhältnismäßigkeit gehört zu den grundlegenden Prinzipien im deutschen Recht und leitet sich aus dem Rechtsstaatsprinzip des Grundgesetzes ab, auch wenn das da so explizit nicht steht. Durch diesen Grundsatz soll sichergestellt werden, dass alle Gesetze und staatlichen Eingriffe in deine Rechte immer gerechtfertigt und angemessen sind (siehe dazu auch Seite 15). Um zu einer möglichst objektiven Bewertung zu kommen, werden die Maßnahme und der Zweck in der Regel anhand von drei Kriterien auf ihre Verhältnismäßigkeit überprüft.

Die Maßnahme muss:

- geeignet,
- erforderlich und
- angemessen sein.

Als geeignet gilt eine Maßnahme, wenn durch sie das angestrebte legitime Ziel objektiv erreicht werden kann. Erforderlich ist eine Maßnahme, wenn kein milderes, ebenso effektives Mittel zur Verfügung steht, um das angestrebte Ziel zu erreichen. Das heißt auch, der Eingriff darf nicht stärker sein, als es zur Erreichung des Zwecks notwendig ist, um den Betroffenen nicht unnötig zu belasten. Bei der Betrachtung der Angemessenheit erfolgt eine Abwägung zwischen dem Zweck der Maßnahme und den Nachteilen, die der Betroffene dadurch erleidet. Die Maßnahme muss im Verhältnis zur Schwere des Eingriffs stehen, also nicht unverhältnismäßig belastend sein.

Gehen wir das Prinzip einmal an einem praktischen Beispiel durch: Stell dir vor, du fehlst bei deiner Arbeit krankheitsbedingt für lange Zeit. Deinem Arbeitgeber verursacht deine Krankheit erhebliche betriebliche Störungen sowie finanzielle Belastungen, weshalb er erwägt, dir zu kündigen. Aber darf er das? Wäre eine solche Kündigung wegen Krankheit verhältnismäßig? Genau diese Frage müsste womöglich vor Gericht anhand der zuvor genannten Kriterien beantwortet werden.

Ist die Kündigung geeignet, um das Ziel des Arbeitgebers – betriebliche Störungen vermeiden – zu erreichen? Objektiv ja.

Ist die Kündigung aber auch erforderlich? Oder kann der Arbeitgeber seine Belastung durch andere Maßnahmen minimieren? Er könnte dich ja zum Beispiel auch auf eine weniger belastende Stelle versetzen oder deine Arbeitszeiten anpassen. Erst wenn solche milderen Maßnahmen in Betracht gezogen wurden, erfolglos geblieben sind oder von vornherein als nicht ausreichend erscheinen, könnte die Kündigung auch das Kriterium der Erforderlichkeit erfüllen.

Allerdings muss die Kündigung nun aber auch noch angemessen sein. Dabei wird zum Beispiel abgewogen, ob die Kündigung im Verhältnis zur Schwere des Eingriffs steht, also ob die Belastung für den Arbeitgeber wirklich so hoch ist, wie er behauptet. Hier spielen die Dauer des Arbeitsverhältnisses, die Art der Erkrankung und die Prognose für die Zukunft eine Rolle. Ist beispielsweise absehbar, dass die Krankheit dauerhaft zu erheblichen Fehlzeiten führen wird, könnte die Kündigung als angemessen betrachtet werden. Ist jedoch eine Besserung in Sicht oder waren die bisherigen Fehlzeiten unvorhersehbar und nur von kurzer Dauer, könnte eine Kündigung als unverhältnismäßig angesehen werden.

Wichtiger Teilaspekt der Angemessenheit ist die Zumutbarkeit. Dabei steht im Vordergrund, ob es dem Betroffenen – unabhängig von einer objektiven Betrachtung – in seiner spezifischen Situation zugemutet werden kann, die Maßnahme zu ertragen. Im Fall der vom Arbeitgeber angestrebten Kündigung könnte diese als unzumutbar gelten, wenn der kranke Arbeitnehmer kurz vor der Rente steht und somit als besonders schutzbedürftig gilt.

Der Grundsatz der Verhältnismäßigkeit führt also in diesem Fall zu einer differenzierten, im Grundsatz objektiv ausgerichteten Bewertung, bei der die Interessen des Arbeitgebers sowie die Rechte und die subjektive Belastung des Arbeitnehmers sorgfältig abgewogen werden.

Vertrag

Ein Vertrag ist eine rechtlich verbindliche Vereinbarung zwischen zwei oder mehr Personen, bei der sich mindestens eine Seite zu etwas verpflichtet – zum Beispiel zur Zahlung, zur Lieferung einer Sache oder zur Erbringung einer Dienstleistung. Die andere Seite erhält im Gegenzug ebenfalls ein Recht oder eine Leistung.

Juristisch gesehen kommt ein Vertrag durch zwei übereinstimmende Willenserklärungen zustande: ein Angebot und eine Annahme. Ein solcher Vertrag ist viel schneller geschlossen, als viele denken. Es braucht dafür nicht zwingend ein langes Schriftstück mit Unterschrift – auch ein mündliches »Ja« oder ein Handschlag reicht aus, wenn sich beide Seiten über die wesentlichen Punkte einig sind. Und manchmal kommt ein Vertrag sogar ganz stillschweigend zustande, zum Beispiel wenn du in den Bus steigst oder im Supermarkt an der Kasse zahlst. Juristisch nennt man das »konkludentes Handeln«. Mehr dazu erfährst du im Abschnitt »Vertragsrecht« (Seite 44).

Schuld

Im Alltag sprechen wir von »Schulden«, wenn es um Geld geht – also zum Beispiel bei Krediten. Im juristischen Sinne ist »Schuld« aber viel mehr: Es geht um jede Verpflichtung, die jemand gegenüber einem anderen hat. Das kann eine Zahlungspflicht sein, aber auch die Pflicht, etwas zu liefern, eine Leistung zu erbringen oder etwas zu unterlassen. Wer eine Schuld hat, ist verpflichtet und wird im Juristendeutsch häufig auch »Schuldner« genannt. Geldschulden sind also nur ein Spezialfall von juristischen Schulden.

Eine Schuld kann – ebenso wie ein Anspruch – aus ganz verschiedenen Quellen entstehen: am häufigsten aus einem Vertrag – also wenn zwei (oder mehr) sich rechtlich bindend auf etwas geeinigt haben. Aber auch aus dem Gesetz, zum Beispiel beim Schadensersatz oder bei Unterhaltspflichten. Und manchmal auch aus anderen Regelwerken, etwa einer Satzung, Hausordnung oder Betriebsvereinbarung.

Anspruch

Im Alltag sagt man oft: »Ich habe ein Recht auf …!« In der Juristensprache heißt das ganz konkret: Du hast einen Anspruch. Ein Anspruch bedeutet, dass du von jemand anderem etwas verlangen darfst – zum Beispiel Geld, eine Leistung oder ein Verhalten. Oder dass jemand etwas unterlassen muss, weil du es fordern kannst. Die offizielle Definition steht in § 194 BGB: »Das Recht, von einem anderen ein Tun oder Unterlassen zu verlangen.« Wer berechtigt ist, von einer anderen Person etwas zu verlangen, wird häufig auch Gläubiger genannt.

Wenn du zum Beispiel jemandem Geld geliehen hast, hast du einen Anspruch auf Rückzahlung. Kaufst du ein Fahrrad, hast du einen Anspruch auf Übergabe und Eigentum – und der Händler wiederum hat einen Anspruch auf Zahlung des Kaufpreises. Wenn dir jemand einen Kratzer ins Auto macht, hast du unter Umständen einen Schadensersatzanspruch.

Klingt trocken, ist aber eigentlich ganz logisch: Ein Anspruch ist immer dann wichtig, wenn es ums Durchsetzen von Rechten geht. Ein Anspruch kann – ebenso wie die Schuld – aus unterschiedlichen Quellen entstehen.

Leistung

Ein Begriff, der in rechtlichen Auseinandersetzungen häufig auftaucht, ist der der Leistung. Als Leistung bezeichnen wir Juristen allgemein eine Handlung oder ein Verhalten, das zur Erfüllung einer vertraglichen oder gesetzlichen Verpflichtung erfolgt. Das kann zum Beispiel eine Dienstleistung wie eine Rechtsberatung durch einen Anwalt sein. Oder aber eine Sachleistung, worunter zum Beispiel die Lieferung deines neues Smartphones fällt, welches du in einem Online-Shop gekauft hast. Und mit der Überweisung deiner Miete an deinen Vermieter erbringst du jeden Monat eine Geldleistung.

Neben anderen Rechtsgebieten ist Leistung ein Kernelement des Schuldrechts. Leistungen werden geschuldet. Die Vertragsparteien werden daher auch als Schuldner und Gläubiger bezeichnet. Leistung ist dabei nicht als One-Way-Ticket zu verstehen. So schuldet der Verkäufer einem Käufer die Übergabe und Übereignung der Ware wie vereinbart, der Käufer wiederum muss die Zahlung des Kaufpreises leisten.

Beim Erbringen einer Leistung kann einiges schiefgehen. Auch darauf nimmt das Recht Rücksicht. Wird eine Leistung nicht wie vereinbart erbracht, liegt eine sogenannte Leistungsstörung vor, die unterschiedliche Rechtsfolgen haben kann. Dem Schuldner kann es zum Beispiel unmöglich sein, eine Leistung zu erbringen. Etwa, wenn ein Musiker krank wird und ein Konzert nicht wie vereinbart spielen kann. Oder einem Händler brennt eine Lagerhalle mit Waren ab und er kann nicht mehr zum vereinbarten Datum liefern. Er gerät dann mit seiner Leistung in Verzug. Wird eine Leistung nur mangelhaft erbracht, etwa wenn an deinem neuem Smartphone der Bildschirm oder die Kamera nicht ordnungsgemäß funktioniert, handelt es sich um eine Schlechtleistung.

Zu den möglichen Rechtsfolgen gehört die Möglichkeit, vom Vertrag zurückzutreten. Das ist vor allem bei erheblichen Leistungsstörungen wie der Nichterfüllung eines Vertrags oder bei erheblicher Schlechtleistung der Fall. Eine mangelhafte Leistung kann eine Minderung des Preises nach sich ziehen. Und je nach Sachlage können Leistungsstörungen zu Schadensersatzansprüchen führen.

Sorgfaltspflicht

Diesen Begriff hast du sicherlich schon einmal gehört. Aber was genau verbirgt sich dahinter?

Grundsätzlich geht es bei der Sorgfaltspflicht darum, dass Menschen in bestimmten sozialen und beruflichen Situationen mit Vorsicht und Aufmerksamkeit handeln müssen, um Schäden an anderen Personen, an deren Eigentum oder Rechten zu vermeiden. Tun sie das nicht, können sie hinterher dafür zur Rechenschaft gezogen werden. Zu den Sanktionen, die Verstöße gegen die Sorgfaltspflicht nach sich ziehen können, gehören beispielsweise Schadensersatzpflichten sowie arbeitsrechtliche oder strafrechtliche Konsequenzen. Wie sorgfältig du dich in einer bestimmten Situation verhalten musst, wird dabei durch den Maßstab eines »vernünftigen Dritten« bestimmt: Es wird also gefragt, wie eine durchschnittlich sorgfältige Person in der gleichen Situation gehandelt hätte.

Ein Beispiel: Der Fahrer eines Rettungswagens quert mit eingeschaltetem Blaulicht eine Kreuzung bei Rot, ohne sich davon zu überzeugen, dass er von allen anderen Verkehrsteilnehmern wahrgenommen wurde. Infolgedessen verursacht er dabei einen Unfall mit einem bei Grün querenden Fahrzeug, dessen Fahrer den Rettungswagen nicht bemerkt hat. Der Rettungswagenfahrer hat in diesem Fall eine Teilschuld am Unfall, da er sorgfaltswidrig gehandelt hat. Er hätte sich beim Einfahren in die Kreuzung davon überzeugen müssen, dass die anderen Fahrer ihn wahrgenommen haben (OLG Frankfurt am Main, Urteil vom 20.11.2023 – 17 U 121/23).

Fahrlässigkeit

Sorgfaltspflicht sowie Fahrlässigkeit und Vorsatz (siehe unten) hängen eng zusammen. Im deutschen Recht kann nur jemand bestraft oder haftbar gemacht werden kann, wenn er schuldhaft gehandelt hat (Schuldprinzip). Dabei unterscheidet das Recht, ob jemand einen Schaden ungewollt verursacht hat – beispielsweise durch Außerachtlassen der gebotenen Sorgfalt –, also fahrlässig gehandelt hat, oder ob er den Schaden bewusst oder gewollt herbeigeführt hat, also vorsätzlich gehandelt hat.

Fahrlässigkeit wird vor allem im Zivilrecht, im Strafrecht und bei Ordnungswidrigkeiten bewertet. Um dem Grad der Sorgfaltspflichtverletzung und die Schwere des Fehlverhaltens gerecht zu werden, gibt es verschiedene Stufen der Fahrlässigkeit. Diese Unterscheidung ist wichtig, da der Grad der Fahrlässigkeit Auswirkungen auf die rechtlichen Konsequenzen, insbesondere auf die Haftung im Zivilrecht oder die Höhe einer Strafe haben kann.

Im Zivilrecht wird im Allgemeinem zwischen der einfachen Fahrlässigkeit und der groben Fahrlässigkeit unterschieden. Eine einfache Fahrlässigkeit könnte zum Beispiel vorliegen, wenn ein Autofahrer bei leichtem Regen mit normaler Geschwindigkeit unterwegs ist, jedoch ein Schlagloch übersieht, schnell umlenkt, wegen der rutschigen Fahrbahn kurz die Kontrolle über sein Auto verliert und dadurch das Auto eines anderen beschädigt. Da er seine Geschwindigkeit nicht der Witterung angepasst hat, könnte hier einfache Fahrlässigkeit vorliegen, und die Versicherung könnte dem Fahrer eine Teilschuld aufbürden. Fährt ein Autofahrer dagegen über eine rote Ampel, ist das eine grobe Fahrlässigkeit. Der Fahrer hat ganz offensichtlich seine Sorgfaltspflicht verletzt, da Ampeln in der Regel gut sichtbare und unmissverständliche Signale im Straßenverkehr sind. Hinzu kommt die hohe Gefährdung anderer Verkehrsteilnehmer durch das Verhalten.

Im Arbeitsrecht wird die einfache Fahrlässigkeit zusätzlich in mittlere Fahrlässigkeit und leichteste Fahrlässigkeit unterteilt, um Haftungsfragen zu klären. Bei leichtester Fahrlässigkeit haften Arbeitnehmer nämlich nicht. Dabei handelt es sich um kleine Unaufmerksamkeiten, bei denen zwar ein Schaden entsteht, die aber im Arbeitsalltag vorkommen können. Etwa, wenn du aus Versehen eine Tasse Kaffee oder ein Glas Wasser über der Tastatur deines Arbeits-PC verschüttest. Mittlere Fahrlässigkeit kann dagegen vorliegen, wenn du vergisst, die Fenster zu schließen, und es nachts ins Büro hereinregnet, wodurch womöglich Telefone oder Rechner beschädigt werden. In diesem Fall könntest du anteilig am Schaden haften, der mit normaler Sorgfalt hätte verhindert werden können.

Im Strafrecht unterscheidet man zwischen bewusster Fahrlässigkeit und unbewusster Fahrlässigkeit. Eine bewusste Fahrlässigkeit liegt vor, wenn eine Person eine Handlung begeht und sich dabei der Gefahr bewusst ist, dass eine rechtswidrige Folge eintreten könnte– jedoch darauf vertraut, dass dies nicht passiert. Nehmen wir zum Beispiel einen Autofahrer, der auf einer engen, kurvenreichen Straße deutlich schneller fährt als erlaubt. Er weiß, dass die hohe Geschwindigkeit gefährlich ist und möglicherweise zu einem Unfall führen könnte, geht aber davon aus, dass er die Kontrolle über das Fahrzeug behalten wird und nichts passiert. Passiert dann dennoch ein Unfall, handelt der Fahrer bewusst fahrlässig, da er sich der Gefahr bewusst war, sie aber ignoriert hat. Bei einer unbewussten Fahrlässigkeit begeht eine Person eine Handlung, ohne sich der Gefahr bewusst zu sein, obwohl sie die Risiken aufgrund ihrer Kenntnisse, Fähigkeiten und der Umstände hätte erkennen können und in der Lage gewesen wäre, die Gefahr zu vermeiden. Stell dir vor, du streust im Winter den Gehweg vor deinem Haus nicht, weil du der Meinung bist, dass der Gehweg nicht glatt genug ist, um gefährlich zu sein. Tatsächlich rutscht jedoch ein Passant vor deinem Haus aus und verletzt sich. In diesem Fall war deine Handlung unbewusst fahrlässig. Die Pflicht zum Streuen oder zur Schneeräumung lag eindeutig bei dir. Wärst du aufmerksamer gewesen, hättest du die Gefahr erkennen und verhindern können.

Vorsatz

Vorsatz grenzt sich von Fahrlässigkeit durch die innere Einstellung des Täters ab. Bei der Fahrlässigkeit handelt eine Person, wie gesagt, ohne Absicht oder Bewusstsein; sie vertraut darauf, dass kein Schaden eintritt. Beim Vorsatz hingegen ist sich der Täter der Rechtswidrigkeit seiner Handlung bewusst oder nimmt die Tatsache, dass seine Handlung Schaden anrichten kann, zumindest billigend in Kauf. Wie bei der Fahrlässigkeit wird auch beim Vorsatz differenziert. Es gibt

- die Absicht,
- den direkten Vorsatz und
- den bedingten Vorsatz.

Bei der Absicht *(Dolus directus 1. Grades)* handelt ein Täter zielgerichtet und beabsichtigt den Erfolg seiner Handlung. Das Eintreten des Erfolgs ist der Hauptzweck seines Handelns. Beispiel: Ein Täter sticht gezielt auf eine Person ein, weil er beabsichtigt, sie zu töten. Es klingt merkwürdig, in diesem Fall vom »Erfolg« einer Handlung zu sprechen, aber es handelt sich eben um keine ethische, sondern um eine juristische Bewertung. Und in dieser ergibt diese Umschreibung Sinn.

Von einem direkten Vorsatz *(Dolus directus 2. Grades)* sprechen wir, wenn ein Täter sicher weiß, dass sein Handeln zum Erfolg führen wird, auch wenn dies nicht der Hauptzweck ist. Beispiel: Ein Bankräuber feuert einen Schuss in eine Menge, um zu entkommen. Er weiß, dass er dadurch jemanden verletzen wird, auch wenn dies nicht sein Hauptziel ist – das ist in diesem Fall die Flucht.

Bedingter Vorsatz *(Dolus eventualis)* liegt dann vor, wenn ein Täter es für möglich hält, dass sein Handeln zum Erfolg führen kann. Diesen Erfolg nimmt er billigend in Kauf. Hier ist keine feste Absicht erforderlich, sondern lediglich das Bewusstsein und die Inkaufnahme des Risikos. Beispiel: Ein paar Jugendliche werfen als Mutprobe Steine von einer Brücke auf eine stark befahrene Autobahn. Obwohl sie es nicht darauf anlegen, ein Fahrzeug zu treffen, muss ihnen klar sein, dass der Stein einen Wagen treffen und einen Unfall verursachen könnte. Indem sie die Steine werfen, nehmen sie diese Gefahr bewusst in Kauf.

Vorsätzlich begangene Taten werden regelmäßig härter bestraft als fahrlässige. Einige Straftatbestände im Strafgesetzbuch sind ausschließlich bei vorsätzlichem Handeln strafbar, während fahrlässiges Verhalten nur in speziellen Ausnahmefällen strafbar ist (beispielsweise fahrlässige Körperverletzung oder fahrlässige Tötung). Im Zivilrecht führt der Vorsatz häufig dazu, dass man für einen Schaden voll haftet. Außerdem können bei vorsätzlichem Handeln zusätzlich Schadensersatzforderungen für immaterielle Schäden (z. B. Schmerzensgeld) geltend gemacht werden, die bei einfacher Fahrlässigkeit möglicherweise entfallen. Viele Versicherungen schließen zudem die Leistung bei vorsätzlichem Handeln aus. Und selbst im Arbeitsrecht kann ein Vorsatz – etwa, wenn ein Mitarbeiter bewusst sensible Firmendaten an die Konkurrenz weitergibt – nicht nur eine fristlose Kündigung, sondern auch die Pflicht zum Schadensersatz gegenüber dem Arbeitgeber nach sich ziehen.

Einwilligung versus Zustimmung

Diese beiden Begriffe werden im Alltag oft durcheinandergebracht, bedeuten aber rechtlich etwas Unterschiedliches. Juristisch macht der Zeitpunkt den Unterschied.

Eine Einwilligung ist immer etwas, das du im Voraus gibst, zum Beispiel wenn du der Nutzung deiner Daten zustimmst oder eine medizinischen Behandlung vorher erlaubst.

Eine Zustimmung kann auch nachträglich erfolgen, etwa wenn ein Minderjähriger etwas gekauft hat und die Eltern später sagen: »Das passt, wir erlauben das im Nachhinein.« In solchen Fällen wird der Vertrag erst mit der Zustimmung wirksam.

Besitz versus Eigentum

»Meins ist meins« – so einfach ist das im Recht leider nicht. Besitz bedeutet, dass du eine Sache tatsächlich in der Hand oder unter Kontrolle hast – zum Beispiel wenn du ein Auto mietest. Eigentum dagegen ist das umfassende rechtliche Herrschaftsrecht: Du darfst mit der Sache grundsätzlich machen, was du willst – verkaufen, verschenken oder vernichten.

Das bedeutet: Man kann Besitzer sein, ohne Eigentümer zu sein (etwa als Mieter), und umgekehrt Eigentümer sein, ohne selbst im Besitz der Sache zu sein (z. B. wenn du dein Fahrrad verliehen hast).

Frist

Im Alltag sind Fristen oft unverbindlich (»Meld dich mal in zwei Wochen«). Im Recht aber sind Fristen ernst gemeint und genau geregelt. Ob es um eine Kündigung, einen Widerruf oder einen Widerspruch gegen einen Bescheid geht: Wenn du eine Frist verpasst, kann dein Anspruch oder dein Recht verfallen – selbst wenn du eigentlich im Recht wärst. Juristische Fristen beginnen und enden oft zu ganz bestimmten Zeitpunkten, und auch Wochenenden oder Feiertage können eine Rolle spielen. Deshalb lohnt es sich, Fristen immer genau zu notieren – und lieber zu früh als zu spät zu reagieren.

Verjährung

Viele glauben: »Ein Recht ist ein Recht – das hab ich für immer.« Aber das stimmt nicht ganz. Rechte können verjähren. Das heißt: Der Anspruch besteht zwar noch auf dem Papier, aber du kannst ihn nicht mehr vor Gericht durchsetzen, wenn sich die andere Seite ausdrücklich auf die Verjährung beruft.

Im Zivilrecht beträgt die regelmäßige Verjährungsfrist drei Jahre, und sie beginnt meist am Ende des Jahres, in dem der Anspruch entstanden ist. Es gibt aber auch kürzere und längere Fristen – je nach Art des Anspruchs. Deshalb ist es wichtig, sich frühzeitig zu kümmern, wenn man glaubt, etwas fordern zu können.

Abmahnung

Liegt eine Abmahnung im Briefkasten, ist bei vielen der Schreck erst mal groß. Dabei ist eine Abmahnung erst einmal nichts weiter als ein formeller Hinweis auf ein vermeintlich rechtliches Fehlverhalten. Mit der Abmahnung soll dem Adressaten die Möglichkeit gegeben werden, sein Verhalten anzupassen und eine Wiederholung der Rechtsverletzung zu vermeiden. Abmahnung spielen vor allem im Arbeitsrecht, im Wirtschaftsrecht (insbesondere im Wettbewerbs- und Markenrecht) und im Urheberrecht eine Rolle.

In Abmahnungen, die das Wettbewerbs-, Marken- oder Urheberrecht betreffen, wird der Adressat oft aufgefordert, eine Unterlassungserklärung abzugeben. Wer eine solche Erklärung unterschreibt, verspricht rechtlich bindend, das beanstandete Verhalten künftig zu unterlassen – und zumeist auch, eine Strafe zu zahlen, sollte er dagegen verstoßen. Mehr dazu erfährst du im Abschnitt »Internetrecht« (Seite 90). Im Arbeitsrecht hat die Abmahnung neben der Hinweisfunktion vor allem eine Warnfunktion. Sie signalisiert dem Arbeitnehmer, dass er bei Wiederholung seines Verhaltens mit arbeitsrechtlichen Konsequenzen bis hin zur Kündigung rechnen muss.

Wie du eine echte Abmahnung erkennst und am besten darauf reagierst, erfährst du noch genauer in den Abschnitten »Arbeitsrecht« (Seite 171) und erneut »Internetrecht« (Seite 90). Möchtest du dich anwaltlich beraten lassen, prüfe vorher, ob deine Rechtsschutzversicherung die Verteidigung gegen Abmahnungen abdeckt. Oft sind Abmahnungen im Urheberrecht, insbesondere wegen Filesharing, nicht Teil des Versicherungsschutzes – Abmahnungen im Miet- oder Arbeitsrecht dagegen schon.

RECHT BEKOMMEN

Auch für dich selbst kann die Abmahnung ein gutes erstes Mittel sein, um zum Beispiel gegen Verletzungen deines Persönlichkeitsrechts vorzugehen. Etwa wenn jemand online Lügen über dich verbreitet oder dich beleidigt.

Klage und einstweilige Verfügung

Wenn du dein Recht vor Gericht durchsetzen willst, brauchst du eine Klage – das ist der klassische Weg. Du beantragst, dass das Gericht prüft und entscheidet, ob dein Anspruch besteht. Das dauert aber oft Monate oder sogar Jahre. In diesem »Hauptsacheverfahren« wird vor Gericht festgestellt, ob die beklagte Partei (das können eine oder mehrere Personen bzw. Unternehmen sein) zur Vornahme oder Unterlassung einer bestimmten Handlung verpflichtet ist. Dazu findet eine vollständige Beweisaufnahme statt. Ergeht ein Urteil, kann es ganz normal vollstreckt werden. Mit einer Unterlassungsklage wird eine dauerhafte rechtssichere Klärung eines Konflikts angestrebt.

Wenn du aber sofort handeln musst, etwa weil jemand deine Online-Inhalte löscht, dich bedroht oder ein Konto sperrt, kannst du eine einstweilige Verfügung beantragen. Das ist eine Art schneller Rechtsschutz – quasi ein gerichtlicher »Stopp!«, der meist innerhalb weniger Tage und oft ohne mündliche Verhandlung erlassen wird.

Mit einstweiligen Verfügungen wird insbesondere im Wettbewerbsrecht, Presserecht und bei Verletzungen des Persönlichkeitsrechts gearbeitet. Eine einstweilige Verfügung gilt aber nur vorläufig, das heißt: Der beanstandete Sachverhalt wird erst später in einem Hauptsacheverfahren geklärt. Auch die Vollstreckung einer einstweiligen Verfügung ist daher immer nur vorläufig.

VERTRAGSRECHT

Kaufvertrag, Mietvertrag, Arbeitsvertrag ... Mit Verträgen und dem mit ihnen verbundenen Vertragsrecht wirst du in deinem Alltag ständig konfrontiert. Daher lohnt es sich zu wissen, wie Verträge grundsätzlich funktionieren. Unter welchen Bedingungen können Verträge geschlossen werden? Wann gelten sie als erfüllt? Was, wenn etwas schiefläuft – welche Rechte hast du dann? Und wie können Verträge beendet oder angefochten werden?

Das Vertragsrecht ist einer der zentralen Bestandteile in unserem Rechtssystem und dort konkret im Zivilrecht. Es ermöglicht Parteien, ihre Rechtsbeziehungen eigenverantwortlich zu gestalten. Obwohl das Vertragsrecht immer nur zwischen den Vertragspartnern (meist zwei) und nicht generell gilt, ist es verbindlich und kann mit staatlicher Hilfe durchgesetzt werden. Wesentliches Merkmal des Vertragsrechts ist die Vertragsfreiheit. Parteien haben grundsätzlich die Freiheit, über den Inhalt und die Form ihrer Verträge zu entscheiden – es sei denn, sie verstoßen damit gegen gesetzliche Vorschriften oder die guten Sitten.

Allgemeine Vertragsgrundlagen: Wie entsteht ein Vertrag?

Damit ein Vertrag zustande kommt, bedarf es zweier Willenserklärungen, dem Angebot und der Annahme (§§ 145 ff. BGB). Zu einem Angebot gehören stets alle wesentlichen Vertragsbestandteile, die sogenannten »Essentialia negotii«. Das Angebot muss verbindlich sein, sodass der Empfänger es seinerseits annehmen kann. Ein Preisschild in einer Schaufensterauslage gilt zum Beispiel juristisch noch nicht als rechtsverbindliches Angebot, sondern lediglich als eine Aufforderung an einen potenziellen Käufer, ein Angebot für die Ware abzugeben, eine sogenannte »Invitatio ad offerendum«. Unter der Annahme versteht man die uneingeschränkte Zustimmung des Empfängers zum Angebot. Zusammen führen Angebot und Annahme zum Zustandekommen eines Vertrages. Allerdings nur, wenn bei beiden Parteien Handlungswille, Rechtsbindungswille und Geschäftswille vorhanden sind.

Der Handlungswille bedeutet, dass jemand überhaupt bewusst handelt. Das fehlt zum Beispiel wenn man nur aus Reflex mit der Hand gezuckt hat, weil man niesen musste, und ein Auktionator missversteht das als den Willen, ein Gebot abzugeben. Der Handlungswille fehlt daher eher selten – denkbar wären zum Beispiel auch Fälle einer Hypnose.

Der Rechtsbindungswille leitet sich aus dem Bewusstsein darüber ab, dass mit der Erklärung eine rechtliche Verpflichtung eingegangen wird (siehe das Beispiel von Preisschildern in Schaufensterauslagen). Auch den Kostenvoranschlägen, die dein Zahnarzt für größere Arbeiten erstellt, fehlt es erst einmal am Rechtsbindungswillen. Sie sind daher nicht rechtsverbindlich, weshalb die Rechnung hinterher leider oft auch etwas höher ausfällt (wobei es auch hier Grenzen gibt, die im Kapitel über Verträge mit Handwerkern und Dienstleistern auf Seite 68 aufgeführt sind).

Im Geschäftswillen drückt sich die Bereitschaft beider Parteien aus, eine bestimmte Rechtsfolge einzugehen, also zum Beispiel einen Kauf- oder Mietvertrag tatsächlich abzuschließen und zu unterzeichnen.

Schriftform und mündlicher Vertrag: Was sind die Unterschiede?

Apropos unterzeichnen: Eine Unterschrift ist meist nicht zwingend für das Zustandekommen eines Vertrages. Wenn das Gesetz keine anderen Formvorschriften vorgibt, braucht es nicht einmal ein einziges geschriebenes Wort, um einen Vertrag zu schließen. Auch mündliche Erklärungen reichen grundsätzlich völlig aus.

Und teilweise braucht es nicht einmal das: Auch das sogenannte »konkludente Handeln« kann dazu führen, dass ein Vertrag abgeschlossen wird, sofern einer aktiven Handlung die drei Elemente Erklärungs-, Rechtsbindungs- und Geschäftswille zu entnehmen sind. Um den Beförderungsvertrag mit deiner örtlichen Verkehrsgesellschaft abzuschließen, reicht es, dass du in Bus oder Straßenbahn einsteigst. Indem du eine Zeitung am Kiosk auf den Tresen legst, signalisierst du, dass du sie kaufen willst. Und der Kaufvertrag im Supermarkt kommt spätestens beim Bezahlen zustande, da dein Verhalten und das des Verkäufers schlüssig ist.

Was aber (bis auf wenige Ausnahmen im Geschäftsverkehr) grundsätzlich nie zu einem Vertrag führt: Schweigen. Dieses darf nicht automatisch mit Zustimmung gleichgesetzt werden.

Für bestimmte Rechtsgeschäfte gilt jedoch tatsächlich das Schriftformerfordernis, zum Beispiel für:

- befristete Arbeitsverträge
- Arbeitnehmerüberlassungsverträge
- Staffel-, Index- und Zeitmietverträge
- Grundstückskaufverträge
- Eheverträge

Schriftform ist das, wie man sich Verträge klassisch vorstellt: ein Dokument mit dem Vertragsinhalt, das von den Vertragsparteien handschriftlich unterschrieben ist. Die Schriftform kann unter bestimmten Umständen durch die elektronische Form ersetzt werden. Allerdings bedarf es dazu einer qualifizierten elektronischen Signatur, welche die eigenhändige Unterschrift ersetzt. Normale E-Mails zum Beispiel enthalten keine qualifizierte elektronische Signatur.

Die Formvorschrift sollte eingehalten werden, da ein Verstoß dagegen grundsätzlich zur Nichtigkeit des Vertrags (§ 125 BGB) führt. Es sei denn, das Gesetz sieht ausdrücklich etwas anderes vor.

Grundstücksverkäufe, Erbverträge oder Eheverträge bedürfen einer besonderen Schriftform: die der notariellen Beurkundung. Bei dieser müssen die Vertragspartner vor dem Notar, der auch die Niederschrift des Vertrags erstellt, anwesend sein. Die Vertragspartner unterschreiben den Vertrag in Anwesenheit des Notars.

Etwas weniger kompliziert ist die öffentliche Beglaubigung. Bei dieser handelt es sich um die amtliche Bestätigung eines Notars, mit der die Echtheit einer Unterschrift oder einer Abschrift (Kopie) sichergestellt wird.

Zugangsregeln: Wann werden Verträge rechtswirksam?

Doch nicht immer sind beide Vertragspartner am selben Ort und bekommen unmittelbar mit, wenn ein anderer ihnen ein Angebot macht. Häufig läuft das heutzutage über E-Mail, teilweise – bei wichtigen Verträgen – auch über den Postweg. Dann stellt sich eine nächste wichtige Frage, und zwar, ob beziehungsweise wann ein Angebot oder eine Annahme zugegangen sind. Dieses Problem stellt sich übrigens nicht nur bei Verträgen, sondern besonders bei sogenannten »einseitigen Willenserklärungen« wie Kündigungen. Hier behaupten die Empfänger häufig, dieses unangenehme Schreiben nie erhalten zu haben.

Eine Willenserklärung gilt als »zugegangen«, wenn sie so in den »Machtbereich« des Empfängers gelangt, dass dieser sie unter normalen Umständen zur Kenntnis nehmen kann. Ein schriftliches Angebot gilt zum Beispiel als zugegangen, wenn es in den Briefkasten des Empfängers eingeworfen wurde und dieser unter normalen Umständen die Gelegenheit hatte, seinen Briefkasten zu leeren. Eine Willenserklärung, die per E-Mail erfolgt, gilt als zugegangen, sobald sie im Postfach des Empfängers eingegangen und während der üblichen Geschäftszeiten abrufbar ist. Für E-Mails, die außerhalb der Geschäftszeiten eintreffen, gilt der Zugang in der Regel am nächsten Arbeitstag als erfolgt.

Diese Zugangsregeln sind wichtig, weil sich aus ihnen zum Beispiel Fristen wie das 14-tägige Rücktrittsrecht ableiten können. Gilt eine Rabattaktion nur bis zu einem bestimmten Tag, spielt der Zeitpunkt der Abgabe und der Annahme der Willenserklärung ebenfalls eine Rolle.

Essentialia negotii: Die Kernpunkte eines Vertrages

Damit ein Vertrag gilt, muss beiden Parteien eindeutig klar sein, worum es im Vertrag eigentlich geht. Damit die eine Partei die andere nicht so leicht über den Tisch ziehen kann, muss ein Vertrag bestimmte Kernpunkte, die sogenannten Essentialia negotii, enthalten. Ohne sie gilt ein Vertrag als nicht vollständig und ist nicht wirksam geschlossen. In einem Kaufvertrag darf zum Beispiel der Kaufpreis nicht fehlen. Außerdem müssen Kaufsache und Vertragsparteien eindeutig benannt sein. In einem Mietvertrag müssen als Kernpunkte Mietsache, Mietzins, Vertragsparteien und Mietdauer (fehlt sie, ist der Vertrag unbefristet) enthalten sein.

Neben den Essentialia negotii enthält ein Vertrag in der Regel weitere zusätzlich verhandelbare Bestandteile. Diese Vertragsklauseln haben keinen grundsätzlichen Einfluss darauf, ob ein Vertrag wirksam ist oder nicht. Sie sind allerdings hilfreich, um für Transparenz und Sicherheit zu sorgen und den Vertragsgegenstand zu konkretisieren. In einem Kaufvertrag sind das zum Beispiel die Lieferzeit oder Lieferbedingungen, die Zahlungsbedingungen, zusätzliche Garantien, die über die gesetzliche Gewährleistung hinausgehen, oder aber Rücktrittsrechte und Haftungsbeschränkungen.

Sind in einem Vertrag bestimmte Themen nicht geregelt, greifen automatisch die allgemeinen gesetzliche Bestimmungen zum jeweiligen Thema. Finden sich in einem Kaufvertrag keine Informationen zum Gewährleistungsanspruch, heißt das nicht, dass du keinen hast. Fehlen in deinem Arbeitsvertrag die Kündigungsfristen oder Urlaubsregeln, gelten für dich automatisch die gesetzlichen Kündigungsfristen und Urlaubsregeln. Dank der gesetzlichen Regeln müssen Vertragsparteien nicht sämtliche Einzelheiten ausdrücklich regeln. Das erleichtert mitunter den Vertragsabschluss, ohne dass die Rechtssicherheit für eine der Parteien darunter leidet.

Geschäftsfähigkeit

Damit ein Vertrag zustande kommen kann, müssen beide Vertragsparteien geschäftsfähig sein. Als Geschäftsfähigkeit wird die Fähigkeit einer Person bezeichnet, wirksam Willenserklärungen abzugeben und somit rechtsverbindliche Geschäfte abzuschließen. Personen, die das 18. Lebensjahr vollendet haben und bei denen keine relevanten geistigen Einschränkungen vorliegen, gelten als voll geschäftsfähig (§ 2 BGB).

Kinder und Jugendliche zwischen 7 und 18 Jahren gelten als beschränkt geschäftsfähig (§ 106 BGB). Sie dürfen grundsätzlich nur mit Zustimmung ihrer gesetzlichen Vertreter (z. B. Eltern) rechtswirksame Verträge abschließen. Hat ein Jugendlicher ohne vorherige Zustimmung der Eltern einen Fitnessstudiovertrag geschlossen, können die Eltern diesen auch noch im Nachhinein genehmigen – oder ablehnen.

Bis zu einer endgültigen Entscheidung der Eltern gilt das Geschäft als »schwebend unwirksam«. Die Zustimmung muss der Vertragspartner anfordern und darf hier auch eine Frist setzen. Lehnen die Eltern ab beziehungsweise verweigern sie ihre Zustimmung, schaut der Vertragspartner in die Röhre und das Geschäft muss komplett rückgängig gemacht werden. Der Jugendliche durfte also letztlich umsonst trainieren.

Aber es gibt Ausnahmen wie den sogenannten Taschengeldparagrafen (§ 110 BGB). Der besagt, dass Verträge mit Kindern eben doch wirksam sind, »wenn der Minderjährige die vertragsmäßige Leistung mit Mitteln bewirkt, die ihm zu diesem Zweck oder zu freier Verfügung von dem Vertreter oder mit dessen Zustimmung von einem Dritten überlassen worden sind«. Mit den Dritten sind meistens Oma und Opa gemeint, die dem Enkel beim Besuch immer mal mehr oder weniger heimlich zehn Euro zustecken. Damit darf man sich dann Süßigkeiten kaufen – aber kein neues Handy auf Raten.

Kleinkinder unter 7 Jahren sowie Menschen, die sich in einem dauerhaften Zustand krankhafter Störung der Geistestätigkeit befinden, sind geschäftsunfähig (§ 104 BGB) und können überhaupt keine rechtlich wirksamen Erklärungen abgeben. Auch Menschen mit schweren psychischen Erkrankungen wie etwa Schizophrenie oder Alzheimer können – je nach Einzelfall – längerfristig geschäftsunfähig sein (§ 104 Nr. 2 BGB). Für sie wird dann meist ein gesetzlicher Betreuer bestellt.

Und dann gibt es noch die vorübergehende Geschäftsunfähigkeit. Sie gilt für Personen – auch volljährige –, die sich vorübergehend in einem Zustand befinden, der ihre Geschäftsfähigkeit einschränkt. Das kann zum Beispiel durch den Einfluss von zu viel Alkohol der Fall sein oder weil bestimmte Medikamente so stark wirken, dass das Bewusstsein getrübt ist und somit die Geschäftsfähigkeit als eingeschränkt gilt (§ 105 Abs. 2 BGB).

Gesetzliche Verbote

Damit Verträge gelten, müssen sie weitere Voraussetzungen erfüllen. Sie dürfen zum Beispiel nicht gegen geltende Verbote verstoßen (§ 134 BGB). Tun sie es doch, sind sie nichtig. Kaufst du zum Beispiel ein Fahrrad, von dem du weißt, dass es zuvor gestohlen wurde, kannst du dich später, falls die Polizei oder der rechtmäßige Besitzer vor deiner Tür stehen sollte und es wiederhaben wollen, nicht darauf berufen, das Fahrrad ordnungsgemäß bezahlt zu haben. Der Kaufvertrag, den du abgeschlossen hast, ist nichtig, da Hehlerei, also der Ankauf rechtswidrig erlangter Güter, gemäß § 259 StGB verboten ist.

Verstößt ein Vertrag gegen die guten Sitten, ist er ebenfalls nichtig (§ 138 Abs. 1 BGB). Mit dieser sogenannten Generalklausel will der Gesetzgeber einen grundsätzlichen rechtlichen Maßstab schaffen, da es schlicht nicht möglich ist, alle Möglichkeiten des Missbrauchs durch konkrete Verbote auszuschließen. Was genau diese »guten Sitten« sind, definiert der Gesetzgeber daher nicht näher. Vielmehr bilden die guten Sitten die jeweils herrschende Rechts- und Sozialmoral ab, wobei sowohl besonders strenge Anschauungen als auch besonders laxe Einstellungen ausgeklammert werden. Als sittenwidrig gelten etwa Knebelverträge, die besonders lange Kündigungsfristen enthalten und somit für ein unausgewogenes Vertragsverhältnis sorgen. Verträge, in denen ein Vertragspartner den Mangel an Urteilsvermögen oder die Zwangslage eines anderen ausnutzt, um einen ungemessenen Wucherpreis durchzusetzen, können wegen Wuchers als nichtig eingestuft werden (§ 138 Abs. 2 BGB).

Rechtsgeschäfte, die gegen Gesetze verstoßen oder sittenwidrig sind, werden so behandelt, als hätte es den Vertrag nie gegeben. Das heißt, dass zum Beispiel Verpflichtungen aus dem Vertrag unwirksam sind und Ansprüche nicht durchgesetzt werden können. Eventuell bereits erbrachte Leistungen müssen rückabgewickelt werden. Für Schäden, die durch die Nichtigkeit des Vertrags entstanden sind, kann allerdings – je nachdem, warum der Vertrag nichtig war und wer die Schuld daran trägt – gehaftet werden.

AGB (Allgemeine Geschäftsbedingungen): Keine Angst vorm Kleingedruckten

Allgemeine Geschäftsbedingungen? Sind das nicht diese viel zu klein gedruckten Texte, die vielen Verträgen beigefügt sind, und die nie jemand liest? Bei jedem Online-Kauf, Versicherungsabschluss, der Buchung einer Reise oder beim Mieten eines Mietwagens stimmst du in der Regel den Allgemeinen Geschäftsbedingungen des Unternehmens zu, mit dem du gerade einen Vertrag abschließt.

Diese AGB haben den Zweck, die Vertragsgestaltung zu erleichtern. Es handelt sich dabei um vorformulierte Vertragsbedingungen. Die dort enthaltenen Klauseln müssen also nicht für alle Verträge einzeln ausgehandelt werden. AGB kommen immer dann zum Einsatz, wenn ein Unternehmen eine Vielzahl an ähnlichen Verträgen abschließen möchte. Typische Themen, die in AGB geregelt sind, sind die Beschreibung der angebotenen Ware oder Dienstleitung, Zahlungsbedingungen, Regelungen zu Versandkosten oder aber Gewährleistungsrechte sowie Haftungsausschlüsse und -beschränkungen. Dabei ersetzen die AGB den Vertrag nicht, sondern gelten immer nur in Kombination mit dem Vertrag, für den sie eingesetzt werden.

Damit AGB gelten, müssen sie wirksam in den Vertrag mit einbezogen sein. Der Verwender der AGB muss die andere Vertragspartei vor oder spätestens bei Vertragsschluss ausdrücklich darauf hinweisen, dass seine AGB Teil des Vertrags werden sollen, und eine Möglichkeit einräumen, die AGB zur Kenntnis zu nehmen. Außerdem muss sich der Vertragspartner mit ihrer Geltung einverstanden erklären. Dazu muss er aber nicht aktiv zustimmen. Es genügt, wenn sein Verhalten als Einverständnis zu werten ist. Bei Online-Verträgen nutzen die Anbieter aus Beweisgründen aber meist Häkchen, die die Kunden aktiv anklicken müssen.

Dafür, dass mit den AGB kein Schindluder getrieben werden kann, sorgt eine Reihe an Bestimmungen. So dürfen die Klauseln in den AGB für den Vertragspartner nicht überraschend oder ungewöhnlich sein (§ 305c Abs. 1 BGB). Sie müssen erwartbar sein. Es ist auch nicht zulässig, einen Vertragspartner durch die AGB unangemessen zu benachteiligen (§ 307 BGB). In seinen AGB eine Gewährleistungsfrist von sechs Monaten festlegen, obwohl die gesetzlich festgeschriebene Gewährleistungsfrist mindestens zwei Jahre beträgt? Das ist nicht möglich. Zudem gibt es diverse explizite Klauselverbote, wonach gewisse AGB direkt unwirksam sind (§§ 308 u. 309 BGB). Etwa unangemessene Zahlungsfristen oder sachlich nicht gerechtfertigte Rücktrittsvorbehalte. Auch der Versuch, einen Haftungssauschluss bei grober Fahrlässigkeit mittels AGB zu erreichen, ist nicht möglich. Das Unternehmen haftet dann trotzdem.

Es kann vorkommen, dass in einer AGB eine Klausel steht, von der ein Teil unwirksam ist, während der Rest eigentlich rechtskonform ist. In diesem Fall wird der sogenannte »Blue Pencil Test« gemacht. Kann der unwirksame Teil der Klausel weggestrichen werden und ergibt der restliche Teil der Klausel für sich genommen noch Sinn, bleibt dieser Teil wirksam. Bleibt nach dem Test jedoch nur noch ein verstümmelter Halbsatz über, ist die gesamte Klausel unwirksam und es gilt wieder das Gesetz. Viele AGB enthalten am Ende daher auch eine sogenannte salvatorische Klausel, die besagt, dass bei Unwirksamkeit einzelner Klauseln der Restvertrag bestehen bleibt. Diese Klausel ist eigentlich unnötig, da sie eigentlich nur wiederholt, was ohnehin in § 306 I BGB festgelegt ist.

RECHT BEKOMMEN

Gibt es Individualabsprachen in einem Vertrag, die den AGB widersprechen, hat die individuell ausgehandelte Klausel immer Vorrang (§ 305b BGB). Hast du zum Beispiel per Mail mit einem Händler vereinbart, dass er die Rücksendekosten für ein von dir bestelltes Produkt übernimmt, obwohl in seinen AGB steht, dass der Käufer die Rücksendekosten selbst tragen muss, gilt die individuelle Vertragsabrede.

Widerruf, Anfechtung, Rücktritt und Kündigung: Wie komme ich aus einem Vertrag wieder raus?

Wer einen Vertrag auflösen will, hat dafür verschiedene Mechanismen zur Verfügung: den Widerruf, die Anfechtung, den Rücktritt vom Vertrag oder die Kündigung. Das geht natürlich nur, wenn auch die Voraussetzungen dafür vorliegen.

Widerruf

Die Möglichkeit, einen Vertrag zu widerrufen, besteht vor allem bei Verträgen, die Verbraucher nicht in Geschäftsräumen abschließen. Das können Haustürgeschäfte oder Geschäfte über Internet, Telefon oder Brief – sogenannte Fernabsatzgeschäfte – sein. Also immer, wenn du ein Paket bei Amazon, Zalando & Co. bestellst. Die gesetzliche Widerrufsfrist beträgt 14 Tage. Manche Anbieter wie Amazon verlängern diese Frist aber – ab Tag 15 zu ihren Bedingungen – auf 30 Tage. Der Vertrag darf dann ohne Angabe von Gründen widerrufen werden. Allerdings musst du die Kosten für die Rücksendung der Ware übernehmen (§ 357 Abs. 6 Satz 1 BGB), es sei denn, der Verkäufer ist kulant oder holt die Ware bei dir ab. Nach einem Widerruf kommt es zu einer klassischen Rückabwicklung des Vertrags: Das heißt, du schickst die neu bestellten Schuhe oder Klamotten zurück und Amazon überweist dir dein Geld zurück. Welche Grenzen das Widerrufsrecht hat, darauf gehe ich im Kapitel über das Kaufrecht (Seite 56) detaillierter ein.

Anfechtung

Manchmal passieren auch Fehler beim Abschluss von Verträgen – unter Umständen können diese einen Anfechtungsgrund darstellen (§§ 119 ff. BGB). Anfechtungsgründe sind zum Beispiel der Inhaltsirrtum, der Erklärungsirrtum, der Eigenschaftsirrtum sowie arglistige Täuschung oder widerrechtliche Drohung. Erfolgreich angefochtene Verträge gelten als von Anfang an nichtig. Das bedeutet, man muss alles zurückgeben, was man im Rahmen des Vertrags ausgetauscht hat.

Ein Inhaltsirrtum liegt zum Beispiel vor, wenn du in einer Kölner Kneipe einen »halven Hahn« bestellst und tatsächlich glaubst, ein gegrilltes Hühnchen zu bekommen statt des Käsebrotes, das dir der Kellner servieren wird. Vertippt ein Verkäufer sich bei einem Preis und bietet eine Ware dadurch wesentlich günstiger an, als diese wert ist, handelt es sich um einen Erklärungsirrtum. In diesem Fall hat der Käufer kein Recht, das Produkt zu diesem Preis zu erwerben. Ein Eigenschaftsirrtum könnte dann vorliegen, wenn du einen golden schimmernden Ring kaufst, sich hinterher jedoch herausstellt, dass der Ring nur aus Messing ist. Liegt einer der genannten Irrtümer vor, musst du den Irrtum sofort – ohne schuldhaftes Zögern – anfechten, um den Vertrag auflösen zu können.

Bei diesen Gründen für eine Anfechtung – wenn man also selbst einen Fehler gemacht hat, den der andere nicht kannte oder hätte kennen müssen – kann man sich aber schadensersatzpflichtig machen (§ 122 BGB). Man muss dem anderen Vertragspartner dann den Schaden ersetzen, den er hatte, weil er auf das Geschäft vertraut hat, maximal jedoch den Wert der versprochenen Leistung. Etwa, wenn du ein kaputtes Auto doch nicht mehr reparieren lassen willst und der Monteur bereits ein Ersatzteil bestellt hatte, das er nun nicht mehr zurückgeben kann.

Verkauft dir ein Gebrauchtwagenhändler ein Auto und verschweigt im Verkaufsgespräch trotz Nachfrage, dass dieses einen Unfall hatte, handelt es sich um einen Fall arglistiger Täuschung. Auch ein manipulierter Kilometerstand am Tacho wäre eine Täuschung und somit ein Grund, den Vertrag anzufechten. Hier hast du auch viel länger Zeit, nämlich ein Jahr, nachdem du den Grund für die Anfechtung entdeckt hast (§ 124 BGB).

Das Thema eines Vertragsabschlusses unter Drohung wirkt auf den ersten Blick weit hergeholt. So etwas mag vielleicht unter Ganoven vorkommen, aber im normalen Alltag? So unrealistisch ist ein solches Drohszenario jedoch nicht. Ein Beispiel: Ein Arbeitgeber will einen Arbeitnehmer entlassen und legt ihm deshalb einen Aufhebungsvertrag vor. Damit der Arbeitnehmer diesen unterschreibt, droht der Arbeitgeber, dass er im Falle einer Nichtunterzeichnung – vielleicht auch wegen eines früheren vermeintlichen Fehlverhaltens – eine fristlose Kündigung aussprechen werde, obwohl er weiß, dass er eigentlich keinen Kündigungsgrund hätte. Auch hier kann die unter Drohung zustande gekommene Unterschrift unter den Aufhebungsvertrag angefochten werden. Und zwar wie im Fall einer Täuschung binnen Jahresfrist.

Rücktritt

Die Möglichkeit zum Rücktritt von einem Vertrag besteht immer dann, wenn ein Vertragspartner die Leistung nicht erbracht hat (§ 323 BGB) oder eine wesentliche Leistungspflicht verletzt hat – etwa die Lieferung einer mangelhaften Ware. Wann eine Ware als mangelhaft gilt, führe ich im Kaufrecht (Seite 56) näher aus. Ein Rücktritt vom Vertrag kann meist nicht sofort erfolgen. In der Regel muss eine Frist zur Leistung oder Nacherfüllung gesetzt werden (§ 323 Abs. 1 BGB). Ist die Frist verstrichen, kann der Rücktritt vom Vertrag erfolgen. Dieser wird in ein sogenanntes Rückgewährschuldverhältnis umgewandelt. Das heißt nichts anderes, als dass zum Beispiel das Geld, das für eine nicht gelieferte Ware gezahlt wurde, zurückgezahlt werden muss. Neben dem Rücktritt kann ein Vertragsbruch jedoch noch andere Rechtsfolgen nach sich ziehen, zum Beispiel Schadens- oder Aufwendungsersatz.

Kündigung

Verträge, die für einen längeren Zeitraum gelten (sog. Dauerschuldverhältnisse) können unter Einhaltung der Kündigungsfrist auch klassisch gekündigt werden. Das gilt zum Beispiel für Miet- und Arbeitsverträge oder aber für Abonnements von Streamingdiensten. Oft haben solche Verträge eine Mindestlaufzeit und verlängern sich automatisch um diese. 2022 wurden hier aber die Rechte von Verbrauchern gestärkt, sodass nach Ablauf der ersten Vertragslaufzeit eine automatische Verlängerung um bis zu zwölf Monate nicht mehr bei allen Verträgen möglich ist (siehe Abonnements, Seite 63). In bestimmten Fällen steht dir außerdem ein Sonderkündigungsrecht zu, welches die im Vertrag festgelegten Laufzeiten aushebelt. Zum Beispiel wenn der Vertragspartner – etwa dein Stromlieferant, ein Versicherungsunternehmen oder dein Vermieter – die Preise erhöhen möchte. In diesem Fall kannst du einen Vertrag auch vor Vertragsende kündigen.

RECHT BEKOMMEN

Achte bei einer Kündigung immer auch auf die geforderte (Schrift-)Form. Arbeits- und Mietverträge müssen zum Beispiel immer schriftlich gekündigt werden. Strom- oder Versicherungsverträge kannst du dagegen auch online oder per Mail kündigen.

Vertragsbruch: Welche Rechte hast du?

Wird ein Vertrag verletzt, nennt man das auch »Leistungsstörung«. Typisch sind hier die folgenden drei Fälle: Der Schuldner liefert zu spät (Schuldnerverzug), zu schlecht (Schlechtleistung) – oder gar nicht (Nichtleistung).

Zum Schuldnerverzug kann es kommen, wenn zum Beispiel ein Händler eine Ware nicht innerhalb der vereinbarten Lieferfrist liefert oder umgekehrt der Käufer nicht innerhalb der vereinbarten Zahlungsfrist zahlt. Meist muss dem Verzug zwar noch eine Mahnung vorausgehen (§ 286 BGB), jedoch eben nicht, wenn ein konkreter Tag für die Leistung vereinbart war.

Schlechtleistung liegt vor, wenn eine Leistung nur mangelhaft erbracht worden ist. Liegt ein Mangel vor, hat der Vertragspartner umfassende Rechte. Welche genau, hängt von der Art des Vertrags ab. Zu den wichtigsten gehören der bereits bekannte Rücktritt vom Vertrag, die ebenfalls erwähnte Nacherfüllung, die Minderung des Kaufpreises und der Aufwendungs- oder der Schadensersatz. Letzterer kann »statt der Leistung« oder »neben der Leistung« verlangt werden.

Bei der Nichtleistung kannst du auf Erfüllung des Vertrags bestehen, diese sogar per Leistungsklage gerichtlich durchsetzen oder eine Frist zur Erfüllung setzen. Wird die Leistung noch immer nicht erbracht, kannst du vom Vertrag zurücktreten und eventuell Schadensersatz geltend machen.

Beim Schadensersatz »statt der Leistung« muss die Leistung nicht mehr erbracht werden. Der Schadensersatz ersetzt die Leistung. Beim Schadensersatz »neben der Leistung« können auch Schäden geltend gemacht werden, die zusätzlich durch die Vertragsverletzung entstanden sind. Stell dir vor, du hast eine Waschmaschine gekauft. Diese wäscht nicht richtig, weil die Elektronik kaputt ist. Schlimmer noch: Die Waschmaschine ist aufgrund ihres Defekts ausgelaufen und hat für einen Wasserschaden in deinem Badezimmer gesorgt. Die Kosten für die Beseitigung solltest du mit der Forderung nach Schadensersatz »neben der Leistung« geltend machen. Die eigentliche Leistung – eine funktionsfähige Waschmaschine – schuldet dir der Händler weiterhin. Und damit sind wir thematisch auch schon mitten im Kaufrecht.

Kaufrecht und Online-Verträge

Die vorgestellten Grundsätze des Vertragsrechts gelten selbstverständlich auch und besonders im Kaufrecht. Der Kaufvertrag ist wohl der häufigste aller Verträge. Damit so ein Kaufvertrag wirksam zustande kommt, müssen die Vertragspartner daher geschäftsfähig sein, sich an die Formvorgaben halten, entsprechende AGB wirksam im Vertrag einschließen oder bei Schlecht- oder Nichterfüllung nachbessern oder gar Schadensersatz leisten.

In diesem Kapitel schauen wir zusätzlich auf ein paar wichtige Details im Kaufrecht. Wie sollte ein Kaufvertrag aufgebaut sein? Was musst du als Käufer oder Verkäufer bei Privatverkäufen in Sachen Haftung beachten? Welche speziellen Rechte hast du beim Online-Kauf beziehungsweise beim Kauf digitaler Güter? Welche Grenzen gibt es beim Widerrufsrecht? Was ist der Unterschied zwischen Garantie und Gewährleistung? Welche Mängel gibt es und wer haftet dafür?

Kaufvertrag: Was musst du beachten?

Bei den meisten Alltagskäufen ist es nicht notwendig, einen schriftlichen Kaufvertrag abzuschließen – meist werden solche Verträge mündlich geschlossen. Etwa, wenn du zum Bäcker gehst und Brötchen kaufst (siehe auch »Schriftform und mündlicher Vertrag«, Seite 45). Bei größeren Anschaffungen wie dem Kauf eines Autos von einem privaten Anbieter kann es jedoch ratsam sein, einen schriftlichen Kaufvertrag abzuschließen, um auf Nummer sicher zu gehen. Auch, wenn das Gesetz hier keine Schriftform vorsieht. Auch beim Kauf eines Tieres kann es sinnvoll sein, in einem Kaufvertrag in der Beschreibung des Kaufgegenstandes über Krankheiten, Impfungen oder Zucht zu informieren. Um einen solchen Kaufvertrag aufzusetzen, kannst du dich an diesem Aufbau orientieren:

Vertragsbestandteil	**Was sollte drinstehen**
Vertragsparteien	Name und Anschrift von Käufer und Verkäufer
Kaufgegenstand	Genaue Bezeichnung des Kaufgegenstands und der Menge, Beschreibung des Zustands des Kaufgegenstandes (neu, gebraucht, Nennung evtl. vorhandener Mängel oder spezieller Gebrauchsspuren)
Kaufpreis	Höhe des Kaufpreises, Währungsangabe und die zu zahlende Mehrwertsteuer
Zahlungsbedingungen	Zahlungsziel (Datum) und Zahlungsweise (per Rechnung, Vorkasse etc.)
Lieferbedingungen	Wann und wie wird die Kaufsache übergeben?
Gewährleistung	Welche Gewährleistungsrechte hat der Käufer?
Eigentumsvorbehalt	Hinweis, dass der Kaufgegenstand dem Verkäufer erst gehört, wenn er vollständig bezahlt ist
Umtausch	Gibt es ein Umtauschrecht? Wenn ja, unter welchen Bedingungen?
Allgemeine Geschäftsbedingungen (AGB)	Wirksame Einbeziehung der AGB in den Kaufvertrag
Formalitäten	Angabe von Ort und Datum, Unterschriften von Käufer und Verkäufer

Was tun bei Mängeln?

Kaufst du eine Ware, muss sie so beschaffen sein wie vom Verkäufer beschrieben oder wie zwischen euch vereinbart. Ist sie das nicht, liegt womöglich ein Mangel vor. Das Recht unterscheidet verschiedene Arten von Mängeln und gibt dir verschiedene Möglichkeiten an die Hand, gegen einen Mangel vorzugehen.

Gewährleistung

Die Gewährleistung (auch Mängelhaftung genannt) ist gesetzlich vorgeschrieben (§§ 434 ff. BGB). Ihr zufolge haftet ein Verkäufer dafür, dass die Ware bei Übergabe frei von Sach- und Rechtsmängeln ist. Einen *Sachmangel* hat die

Ware, wenn sie physische oder funktionale Mängel aufweist. Etwa wenn die Ware von der vereinbarten Beschaffenheit abweicht. Der Händler hat dir ein Laptop mit einer Verkleidung aus gebürstetem Aluminium versprochen und liefert nur Plastik? Das ist ein Sachmangel. Ebenso wie bei der als wasserdicht angepriesenen Smartwatch, die den ersten Tauchgang nicht überlebt. Was alles als Sachmangel gilt, ist in § 434 BGB genau beschrieben:

Art des Sachmangels nach § 434 BGB	**Praktisches Beispiel**
Abweichung von der vereinbarten Beschaffenheit (§ 434 Abs. 2 Satz 1 Nr. 1 BGB)	Ein Käufer erwirbt ein Smartphone, das laut Vertrag über 128 GB Speicher verfügen soll. Tatsächlich hat das Gerät jedoch nur 64 GB Speicher.
Fehlende Eignung für die vertraglich vorausgesetzte Verwendung (§ 434 Abs. 2 Satz 1 Nr. 2 BGB)	Ein Unternehmen kauft einen Drucker, um Etiketten auf speziellen Kunststofffolien zu drucken. Der Drucker ist jedoch nicht in der Lage, auf diesem Material zu drucken.
Fehlende Eignung für die gewöhnliche Verwendung und übliche Beschaffenheit (§ 434 Abs. 3 Satz 1 Nr. 1 und Nr. 2 BGB)	Ein Verbraucher kauft einen Wasserkocher, der das Wasser nicht zum Kochen bringt, sondern nur auf 70 Grad erhitzt.
Fehlerhafte Montage durch den Verkäufer (§ 434 Abs. 4 BGB)	Ein Möbelhaus liefert und montiert einen Kleiderschrank, der aufgrund unsachgemäßer Montage instabil ist und zu wackeln beginnt.
Mangelhafte Montageanleitung (IKEA-Klausel) (§ 434 Abs. 4 BGB)	Ein Käufer erwirbt ein Regal zur Selbstmontage. Die beiliegende Anleitung ist fehlerhaft, sodass der Käufer das Regal nicht korrekt aufbauen kann.
Lieferung einer anderen Sache (Aliud-Lieferung) (§ 434 Abs. 5 Satz 1 BGB)	Statt des bestellten LED-Fernsehers erhält der Käufer einen Plasma-Fernseher.
Lieferung einer zu geringen Menge (Mankolieferung) (§ 434 Abs. 5 Satz 1 BGB)	Ein Kunde bestellt 100 Quadratmeter Parkett, geliefert werden jedoch nur 80 Quadratmeter.

Ein *Rechtsmangel* liegt dagegen vor, wenn die Sache mit Rechten Dritter belastet ist. Das ist zum Beispiel dann der Fall, wenn der Verkäufer den Gegenstand gar nicht besitzt und du durch den Erwerb somit auch nicht in Besitz der Ware kommen kannst. Auch bei Raubkopien, mit denen der Verkäufer Urheberrechte verletzt, spricht man von einem Rechtsmangel.

Die gesetzliche Gewährleistungsfrist für normale Verbrauchsgüter beträgt in der Regel zwei Jahre (§ 438 Abs. 1 Nr. 3 BGB) ab Übergabe der Sache. Während dieser Zeit können üblicherweise Mängel auftreten, die auf ursprüngliche Material- oder Produktionsfehler zurückzuführen sind. Die Gewährleistung ist im Kern darauf ausgelegt, dass der Verkäufer nur für Mängel haftet, die bereits bei Übergabe vorlagen (§ 434 BGB). Später entstandene Mängel, die durch Verschleiß, unsachgemäße Behandlung oder äußere Einflüsse entstehen, fallen grundsätzlich nicht unter die Gewährleistung.

Allerdings ist es nicht immer ganz einfach zu klären, ob ein Mangel bereits bei der Übergabe der Ware vorlag. Kaum ist das neue Handy zwei, drei Monate alt, flackert plötzlich der Bildschirm. Klar, es ist zwei- oder dreimal runtergefallen. Aber äußere Schäden hat es eigentlich keine abbekommen. Könnte es nicht vielleicht sein, dass es sich doch um ein Montagshandy handelt und ein Produktionsfehler schuld am defekten Bildschirm ist?

Um solche Reklamationsfälle effizient zu klären, hat der Gesetzgeber die gesetzliche Gewährleistung um die sogenannten Beweislastregelung erweitert (§ 477 BGB). Sie ist ein fairer Kompromiss, mit der Verbraucher einerseits gut geschützt sind und Hersteller andererseits nicht über Gebühr in die Pflicht genommen werden. Durch die Beweislastregelung kommt es innerhalb der ersten zwölf Monate der Gewährleistung zu einer Beweiserleichterungen für Verbraucher. In dieser Zeit gilt eine gesetzliche Vermutung, dass ein aufgetretener Mangel bereits bei Übergabe vorlag, es sei denn, diese Annahme ist mit der Art der Ware oder des Mangels unvereinbar (z. B. typische Verschleißteile wie Bremsbeläge an den Bremsen deines Fahrrades). Diese Regelung erleichtert dem Käufer den Nachweis erheblich. Im Falle des flackernden Handy-Bildschirms müsste der Verkäufer beweisen, dass der Mangel nicht von Anfang an bestand, wenn er die Reklamation abwehren möchte. Nach Ablauf der ersten zwölf Monate sieht die Sache jedoch anders aus. Ab diesem Zeitpunkt trägt der Käufer die Beweislast. Er muss nun nachweisen, dass der Mangel schon bei Übergabe vorhanden war.

Stellst du einen Mangel fest, musst du eine Mangelanzeige beim Verkäufer vornehmen und ihm die Möglichkeit zur Nacherfüllung einräumen. Gelingt diese dem Verkäufer zweimal nicht oder verweigert er sie gar, kannst du vom Kauf zurücktreten (§ 440 BGB). Der Rücktritt vom Kauf ist auch dann möglich, wenn die Nacherfüllung für dich unzumutbar ist. Etwa, weil der Verkäufer das Handy mit dem kaputten Bildschirm erst in einem halben Jahr – wegen Lieferschwierigkeiten – umtauschen will. Auch eine Minderung des Kaufpreises kommt infrage. Etwa bei einem unerheblichen Mangel wie einem kleinen Schönheitsfehler, der die Benutzung des Produktes nicht einschränkt und den du bereit bist in Kauf zu nehmen (§ 441 BGB).

Garantie

Die Gewährleistung ist nicht zu verwechseln mit der Garantie, mit der ein Hersteller oder Verkäufer ein Produkt versieht. Sie ist eine freiwillige Verpflichtung und kann daher über die gesetzliche Gewährleistung hinausgehen. Die Bedingungen der Garantie legt der Garantiegeber fest. Die Laufzeit kann zum Beispiel fünf oder zehn Jahre oder sogar länger betragen. Oder aber sie beschränkt sich auf sechs Monate, in denen einen Sockenhersteller für seine Produkte eine »Anti-Loch-Garantie« gibt. Im Unterschied zur Gewährleistung kann eine Garantie auch Schäden abdecken, die erst nach der Übergabe der Ware entstanden sind. Es kann sich zum Beispiel um eine Beschaffenheitsgarantie hinsichtlich einer bestimmten Eigenschaft eines Produktes handeln. Ein Messer, das garantiert fünf Jahre lang rostfrei bleibt, wäre so ein Fall. Oder es handelt sich um eine Haltbarkeitsgarantie, mit der der Verkäufer zusichert, dass die Ware eine bestimmte Zeit lang ohne Mängel funktioniert. Wie der Garantiegeber einen Mangel beseitigt, falls doch einer auftreten sollte, kann er ebenfalls frei festlegen. Er kann die Ware umtauschen, reparieren oder den Kaufpreis zurückerstatten.

Probleme durch die Lieferung

Manchmal kann ein Mangel am Produkt auch bei der Lieferung entstehen. Etwa, wenn ein Paket auf dem Weg zu dir herunterfällt und die Ware dadurch beschädigt wird. Allerdings sieht man einem Paket die womöglich robuste Behandlung auf dem Transportweg mitunter nicht immer an. Stellst du (als privater Käufer) erst nach dem Öffnen eines äußerlich eigentlich unversehrten Pakets einen Schaden fest, solltest du ihn unverzüglich beim gewerblichen Verkäufer, der gemäß § 475 Abs. 2 BGB das Transportrisiko trägt, anzeigen.

Ist das Paket hingegen bereits äußerlich beschädigt, solltest du dir den Schaden direkt vom Zusteller bestätigen lassen. Idealerweise öffnest du das Paket in Anwesenheit des Zustellers. Nimmst du es ganz normal an, bestätigst du nicht nur den Erhalt des Pakets, sondern auch, dass die Lieferung ordnungsgemäß und unbeschädigt übergeben wurde. Im Streitfall würde die Beweispflicht bei dir liegen.

Für die Schadensanzeige schreibt der Gesetzgeber übrigens die Textform vor. Das heißt, du musst dem Verkäufer mindestens eine E-Mail schicken. Der Verkäufer kann dann eine Ersatzlieferung veranlassen oder den Kaufpreis erstatten. Ob der Verkäufer Ansprüche gegenüber dem Lieferdienst hat, muss er selbst klären.

Kaufst du eine Ware von einer Privatperson, liegt das Transportrisiko hingegen bei dir. Im Falle eines Schadens musst du dich an das Transportunternehmen wenden (§ 447 Abs. 1 BGB). Bei Käufen von Privatpersonen über eine Online-Plattform wie zum Beispiel Vinted oder Kleinanzeigen gelten die Regeln, die in den AGB der Plattform festgeschrieben sind.

Häufig passiert es, dass ein Paketbote eine Ware nicht direkt beim Empfänger, sondern bei einem Nachbarn abgibt. Der geht in diesem Moment ein Gefälligkeitsverhältnis mit reduziertem Haftungsanspruch ein. Ist das Paket kaputt, solltest du als dieser Nachbar die Annahme dennoch besser verweigern. Keinesfalls solltest du ein angenommenes Paket dem eigentlichen Empfänger einfach vor die Wohnungstür oder einen sonstigen frei zugänglichen Platz legen. Damit würdest du deine Sorgfaltspflicht verletzen. Mittlerweile müssen Logistikunternehmen den Käufer über die Lieferung einer Ware an einen Nachbarn ausdrücklich informieren. AGB, in denen diese Informationspflicht ausgeschlossen wurde, erklärte das OLG Köln für unwirksam (Urteil vom 02.03.2011 – 6 U 165/10).

Rechte beim Online-Kauf

Immer mehr Handelsgeschäfte finden mittlerweile online statt. Geschäfte dieser Art – bei denen die Vertragsverhandlungen und der Vertragsschluss ausschließlich über sogenannten Fernkommunikationsmittel erfolgen – nennt man Fernabsatzgeschäft. Als Fernkommunikationsmittel gelten zum Beispiel Briefe, Kataloge, Telefonanrufe, E-Mails, SMS und natürlich das Internet. Mit den rechtlichen Regelungen zum Fernabsatz reagierte der Gesetzgeber Ende der

Neunzigerjahre auf die Entwicklungen im Online-Handel. Seither wurden die Gesetze ständig weiterentwickelt.

Eine der wichtigsten Errungenschaften für Verbraucher war das 14-tägige Widerrufsrecht. Dank dieses Rechts kann jeder Käufer ohne Angabe von Gründen innerhalb von 14 Tagen ab Erhalt der Ware vom Kauf zurücktreten. Die Kosten für die Rücksendung der Ware trägt laut Gesetz (mittlerweile) der Kunde. Verkäufer können die Rücksendung aber freiwillig übernehmen. Das Widerrufsrecht gilt allerdings nicht uneingeschränkt. Ausgenommen sind unter anderem leicht verderbliche Waren wie Lebensmittel oder Schnittblumen, versiegelte Waren, deren Siegel aufgebrochen worden ist, etwa bei Gesundheits- oder Hygieneprodukten. Das gleiche gilt bei physisch zugestellter Software, bei Musik-CDs oder DVDs. Auch Produkte, die speziell für dich angefertigt wurden – ein Ring mit Gravur zum Beispiel – sind vom begründungslosen Widerruf ausgeschlossen. Anders sieht es selbstverständlich bei einem Mangel aus. Der ist ein Fall für die Gewährleistung oder eventuell für eine Garantie.

Fun-Fact: Auch beim Aktienkauf sieht das Bürgerliche Gesetzbuch leider kein 14-tägiges Widerrufsrecht vor (§ 312g Widerrufsrecht).

Komplizierter wird die Sache mit dem Widerruf bei digitalen Inhalten. Computerspiele, Bücher, Filme oder Songs sind ja oft längst zu rein digitalen Gütern geworden, die nicht mehr auf einem speziellen Datenträger gespeichert sind. Grundsätzlich gilt das Widerrufsrecht auch hier. Allerdings kann es erlöschen, sobald du ein Streaming-Angebot konkret nutzt oder einen Download der von dir gekauften Software vornimmst. Du kannst also nicht einfach bei AppleTV einen Film kaufen, anschauen und hinterher von deinem Recht auf Widerruf Gebrauch machen. Voraussetzung dafür ist jedoch, dass du zuvor ausdrücklich – zum Beispiel per Opt-In – zugestimmt hast, dass dein Widerrufsrecht erlischt.

Wichtig zu beachten ist, dass es bei Abos mit einer kostenlosen Probephase, die dann in ein kostenpflichtiges Abo übergeht, nur ein einmaliges Widerrufsrecht gibt. Durch den Übergang in die kostenpflichtige Phase entsteht kein neues Widerrufsrecht. Wer das Angebot widerrufen will, muss dies innerhalb der kostenlosen Phase tun (EuGH, 05.10.2023 – Rs. C-565/22). Ein neues Widerrufsrecht würde nur dann bestehen, wenn der Verbraucher über die Tatsache, dass das kostenlose Abo nach der Testphase automatisch in ein kostenpflichtiges Abo übergeht, nicht informiert wurde. Sollten sich zudem die Vertragsbedingungen nach der kostenlosen Testphase ändern, besteht ebenfalls ein erneutes Widerrufsrecht.

Die neuen gesetzlichen Bestimmungen in Bezug auf digitale Güter, insbesondere bei Software, sehen außerdem eine Update-Pflicht vor, damit die Software trotz technischer Weiterentwicklungen auch weiterhin sicher genutzt werden kann. Grundlage ist die EU-Ökodesign-Verordnung, die weitgehend im Juni 2025 in Kraft getreten ist (einige Teile des Gesetzes galten bereits zuvor.). Fünf Jahre lang müssen Hersteller von Smartphones und Tablets nun Updates für die Betriebssysteme ihrer Geräte zur Verfügung stellen und anderen Marktakteuren einen diskriminierungsfreien Zugang ermöglichen, um Firmware und Software reparieren zu können. Bei Diensten, die auf bestimmte oder unbestimmte Zeit zur Verfügung gestellt werden (z. B. bei Streamingdiensten), gilt die Updatepflicht für die gesamte Dauer des Vertrags.

Abonnements: Die neuen Verbrauchrechte

Ein falscher Klick, und schon ist das kostenpflichtige Abo für die Gaming-App auf dem Handy abgeschlossen. Im Fitnessstudio die AGB nicht genau gecheckt, und schon hast du einen Vertrag mit einer viel zu langen Laufzeit an der Backe. Vergessen, die Kündigung für den neuen Streaming-Kanal nach dem kostenlosen Probeabo abzuschicken, und schon darfst du Monat für Monat dafür bezahlen. Am Telefon nicht richtig aufgepasst, und schon hat dein Opa ein kostspieliges Zeitschriften-Abo abgeschlossen.

Verbraucher in Abonnements zu locken, ist für viele Unternehmen ein lohnendes Geschäft. Statt nur einer Einmalzahlung erhalten Unternehmen durch Abos regelmäßig fließende Einnahmen. Abonnements unterscheiden sich von einem Kaufvertrag dadurch, dass in ihnen eine wiederkehrende oder fortdauernde Leistungspflicht enthalten ist. Sie werden daher als Dauerschuldverhältnisse bezeichnet. Im Gegensatz zur einmaligen Leistungsbeziehung, wie in einem Kaufvertrag, ist das Dauerschuldverhältnis durch eine bestimmte Laufzeit gekennzeichnet, in der die Vertragspartner für die jeweilige Leistung geradezustehen haben.

Doch gerade weil mit den Abos – ob im Fitnessstudio, bei Mobilfunkanbietern oder Streaming-Diensten – viel Schindluder getrieben wird, hat der Gesetzgeber in den zurückliegenden Jahren die Rechte von Verbrauchern gerade in Bezug auf Dauerschuldverhältnisse nachhaltig gestärkt. Etwa durch das Gesetz für faire Verbraucherverträge und durch die Novellierung des Telekommunikationsgesetzes.

Wichtige Verbraucherrechte aus dem Gesetz für faire Verbraucherverträge 2022

- *Begrenzung der Erstlaufzeit von Verbraucherverträgen*
  Vertragsklauseln, die eine Erstlaufzeit von mehr als zwei Jahren vorsehen, sind unwirksam. Zulässig sind Laufzeiten bis zu zwei Jahren, sofern dem Verbraucher auch ein Vertrag mit einjähriger Laufzeit angeboten wird, dessen monatlicher Preis den des längeren Vertrags um nicht mehr als 25 Prozent übersteigt (§ 309 Nr. 9 BGB).

- *Einschränkung automatischer Vertragsverlängerungen*
  Automatische Verlängerungen von Verträgen sind nur dann wirksam, wenn der Vertrag auf unbestimmte Zeit verlängert wird und der Verbraucher den verlängerten Vertrag jederzeit mit einer Frist von höchstens einem Monat kündigen kann (§ 309 Nr. 9 BGB).

- *Verkürzung der Kündigungsfristen*
  Die Kündigungsfrist für Verträge mit regelmäßiger Warenlieferung oder Dienstleistungserbringung darf maximal einen Monat betragen (§ 309 Nr. 9 BGB).

- *Einführung eines Kündigungsbuttons für Online-Verträge*
  Unternehmen, die Verbrauchern den Abschluss von Verträgen über eine Website ermöglichen, müssen einen gut sichtbaren und eindeutig beschrifteten Kündigungsbutton (»Verträge hier kündigen«) bereitstellen, über den Verbraucher den Vertrag einfach kündigen können (§ 312k BGB).

- *Bestätigung der Kündigung im elektronischen Geschäftsverkehr*
  Nach Abgabe der Kündigung über den Kündigungsbutton muss der Unternehmer dem Verbraucher unverzüglich eine elektronische Bestätigung über den Eingang der Kündigung übermitteln (§ 312k Abs. 3 BGB).

- *Schriftformerfordernis bei telefonisch abgeschlossenen Energielieferverträgen*
  Energielieferverträge mit Haushaltskunden, die telefonisch abgeschlossen werden, bedürfen zu ihrer Wirksamkeit der Textform (§ 41 Abs. 1 Satz 1 EnWG).

Für Verträge, die vor dem Inkrafttreten der neuen Regelungen geschlossen wurden, gelten weiterhin die damaligen gesetzlichen Vorschriften (§ 60 EGBGB). Möchtest du von den neuen verbraucherfreundlichen Regelungen profitieren, ist es erforderlich, den alten Vertrag zu kündigen und einen neuen Vertrag nach aktuellem Recht abzuschließen.

Wichtige Verbraucherrechte gemäß Novellierung des TKG 2021

Auch die Novellierung des Telekommunikationsgesetzes (TKG) zum 1. Dezember 2021 brachte zahlreiche Verbesserungen für die Internet-, Telefon- oder Mobilfunkverträge von Verbrauchern mit sich. Vor allem, was die Laufzeiten angeht, greifen nun ähnliche Regelungen wie im Gesetz für faire Verbraucherverträge.

- *Kürzere Kündigungsfristen bei automatischer Vertragsverlängerung*
  Nach Ablauf der Mindestvertragslaufzeit können Verbraucher ihren Vertrag jederzeit mit einer Frist von einem Monat kündigen, auch wenn sich der Vertrag automatisch verlängert hat (§ 56 Abs. 3 TKG).

- *Recht auf Minderung bei nicht erreichter Bandbreite*
  Erbringt der Anbieter nicht die vertraglich zugesicherte Internetgeschwindigkeit, haben Verbraucher das Recht, den Preis zu mindern oder den Vertrag außerordentlich zu kündigen (§ 57 Abs. 4 TKG).

- *Verpflichtende Vertragszusammenfassung vor Vertragsabschluss*
  Anbieter müssen Verbrauchern vor Vertragsabschluss eine verständliche Zusammenfassung der wesentlichen Vertragsbestandteile zur Verfügung stellen (§ 54 Abs. 3 TKG).

- *Erleichterter Anbieterwechsel und Rufnummernmitnahme*
  Der Wechsel des Anbieters sowie die Mitnahme der Rufnummer müssen innerhalb eines Arbeitstages erfolgen, um Unterbrechungen zu minimieren (§ 59 Abs. 4 TKG).

- *Sonderkündigungsrecht bei Umzug*
  Zieht ein Verbraucher um und kann der Anbieter die vertraglich vereinbarten Leistungen am neuen Wohnort nicht erbringen, besteht ein Sonderkündigungsrecht (§ 60 Abs. 2 TKG).

- *Entschädigungsanspruch bei Ausfällen und versäumten Techniker-Terminen*
  Bei vollständigem Ausfall des Telefon- oder Internetdienstes, der nicht innerhalb von zwei Kalendertagen behoben wird, steht Verbrauchern eine Entschädigung zu. Gleiches gilt bei nicht eingehaltenen Techniker-Terminen (§ 58 Abs. 3 TKG).

- *Anspruch auf Versorgung mit Telekommunikationsdiensten*
  Verbraucher haben einen gesetzlichen Anspruch auf einen Internetzugang, der ihre wirtschaftliche und gesellschaftliche Teilhabe sicherstellt (§ 156 Abs. 1 TKG). Dieser kann über die Bundesnetzagentur geltend gemacht werden.

RECHT BEKOMMEN

Solltest du mit deinem Mobilfunkanbieter oder einem anderen Vertragspartner wegen einer der hier aufgeführten Punkte in Streit geraten, verweise in einem Schreiben auf die entsprechenden Paragrafen und versuche so, an dein Recht zu kommen.

Haftung bei Privatverkäufen

Auch Privatverkäufer haften grundsätzlich dafür, dass die Sache bei Übergabe frei von Sach- und Rechtsmängeln ist (§ 434 BGB). Ohne eine anderslautende Vereinbarung in einem Kaufvertrag gelten die gesetzlichen Vorschriften zur Gewährleistung. Allerdings können Privatverkäufer im Gegensatz zu gewerblichen Verkäufern einen wirksamen Haftungsausschluss vereinbaren. Zum Beispiel wenn ein Verkäufer einen gebrauchten, aber funktionsfähigen Laptop mit folgender Anzeige anbietet: »Verkauf erfolgt unter Ausschluss jeglicher Gewährleistung. Der Laptop wird als gebraucht verkauft.« In diesem Fall würde der Verkäufer nicht für etwaige Mängel haften, die nach dem Verkauf auftreten. Außer der Käufer weist Arglist nach, dann ist der Haftungsausschluss unwirksam (§ 444 BGB). Das könnte der Fall sein, wenn der Verkäufer absichtlich verschwiegen hat, dass der Akku des Laptops kaputt ist und dieser daher nur noch am Ladekabel funktioniert. Hier wurde ein wesentlicher Mangel – Laptops werden in der Regel zum mobilen Arbeiten gekauft – arglistig verschwiegen.

Insbesondere beim Gebrauchtwagenverkauf wird gern die Formulierung »gekauft wie gesehen« verwendet, um Gewährleistungsansprüche auszuschließen. Doch auch hier kommt es auf die Details an. Ein Haftungssauschluss mit der Formulierung »gekauft wie gesehen« ist nur dann wirksam, wenn der Käufer als Laie, ohne Hinzuziehen eines Sachverständigen, in der Lage gewesen ist, alle vorhandenen Mängel an der Sache vor dem Kauf zu erkennen. Lassen sich die Mängel erst durch einen Gutachter feststellen, ist der Haftungsausschluss unwirksam und der Käufer kann dennoch vom Kauf zurücktreten (OLG Oldenburg, 28.08.2017 – 9 U 29/17).

Event- und Zweitmarkttickets

In den letzten Jahren sind personalisierte Tickets für Konzerte wie Rammstein und Taylor Swift oder Festivals wie das Wacken Open Air oder für Fußballspiele zur Norm geworden. Mit dieser Personalisierung wollen Veranstalter verhindern, dass Privatpersonen oder gewerbliche Anbieter die Tickets mit Gewinn weiterverkaufen. Aber ist das so ohne Weiteres möglich? Schließlich stellt ein Ticket in der Regel eine Forderung gegen den Veranstalter dar (z. B. Zutritt zur Veranstaltung). Der Käufer wird rechtlich Inhaber dieser Forderung und darf damit – etwa auf Grundlage der Allgemeinen Handlungsfreiheit (Art. 2 Abs. 1 GG) oder der Eigentumsfreiheit (Art. 14 GG) – grundsätzlich nach eigenem Ermessen verfahren, einschließlich des Weiterverkaufs.

Zumindest, was Privatpersonen angeht, können Veranstalter den Weiterverkauf des Tickets aus persönlichen Gründen – etwa, weil du krank geworden bist – nicht untersagen. Das hat der Bundesgerichtshof bereits im Jahr 2008 entschieden. Gewerbliche Weiterverkäufe hingegen dürfen in den AGB untersagt werden.

Kaufst du ein eigentlich personalisiertes Ticket bei einem gewerblichen Anbieter, kann es dir aber passieren, dass dir der Zugang zum Event verwehrt wird. Dieses Recht hat der Veranstalter. Um der Maßgabe des Bundesgerichtshofs gerecht zu werden, nutzen zahlreiche Veranstalter mittlerweile offizielle oder eigene Weiterverkaufsplattformen. Die Bedingungen, zu denen die Tickets dort verkauft werden, legen die Veranstalter selbst fest. So können Veranstalter bestimmen, dass Tickets nur zum Originalpreis weitergereicht werden dürfen. Oder aber sie legen einen Prozentsatz fest, um den der Originalpreis überschritten werden darf.

Verträge mit Handwerkern und Dienstleistern

Herzlichen willkommen in der Welt der Handwerker und Dienstleister! Egal, ob du gerade dein Badezimmer renovieren möchtest, das Dach repariert werden muss oder deine Heizung den Geist aufgegeben hat: In vielen Fällen kommst du nicht darum herum, einen Fachmann zu beauftragen. Die Zusammenarbeit mit Handwerkern kann durchaus abenteuerlich sein, und manchmal warten sogar böse Überraschungen auf dich. Doch keine Sorge! In diesem Kapitel schauen wir uns die rechtlichen Rahmenbedingungen für Verträge mit Handwerkern und Dienstleistern an und erklären, welche Rechte du als Auftraggeber hast. So läuft beim nächsten Mal bestimmt alles glatt.

Unterschied zwischen Werk- und Dienstvertrag

Das Recht der Verträge mit Handwerkern und Dienstleistern ist hauptsächlich im Bürgerlichen Gesetzbuch (BGB) geregelt. Im BGB sind die unterschiedlichsten Vertragstypen geregelt. Wenn du mit Handwerkern und Dienstleistern zu tun hast, sind vor allem der Werkvertrag (§ 631 BGB) und der Dienstvertrag (§ 611 BGB) relevant. Die Unterscheidung ist wichtig, weil sich je nach Vertragstyp vertragliche Pflichten und Gewährleistungsrechte unterscheiden.

Bei einem Werkvertrag verpflichtet sich der Auftragnehmer zur Errichtung eines vereinbarten Werks. Dazu gehört die Herstellung oder Veränderung einer Sache oder die Herbeiführung eines sonstigen Erfolgs. Alle klassischen Handwerkerleistungen werden in der Regel durch Werkverträge vereinbart. Bei Reparaturen (z. B. Rohrbruch, Auto), Renovierungen (Malerarbeiten, Fliesenlegen) oder Bauarbeiten (Balkonanbau, Errichtung einer Mauer) wird zwischen Auftraggeber und Handwerker vereinbart, dass der Handwerker einen bestimmten Erfolg herbeizuführen hat, also zum Beispiel, dass das kaputte Auto wieder fährt oder dass ein Badezimmer neu gefliest ist. Übrigens: Falls du selbst einen Blick ins BGB wagen willst, der Auftraggeber wird dort Besteller genannt, der Auftragnehmer heißt Werkunternehmer.

Bei einem Dienstvertrag geht es um die Leistung eines bestimmten Dienstes. Der Dienstleister verpflichtet sich nicht dazu, einen bestimmten Erfolg herbeizuführen (oft steht der Eintritt des Erfolgs ohnehin nicht in seiner Macht), sondern nur dazu, sein »Bestes« bei einer bestimmten Tätigkeit zu geben. Beispiele sind der Arzt- oder Anwaltsvertrag. In beiden Fällen kann ein Arzt oder eine Anwältin nicht dafür garantieren, dass eine Behandlung unter allen Umständen gelingt oder ein Prozess in jedem Fall gewonnen wird. Auch wenn du dich von einem Berater coachen lässt oder einen DJ für deine Hochzeit buchst, schließt du einen Dienstvertrag ab.

Abnahme beim Werkvertrag

Wir wollen uns hier auf den Werkvertrag konzentrieren, da er im täglichen Leben, vor allem im Zusammenhang mit Handwerksarbeiten, deutlich häufiger vorkommt. Im Werkvertragsrecht spielt die Abnahme (§ 640 BGB) eine zentrale Rolle. Sie findet statt, sobald die vereinbarten Arbeiten fertiggestellt sind. Zur Abnahme gehört die *körperliche Entgegennahme des Werks* und dessen *Anerkennung als im Wesentlichen vertragsgemäß*.

Was bedeutet das konkret? Nimmst du bewegliche Sachen (z. B. ein repariertes Auto) entgegen und gibst dem Handwerker zu verstehen, dass du mit der Ausführung der Arbeiten einverstanden bist, hast du es rechtlich gesehen abgenommen. Bei einem unbeweglichen Werk (z. B. verlegte Fliesen oder gestrichene Wände) findet die Abnahme statt, indem du dem Werkunternehmer zeigst, dass du die Leistung als im Wesentlichen vertragsgemäß ansiehst. Dein Einverständnis muss nicht ausdrücklich erklärt werden. Es reicht schon aus, wenn der Handwerker aus den Gesamtumständen schließen kann, dass du die Arbeiten als fertiggestellt ansiehst. Das ist zum Beispiel bei Äußerungen wie »schöne Arbeit« oder Ähnliches der Fall.

WICHTIG !

Bei der Abnahme ist große Vorsicht geboten, denn sie ist eng mit etwaigen Gewährleistungsansprüchen verknüpft. Deshalb ist es wichtig, Mängel direkt bei der Abnahme zu beanstanden. Du solltest jedes Werk bei Entgegennahme zunächst genauestens prüfen und etwaige Mängel in einem Mängelprotokoll festhalten, das unbedingt den Satz »Die Geltendmachung von Gewährleistungsansprüchen bleibt vorbehalten« enthalten sollte. Gegebenenfalls kannst du die Abnahme auch verweigern. Das geht allerdings nur, wenn das Werk ganz erhebliche Mängel aufweist.

Wenn das Werk vereinbarungsgemäß hergestellt/repariert wurde, bist du als Auftraggeber verpflichtet, das Werk abzunehmen und zu bezahlen. Verträge sind einzuhalten. Deshalb kannst du dich nach Fertigstellung nicht damit rausreden, dass dir das Werk doch nicht gefällt oder dass du es nie so wolltest. Anders sieht es aus, wenn das Werk mangelhaft ist. Aber darauf gehen wir im Unterkapitel »Gewährleistungsrechte« (Seite 71) ein.

Die Abnahme zieht rechtliche Folgen nach sich:

- Die Vergütung wird fällig (§ 641 BGB). Das bedeutet, ab dem Zeitpunkt der Abnahme musst du für das hergestellte Werk zahlen.
- Etwaige Gewährleistungsrechte (auch Mängelrechte genannt) können erst nach der Abnahme geltend gemacht werden. Fehler, die dir schon während der Herstellung auffallen, lösen hingegen keine Gewährleistungsansprüche aus, sondern der Handwerker muss hier sowieso noch einmal ran, um seinen Auftrag richtig zu erfüllen.

Verweigerst du die Abnahme ohne triftigen Grund, kann der Handwerker die Abnahme erzwingen. Denn er kann dir nach Fertigstellung der Arbeiten eine Frist zur Abnahme setzen. Nach Fristablauf gilt die Abnahme als erfolgt – es sei denn, du hast innerhalb der Frist die Abnahme verweigert und deine Verweigerung damit begründet, dass ein oder mehrere (konkret bezeichnete) Mängel vorliegen. Es gibt aber eventuell noch eine Hintertür: Wenn du Verbraucher bist (das heißt, den Werkvertrag in einem privaten, nicht beruflichen Kontext abgeschlossen hast), tritt diese Rechtsfolge nur dann ein, wenn der Werkunternehmer dich in Textform darüber aufgeklärt hat.

Gefahrtragung bei Zufallsereignissen

Die zu errichtende Garage brennt wegen eines Kabelbrands ab, der Rohbau stürzt wegen eines Erdbebens ein – was passiert, wenn das Werk vor Fertigstellung durch ein zufälliges Ereignis zerstört wird? In solchen Fällen muss der Handwerker das Werk neu errichten, denn er hat seine vertragliche Pflicht noch nicht erfüllt. Aber wer muss für das zerstörte Werk finanziell aufkommen? Der Besteller, auf dessen Auftrag hin das Werk errichtet wurde? Oder fällt der Schaden in das Berufsrisiko des Handwerkers? Juristisch fragen wir in solchen Fällen danach, wer die Gefahr trägt. Diese Frage wird – je nachdem, ob die Abnahme bereits stattgefunden hat – unterschiedlich beantwortet. Bis zur Abnahme trägt der Handwerker die (finanzielle) Gefahr für Zufallsschäden. Wenn das Werk vor Abnahme vernichtet wird, muss der Auftraggeber nichts zahlen. Mit der Abnahme wandert das Werk in den Risikobereich des Auftraggebers über. Ab dann trägt der Auftraggeber das Risiko für Beschädigungen durch externe Faktoren. Bei einer zufälligen Zerstörung (oder Verschlechterung) nach Abnahme muss der Auftraggeber das Werk also trotzdem zahlen.

Gewährleistungsrechte

Wenn Arbeiten unsauber oder gar fehlerhaft durchgeführt wurden, ist Ärger oft vorprogrammiert. Weil Handwerker sich in aller Regel dazu verpflichten, ein Werk ordnungsgemäß zu errichten, müssen sie auch dafür geradestehen, wenn sie unsauber gearbeitet haben. Neben bloßer Unzufriedenheit mit der Optik eines Werks kann die unrichtige Ausführung – gerade auf Baustellen – erhebliche Sicherheitsrisiken bergen. Umso wichtiger ist es, dass du gut darüber Bescheid weißt, welche Mängelrechte du geltend machen kannst.

Grundvoraussetzungen

Damit du von deinen Mängelgewährleistungsrechten Gebrauch machen kannst, müssen erst einmal zwei Grundvoraussetzungen erfüllt sein: Die Abnahme muss stattgefunden haben, und das Werk muss mangelhaft sein. Was unter einem Mangel zu verstehen ist, haben wir bereits im Kapitel über Kaufverträge (Seite 56) erfahren. Werkrechtliche Mängel sind den kaufrechtlichen sehr ähnlich. Ein Werk ist mangelhaft, wenn es entweder

- nicht die Beschaffenheit hat, die vereinbart wurde,
- es sich nicht für die vereinbarte Verwendung eignet oder
- wenn es sich, bei Fehlen von Vereinbarungen, nicht für die gewöhnliche Verwendung eignet oder nicht eine Beschaffenheit aufweist, die bei Werken der gleichen Art üblich ist.

Du hast mit einem Maler besprochen, dass die Wand rot gestrichen werden soll, und jetzt ist sie blau? Mangel! Ein Handwerker hat deine Waschmaschine installiert und gleich bei der ersten Benutzung läuft sie aus? Mangel! Ein neu eingesetztes Fenster schließt nicht richtig? Mangel!

Wenn du das Werk abgenommen hast und sich ein Mangel zeigt, steht einer Geltendmachung von Gewährleistungsansprüchen erst einmal nichts im Weg. Aber Vorsicht! Wenn dir der Mangel bei der Abnahme bekannt war und du das Werk trotzdem abgenommen hast, kannst du deine Gewährleistungsrechte nur dann durchsetzen, wenn du dir diese Rechte bei der Abnahme *vorbehalten* hast. Grundsätzlich kannst du das mündlich machen. Hast du aber beispielsweise keine Zeugen auf deiner Seite, könnte es schwierig werden, diesen Vorbehalt später nachzuweisen. Übrigens bist du bei kleinen Mängeln verpflichtet, das Werk trotzdem abzunehmen – eine Abnahmeverweigerung wegen »unwesentlicher Mängel« ist gemäß § 640 Abs. 1 S. 2 BGB ausgeschlossen.

RECHT BEKOMMEN

Damit deine Gewährleistungsrechte bei einem Mangel trotz Abnahme erhalten bleiben, solltest du unbedingt ein Mängelprotokoll anfertigen und den Satz »Die Geltendmachung von Gewährleistungsansprüchen bleibt vorbehalten« ins Protokoll mit aufnehmen - sonst stehen dir diese Rechte nicht mehr zu.

Die Grundvoraussetzungen wären damit geklärt. Schauen wir uns jetzt die einzelnen Gewährleistungsrechte genauer an.

Recht auf Nacherfüllung

Bei der Nacherfüllung geht es darum, dass du dem Auftragnehmer eine zweite Chance gibst, seine Versäumnisse wiedergutzumachen. Das geht entweder durch eine Reparatur oder eine Neuherstellung des Werks. Anders als im Kaufrecht darfst nicht du entscheiden, ob eine Reparatur oder Neuerrichtung stattfindet. Das Entscheidungsrecht hat nur der Werkunternehmer. Dafür muss er aber auch die gesamten Kosten der Nacherfüllung übernehmen. Wenn die Möglichkeit einer Nacherfüllung nicht besteht, zum Beispiel weil das Werk in sich zusammengefallen ist und nicht mehr repariert werden kann, muss der Werkunternehmer das Werk neu errichten.

Weil die Nacherfüllung einen Handwerker teuer zu stehen kommen kann, gibt das Gesetz Handwerkern die sogenannte *Einrede der Unverhältnismäßigkeit* an die Hand. Damit kann sich der Beauftragte gegen dein Nacherfüllungsverlangen wehren, wenn es für ihn mit unverhältnismäßig hohen Kosten verbunden ist. Wenn das passiert, kannst du vom Vertrag zurücktreten oder Schadensersatz vom Handwerker verlangen. Dazu kommen wir später (auf Seite 75) noch.

WAS IST EINE ANGEMESSENE FRIST?

Wann eine Frist angemessen ist, ist natürlich eine Frage des Einzelfalls. Eine einzelne defekte Lichtquelle ist sicherlich schneller zu reparieren als die Fußbodenheizung auf einer ganzen Etage. Als Richtwert kannst du dich an einer Länge von 14 Tagen orientieren. Aber keine Sorge, falls sich eine von dir gesetzte Frist als zu kurz erweist! Dadurch wird deine Mängelrüge nicht ungültig und darf vom Auftragnehmer auch nicht ignoriert werden. Es wird stattdessen automatisch eine angemessene Frist in Gang gesetzt. Kommt es anschließend zu keiner Einigung über die Frist, kannst du vor Gericht gehen. Dort wird im Einzelfall entschieden, was angemessen ist. Dabei orientiert man sich meist am oben erwähnten Richtwert von zwei Wochen. Individuell kann aber auch eine längere Frist angemessen sein.

Du solltest außerdem wissen, dass man dem Werkunternehmer für die Fertigstellung der Reparatur oder Neuherstellung immer eine Frist setzen sollte. Das ist wichtig, wenn es Probleme bei der Nacherfüllung gibt und man deswegen auf anderem Weg zu seinem Recht kommen will. Hierzu nennst du dem Handwerker ein Datum oder einen nach Tagen oder Wochen bestimmten Zeitraum, in dem die Nacherfüllung fertiggestellt werden muss. Diese Frist muss angemessen sein.

Selbstvornahme: Beseitigung des Mangels auf eigene Faust

Manchmal läuft die Nacherfüllung nicht ganz so ab, wie es sich der Kunde vorgestellt hat. Du hast dem Werkunternehmer eine Frist zur Reparatur oder Neuerrichtung gesetzt und er regt sich nicht? Wenn eine von dir gesetzte (angemessene) Frist fruchtlos verstrichen ist, hast du das Recht zur Selbstvornahme. Das bedeutet, du darfst den Mangel selbst beseitigen und dem Handwerker die Kosten dafür in Rechnung stellen. Meistens wirst du den mangelhaften Gegenstand dafür in eine andere Werkstatt bringen oder einen anderen Handwerker beauftragen. In besonderen Fällen (z. B. wenn die Nacherfüllung vom ursprünglich beauftragten Handwerker zwar versucht wurde, aber fehlgeschlagen ist) darfst du das sogar tun, ohne vorher eine Frist zu setzen. Vorsichtshalber solltest du aber immer eine Frist setzen. Außerdem hast du das Recht, von dem Handwerker, der mangelhaft gearbeitet hat, einen *Vorschuss* für die Kosten, die zur Beseitigung des Mangels erforderlich sind, zu verlangen.

Aber Vorsicht: Verweigert der Handwerker die Nacherfüllung berechtigterweise wegen zu hoher Kosten (Einrede der Unverhältnismäßigkeit, siehe oben), darfst du nicht im Wege der Selbstvornahme vorgehen. Tust du es doch, bleibst du auf den Kosten sitzen.

Rücktritt vom Werkvertrag

Du hast bei Mängeln außerdem die Möglichkeit, vom Werkvertrag zurückzutreten. Diese Option empfiehlt sich, wenn du kein Interesse mehr an der Durchführung des Vertrags hast und dich komplett vom Vertrag lösen möchtest. Im Falle eines Rücktritts bekommst du einerseits dein Geld zurück, schuldest dem Handwerker aber auf der anderen Seite auch die Rückgabe der von ihm erbrachten Leistungen.

Ein Beispiel: Du hast mit einem Handwerker vereinbart, dass er das Dach deines Hauses ausbessern soll. Die Arbeiten werden mangelhaft ausgeführt und du hast kein Interesse mehr an einer Zusammenarbeit mit dem Handwerker. Wenn du nun erfolgreich den Rücktritt erklärst, muss der Handwerker dir alles, was du ihm als Vergütung für die Arbeiten gezahlt hast, zurückzahlen. Gleichzeitig musst du dem Handwerker alles, was du aufgrund des Vertrags erhalten hast, zurückgeben. Manchmal ist es gar nicht so einfach, das aufzudröseln. Erst einmal müssen alle eingebauten Materialien bezahlt werden, aber auch für die geleistete Arbeit bist du dem Handwerker Wertersatz schuldig. Schließlich muss er nicht umsonst arbeiten. Der Handwerker kann dir also die bereits gearbeiteten Stunden in Rechnung stellen.

Damit du vom Vertrag zurücktreten kannst, müssen zwei Voraussetzungen erfüllt sein: Erstens musst du dem Handwerker, genau wie bei der Selbstvornahme, eine angemessene Frist zur Nachbesserung setzen, die erfolglos verstrichen sein muss. Und zweitens musst du gegenüber dem Handwerker den Rücktritt erklären. Das geht mündlich oder schriftlich. Von der Fristsetzung bist du übrigens befreit, wenn der Handwerker die Nacherfüllung zu Recht wegen zu hoher Kosten ablehnt (siehe oben), eine bereits versuchte Nacherfüllung fehlgeschlagen ist oder eine Nachbesserung nicht möglich ist. Übrigens: Du kannst schon vor Fertigstellung des Werks vom Vertrag zurücktreten, wenn offensichtlich ist, dass die Voraussetzungen des Rücktritts eintreten werden.

Minderung

Wird dir ein mangelhaftes Werk übergeben, erhältst du weniger, als dir eigentlich zusteht. Denn mit einem Mangel geht in aller Regel ein Wertverlust einher. Es wäre deshalb nicht gerechtfertigt, den vollen vereinbarten Preis zahlen zu müssen. Hier kommt die Minderung ins Spiel: Mit diesem Instrument kannst du den vereinbarten Werklohn herabsetzen – und zwar genau um den Wert, den das Werk wegen des Mangels weniger wert ist. Berechnet wird das mit folgender Formel:

> Geminderter Werklohn = Vereinbarter Werklohn × Verkehrswert des mangelhaften Werks ÷ Verkehrswert des mangelfreien Werks

Zur genauen Ermittlung des jeweiligen Verkehrswerts muss ein Sachverständiger befragt werden. Da das aber wieder Kosten mit sich bringt, kannst du auch versuchen, dich mit dem Handwerker auf einen geminderten Werklohn zu einigen, mit dem ihr beide einverstanden seid. Die Minderung bietet sich an, wenn du das Werk grundsätzlich behalten möchtest und mit den festgestellten Mängeln leben kannst.

Damit du den Werklohn mindern kannst, müssen im Grundsatz dieselben Voraussetzungen wie beim Rücktritt erfüllt sein, also das erfolglose Verstreichen einer Nachfrist und die Erklärung der Minderung gegenüber dem Handwerker. Hast du den vollen Preis bereits bezahlt, muss der Handwerker dir den zu viel gezahlten Betrag zurückerstatten.

Schadensersatz

Manchmal treten beim Kunden durch einen Fehler am bestellten Werk weitere Schäden auf. Dann entstehen in aller Regel Kosten, die der Kunde nicht gehabt hätte, wenn bei der Erstellung des Werks alles glattgelaufen wäre. Wenn zum Beispiel die falsch montierte Spülmaschine ausläuft und den Küchenboden beschädigt oder du den Gartenzaun des Nachbarn demolierst, weil die Bremse an deinem Auto mangelhaft repariert wurde, kannst du vom Handwerker für diese Schäden Ersatz verlangen.

Die gesetzlichen Regelungen zum Schadensersatz sind ziemlich kompliziert und für Laien sehr schwer zu verstehen, deswegen wollen wir hier nicht auf jedes Detail eingehen. Es sei aber Folgendes gesagt: Teilweise, aber nicht immer, muss auch für die Geltendmachung von Schadensersatz eine Frist gesetzt werden. Dazu kannst du dir merken: Wenn eine fristgerechte Nacherfüllung durch den Handwerker den Schaden entfallen lässt, es also sinnvoll ist, dem Handwerker eine Nachfrist zu setzen, muss sie auch gesetzt werden. Denn dann muss dem Handwerker zuerst eine zweite Chance gegeben werden, es besser zu machen. Ergibt es in den oben genannten Beispielen (Spülmaschine falsch montiert, Bremse nicht richtig repariert) Sinn, eine Frist zur Nachbesserung zu bestimmen? Nein, weil in diesen Fällen die eingetretenen Schäden durch eine Nachreparatur der Spülmaschine beziehungsweise Bremse nicht mehr verhindert werden können. Der Küchenboden und der Gartenzaun sind bereits beschädigt.

Anders sieht es aus, wenn zum Beispiel die Bremse im Auto nicht richtig funktioniert und dir das vor der ersten Fahrt auffällt. Der Schaden besteht dann darin, dass ein Auto mit einer nicht richtig reparierten Bremse wesentlich weniger wert ist als ein intaktes Auto. Setzt du dem Handwerker in diesem Fall eine angemessene Frist zur Nachbesserung, bekommt er die Chance, es wiedergutzumachen und den Schaden zu beheben. Schafft er das innerhalb der Frist nicht, kannst du Schadensersatz verlangen. In diesem Fall steht der Anspruch auf Schadensersatz in Konkurrenz zur Minderung. Beides wird unterschiedlich berechnet, sodass du unter Umständen mehr oder weniger Geld bekommst, je nachdem, für welches Instrument du dich entscheidest. Damit du deine Rechte so erfolgreich wie möglich durchsetzen kannst, lohnt sich der Gang zum Rechtsanwalt.

Weitere Rechte

Im Zusammenhang mit den Mängelrechten stehen dir noch weitere Möglichkeiten zur Verfügung, damit du auf mangelhafte Arbeiten angemessen reagieren kannst. Wenn du die Beseitigung eines Mangels vom Handwerker verlangen kannst, dann kannst du (auch nach Fälligkeit deiner Zahlungspflicht) einen angemessenen Teil der Vergütung einbehalten. Das ist sinnvoll, denn so wird der Handwerker angespornt, Mängel schneller zu beseitigen. Ein angemessener Teil ist übrigens das Doppelte der Kosten, die für die Beseitigung des Mangels anfallen. Entscheidend sind nicht die Selbstkosten des Handwerkers, sondern die Kosten, die du als Besteller aufwenden musst, um den Mangel zu beseitigen. Diesen Betrag darfst du schätzen, deine Schätzung muss aber objektiv begründet sein.

Kündigungsrecht, wenn man nicht zufrieden ist

Nicht immer läuft bei Werkverträgen alles so, wie es soll. Es muss aber nicht erst zu Mängeln kommen, damit du dich von einem Vertrag lossagen kannst, mit dessen Ausführung du nicht zufrieden bist. Beim Werkvertrag hast du ein sogenanntes *freies Kündigungsrecht*. Das bedeutet, dass du bis zur Fertigstellung des Werks ohne Angabe von Gründen kündigen darfst. Das freie Kündigungsrecht hat aber eine Kehrseite: Weil für den Handwerker in aller Regel bereits Material-, Lohnkosten und so weiter angefallen sind, musst du im Falle der Kündigung trotzdem den vereinbarten Werklohn zahlen. Von dem vereinbarten Betrag werden allerdings folgende Posten abgezogen:

- Einsparungen, die dem Werkunternehmer aufgrund der Kündigung des Vertrags zugutekommen (z. B. Material, das er anderweitig verwenden kann)
- Einnahmen, die er deshalb erzielt, weil er nicht mehr mit der Errichtung des Werks beschäftigt ist (z. B. Durchführung anderer Aufträge, die er sonst nicht hätte annehmen können)

Kostenvoranschlag

Egal, ob Reparatur, Sanierung oder Bauarbeiten: Bevor du einen Handwerker beauftragst, möchtest du in aller Regel wissen, welche Kosten auf dich zukommen. Aus diesem Grund stellen Handwerker in den meisten Fällen einen Kostenvoranschlag auf. Leider ist es nicht immer so, dass sich Kostenvoranschlag und Endrechnung decken – häufig fällt die Rechnung, die du am Ende zahlen sollst, höher aus. Dann stehst du vor der Frage, ob du die preisliche Differenz zahlen musst. In der Regel ist davon auszugehen, dass der auf der Endrechnung angegebene Preis gezahlt werden muss. Denn bei einem Kostenvoranschlag handelt es sich in aller Regel nur um eine unverbindliche Schätzung, die dazu da ist, dir einen Überblick über die ungefähren Kosten zu verschaffen. Aber aufgepasst: Es gibt Ausnahmen. In dem (relativ seltenen) Fall, dass von Anfang an ein Festpreis vereinbart wird, ist dieser auch verbindlich. Wenn du dich zum Beispiel aus deiner Wohnung aussperrst und der Schlüsseldienst dir anbietet, deine Tür für 80 Euro zu öffnen, handelt es sich um einen Festpreis, der verbindlich vereinbart wurde. Du musst dann auch nur 80 Euro zahlen.

Auch beim klassischen (unverbindlichen) Kostenvoranschlag musst du dir nicht alles gefallen lassen und nicht in jedem Fall alles zahlen. Überschreitet der geforderte Endpreis den Kostenvoranschlag wesentlich, bist du nicht verpflichtet, die Rechnung komplett zu zahlen. Sicherlich fragst du dich, wann eine wesentliche Überschreitung der veranschlagten Kosten vorliegt. Leider können hierzu keine klaren Angaben gemacht werden, da es am Ende immer eine Frage des Einzelfalls ist, wann eine Rechnung wesentlich und wann sie nur unwesentlich vom Kostenvoranschlag abweicht. Die Gerichte sehen in der Regel eine Kostenüberschreitung von 10 bis 20 Prozent als wesentlich an. Das bedeutet: Spätestens, wenn die Kosten der Endrechnung den Voranschlag um 20 Prozent übersteigen, musst du die Rechnung nicht ohne Weiteres zahlen. Es sei denn, der Handwerker hat dir rechtzeitig mitgeteilt, dass sich die Kosten wesentlich erhöhen, und du hast dem zugestimmt.

WORAN ERKENNE ICH EINEN GUTEN KOSTENVORANSCHLAG?

Insbesondere bei größeren Arbeiten solltest du darauf bestehen, dass dir die veranschlagten Kosten schriftlich mitgeteilt beziehungsweise bestätigt werden. Ein guter Kostenvoranschlag enthält bestimmte Informationen. Dazu gehören:

- Art und Umfang der Arbeiten
- Geschätzte Arbeitsstunden
- Geschätzte Kosten der Arbeitskräfte durch Angabe von Stundensätzen und geschätzter Arbeitszeit
- Materialkosten
- Gesamtpreis

Gegenüber Verbrauchern muss der Gesamtpreis immer inklusive Umsatzsteuer angegeben werden (§ 3 Abs. 1 Preisangabenverordnung).

Ein Beispiel: Du vereinbarst mit einem Handwerker, dass er dein Badezimmer renovieren soll. Im Kostenvoranschlag schätzt der Handwerker die Kosten auf 1000 Euro. Während der Arbeiten teilt der Handwerker dir mit, dass die Renovierung doch teurer wird als geplant und mindestens 1250 Euro kosten wird. Dieser neue Endpreis übersteigt den Voranschlag um 25 Prozent, sodass eine wesentliche Abweichung gegeben ist. In einem solchen Fall hast du zwei Möglichkeiten: Wenn du bereit bist, mehr zu zahlen, kannst du den Vertrag mit den höheren Kosten fortführen. Ist die Preissteigerung für dich inakzeptabel, hast du das Recht zu kündigen. Die Kündigung muss vor Fertigstellung der Arbeiten ausgesprochen werden. Wenn du kündigst, musst du dem Handwerker außerdem die bereits geleistete Arbeit bezahlen.

IST EIN KOSTENVORANSCHLAG KOSTENLOS?

Manchmal erwarten Handwerker für die Erstellung eines Kostenvoranschlags eine Vergütung. Hier gilt: Du musst nur dann für einen Kostenvoranschlag zahlen, wenn du dich vorher bereit erklärt hast, das zu tun. Aber was ist, wenn über eine Zahlungspflicht nie gesprochen wurde und ein Handwerker dir den Kostenvoranschlag trotzdem in Rechnung stellt? Hier hilft ein Blick ins Gesetz, denn im BGB heißt es, dass ein Kostenvoranschlag »im Zweifel« nicht bezahlt werden muss (§ 632 Abs. 3 BGB). Die Formulierung »im Zweifel« schließt allerdings ein, dass eine Zahlungspflicht ausnahmsweise auch ohne Vereinbarung bestehen kann – etwa dann, wenn sie branchenüblich ist. Das gilt beispielsweise für Kfz-Reparaturen (LG Hildesheim, Urteil vom 04.09.2009 - 7 S 107/09).

Wo beginnt Schwarzarbeit?

Es ist – leider – ein offenes Geheimnis: Gerade im handwerklichen Bereich werden Arbeiten gern »schwarz«, also ohne offizielle Rechnung erledigt. Im »klassischen« Fall verzichten Handwerker bei Aufträgen auf die Erhebung der Umsatzsteuer und erzielen so Einnahmen am Finanzamt vorbei. Ein anderes verbreitetes Beispiel ist die Erledigung von Handwerksarbeiten durch Menschen, die gleichzeitig staatliche Sozialhilfe in Anspruch nehmen. Vereinbarungen dieser Art sehen meistens vor, dass der Auftraggeber einen geringeren Werklohn für die Arbeiten zahlt. Der Handwerker spart ebenfalls, weil er keine Steuern und Sozialabgaben abführen muss. Eigentlich ein guter Deal … oder?

Nein! Denn Schwarzarbeit ist sozial unverträglich und schädigt die Wirtschaft, indem ehrliche Handwerker Aufträge verlieren und so auf lange Sicht Arbeitsplätze verloren gehen. Der volkswirtschaftliche Schaden wird jährlich auf 30 bis 70 Milliarden Euro geschätzt. Aber man muss es nicht gleich gesamtwirtschaftlich betrachten: Auch die einzelnen Auftraggeber und -nehmer müssen mit schwerwiegenden Folgen rechnen, wenn sie sich auf solche Vereinbarungen einlassen. Für Unfälle bei der Schwarzarbeit haftet der Auftraggeber zum Beispiel allein. Der Bundesgerichtshof hat zudem entschieden, dass Auftraggeber bei Schwarzarbeit überhaupt keine Gewährleistungsrechte (Schadensersatz, Minderung etc.) haben. Im häufigen Fall, dass ein Werk mangelhaft ist, bleiben sie also auf ihrem Schaden sitzen. Auf der anderen Seite können Werkunternehmer, die schwarz gearbeitet haben, ihren Anspruch auf Zahlung des Werklohns nicht vor Gericht einklagen. Am Ende schadet Schwarzarbeit also allen. Darüber hinaus ist Schwarzarbeit eine Ordnungswidrigkeit, in schweren Fällen sogar eine Straftat. Sowohl dem Auftraggeber als auch dem Werkunternehmer können Bußgelder von bis zu 500 000 Euro drohen.

Mahnungen und Schulden

Im Optimalfall laufen Geschäfte wie der Zimtschneckenkauf beim Bäcker ab. Der Verkäufer packt die frisch gebackenen Zimtschnecken ein. Du bezahlst. Beide Vertragsparteien sind zufrieden. In der Realität läuft das leider nicht immer so reibungslos ab. Gerade bei Online-Geschäften kann es vorkommen, dass dir mal eine Rechnung durchrutscht und du die Zahlung versäumst. Und plötzlich flattert dir eine Mahnung ins Haus. Oder aber du bist selbst der Verkäufer einer Ware, hast sie an jemanden versendet und wartest und wartest und wartest auf dein Geld. Es kann auch vorkommen, dass du eine Ware gekauft hast und sie aufgrund von Nichtgefallen zurückgesendet hast. Doch die Erstattung des Kaufpreises lässt schon seit Wochen und mehrerer Nachfragen auf sich warten. Was kannst du tun? In letztgenannten Fällen bist du derjenige, der ein Mahnverfahren einleiten sollte, um an dein Geld zu kommen.

Mahnungen und Zahlungsaufforderungen: Was ist rechtlich zu beachten?

Bevor ein Gläubiger ein gerichtliches Mahnverfahren einleiten kann, muss er dem Schuldner zunächst mit einer privaten Mahnung die Möglichkeit geben, den Kaufpreis doch noch zu zahlen. Diese private Mahnung muss eine eindeutige Aufforderung zur Zahlung sowie mindestens eine zweiwöchige Frist ab Zustellung enthalten. Um in einem späteren gerichtlichen Mahnverfahren nachweisen zu können, dass die Mahnung dem Käufer auch tatsächlich zugestellt wurde, empfiehlt es sich, diese per Einschreiben mit Rückschein zu versenden.

Sollte der Schuldner auf die Mahnung nicht reagieren und ist die Zahlungsfrist verstrichen, kann der Gläubiger schließlich ein gerichtliches Mahnverfahren einleiten. Dafür beantragt er beim zuständigen Mahngericht den Erlass eines Mahnbescheids. Maßgeblich für die Wahl des Mahngerichts ist der Wohnsitz des Gläubigers. Die meisten Bundesländer haben zentrale Mahngerichte oder kooperieren gar länderübergreifend. Das gesamte Mahnverfahren ist dabei streng formalisiert. Für beinahe jeden Verfahrensschritt gibt es entsprechenden Vordrucke. Mittlerweile lässt sich das Mahnverfahren auch unkompliziert online einleiten. Unter mahngerichte.de findest du den gemeinsamen Auftritt der Mahngerichte der Bundesländer, die am automatisierten gerichtlichen Mahnverfahren teilnehmen

Gerichtliches Mahnverfahren

Sobald ein Gläubiger einen Antrag auf Erlass eines Mahnbescheids beim zuständigen Mahngericht gestellt hat, kommt das Gericht dem Antrag nach und sendet einen gerichtlichen Mahnbescheid an den Schuldner. Dabei prüft das Gericht nicht, ob dem Gläubiger der geltend gemachte Anspruch tatsächlich zusteht. Es findet lediglich eine Plausibilitätsprüfung anhand der Angaben des Antrags statt. Wer einen Mahnbescheid erhält, muss daher selbst prüfen, ob er dem Gläubiger die darin genannte Geldsumme schuldet.

Ist der Mahnbescheid zugestellt, gibt es von nun an drei Varianten, wie es weitergeht:

1. Der Schuldner begleicht die Zahlung und übernimmt die Kosten für das begonnene Mahnverfahren. Damit ist die Sache vom Tisch und das Mahngericht wird nicht weiter tätig.

2. Der Schuldner ist der Ansicht, dass die Forderung gar nicht oder nicht in der Höhe besteht. In diesem Fall kann er gegen den Mahnbescheid Widerspruch einlegen. Das muss innerhalb einer Frist von zwei Wochen geschehen. In der Regel führt der Widerspruch dazu, dass aus dem Mahnverfahren ein normales zivilgerichtliches Verfahren – also ein Prozess – wird, bei dem beide Parteien ihre Positionen darlegen und beweisen müssen.
3. Der Schuldner reagiert innerhalb der Widerspruchsfrist auch auf die gerichtliche Mahnung nicht. In diesem Fall kann der Gläubiger unverzüglich einen Vollstreckungsbescheid beantragen, spätestens jedoch innerhalb von sechs Monaten nach Zustellung des Mahnbescheids. Mit dem Vollstreckungsbescheid kann der Gläubiger seinen Anspruch zwangsweise mithilfe eines Gerichtsvollziehers durchsetzen. Allerdings kann der Schuldner auch gegen den Vollstreckungsbescheid Widerspruch einlegen. Tut er das, kommt es in der Regel zu einem normalen Gerichtsverfahren.

In der Regel trägt der Schuldner die Kosten des Mahnverfahrens. Der Antragsteller muss diese allerdings vorstrecken – ebenso wie die Anwaltskosten, falls er das Mahnverfahren von einem Anwalt einleiten lässt. Wie hoch die Kosten sind, hängt vom Streitwert ab. Im Kostenverzeichnis zum Gerichtskostengesetz Nr. 1100 findest du eine entsprechende Übersicht. Bis zu einem Streitwert von 1000 Euro wird eine Gebühr von 38 Euro fällig. Unter mahngerichte.de wird zudem ein Kostenrechner angeboten. Dort kannst du deinen Streitwert eingeben und die Gerichtskosten berechnen lassen. Aber Achtung: Die Gerichtskosten werden immer wieder um ein paar Euro angepasst. Nicht immer halten die Website-Programmierer Schritt mit diesen Entwicklungen.

Das gerichtliche Mahnverfahren lohnt sich insbesondere bei kleineren Geldforderungen, über die kein Streit besteht. Etwa für einen Handwerker, dessen Kunde die Leistung nicht beanstandet hat und die Rechnung dennoch nicht bezahlt. Da es bei komplizierteren Ansprüchen dagegen ohnehin meist zu einem Prozess kommt, in dem der Sachverhalt geklärt wird, kannst du dir die Mühe für das gerichtliche Mahnverfahren hier besser sparen.

GELDFORDERUNGEN IM AUSLAND EINTREIBEN

Wer Schulden bei einem im Ausland sitzenden Käufer oder Verkäufer eintreiben will, muss ein internationales Mahnverfahren nutzen. Stammen Gläubiger und Schuldner aus einem EU-Mitgliedstaat, greift das europäische Mahnverfahren. Dieses ist ähnlich wie das gerichtliche Mahnverfahren aufgebaut und kann ebenfalls online genutzt werden, um einen Europäischen Zahlungsbefehl zu erwirken. Zentrales Europäisches Mahngericht ist das Amtsgericht Wedding in Berlin. Die Einspruchsfrist bei einem Europäischen Zahlungsbefehl liegt bei 30 Tagen. Ist sie abgelaufen, erklärt das Gericht den Zahlungsbefehl für vollstreckbar. Der Gläubiger kann seinen Anspruch nun zwangsweise in dem EU-Staat, in dem der Schuldner ansässig ist, durchsetzen lassen.

Stammt der Schuldner nicht aus der EU, wird es schwieriger, an sein Geld zu kommen. Mit einigen Nicht-EU-Staaten wie der Schweiz, Norwegen oder Island existieren Abkommen, die es ermöglichen, Forderungen innerhalb dieser Staaten durchzusetzen. In anderen Ländern kommt es hingegen auf die jeweilige Rechtslage innerhalb des Staates an. In solchen Fällen wirst du nicht umhinkommen, einen Anwalt zu engagieren oder mit einem Inkassounternehmen zusammenzuarbeiten.

Inkassobüros: Was dürfen sie und was nicht?

Ganz allgemein gesprochen sind Inkassounternehmen Firmen, die Geldforderungen eintreiben, auf die ein Gläubiger Anspruch hat. Um ein Inkassounternehmen überhaupt beauftragen zu können, müssen zwei Voraussetzungen erfüllt sein: Der Vertrag zwischen beiden Parteien muss rechtskräftig sein (siehe Seite 32) – es gibt also, wie wir Rechtsanwälte sagen, eine berechtigte Hauptforderung. Und zweitens: Der Schuldner muss tatsächlich bereits in Verzug geraten sein. Voraussetzung für den Verzug ist in der Regel eine Mahnung mit einem Mahnungshinweis. Wurde eine vereinbarte Zahlungsfrist nicht eingehalten oder sind 30 Tage nach Fälligkeit und Zugang der Rechnung vergangen, bedarf es keiner extra Mahnung.

Wer also eine berechtigte Geldforderung hat und sich nicht selbst mit dem Mahnprozess herumschlagen möchte, kann ein Inkassounternehmen beauftragen. In der Regel wird das Inkassobüro zunächst versuchen, die Forderung vorgerichtlich anzumahnen. Gelingt das nicht, leitet das Büro das oben beschriebene gerichtliche Mahnverfahren ein, um einen Vollstreckungstitel zu erwirken. Inkassobüros selbst dürfen weder Pfändungen bei dir zu Hause noch Lohnpfändungen vornehmen. Das darf nur ein Gerichtsvollzieher.

Die anfallenden Inkassokosten sind Teil des Verzugsschadens, für den der Schuldner gemäß § 280 BGB aufkommen muss. Inkassogebühren zählen zu den Rechtsdienstleistungen. Sie sind im sogenannten Rechtsdienstleistungsgesetz (RDG) gesetzlich geregelt und dürfen nicht willkürlich festgelegt werden. Grundlage für die Berechnung ist auch hier der Streitwert. Da sich die Inkassokosten nach der Art und dem Schwierigkeitsgrad der Forderung richten – etwa, wenn eine Forderung als strittig angesehen wird –, gibt es verschiedene Gebührensätze.

Manche Inkassobüros versuchen, ihre Rechnung aufzubessern, und stellen Positionen auf, die nicht gerechtfertigt sind. Welche du zahlen musst und welche nicht, sieht du hier:

Rechnungsposition	Musst du zahlen?
Kontoführungskosten	Nein. Solche Kosten gehören zur allgemeinen Geschäftstätigkeit und sind mit der Inkassogebühr bereits beglichen.
Verzugszinsen	Ja, wenn es konkrete Angaben zum Zeitraum und Zinssatz gibt. Der Zinssatz darf maximal 5 Prozentpunkte über dem Basiszinssatz liegen, der halbjährlich von der Deutschen Bundesbank festgelegt wird.
Kosten für die Adressermittlung	Jein. Diese Kosten sind nur dann gerechtfertigt, wenn du tatsächlich vor Kurzem umgezogen bist und dies deinem Vertragspartner nicht mitgeteilt hast. Die Kosten für eine Adressermittlung beim Einwohnermeldeamt liegen ungefähr bei 15 Euro.
Kosten für das Mahnschreiben	Ja. Die Kosten sollten allerdings 3 Euro nicht überschreiten.
Umsatzsteuer	Nein, vorausgesetzt der Gläubiger ist zum Abzug der Vorsteuer berechtigt. In diesem Fall entsteht ihm durch die Umsatzsteuer des Inkassobüros kein Schaden, der vom Schuldner beglichen werden müsste.

Rechnungsposition	Musst du zahlen?
Bonitätsprüfung	Nein. Sie ist nicht notwendig, um die Forderung durchzusetzen. Betrügerische Inkassounternehmen versuchen mitunter, die Kosten aufzuführen, obwohl die Prüfung gar nicht stattgefunden hat. Eine Bonitätsprüfung – also die Überprüfung deiner Zahlungsfähigkeit – darf übrigens nur mit deiner Zustimmung erfolgen, und es muss ein berechtigtes Interesse vorliegen. Das kann zum Beispiel die Vorbereitung von Ratenzahlungsvorschlägen oder eine Klageeinreichung sein.

Unberechtigte Forderungen? Das sind deine Rechte

Es kommt vor, dass Inkassobüros von Verkäufern vorgeschickt werden, um im Falle von Streitigkeiten einfach Tatsachen zu schaffen. Etwa, wenn du für ein mangelhaftes Produkt nicht zahlen willst, der Verkäufer den Mangel aber nicht anerkennt und auf Zahlung des Kaufpreises besteht. In so einem Fall darf das Inkassounternehmen jedoch gar nicht tätig werden.

Hinzu kommen betrügerische Inkassounternehmen. Die schwarzen Schafe unter den Inkassobüros erkennt man oft am rüden Ton der Mahnschreiben sowie an der Androhung noch höherer Gebühren und Kosten, wenn die Forderungen nicht binnen kürzester Frist erfüllt werden. Oft verfehlen diese Schreiben ihre Wirkung nicht und Verbraucher zahlen aus Angst, das alles noch schlimmer wird – ohne zu prüfen, ob die Forderungen überhaupt gerechtfertigt sind. Meine Empfehlung: Hast du ein Inkassoschreiben erhalten, lass dich nicht vom Schreck überwältigen, sondern besinne dich auf deine Rechte und prüfe das Mahnschreiben genau.

RECHT BEKOMMEN

Die Verbraucherzentrale bietet online einen kostenlosen Check von Mahnschreiben an. Bei diesem sogenannten Inkasso-Check erfährst du, ob du eine Mahnung überhaupt bezahlen musst oder ob sich im Schreiben Gebühren verstecken, die das Inkassounternehmen gar nicht erheben darf. Seit Anfang 2025 ist zudem die Aufsicht über Inkassounternehmen endlich zentralisiert. Statt mehr als 30 Aufsichtsbehörden mit teils unterschiedlicher Rechtsauslegung gibt es jetzt eine zentrale Aufsichtsbehörde unter dem Dach des Bundesamts für Justiz, die den Beschwerden über Inkassounternehmen nachgeht.

MAHNSCHREIBEN PRÜFEN

So prüfst du ein Mahnschreiben richtig:

- *Ist das Inkassobüro registriert?* Unter www.rechtsdienstleistungsregister.de kannst du überprüfen, ob der im Mahnschreiben aufgeführte Absender überhaupt seriös ist. Findet sich im Register kein Eintrag zu der Firma, dann ist es ein Beleg dafür, dass sie unseriös ist. Denn eine Inkassotätigkeit ohne entsprechende Erlaubnis ist verboten und mit einem Bußgeld bewehrt. Um zu verhindern, dass du weiter bedrängt wirst, könntest du Anzeige bei der Polizei erstatten.
- *Ist die Anspruchsgrundlage formuliert und wird der Gläubiger genannt?* Um prüfen zu können, ob die Forderung berechtigt ist oder nicht, sollten in einem Mahnschreiben der Gläubiger und auch das Kaufdatum genannt sein. Erfolgt einfach nur der Verweis auf die Forderung eines »Mandanten«, solltest du Widerspruch einlegen (eine Vorlage für ein Schreiben findest du weiter unten) und das Inkassobüro auffordern, entsprechende Nachweise zu erbringen, worauf genau sich die Forderung bezieht.
- *Wo befindet sich das Konto, auf das die Forderung gezahlt werden soll?* Hellhörig solltest du auch immer dann werden, wenn du die Forderung auf ein ausländisches Konto überweisen sollst und als Kontoinhaber eine Privatperson statt eines Firmennamens angegeben ist. Allerdings gibt es auch betrügerische Inkassounternehmen und Kanzleien, die mit deutschen Konten arbeiten. Die Verbraucherzentrale hat diesbezüglich online eine Schwarzliste veröffentlicht, in der unseriöse deutsche Unternehmen nebst Kontonummern, mit denen sie arbeiten, aufgeführt sind.
- *Enthält das Schreiben Drohungen und zu kurze Fristen?* Schreiben von seriösen Inkassobüros enthalten in der Regel keine Drohungen hinsichtlich Klagen, zusätzlichen Mahngebühren und horrenden Folgekosten. Auch viel zu kurz gesetzte Fristen, etwa eine Zahlungsaufforderung innerhalb von fünf Tagen, sind unseriös.

So legst du Widerspruch ein

Bist du der Überzeugung, dass die Forderung unberechtigt ist, solltest du Widerspruch gegen die Mahnung einlegen und vom Inkassounternehmen schriftlich Nachweise wie Verträge, Rechnungen oder Zahlungsbelege anfordern. So könnte dein Widerspruchsschreiben aussehen:

Betreff: Widerspruch gegen Ihre Mahnung vom [Datum] – Aktenzeichen: [Aktenzeichen]

Sehr geehrte Damen und Herren,

hiermit widerspreche ich der von Ihnen geltend gemachten Forderung in vollem Umfang. Ich bestreite sowohl die Forderung als auch die Rechtmäßigkeit Ihrer Mahnung.

Bitte stellen Sie mir folgende Nachweise zur Prüfung der Forderung zur Verfügung:

1. Eine Kopie der Originalrechnung des angeblichen Gläubigers.
2. Einen Nachweis über die Abtretung der Forderung an Ihr Inkassounternehmen.
3. Einen detaillierten Forderungsaufstellung mit Aufschlüsselung aller entstandenen Kosten.

Bis zum vollständigen Nachweis der Rechtmäßigkeit der Forderung erwarte ich, dass Sie jegliche Maßnahmen, einschließlich eines Schufa-Eintrags oder weiterer Mahnungen, unterlassen.

Des Weiteren weise ich darauf hin, dass ich bei einer weiteren unberechtigten Kontaktaufnahme rechtliche Schritte prüfen werde.

Mit freundlichen Grüßen,

[Unterschrift]

[Name]

Der Versand des Widerspruchs sollte mit einem Einschreiben mit Rückschein erfolgen.

Schufa-Eintrag: Was ist erlaubt?

Zum Drohpotenzial von unseriösen Inkassounternehmen gehört oft auch ein negativer Schufa-Eintrag. Die Schufa ist die bekannteste private Wirtschaftsauskunftei, die in Deutschland Daten zur Kreditfähigkeit von Personen und Unternehmen sammelt. Die Einträge dort könnten sich tatsächlich unangenehm auf deine Geschäftsfähigkeit auswirken. Deine Kreditkarte kann gesperrt werden. Du kannst womöglich nicht mehr per Rechnung einkaufen, sondern musst stets Vorkasse leisten. Günstige Laufzeitverträge – zum Beispiel bei Mobilfunkanbieten – werden dir abgelehnt. Oder du liegst im Rennen als Mieter einer neuen Wohnung zurück, da du auf Nachfrage keine positive Schufa-Auskunft vorlegen kannst.

Bei einem Inkassoverfahren ist ein Eintrag bei der Schufa jedoch nur dann zulässig, wenn es sich um eine berechtigte Forderung handelt und du die Rechnung des Inkassobüros trotz mindestens zweifacher Mahnung nicht bezahlt hast. Zwischen den beiden Mahnungen müssen vier Wochen Abstand liegen. Legst du schriftlich Widerspruch gegen die Forderung ein, dürfen ebenfalls erst mal keine Daten übermittelt werden.

Welche konkreten Folgen ein unberechtigter negativer Schufa-Eintrag haben kann, erlebte ein Hamburger im Jahr 2019. Der Kunde der Barclays Bank hatte sein Konto bei der Bank gekündigt. Im Zuge der Kündigung entstand ein Streit über eine Restforderung der Bank. Diese bestritt der Kunde. Obwohl die Forderung strittig war, veranlasste die Bank daraufhin einen negativen Schufa-Eintrag. Gegen diesen ging der Kunde juristisch erfolgreich vor. Vier Monate später sorgte die Bank jedoch erneut für einen negativen Schufa-Eintrag. Dieser war dann der Grund, dass dem Kunden von seiner Hausbank die Kreditkarte gesperrt und ein beantragter Kredit abgelehnt wurde – explizit unter Verweis auf den Schufa-Negativeintrag. Daraufhin verklagte der Mann die Bank auf Schadenersatz. Während das Landesgericht Hamburg dem Mann in der ersten Instanz 2000 Euro Schadenersatz zusprach, erhöhte das Oberlandesgericht diesen Betrag sogar noch auf 4000 Euro, unter anderem deshalb, weil das Gericht es als erwiesen ansah, dass die Bank in Sachen Schufa-Score zweimal besonders fahrlässig gehandelt habe (OLG Hamburg, Urteil vom 20.01.2024 – 13 U 70/23).

RECHT BEKOMMEN

Einmal im Jahr hast du das Recht, eine kostenfreie Selbstauskunft bei der Schufa zu beantragen und die über dich gespeicherten Daten einzusehen. Unzulässige Einträge kannst du löschen beziehungsweise mithilfe eines unabhängigen und kostenlosen Ombudsmannes berichtigen lassen. Eine Untersuchung des Bundesministeriums für Justiz hat 2015 herausgefunden, dass bei jedem vierten Verbraucher die Schufa-Daten falsche Einträge enthielten.

INTERNETRECHT

Das Internet ist aus unserem Alltag nicht mehr wegzudenken – wir shoppen online, klicken dabei meist auf »alle Cookies akzeptieren«, posten Urlaubsbilder bei Instagram und lesen Nachrichten auf digitalen Plattformen. Den Satz, dass das Internet natürlich »kein rechtsfreier Raum« ist, hast du sicherlich schon von einigen Politikern gehört. Doch was bedeutet das konkret für dich? In diesem Kapitel zeige ich dir, worauf du im Internet aus rechtlicher Sicht achten solltest. Du erfährst, was die Datenschutz-Grundverordnung (DSGVO) für dich als Nutzer bedeutet: Welche deiner Daten darf zum Beispiel ein Online-Shop über dich speichern? Hast du schon mal einen Blick in eine »Datenschutzerklärung« geworfen? Hier erfährst du auch, warum Cookies nicht nur Kekse sind und ob du auch etwas anderes tun kannst, als sie zu akzeptieren. Auch vom Urheberrecht wirst du sicherlich schon einiges gehört haben – doch was bedeutet das konkret? Wann darfst du fremde Videos, Songs, Bilder oder Texte teilen und wann lieber nicht? Und was ist mit lustigen Partybildern deiner Freunde, die das vielleicht gar nicht so lustig finden? Hier greift nämlich das sogenannte »Recht am eigenen Bild«. Außerdem erkläre ich dir, was du im Netz sagen beziehungsweise schreiben kannst – und was lieber nicht. Es kommt auch oft vor, dass Social-Media-Plattformen deine Beiträge löschen oder gar dein Konto sperren, weil du angeblich gegen ihre Regeln verstoßen hast. Was kannst du dann tun? Und wenn dir jemand vorwirft, selbst gegen das Urheberrecht, die DSGVO oder das Recht am eigenen Bild verstoßen zu haben, könnte es sogar sein, dass dir eine Abmahnung von einem Anwalt ins Haus flattert. Doch keine Panik, du bist damit nicht allein. Hier erfährst du, wie du bestmöglich reagieren kannst.

Datenschutz-Grundverordnung (DSGVO)

Das Datenschutzrecht sorgt dafür, dass du die Kontrolle über deine persönlichen Daten behältst – also darüber, wer was über dich weiß, warum das so ist und wie lange diese Informationen gespeichert werden. In Deutschland und in der gesamten Europäischen Union gilt dafür die Datenschutz-Grundverordnung (DSGVO).

Dieses umfassende Gesetz schützt dich vor unkontrollierter Datensammlung durch Unternehmen, Behörden oder andere Stellen und legt klare Regeln fest, wann und wie deine Daten genutzt werden dürfen. Ziel ist es, einen Ausgleich zu schaffen zwischen deinem Recht auf Privatsphäre (das auch durch das Grundrecht auf informationelle Selbstbestimmung geschützt ist) und den berechtigten Interessen derjenigen, die mit Daten arbeiten. Das Datenschutzrecht betrifft fast alle Bereiche deines täglichen Lebens: Wenn du online einkaufst, eine App nutzt, dich für einen Newsletter anmeldest, einen Arzt aufsuchst oder auch einfach nur im Internet surfst – jedes Mal werden Daten über dich verarbeitet. Umso wichtiger ist es, dass du verstehst, welche Rechte du hast und wie du sie durchsetzen kannst.

Was sind »personenbezogene Daten«?

Personenbezogene Daten sind nach Artikel 4 Nummer 1 DSGVO alle Informationen, die sich auf dich als Person beziehen und dich direkt oder indirekt *identifizierbar* machen. Das können ganz offensichtliche Dinge sein wie dein Name, deine Adresse oder deine Telefonnummer. Aber auch weniger offensichtliche Informationen wie deine IP-Adresse, dein Standortverlauf oder deine Kundennummer in einem Online-Shop zählen dazu. Sogar Bilder, auf denen du erkennbar bist, oder Tonaufnahmen deiner Stimme können personenbezogene Daten darstellen.

Ein Beispiel: Du buchst online einen Flug. Dabei gibst du deinen Namen, deine E-Mail-Adresse und deine Kreditkartendaten ein. Diese Daten sind eindeutig dir zuzuordnen – sie sind also personenbezogen. Vielleicht gibst du sogar an, dass du koscheres oder glutenfreies Essen bevorzugst – damit gibst du indirekt Hinweise auf deine religiöse Überzeugung beziehungsweise zu deiner Gesundheit, was besonders sensible Informationen sind.

Besondere Kategorien personenbezogener Daten nach Artikel 9 DSGVO – also etwa Gesundheitsdaten, biometrische Daten oder Angaben zu deiner sexuellen Orientierung – unterliegen einem noch strengeren Schutz. Solche Daten dürfen nur in Ausnahmefällen verarbeitet werden, etwa wenn du ausdrücklich eingewilligt hast oder wenn ein Arzt sie zur medizinischen Versorgung benötigt.

Wann dürfen Unternehmen deine Daten verarbeiten?

Unternehmen dürfen deine Daten in der Regel nur dann verarbeiten, wenn sie sich dabei auf eine der in Artikel 6 DSGVO genannten Rechtsgrundlagen stützen können. Die bekannteste und oft wichtigste ist die *Einwilligung* nach Artikel 6 Absatz 1 Buchstabe a DSGVO. Wenn du also etwa bei einem Online-Shop zustimmst, dass deine E-Mail-Adresse für Werbung verwendet werden darf, liegt eine rechtmäßige Verarbeitung vor – solange du frei und informiert zugestimmt hast, also etwa das Häkchen nicht vorangekreuzt war oder ein irreführender Text über der Einwilligungserklärung stand.

Daneben gibt es weitere zulässige Gründe: Wenn du einen Vertrag abschließt – etwa ein Streaming-Abo – ist die Verarbeitung deiner Daten zur *Vertragserfüllung* nach Artikel 6 Absatz 1 Buchstabe b DSGVO erlaubt. Auch *gesetzliche Pflichten*, wie etwa steuerliche Aufbewahrungsfristen, können eine Verarbeitung rechtfertigen (Art. 6 Abs. 1 lit. c DSGVO).

Ein spannender Fall ist das *»berechtigte Interesse«* nach Artikel 6 Absatz 1 Buchstabe f DSGVO. Hier darf ein Unternehmen Daten verarbeiten, wenn es ein legitimes Interesse daran hat – zum Beispiel zur IT-Sicherheit oder zur Direktwerbung –, solange deine Grundrechte und Freiheiten dadurch nicht überwiegen. Das ist oft eine Abwägungsfrage, bei der deine Interessen eine wichtige Rolle spielen. Diese Abwägung müssen die Stellen, die deine Daten verarbeiten, erst einmal selbst treffen und in ihre Datenschutzerklärung schreiben (mehr dazu im nächsten Unterkapitel). Sie kann aber durch die Gerichte überprüft werden.

Sensible Daten – etwa zu deiner Gesundheit – dürfen nur verarbeitet werden, wenn zusätzlich die strengen Voraussetzungen des Artikels 9 DSGVO erfüllt sind. Ein Zahnarzt darf zum Beispiel deine Krankenakte führen, weil das für die medizinische Behandlung notwendig ist (Art. 9 Abs. 2 lit. h DSGVO). Meistens braucht es im Bereich sensibler Daten immer deine Einwilligung.

Warum ist die Datenschutzerklärung einer Website wichtig?

Immer wenn du eine Website besuchst – sei es zum Online-Shopping, zum Lesen eines Artikels oder einfach zum Surfen – werden in der Regel personenbezogene Daten von dir verarbeitet. Oft geschieht das schon durch die bloße Verbindung zu einem Server oder durch den Einsatz von *Cookies*. Deshalb ist es wichtig, dass du weißt, was genau mit deinen Daten geschieht – und hier kommt die Datenschutzerklärung ins Spiel.

Die Datenschutzerklärung einer Website soll dir transparent erklären, welche Daten erhoben werden, auf welcher rechtlichen Grundlage das geschieht, wofür sie verwendet werden, ob und an wen sie weitergegeben werden und wie lange sie gespeichert bleiben. Du solltest dort beispielsweise erfahren, ob deine IP-Adresse gespeichert wird, ob Tracking-Dienste wie Google Analytics eingesetzt werden oder ob deine Daten an Dritte außerhalb der EU übermittelt werden. Zudem solltest du in der Datenschutzerklärung erfahren, welche Rechte du im Zusammenhang mit der Datenverarbeitung hast (mehr dazu gleich). Gute Datenschutzerklärungen enthalten außerdem konkrete Kontaktdaten eines Datenschutzbeauftragten oder einer verantwortlichen Stelle, an die du dich bei Fragen oder Beschwerden wenden kannst.

Ein Beispiel: Du besuchst eine Website für Reisebuchungen und wirst mit einem Cookie-Banner begrüßt. In der Datenschutzerklärung solltest du nachlesen können, welche Arten von Cookies gesetzt werden, ob sie technisch notwendig oder optional sind und wie du deine Auswahl ändern kannst. Wenn du dort liest, dass deine Daten an Werbepartner weitergegeben werden, kannst du entscheiden, ob du das akzeptieren möchtest oder nicht. Überlege dir das gut, besonders dann, wenn du sensible Daten eingeben sollst, etwa bei Online-Banking, Gesundheitsdiensten oder Bewerbungsportalen.

Deine Datenschutzrechte als Verbraucher

Die DSGVO gibt dir einige Rechte an die Hand, die du kennen solltest. Alle Stellen, die online Daten verarbeiten, müssen dich darüber zum Beispiel in ihrer Datenschutzerklärung informieren.

- *Auskunftsrecht (Art. 15 DSGVO)*
  Du hast jederzeit das Recht, von einem Unternehmen zu erfahren, ob es personenbezogene Daten über dich speichert. Du kannst auch verlangen, dass dir mitgeteilt wird, welche Daten das genau sind, woher sie stammen, für welchen Zweck sie genutzt werden und ob sie an Dritte weitergegeben wurden. Wenn du etwa von einer Versicherung Post erhältst, obwohl du nie mit ihr Kontakt hattest, kannst du mit einer Auskunftsanfrage klären, woher sie deine Daten hat.
- *Widerruf der Einwilligung (Art. 7 Abs. 3 DSGVO)*
  Wenn du einmal einer Datenverarbeitung zugestimmt hast, bist du nicht dauerhaft daran gebunden. Du kannst deine Einwilligung jederzeit mit Wirkung für die Zukunft widerrufen – ohne Angabe von Gründen. Ein klassisches Beispiel: Du hast einen Newsletter abonniert, möchtest diesen aber nicht mehr erhalten. Dann reicht ein Klick auf den Abmeldelink oder eine kurze Mitteilung an den Anbieter.
- *Widerspruchsrecht (Art. 21 DSGVO)*
  Wenn deine Daten auf Grundlage eines berechtigten Interesses verarbeitet werden, kannst du dagegen Widerspruch einlegen. Das betrifft häufig personalisierte Werbung oder Tracking auf Websites. Du kannst dann fordern, dass deine Daten künftig nicht mehr zu diesen Zwecken verwendet werden – und das Unternehmen muss dem im Regelfall nachkommen.
- *Recht auf Löschung (Art. 17 DSGVO)*
  Du kannst verlangen, dass deine Daten gelöscht werden, wenn sie für den ursprünglichen Zweck nicht mehr erforderlich sind, du deine Einwilligung widerrufen hast oder die Verarbeitung unrechtmäßig war. Stell dir vor, du hast dich bei einem Fitnessstudio angemeldet, kündigst aber nach einem Jahr. Dann darf das Studio deine Kontaktdaten und Vertragsdaten nicht unbegrenzt speichern.
- *Recht auf Datenübertragbarkeit (Art. 20 DSGVO)*
  Dieses Recht ermöglicht es dir, deine Daten in einem strukturierten, gängigen Format zu erhalten – zum Beispiel als CSV-Datei –, damit du sie zu einem anderen Anbieter mitnehmen kannst. Wenn du also von einem Cloud-Dienst zum anderen wechseln willst, kannst du deine Daten mitnehmen, ohne sie neu eingeben zu müssen.

Was tun, wenn deine Rechte verletzt wurden?

Wenn du meinst, jemand hat deine Daten unrechtmäßig verarbeitet, hast du verschiedene Möglichkeiten, dich dagegen zu wehren: Zunächst solltest du den direkten Kontakt mit dem Unternehmen beziehungsweise der Stelle suchen, die deiner Meinung nach etwas falsch gemacht hat. Formuliere dein Anliegen klar: Welche Datenverarbeitung beanstandest du? Auf welches Recht beruft sich das Unternehmen? Nutze dabei deine Rechte aus der DSGVO – etwa auf Auskunft oder Löschung – und verweise konkret auf die jeweiligen Artikel.

Reagiert das Unternehmen nicht oder lehnt dein Anliegen ab, kann ein Rechtsanwalt helfen. Der kann das Unternehmen abmahnen, eine Unterlassung verlangen und bei Bedarf eine gerichtliche Klärung herbeiführen.

Wurde dein Datenschutz verletzt und hast du dadurch einen Schaden erlitten – sei es materiell oder immateriell –, hast du Anspruch auf *Schadensersatz* nach Artikel 82 DSGVO. Ein solcher immaterieller Schaden kann auch dann vorliegen, wenn du dich bloßgestellt fühlst, dir Sorgen um deine Datensicherheit machst oder Vertrauen in einen Anbieter verloren hast. Auch wenn deine Daten bei einem Online-Anbieter gehackt wurden, stehen dir wahrscheinlich Ansprüche gegen eben jenen Anbieter zu, weil dieser deine Daten höchstwahrscheinlich nicht ausreichend geschützt hat. Allein der Kontrollverlust über deine Daten stellt schon einen ersatzfähigen Schaden dar, das hat der Bundesgerichtshof in einem unserer Fälle im Jahr 2024 entschieden.

Du kannst dich außerdem jederzeit nach Artikel 77 DSGVO bei der Datenschutzbehörde deines Bundeslandes beschweren. Die Behörde prüft dann den Fall und kann Maßnahmen gegen das verantwortliche Unternehmen ergreifen – von einer Verwarnung bis zu einem empfindlichen Bußgeld. Die Beschwerde ist formlos möglich, oft sogar über ein Online-Formular.

Warum du überall Cookie-Banner siehst – und wie du deine Privatsphäre schützt

Wenn du heute eine Website besuchst, wirst du fast immer mit einem Cookie-Banner begrüßt. Diese Banner fragen dich, ob du »alle Cookies akzeptieren« möchtest. Aber warum ist das so? *Cookies* sind kleine Textdateien, die Websites auf deinem Gerät speichern, um Informationen über dein Surfverhalten zu sammeln. Einige Cookies sind technisch notwendig, damit die Website überhaupt funktioniert. Andere dienen dazu, dein Verhalten zu analysieren oder personalisierte Werbung anzuzeigen. Nicht bei allen Cookies werden personenbezogene Daten gesammelt, daher ist hier nicht immer die DSGVO das richtige Gesetz, um zu prüfen, ob Cookies rechtmäßig gesetzt wurden. Es gibt aber besondere Regeln für das Setzen von Cookies, weil es hier letztlich auch um deine Privatsphäre geht. Seit einem wichtigen Urteil des Europäischen Gerichtshofs vor einigen Jahren ist jetzt klar: Cookies, die nicht unbedingt erforderlich sind, dürfen nur gesetzt werden, wenn du »auf der Grundlage von klaren und umfassenden Informationen eingewilligt« hast.

Diese Regelung ist inzwischen auch in § 25 Telekommunikation-Digitale-Dienste-Datenschutz-Gesetz (TDDDG) verankert, das am 1. Dezember 2021 in Kraft trat und die Vorgaben der europäischen ePrivacy-Richtlinie in deutsches Recht umsetzt.

Die Anbieter möchten sich natürlich dennoch weiterhin deine Einwilligung »erschleichen«. Deshalb hast du bei den meisten Bannern auf der ersten Seite nur die Wahl zwischen »alle akzeptieren« und »weitere Informationen« oder »Einstellungen« oder einem ähnlich benannten Button. Klickst du auf letzteren, musst du für eine Ablehnung auf einer zweiten Seite meist auch noch bis nach unten scrollen, um nicht notwendige Cookies zu verweigern. Sie wollen es dir also so richtig schwer machen, die Einwilligung zu verweigern. Ob diese Praxis so rechtlich zulässig ist, wage ich stark zu bezweifeln – aber bis die Gerichte diese Praxis kippen, musst du diesen Mehraufwand leisten, um deine Privatsphäre zu wahren.

Urheberrecht

Das Urheberrecht spielt im Internet insbesondere im Hinblick auf Bilder und Videos sowie auf Zitate eine große Rolle. Den meisten dürfte dieses Recht ein Begriff sein – und das grobe Wissen, dass man lieber keine geistigen Inhalte »klauen« sollte, weil man sich sonst eine saftige Abmahnung einfängt. Doch was genau ist dieses Urheberrecht eigentlich? Was schützt es? Und was kann man tun, wenn man fremde geistige Inhalte nutzen möchte, ohne gleich einen Brief vom Anwalt zu bekommen? Darum soll es in diesem Unterkapitel gehen.

Das Urheberrecht schützt grundsätzlich alle in § 2 Urheberrechtsgesetz genannten *»Werke«* – insbesondere Texte (Sprachwerke), Kunst, Musik und Computerprogramme. Allerdings nur, wenn sie eine »persönliche geistige Schöpfung« darstellen. Das bedeutet grundsätzlich, dass ein Inhalt grundsätzlich eine *gewisse Kreativität* aufweisen muss, um überhaupt urheberrechtlich geschützt zu sein. Fotos und Videos sind allerdings praktisch immer (als sogenannte Lichtbilder oder Laufbilder) geschützt, selbst wenn sie keinen künstlerischen Anspruch haben. Bei Texten muss es auch nicht gleich ein Roman oder hohe Poesie sein – auch Blogtexte sind schon urheberrechtlich geschützt. Die Grenze, wann ein weniger komplexes Werk – etwa ein kurzer Social-Media-Post – nun diese Kreativitätsschwelle erreicht hat oder nicht, ist fließend. Im Zweifel sollte man aber lieber davon ausgehen, dass fremde Texte beziehungsweise Ausschnitte davon genau wie andere kreative Ausdrucksformen dem rechtlichen Schutz des Urheberrechts unterliegen. Geschützt ist allerdings immer nur der konkrete Ausdruck, also etwa eine Formulierung – nicht aber der Schreibstil oder die inhaltliche Idee dahinter.

Ist nun ein Inhalt urheberrechtlich geschützt, darf der Urheber grundsätzlich selbst darüber entscheiden, ob Dritte seine Inhalte kopieren, im Internet verbreiten (»öffentliche Zugänglichmachung« im Jura-Sprech) oder bearbeiten dürfen. Wer das tut, ohne den Urheber vorher danach zu fragen, macht sich im Zweifel der Urheberrechtsverletzung schuldig – und das Damoklesschwert der Abmahnung taucht wieder auf. Das gilt tatsächlich auch, wenn zum Beispiel ein professioneller Fotograf Aufnahmen von dir macht. Nur, weil du das Motiv bist, heißt das nicht, dass du diese Bilder ohne seine Zustimmung auf Social Media posten kannst. Dafür brauchst du seine – oft kostenpflichtige – Erlaubnis (auch »*Lizenz*« genannt). Das gilt im Grundsatz für alle Werke, die du irgendwie kopieren oder veröffentlichen willst. Wenn du den Urheber kennst beziehungsweise ihn kontaktieren kannst, bittest du diese Person beziehungsweise ihr Management einfach direkt um einen Lizenzvertrag. Alternativ gibt es – gerade bei Musik – auch Verwertungsgesellschaften wie die GEMA, die dann ebenfalls das Recht haben, für die Künstler Werke zu lizenzieren. Das kostet allerdings meist Geld und kann aufwendig sein.

Einzige Ausnahme: Ein Inhalt wie zum Beispiel manche Musik oder Fotos bei Wikipedia können oft kostenlos genutzt werden, wenn man die Voraussetzungen der Creative-Commons-Lizenzen einhält. Doch Vorsicht! Wer solche Inhalte nutzt, sollte sich vorher genau die Lizenzbedingungen durchlesen. Manche Inhalte dürfen zum Beispiel nicht kommerziell genutzt werden oder nicht bearbeitet werden. Außerdem ist es wichtig, die Inhalte so zu kennzeichnen, wie es die Lizenz vorsieht. In der Regel bedeutet das, dass der Urheber genannt werden muss, die konkrete CC-Lizenz angegeben werden muss (z. B. CC BY-SA) und darauf ein Link auf die Lizenzbedingungen gelegt werden muss.

Gerade, wenn es – wie im Zeitalter von Social Media üblich – schnell gehen soll, ist eine solche Lösung nicht sonderlich praktikabel. In solchen Fällen kann man allerdings prüfen, ob nicht doch eine gesetzliche Erlaubnis weiterhelfen kann. Das sind Paragrafen im Urheberrechtsgesetz, die es einem ausnahmsweise erlauben, fremde Werke auch ohne Erlaubnis des Urhebers zu nutzen. Die wichtigsten Ausnahmen möchte ich dir hier vorstellen:

Privatkopie

Mal eben ein Lied aus dem Netz downloaden, ein Kapitel aus einem Buch abfotografieren oder ein Youtube-Video speichern – das passiert schnell. Aber ist das erlaubt? Ja, unter bestimmten Bedingungen! § 53 UrhG erlaubt dir sogenannte Privatkopien. Das heißt: Du darfst ein urheberrechtlich geschütztes Werk für dich selbst kopieren oder *maximal sieben Vervielfältigungen* für deinen engen Freundeskreis anfertigen – solange du keine kommerziellen Absichten verfolgst.

Aber Achtung, es gibt Grenzen: Du darfst nur Werke kopieren, die du aus einer *rechtmäßigen Quelle* hast. Ein illegal hochgeladenes Video oder ein Musikstück aus einer Tauschbörse scheidet also aus – auch wenn du nur für dich kopierst. Ist ein *Kopierschutz* drauf – zum Beispiel auf einer CD oder DVD –, dann darfst du diesen nicht umgehen, auch nicht für eine Privatkopie. Das steht in § 95a UrhG, wonach das Umgehen »wirksamer technischer Maßnahmen zum Schutz eines Werkes« verboten ist. Heißt konkret: Eine kopiergeschützte Musik-CD zu brennen ist tabu, selbst wenn du sie legal gekauft hast. Auch Programme, die das Herunterladen aus dem Netz verhindern wollen, solltet du im Zweifel lieber nicht umgehen.

Panoramafreiheit

Du stehst vor dem Brandenburger Tor, zückst dein Handy und machst ein Foto – logisch! Aber darfst du das Bild später auch auf Instagram posten oder in einem Fotobuch drucken lassen? Gute Nachrichten: Die sogenannte Panoramafreiheit nach § 59 UrhG erlaubt es dir, Kunstwerke und Gebäude, die dauerhaft im öffentlichen Raum stehen, zu fotografieren oder zu filmen – und die Aufnahmen sogar im gewerblichen Kontext zu veröffentlichen, beispielsweise für deinen professionellen Web-Auftritt. Egal ob Graffiti, Denkmäler oder moderne Glasfassade: Was von öffentlichen Straßen und Plätzen aus sichtbar ist, darfst du ablichten.

Ein paar Spielregeln musst du allerdings beachten:

- Wenn du in den Innenhof eines Museums kletterst oder eine Drohne steigen lässt, bist du raus – das zählt nicht mehr als *öffentlicher Raum*.
- Das Werk muss *dauerhaft* sein: Eine temporäre Ausstellung auf dem Marktplatz fällt nicht unter die Panoramafreiheit.
- Keine digitalen Manipulationen: Du darfst das Foto verschönern, aber nicht das Werk entstellen. Ein Photoshop-Gag mit David-Statue und Sonnenbrille? Schwierig.
- Innenräume zählen nicht: Auch wenn du im Bahnhof stehst – wenn dort Kunstwerke hängen oder Architektur sichtbar ist, brauchst du oft eine Erlaubnis des Rechteinhabers.

Zitatrecht

Das Urheberrechtsgesetz erlaubt dir auch grundsätzlich, fremde Werke in deinem eigenen Werk zu zitieren. Wer studiert hat, kennt Zitate besonders aus Hausarbeiten mit ihren vielen Fußnoten. Doch auch in Blogs oder Social-Media-Postings kannst du fremde Werke zitieren. Das Zitatrecht (§ 51 UrhG) schützt, entgegen der sprachgebräuchlichen Nutzung, nicht nur Wortzitate, sondern auch Video- oder Bildzitate. Allerdings hat die Rechtsprechung beim Zitatrecht einige Voraussetzungen entwickelt, die nicht direkt im Gesetzestext stehen. Diese solltest du unbedingt kennen und beachten:

- Das Zitat muss Beleg oder Erörterungsgrundlage für die eigene Ausführung sein – einfach nur fremde Werke zu zitieren zählt nicht.
- Das Zitat muss unterscheidbar in das zitierende Werk integriert sein, es muss als fremde Zutat erkennbar sein.
- Die Quellenangabe muss korrekt und vollständig sein.
- Das Zitat darf nicht verändert oder entstellt werden.
- Der Umfang des Zitats muss angemessen sein. Das neue Werk darf Teile des bestehenden also nur zeigen, wenn das zwingend notwendig ist, um sich mit bestehenden inhaltlich auseinanderzusetzen. Das Zitat darf also nicht nur der Unterhaltung oder Veranschaulichung dienen.

Karikatur, Parodie oder Pastiche

Nach § 51a UrhG ist eine Vervielfältigung aber auch zum Zweck der Karikatur, Parodie oder Pastiche zulässig. Hierbei handelt es sich um neue gesetzliche Ausnahmen. Die *Parodie* etwa ist eine richtige Kunstform, auch Satire fällt darunter. Dafür muss man den ursprünglichen Inhalt mit erkennbarem Humor oder Verspottung übertrieben nachahmen.

In eine ähnliche Richtung geht die *Karikatur*. Darunter kann sich wohl jeder was vorstellen, wenn man an gewisse Zeichnungen von Politikern denkt. Da es hier aber ums Urheberrecht geht, ist mit der Karikatur eine zugespitzte, oft übertriebene oder satirische Darstellung von einem anderen urheberrechtlich geschützten Werk gemeint. So darf zum Beispiel ein bekanntes Gemälde humorvoll verfremdet werden, um eine aktuelle Debatte zu kommentieren – etwa Andy Warhols Marilyn Monroe mit Smartphone als Kritik an der Selfie-Kultur.

Der Begriff der *Pastiche* ist aktuell noch nicht gerichtlich geklärt. Die Frage der Definition legte der BGH erst kürzlich dem Europäischen Gerichtshof (EuGH) vor. Nach der Intention des deutschen Gesetzgebers sollen aber viele »imitierende und anlehnende Kulturtechniken« darunterfallen, wie »Remix, Meme, GIF, Mashup, Fan Art, Fan Fiction oder Sampling«. Eine Pastiche soll »eine bewertende Referenz auf ein Original« sein. Das neue Werk muss das alte kreativ integrieren, zum Beispiel durch Hinzufügen neuer Elemente, das alte Video in einen neuen Kontext setzen oder verändern.

Gemeinfreiheit nach dem Tod des Urhebers

Du hast ein Gedicht von Rainer Maria Rilke entdeckt oder möchtest ein altes Beethoven-Stück in deinem Podcast verwenden? Grundsätzlich gilt: Das Urheberrecht endet 70 Jahre nach dem Tod des Urhebers. Danach ist das Werk gemeinfrei – das bedeutet, es darf von jedem frei genutzt, kopiert, verbreitet oder verändert werden, ohne dass man dafür eine Erlaubnis einholen oder Gebühren zahlen muss. Allerdings beginnt die Frist nicht direkt mit dem Todestag des Urhebers, sondern erst am 1. Januar des Folgejahres. Wenn ein Autor also am 3. März 1955 stirbt, beginnt die 70-Jahres-Frist am 1. Januar 1956, und das Werk ist ab dem 1. Januar 2026 gemeinfrei. Handelt es sich um ein Gemeinschaftswerk, zum Beispiel ein Lied mit Text und Musik von verschiedenen Personen, zählt der Tod des zuletzt Verstorbenen. Erst 70 Jahre nach dessen Tod erlischt das Urheberrecht für das gesamte Werk.

Aber auch wenn das ursprüngliche Werk gemeinfrei ist, heißt das noch lange nicht, dass man damit machen kann, was man will. Viele Werke wurden nachträglich bearbeitet oder neu interpretiert – und genau da können neue Rechte entstehen. Wenn etwa ein Fotograf ein berühmtes Gemälde kunstvoll ablichtet, kann sein Foto durch das sogenannte Lichtbildrecht geschützt sein. Das schützt auch einfache Fotografien für in der Regel 50 Jahre. Ebenso genießen ausübende Künstler – also Sänger, Musiker oder Schauspieler – eigene Leistungsschutzrechte. Wenn also ein Orchester ein klassisches Musikstück neu einspielt, darf man diese Aufnahme nicht ohne Weiteres verwenden, auch wenn die Komposition selbst schon lange gemeinfrei ist. Man darf sich also nicht darauf verlassen, dass »alt« automatisch »frei« bedeutet.

Wenn du dir unsicher bist, ob ein Werk wirklich frei verwendbar ist, helfen Plattformen wie Wikimedia Commons, das Projekt Gutenberg oder die Europeana – dort findest du viele geprüfte gemeinfreie Werke, bei denen du auf der sicheren Seite bist.

Recht am eigenen Bild

Möchtest du Fotos zum Beispiel ins Internet stellen, auf denen Personen zu sehen sind, ist ebenfalls große Vorsicht angebracht. Ob bewusst oder unbewusst – mit der Veröffentlichung eines Bildes kannst du nicht nur die Rechte der Fotografen, sondern auch die der abgebildeten Personen verletzen. Schnell hagelt es auch dann Abmahnungen. Hier lernst du, wie du solche vermeidest!

Grundsatz: Nur mit Einwilligung

Das Recht am eigenen Bild, das in § 22, 23 Kunsturhebergesetz (KUG) ausdrücklich geschützt ist, garantiert, dass jeder Mensch selbst bestimmen darf, ob überhaupt und in welchem Zusammenhang »Bildnisse« von ihm »veröffentlicht« beziehungsweise »verbreitet« werden. Gemeint sind meist Bilder oder Videos, aber auch etwa Zeichnungen – Hauptsache, die Person kann zumindest von Freunden oder Angehörigen erkannt werden. Wenn du solche Bildnisse ins Internet stellst, veröffentlichst du sie. Und selbst das Zeigen unter Arbeitskollegen wurde schon als »Veröffentlichung« gewertet. »Verbreiten« kommt in diesen Tagen hingegen nur noch selten vor, denn das meint die körperliche Wiedergabe eines Fotos, zum Beispiel auf Papier. Es kann aber auch hier schon ausreichen, wenn man zum Beispiel ein ausgedrucktes Fotoalbum mit Gruppenfotos an Freunde verschenkt. Diese Verbreitung und die öffentliche Zurschaustellung sind im Grundsatz nur mit Einwilligung des Abgebildeten zulässig. Für diese Einwilligung reicht es aber in der Regel, wenn die Person freundlich in die Kamera lächelt. Aber gerade bei professionellen Fotografen ist eine schriftliche Einwilligung aus Beweisgründen meist die bessere Alternative. Insbesondere angesichts der Tatsache, dass die Person mit der konkreten Form der Verbreitung beziehungsweise Veröffentlichung einverstanden sein muss.

Ausnahmsweise ohne Einwilligung

Die Veröffentlichung von Personenbildern kann aber auch ausnahmsweise ohne Einwilligung erlaubt sein. In welchen Fällen, steht in § 23 KUG:

Zeitgeschichte

Die erste Ausnahme lautet »Bildnisse aus dem Bereich der Zeitgeschichte«. Diese ist vor allem dann wichtig, wenn du als Journalist arbeitest oder als Fotograf Fotos für die Medienberichterstattung machst – oder aber, wenn du dich gegen dein Foto in der Zeitung wehren willst. Denn es geht hier um Aufnahmen, bei denen das öffentliche Interesse an dem »zeitgeschichtlichen Ereignis« das Persönlichkeitsrecht des Abgebildeten überwiegt. »Zeitgeschichte« meint dabei Geschehnisse oder Personen aus den Bereichen des politischen, kulturellen, sozialen und wirtschaftlichen Lebens, an denen die Öffentlichkeit ein Informationsinteresse hat, sowohl aktuell als auch historisch. Das kann zum einen bekannte Personen wie Politiker oder Wirtschaftsgrößen umfassen, deren Tätigkeit die Öffentlichkeit meistens interessiert. Doch auch unterhaltende Beiträge wie Privat- und Alltagsleben Prominenter können deshalb erlaubt sein – allerdings nicht grenzenlos. Wenn es nur um Sensationsgier geht, steht das Informationsinteresse ihrem Recht auf Privatsphäre meist zurück. Doch auch unbekannte Personen können abgebildet werden, wenn sie aufgrund des Kontextes – zum Beispiel Beteiligte an Unfällen, Gerichtsverhandlungen oder Naturkatastrophen – zeitweilig ins Zentrum der Aufmerksamkeit geraten.

Personen als Beiwerk

Die zweite Ausnahme greift bei Bildern, auf denen Personen nur als Beiwerk neben einer Landschaft oder sonstigen Örtlichkeit erscheinen. Entscheidend ist, dass die Darstellung der Landschaft oder sonstigen Örtlichkeit im Vordergrund steht und die abgebildeten Personen dabei nur eine untergeordnete Rolle einnehmen. Die Ausnahme greift also nicht immer, wenn auf dem Bild eine Landschaft, ein Straßenzug, ein Gebäude oder ein Denkmal zu sehen ist. Deshalb ist es auch nicht okay, einen ganzen Strandabschnitt zu fotografieren, obwohl es einem eigentlich auf die Darstellung des Promis im Bikini während seines Privaturlaubs ankommt.

Bilder von Versammlungen, Aufzügen etc.

Auch Bilder von Versammlungen, Aufzügen und ähnlichen Vorgängen, an denen die dargestellten Personen teilgenommen haben, dürfen veröffentlicht werden. Darunter versteht man grundsätzlich alle Menschenansammlungen, bei denen die Teilnehmer einen gemeinsamen Zweck verfolgen. Hierzu gehören zum Beispiel Demonstrationen, Sportveranstaltungen, Karnevalsumzüge und Kongresse. Allerdings werden von der Ausnahmevorschrift nur öffentliche Veranstaltungen erfasst, also keine privaten Feiern. Entscheidend ist außerdem, dass die Bilder das Geschehen in der Gesamtheit darstellen und generell nicht auf einzelne Teilnehmer herangezoomt wird. Die Bilder dürfen sich nur ausnahmsweise auf einzelne Personen konzentrieren, wenn diese Personen beispielsweise durch eine Rede gewollt hervortreten.

Bildnisse, die einem höheren Interesse der Kunst dienen

Die letzte Ausnahmevorschrift privilegiert Bildnisse, die nicht auf Bestellung angefertigt sind, sofern die Verbreitung oder Schaustellung einem höheren Interesse der Kunst dient. Bildnisse im Sinne der Vorschrift sind nicht nur künstlerische Zeichnungen, sondern umfassen künstlerische Darstellungen jeglicher Art, insbesondere auch künstlerische Fotografien. Auch Street-Photography fällt laut Bundesverfassungsgericht grundsätzlich darunter, auch wenn darauf Menschen zu sehen sind. Denn hier überwiegt im Rahmen einer Abwägung mit dem Persönlichkeitsrecht der Abgebildeten meist die grundrechtlich geschützte Kunstfreiheit. Ziel dieser Kunstform ist es nämlich gerade, ein unverfälschtes Abbild der Realität aufzunehmen. Wenn neben dem künstlerischen Zweck auch ein wirtschaftliches Interesse besteht, ist das auch noch in Ordnung. Rein kommerzielle oder – wie die Vorschrift es sagt – auf Bestellung angefertigte Bilder sind jedoch nicht mehr erfasst.

Einschränkung der Zustimmungsfreiheit

Allerdings muss man bei allen Ausnahmen an die Einschränkung durch § 23 Absatz 2 KUG denken:

> »Die Befugnis erstreckt sich jedoch nicht auf eine Verbreitung und Schaustellung, durch die ein berechtigtes Interesse des Abgebildeten oder, falls dieser verstorben ist, seiner Angehörigen verletzt wird.«

Die Rechtsprechung geht davon aus, dass insbesondere Abbildungen unzulässig sind, die

- in die Privat- oder Intimsphäre eingreifen,
- den Zweck haben, den Abgebildeten herabzusetzen oder lächerlich zu machen,
- zu Werbezwecken verwendet werden,
- zu einer Personengefährdung führen können.

In solchen Fällen kommt es letztlich immer auf die Einwilligung der abgebildeten Person an.

Welche Äußerungen im Internet sind (un)zulässig?

Schnell lassen sich neben Fotos und Videos auch andere Inhalte aller Art über die sozialen Netzwerke an eine Vielzahl von Personen verbreiten – darunter auch Äußerungen über Dritte. Viele solcher Kommentare lassen sich inzwischen in die Kategorie »Hasskommentar« oder »Fake News« einordnen. Doch wann kann ich mich als Betroffener dagegen wehren? Wann ist ein Kommentar noch zulässig, wann überschreitet er rechtliche Grenzen?

Den Rechtsrahmen für diese Fragen findet man grundsätzlich in den einfachen Gesetzen. Das umfasst zum einen das Strafrecht, das manche Aussagen wie die Verleumdung, üble Nachrede oder Volksverhetzung strikt unter Strafe stellt. Hierzu kannst du mehr nachlesen in unserem Abschnitt zum Strafrecht ab

Seite 276. Außerdem kann man auf Basis des Zivilrechts gegen Äußernde vorgehen. Schließlich gibt es noch den Digital Services Act (DSA) der EU sowie die Nutzungsregeln der sozialen Netzwerke.

Äußerungen über Dritte stellen häufig einen Eingriff in das grundrechtlich geschützte Persönlichkeitsrecht der Personen dar, über die berichtet wird. Das Persönlichkeitsrecht wird aus Artikel 2 Absatz 1 Grundgesetz (GG), der Handlungsfreiheit, und Artikel 1 Absatz 1 GG, der Menschenwürde, abgeleitet und umfasst etwa das Recht auf Schutz der Ehre oder der Privatsphäre. Normalerweise binden die Grundrechte nur den Staat. In diesem Fall gibt es aber eine Ausnahme: Über das Bürgerliche Gesetzbuch kannst du einer anderen Person verbieten, persönlichkeitsrechtsverletzende Aussagen über dich zu verbreiten und im Zweifel sogar Schadensersatz beziehungsweise Schmerzensgeld dafür verlangen.

Die Frage ist nur: Wann überschreitet eine Aussage die Grenze des rechtlich Zulässigen? Das ist – auch für Gerichte – nicht immer so einfach. Denn nicht jede Äußerung, an der sich eine andere Person stört, ist gleich schon eine Rechtsverletzung. Die Verbreitung der eigenen Meinung ist schließlich ebenfalls verfassungsrechtlich durch die Meinungsfreiheit aus Artikel 5 Absatz 1 GG geschützt. Bei der Frage, welche Äußerungen noch zulässig sind und welche die rechtlichen Grenzen überschreiten, kommt es daher immer auf den Einzelfall an. Es hat sich aber über die Jahre eine recht detaillierte Rechtsprechung herausgebildet, wie eine solche Abwägung zwischen Meinungsfreiheit und Persönlichkeitsrecht aussehen kann. Die Grundzüge davon möchte ich hier einmal vorstellen.

Damit man sich bei einer Äußerung noch auf die Meinungsfreiheit berufen kann, muss es sich bei einer Äußerung erst einmal überhaupt um eine Meinung handeln. Denn der Schutzbereich dieses Grundrechts umfasst grundsätzlich nur Werturteile. Das sind Aussagen der persönlichen Auffassung, die dem Beweis nicht zugänglich ist, wie Bewertungen, Prognosen, Zweifel und Schlussfolgerungen. Diese dürfen allerdings mit wahren Tatsachenbehauptungen verbunden sein beziehungsweise auf ihnen basieren. Tatsachen sind alle wahrnehmbaren oder feststellbaren äußeren und inneren Zustände oder Vorgänge, die dem Beweis zugänglich sind. Nach Ansicht des Bundesverfassungsgerichts ist jedoch die erwiesene beziehungsweise bewusst unwahre Tatsachenbehauptung (also eine Lüge) nicht von der Meinungsfreiheit geschützt. Wer lügen will, kann sich dabei maximal auf die weniger geschützte Handlungsfreiheit berufen.

Die Unterscheidung zwischen Tatsachenbehauptung und Werturteil ist für die rechtliche Beurteilung der Zulässigkeit einer Äußerung ganz entscheidend: Unwahre Tatsachenbehauptungen können viel leichter als rechtlich unzulässig eingestuft werden. Wahre Tatsachenbehauptungen sind grundsätzlich zulässig, wenn sie nicht etwa in die Intimsphäre einer Person eingreifen oder aufgrund der Umstände, wie sie geäußert werden, als Formalbeleidigung gelten. Kollidiert die Meinungsfreiheit eines Nutzers mit den Rechten eines Dritten, ist eine Interessenabwägung vorzunehmen, um entscheiden zu können, welches Grundrecht in dem konkreten Fall überwiegt.

Die Meinungsfreiheit muss immer zurücktreten bei der Verletzung der Menschenwürde, einer Formalbeleidigung (z. B. Beleidigungen mit Fäkalsprache) sowie der Schmähkritik, die allein den Zweck hat, jemanden herabzuwürdigen. Solche drastischen Äußerungen sind dann häufig auch als Beleidigung strafbar. Und Lügen beziehungsweise haltlose Gerüchte über Dritte, die deren Ruf schädigen können, sind im Zweifel auch als Verleumdung oder üble Nachrede strafbar.

Abgesehen von solchen Extrembeispielen ist es letztlich nicht leicht, als Nicht-Jurist diese Grenze immer richtig zu ziehen, da es sich stets um eine Einzelfallentscheidung handelt. Daher sollte man im Zweifel vorsichtig mit seinen Worten umgehen – gerade, wenn sie an die Öffentlichkeit gelangen sollen und Negatives über andere geäußert wird.

Verletzt eine Aussage deine Persönlichkeitsrechte, kannst du verschiedene Ansprüche geltend machen: zunächst auf Unterlassung, was letztlich bedeutet, dass der Verletzer verpflichtet wird, das Posting zu löschen. Dazu kannst du den Äußernden zunächst abmahnen. Mehr dazu, wie eine Abmahnung aufgebaut ist, erfährst du auf Seite 111. Im Zweifel solltest du dies aber besser einen Anwalt machen lassen. Reagiert der Äußernde nicht, kannst du – im Zweifel mithilfe eines Anwalts – einen Antrag auf Eilrechtsschutz bei Gericht stellen. Gerichte können dann sehr schnell anordnen, dass etwas gelöscht werden muss. Endgültig geklärt wird diese Frage dann in einem anschließenden Klageverfahren, bei dem du in Extremfällen auch Schadensersatz und Schmerzensgeld fordern kannst.

Darüber hinaus können Verletzungen des Persönlichkeitsrechts Dritter Konsequenzen vonseiten der jeweiligen Plattform nach sich ziehen. Denn Plattformbetreiber möchten solche Übergriffe gegen andere Nutzer verhindern und haben dies daher in aller Regel auch in ihre Nutzungsbedingungen aufgenommen.

Verstöße dagegen können gemeldet werden. Auch bietet der Digital Services Act Betroffenen die Möglichkeit, die Netzwerke bei gewissen rechtswidrigen Äußerungen dazu aufzufordern, solche Posts zeitnah zu löschen. Wie genau das nun rechtlich aussieht und in der Praxis abläuft, darum geht es im Folgenden.

Social-Media-Plattformen und ihre Regeln

Wer auf Social-Media-Plattformen präsent sein möchte, muss dort bei der Registrierung einen Nutzungsvertrag mit dem Plattformbetreiber abschließen. Regelmäßig liegen diesem Vertrag dann auch Allgemeine Geschäftsbedingungen, Nutzungsbedingungen und Datenschutzbestimmungen zugrunde, mit denen sich der Nutzer einverstanden erklären muss. Zwar bestehen an einzelnen Regelungen der sozialen Netzwerke teilweise rechtliche Zweifel. Dennoch ist es notwendig, diese Regelwerke genau durchzulesen und später auch zu beachten, sonst droht die Sperrung oder gar die Löschung des Accounts. Ergeben sich nach der Registrierung Änderungen an den Bedingungen, so sind diese ebenfalls für den Nutzer grundsätzlich verbindlich.

Was tun bei unerwünschten Äußerungen gegen dich?

Aufgrund der Anonymität im Internet ist es nicht immer möglich, den unmittelbaren Rechtsverletzer ausfindig zu machen und gegen diesen vorzugehen. Deshalb bietet es sich meistens eher an, direkt das soziale Netzwerk zu kontaktieren und ein störendes Posting zu melden. Dafür gibt es in der Regel zwei Optionen: Einmal die Meldung wegen eines Verstoßes gegen die Nutzungsbedingungen der sozialen Netzwerke. Hier haben es aber die Plattformen selbst es – weitestgehend – in der Hand, ob, wann und wie sie reagieren.

Besser ist daher die Meldung wegen Rechtswidrigkeit über das interne Beschwerdemanagementsystem nach dem Digital Services Act (DSA; Gesetz über Digitale Dienste). So kannst du eher davon ausgehen, dass die Form der Meldung den rechtlichen Regeln entspricht. Wichtig ist dabei, dass du »hinreichend begründest«, warum ein Inhalt möglicherweise rechtswidrig ist (Art. 16 Abs. 2 DSA). Werden die Netzwerke auf einen rechtswidrigen Inhalt aufmerksam gemacht, müssen sie »zügig tätig« werden und den rechtswidrigen Inhalt sperren oder entfernen, um einer Haftung zu entgehen. Außerdem müssen sie ihre Reaktion auf deine Meldung (eigentlich) begründen und mit einer Rechtsbehelfsbelehrung versehen. Reagieren die Plattformen hingegen nicht, kannst du zum Beispiel auch mithilfe eines Anwalts vor Gericht gehen, sie darüber zum Tätigwerden zwingen lassen und die Kosten für die Rechtsverfolgung verlangen.

Neu ist, dass es aufgrund des DSA jetzt auch außergerichtliche Stellen gibt, die Streitigkeiten zwischen sozialen Netzwerken und Usern beilegen sollen (Art. 21 DSA). Das sind unabhängige Stellen, die sich bei der Bundesnetzagentur zertifizieren lassen können. Im Juni 2025 befanden sich die meisten Streitbeilegungsstellen noch im Zulassungsverfahren – in Deutschland gibt es derzeit nur das Unternehmen »User Rights«. Eine offizielle Liste der zugelassenen Streitbeilegungsstellen wird in Kürze (Stand Mitte 2025) von der Kommission veröffentlicht. Nutzer können sich alternativ auch bei ihnen kostenlos darüber beschweren, dass eine Plattform einen Kommentar gelöscht oder nicht gelöscht hat. Die Schlichtungsstelle prüft dann, ob die Entscheidung des Netzwerks gerechtfertigt war. Die Plattformen müssen das dann nicht zwangsweise umsetzen, sind aber immerhin verpflichtet, mit diesen Stellen zusammenzuarbeiten.

Was tun, wenn dein Kommentar gelöscht oder dein Konto gesperrt wurde?

Was aber, wenn es um den umgekehrten Fall geht, nämlich dass du unrechtmäßig von einer Löschung oder gar Kontosperrung betroffen bist? Schließlich sind Youtube-, Instagram- und andere Social-Media-Accounts eines der wichtigsten Eintrittstore, um mitzubekommen, was auf der Welt so läuft. Die Gründe für eine Löschung oder Sperrung können vielfältig sein und manchmal liegt es nicht einmal in deiner Macht, das zu verhindern. Meist argumentieren die Plattformen mit einem Verstoß gegen ihre AGB, je nach Netzwerk etwa auch Nutzungsbedingungen beziehungsweise -richtlinien, Community-Richtlinien, Monetarisierungsbedingungen, Verkaufsbedingungen oder ähnlich genannt.

Klar, manchmal hast du vielleicht wirklich gegen Regeln verstoßen oder wusstest von gewissen Regeln einfach nichts. Doch manchmal war deine Aussage gar nicht rechtswidrig. Auch ein unabsichtlicher Spam-Versand, ein Hackerangriff oder ungewöhnliche Aktivitäten wie gleichzeitiges Einloggen von verschiedenen Geräten werten manche Algorithmen schon als Grund für eine Sperrung. Manchmal machen Plattformen auch eklatante Fehler, sei es durch automatisierte Systeme oder menschliches Versagen. Auch Fehlentscheidungen können die Ursache sein: Denn viele Aussagen sind noch von der Meinungsfreiheit gedeckt. Und selbst wenn nicht: Ein – von den Plattformen behaupteter – Verstoß allein reicht keinesfalls aus, um dir einfach deinen Account wegzunehmen. Bei Youtube etwa wird bei normalen Verstößen erst nach drei Strikes gesperrt. Doch auch bei Plattformen, die ein anderes System haben, gilt: Eine Sperrung muss immer auch verhältnismäßig sein. Das folgt schon daraus, dass eine solche Sperrung ein massiver Eingriff in die Meinungsfreiheit ist. Die großen Plattformen sind zwar – anders als der Staat – nicht direkt an die Grundrechte gebunden. Doch mittlerweile ist es unstreitig, dass sie zumindest mittelbar das Grundrecht der Meinungsfreiheit beachten müssen. Sie dürfen also weder willkürlich noch aus unverhältnismäßigen Gründen löschen beziehungsweise sperren. Schon bevor der Digital Services Act in Kraft getreten war, gab es hierzu umfangreiche Rechtsprechung. Der BGH hat etwa 2021 entschieden, dass Facebook verpflichtet ist,

1. den Nutzer vorab über eine beabsichtigte Löschung beziehungsweise Sperrung seines Nutzerkontos beziehungsweise im Nachhinein über die Löschung von Beiträgen zu informieren,
2. ihm den Grund dafür mitzuteilen,
3. ihm eine Möglichkeit zur Gegenäußerung einzuräumen und
4. danach noch mal neu zu entscheiden.

Das haben viele andere Gerichte inzwischen noch einmal bestätigt. Weil die Plattformen sich nicht an diese Vorgaben gehalten, sondern häufig einfach ohne Vorwarnung und anständige Begründung automatisiert gelöscht beziehungsweise gesperrt haben, haben schon einige Gerichte Sperrungen aufgehoben.

Seit Anfang 2024 verpflichtet außerdem der Digital Services Act die sehr großen Plattformen wie alle sozialen Netzwerke nach Artikel 17 Absatz 1 DSA dazu, Nutzer unverzüglich über die Gründe einer solchen Entscheidung zu informieren. Denn Nutzer müssen nachvollziehen können, warum sie von Maßnahmen betroffen sind – nur so können sie sich auch angemessen dagegen juristisch zur Wehr setzen. Dafür müssen die Plattformen ein ausreichendes Beschwerdemanagementsystem gemäß Artikel 20 DSA einführen und die Vorgaben hierzu einhalten. Dieses darf nach Absatz 6 nicht rein automatisiert bearbeitet werden. Wenn die Plattformen sich also nicht an die Regeln halten, verstoßen sie selbst gegen den Nutzungsvertrag mit dem User. Und außerdem gegen den Digital Services Act.

Meine Erfahrungen zeigen, dass die Plattformen häufig keine dieser Vorgaben einhalten. Oft wird der Kommentar oder Kanal einfach ohne Begründung von Algorithmen gelöscht beziehungsweise gesperrt. Und dann bekommt man auf Beschwerden nur automatisierte Antworten. Viele Kommentare beziehungsweise Kanäle mussten schon deshalb wiederhergestellt werden, weil die formalen Voraussetzungen fehlten oder die Plattformen vor Gericht keinen Grund für ihre Maßnahme nennen konnten. Und selbst wenn man einen Richtlinienverstoß begangen hat, sind viele Löschungen beziehungsweise Sperrungen trotzdem unverhältnismäßig.

RECHT BEKOMMEN

Wenn es dich erwischt hat und dein Account gesperrt wurde, bleib ruhig, aber handle besser so schnell wie möglich, um deine Verluste gering zu halten. Am besten, du gibst die Angelegenheit in die professionellen Hände eines auf dieses Rechtsgebiet spezialisierten Anwalts.

Was tun bei Abmahnungen?

Denjenigen, die das Internet regelmäßig nutzen, wird der Begriff der »Abmahnung« schon mal zu Ohren gekommen sein. Wer dieses Buch von Anfang an bis hierhin gelesen hat, weiß auch schon, dass Abmahnungen in vielen Rechtsgebieten vorkommen. Kurz zur Wiederholung, weil sie im Internetrecht eine besonders große Rolle spielt: Bei einer Abmahnung handelt es sich um eine formale Aufforderung, ein bestimmtes Verhalten (Rechtsverletzung) zukünftig zu unterlassen beziehungsweise dieses zu unterbinden. Eine Abmahnung ist also noch keine Mahnung oder Forderung, sondern nur ein außergerichtliches »Angebot«, Rechtsstreitigkeiten in einem außergerichtlichen Verfahren beizulegen. Du kannst – musst aber nicht! – darauf eingehen. Meistens kommt so ein Brief von einer Anwaltskanzlei, allerdings im Auftrag einer dritten Person oder Firma. Dabei kann es sich um alle möglichen Rechtsverletzungen handeln: Behauptete Verstöße gegen das Urheberrecht oder gegen Persönlichkeitsrechte sind bei Verbrauchern wohl die häufigsten. Sehr viele Abmahnungen haben zum Beispiel – besonders noch vor einigen Jahren – Nutzer von Tauschbörsen erhalten, weil sie dort Filme, Musik oder Computerspiele über sogenannte »Peerto-Peer-Netzwerke« herunter- und gleichzeitig wieder hochgeladen haben. Die Rechteinhaber beauftragen dann Kanzleien, die systematisch solche Urheberrechtsverletzungen verfolgen und massenhaft Abmahnungen an die »Filesharer« verschicken.

Wie du bestenfalls reagieren solltest, erkläre ich dir gleich. Zuerst einmal gilt es zu erkennen, ob eine Abmahnung überhaupt echt ist.

Wie erkennst du eine echte Abmahnung?

Eine Abmahnung erfolgt meist in Form eines Schreibens (Abmahnschreiben) der Abmahnanwälte des Rechteinhabers. Sie kann als einfacher Brief per Post, aber auch als Fax, E-Mail oder telefonisch zugestellt werden. Der Abmahner muss aber nachweisen, dass die Abmahnung tatsächlich versendet wurde.

Die Abmahnung enthält neben der Darstellung des angeblichen Rechtsverstoßes auch eine rechtliche Belehrung über die Konsequenzen und das eigentliche Vergleichsangebot – in Form einer Geldsumme, die du zahlen sollst. Die zu zahlende Summe setzt sich in der Regel zusammen aus Schadensersatz für die rechtswidrige Handlung und den Kosten für die Abmahnung. Manchmal wird auch erst einmal ein Auskunftsanspruch geltend gemacht – die Rechteinhaber wollen also zum Beispiel Information darüber, wo ein Bild herstammt und wie lange es insgesamt auf der Website öffentlich zugänglich war. Das ist relevant für die Frage, wie viel Schadensersatz einem Rechteinhaber möglicherweise zusteht. Außerdem liegt noch eine vorformulierte »Unterlassungsverpflichtungserklärung« bei, die du innerhalb einer kurzen Frist von ein bis zwei Wochen abgeben sollst. Unterschreibst du das kurz auch »Unterlassungserklärung« genannte Blatt, verpflichtest du dich, das rechtsverletzende Verhalten in der Zukunft zu unterlassen. Verstößt du dagegen, musst du eine weitere Summe zahlen, die »Vertragsstrafe«.

Doch Vorsicht: Manchmal sind auch Fake-Abmahnung im Umlauf. Teilweise sind diese nicht so leicht zu erkennen. Google vielleicht erst einmal, ob andere Betroffene oder spezialisierte Kanzleien schon von anderen massenhaften Fake-Abmahnungen berichtet haben. Hast du aber auch nur die geringsten Zweifel, ob die Abmahnung nicht doch echt sein könnte, erkundige dich lieber bei einem Anwalt.

Wie kannst du auf eine Abmahnung reagieren?

Wer auf eine echte Abmahnung nicht reagiert, hat oft schlechte Karten. Im Rahmen unserer Arbeit stellen wir aber auch täglich fest, dass die unüberlegte Unterschrift und Zahlung auf eine Abmahnung schlimmere Folgen auslösen kann als die ursprüngliche Rechtsverletzung, etwa ein urheberrechtlich geschütztes Foto ohne Erlaubnis des Rechteinhabers im Netz gepostet zu haben. Die richtige Reaktion auf eine Abmahnung ist daher das A und O. Im Folgenden werden die einzelnen Reaktionsmöglichkeiten vorgestellt und aus rechtlicher Sicht bewertet.

Ignorieren

Reagierst du überhaupt nicht auf die Abmahnung, so besteht das Risiko, dass das Ganze vor Gericht geht und noch viel teurer wird. Manchmal verfolgen die abmahnenden Kanzleien den Unterlassungs- und Schadensersatzanspruch aber auch außergerichtlich weiter, wenn eine Erklärung nicht oder nicht in ausreichender Weise abgegeben wird. Auch dabei steigen die Forderungen deutlich, teilweise sogar um das Doppelte. Zudem ist zu befürchten, dass Inkassobüros eingeschaltet werden, die dir in der Folgezeit das Leben schwer machen. Deshalb: Such dir rechtzeitig professionelle Hilfe, am besten von einem spezialisierten Rechtsanwalt.

Voreilig eine Unterlassungserklärung abgeben

Abzuraten ist aber auch, die Unterlassungserklärung in der vom Abmahnenden vorgeschriebenen Form einfach zu unterzeichnen. Die gestellten Erklärungen gehen oft zu weit und sind für dich daher von Nachteil. Zum einen erkennst du dadurch alle geforderten Kosten der Gegenseite an. Zum anderen ist die festgelegte Vertragsstrafe in den meisten Fällen zu hoch – und sie kann schneller fällig werden, als du denkst; etwa, wenn du vergisst, das rechtsverletzende Foto an irgendeiner Stelle deiner Website oder bei Google löschen zu lassen. Schließlich beinhaltet das Erklärungsformular häufig ein Schuldanerkenntnis, das bei eventuellen späteren Rechtsstreitigkeiten als Beweismittel gegen dich verwendet werden kann. Sie bindet dich außerdem 30 Jahre – und es ist sehr schwierig, sie wieder rückgängig zu machen.

Wie du am besten reagierst

Ich empfehle dir dringend, rechtzeitig zu einem auf das Internet- und Urheberrecht spezialisierten Anwalt zu gehen. Das sage ich nicht zu Zwecken der Eigenwerbung, sondern weil ich erlebt habe, wie das sonst für Betroffene richtig übel ausgehen kann. Solch ein Anwalt wird dir, selbst wenn du wirklich gegen Rechte verstoßen hast, sicher helfen können. Er wird eine umformulierte Unterlassungserklärung für dich abgeben. Dabei achtet er etwa darauf, lediglich eine für dich günstigere und von der Rechtsprechung anerkannte Vertragsstrafen-Formulierung zu verwenden, die außerdem bei Änderungen der Rechtslage angepasst werden kann. Dann haben die Abmahner nichts mehr gegen dich in der Hand, um dich zu verklagen. Der Anwalt kann für dich auch im Hinblick auf die zu zahlende Summe einen günstigen Vergleich aushandeln.

MIETRECHT

Trautes Heim, Glück allein? Wenn es doch nur immer so einfach wäre. Sowohl dein Vermieter als auch deine Nachbarn können dir das Leben in deinen vier Wänden ordentlich schwer machen. Dein Vermieter zum Beispiel, weil er von dir angezeigte Mängel wie etwa den Schimmel im Bad nicht beseitigen will. Oder weil in der Nebenkostenabrechnung plötzlich die Gartenpflege der Grünflächen die Kosten explodieren lässt. Dürfen diese Kosten überhaupt auf dich als Mieter abgewälzt werden? Und die lieben Nachbarn? Die sind entweder selbst zu laut oder aber viel zu empfindlich, nur weil du im Sommer einmal die Woche auf dem Balkon den Grill anschmeißt. Haben sie das Recht, sich beim Vermieter über dich zu beschweren, und darf dieser dir das Grillen auf deinem Balkon eigentlich tatsächlich verbieten?

Im Jahr 2023 landeten mehr als 182 000 Mietrechtsfälle vor Gericht. Zu den Themen, die dort verhandelt wurden, gehören vor allem Mängel in der Mietsache, unklare Nebenkosten, Streit um die Hausordnung, Kündigungen durch den Vermieter, zum Beispiel wegen Eigenbedarfs, der Klassiker Schönheitsreparaturen, die Rechtmäßigkeit von Mieterhöhungen nach einer Modernisierung oder auch Haftungsfragen. Schauen wir uns an, welche Rechte und welche Pflichten sich aus den aktuellen Gesetzen und der Rechtsprechung für Mieter und Vermieter ergeben.

Mieterselbstauskunft: Was dein Vermieter dich fragen darf

Bevor du in eine Wohnung einziehst, verlangen Vermieter häufig von dir, eine sogenannte Mieterselbstauskunft auszufüllen. Mit der versuchen Vermieter Informationen zu bekommen, um einen Mieter zu finden, der ihren Vorstellungen entspricht. Jede Frage darf ein Vermieter dabei nicht stellen Bei der Betrachtung der Datenschutz-Grundverordnung im Abschnitt »Internetrecht« (Seite 91) haben wir bereits festgestellt:). Die Verarbeitung »personenbezogener Daten« ist nur dann erlaubt, wenn die Verarbeitung für die Erfüllung des Mietvertrags erforderlich ist. Oder wenn der Vermieter ein berechtigtes Interesse an der Beantwortung der Frage hat, das in einer Abwägung mit dem Persönlichkeitsrecht des Mieters überwiegt.

Das sind zum Beispiel Fragen, die ihm helfen, herauszufinden, ob du in der Lage bist, den Vertrag zu erfüllen oder nicht. Gehört dazu die Frage, ob du in einer Beziehung lebst? Nein. Demzufolge musst du derartige Fragen nicht beantworten oder kannst sie taktisch beantworten. Natürlich können dir durch das lückenhafte Ausfüllen oder die Verweigerung, eine unzulässige Frage zu beantworten, erhebliche Nachteile entstehen. Daher haben Gerichte festgestellt, dass es in Ordnung ist, unzulässige Fragen nicht wahrheitsgemäß zu beantworten. Du hast auch später, sollte das Ganze herauskommen, keine negativen Folgen zu befürchten. Anders verhält es sich selbstverständlich bei nicht wahrheitsgemäßen Antworten auf zulässige Fragen.

Doch zuerst zu den Fragen, die dir ein Vermieter nicht stellen darf:

Vermieterfrage	**Deine Antwortmöglichkeiten**
Kinderwunsch oder Schwangerschaft?	Auf diese Frage müssen Frauen nicht (wahrheitsgemäß) antworten. Rechtlich gesehen musst du deinen Vermieter erst mit der Geburt darüber informieren, dass ab sofort eine weitere Person in der gemieteten Wohnung lebt. Selbst wenn die Schwangerschaft schon bestanden hat, als du den Mietvertrag unterschrieben hast, rechtfertigt eine unwahre Antwort auf die Frage nach einer Schwangerschaft keine Kündigung.
Mitgliedschaft im Mieterschutzbund?	Die Antwort auf diese Frage darf dein Geheimnis bleiben.
Bestehende Krankheiten?	Auch die haben deinen Vermieter nicht zu Interessieren.

Vermieterfrage	Deine Antwortmöglichkeiten
Musikinstrumente oder andere Hobbys?	Die Frage nach Musikinstrumenten ist ebenfalls tabu. Du darfst, wenn du die gesetzlichen Ruhezeiten nicht verletzt und in normaler Lautstärke spielst, mit deinem Herzensinstrument üben. Die Frage ist allerdings, ob es sinnvoll ist, in eine Wohnung zu ziehen, in der ein Musikinstrument als Ärgernis angesehen wird.
Mitglied in der Kirche, einer anderen religiösen Vereinigung oder einer Partei?	Auch darüber musst du keine Auskunft geben.
Raucher oder nicht?	Auch wenn du auf diese Frage nicht wahrheitsgemäß antworten musst, kann sie Gegenstand deines Mietvertrags sein, und zwar in Form einer Individualvereinbarung für die zu mietende Wohnung. In den Gemeinschaftsräumen eines Hauses wie dem Treppenhaus, der Waschküche oder dem Keller kann das Rauchen ganz normal untersagt werden.
Bestehen Vorstrafen?	Diese Frage ist in der Regel unzulässig. Hängt die Vorstrafe jedoch mit einem früheren Mietverhältnis zusammen, kann hiervon eine Ausnahme gemacht werden.

Was dein Vermieter von dir erfragen darf:

- Beruf und Arbeitgeber
- Einkommensverhältnisse
- Schulden, zum Beispiel Mietschulden
- Absicht einer freiberuflichen oder gewerblichen Nutzung
- Anzahl der einziehenden Personen und deren persönliche Informationen
- Haustierhaltung (siehe »Nutzung des Mietobjekts«, Seite 153)
- Frühere Mietverhältnisse
- Eröffnung eines Verbraucherinsolvenzverfahrens in der Vergangenheit?

Insbesondere bei Fragen zu deinen tatsächlichen Einkommens- und Vermögenverhältnissen, zu deinen früheren Mietverhältnissen, zu früheren Kündigungen deines Mietvertrags sowie zu Mietschulden solltest du immer die Wahrheit sagen, um keine außerordentliche fristlose Kündigung zu riskieren.

Mietvertrag: Was muss in einem Mietvertrag stehen?

Ein Mietvertrag ist kein kompliziertes Vertragswerk. Im Netz findest du zahlreiche Muster, die eine gute Orientierungshilfe sind. Hier die wichtigsten Punkte, die darin geregelt sein sollten:

- Vertragsparteien
- Mietobjekt
- Mietdauer
- Miete
- Betriebs- und Nebenkosten
- Mietkaution
- Zustand der Wohnung (Mietmängel)
- Nutzung des Mietobjekts (z. B. bauliche Veränderungen und Untervermietung)
- Hausordnung
- Kündigungsfristen

Schauen wir uns diese Punkte einmal im Detail an.

Vertragsparteien im Mietvertrag

Dazu gehören die vollständigen Namen und Adressen von Vermieter und Mieter(n) als Vertragsparteien. Bei Familien müssen Kinder nicht zwingend im Mietvertrag genannt werden. Ehepartner, die im Mietvertrag namentlich erwähnt werden, gelten auch als Vertragspartner, selbst wenn sie den Mietvertrag nicht mitunterschrieben haben. Die Nennung der Vertragsparteien mag banal wirken, hat jedoch eine wichtige juristische Folge. Für alle im Vertrag genannten Mieter greift das Prinzip der gesamtschuldnerischen Haftung. Das ist vor allem für Wohngemeinschaften relevant. Gesamtschuldnerische Haftung bedeutet: Zahlt einer der WG-Mieter seinen Teil der Miete nicht, kann der Vermieter sich diesen fehlenden Teil bei den anderen WG-Mietern, die ebenfalls Vertragspartei sind, holen. Für den Vermieter ist das sehr praktisch. Die WGler sollten sich dagegen schon sehr gut verstehen, um Konflikte zu vermeiden, die sich nicht nur ums Putzen des Badezimmers oder einen leergeräuberten Kühlschrank drehen.

Spezialfall WG-Mietvertrag

Mehr als vier Millionen Menschen in Deutschland leben in Wohngemeinschaften. Nicht nur junge Menschen, sondern auch ältere. In jedem Fall sorgt eine Wohngemeinschaft in Sachen Mietvertrag für einige Variablen, je nachdem, wer im Vertrag als Haupt- und Untervermieter geführt wird. Es gibt drei Varianten, wie das Mietverhältnis in einer WG organisiert werden kann:

- *Variante 1: Ein Hauptmieter – ein Vertrag – mehrere Untermieter*
  Als alleiniger Hauptmieter – also alleiniger Vertragspartner – hat dieser die gesamte Verantwortung gegenüber dem Vermieter. Zahlt jemand anderes in der WG nicht, ist der im Vertrag eingetragene Hauptmieter dafür verantwortlich. Richtet jemand Schäden in der Wohnung an, muss zunächst der Hauptmieter dafür geradestehen, wenn der Untermieter es nicht tut. Natürlich hat der Hauptmieter die Möglichkeit, die Verursacher für die Schäden haftbar zu machen. Was aber nicht geht, ist zu sagen »Ich war's nicht!«, und den Schaden an den Vermieter weiterzureichen.

  Man fragt sich, warum jemand ein solches vertragliches Risiko eingehen sollte. Nun, als Hauptmieter mit der Erlaubnis, Untermietverträge abzuschließen, kannst du dir deine Untermieter selbst aussuchen. Du wirst quasi selbst zum Vermieter. Falls die Wohnung es preislich hergibt, könntest du zum Beispiel sogar deine Untermieter etwas stärker zur Kasse bitten und einen Puffer für Schäden anlegen. Verträgst du dich mit einem Mitbewohner nicht mehr, kannst du ihm – innerhalb der gesetzlichen Kündigungsfrist – kündigen. Solltest du selbst aus der WG ausziehen sollen, musst du dabei auf die vereinbarten Kündigungsfristen mit deinen Untermietern Rücksicht nehmen.

- *Variante 2: Mehrere Hauptmieter – ein Vertrag*
  Diese Vertragsvariante ist die gängigste für Wohngemeinschaften, zumal sie auch bei Vermietern gern gesehen wird. Schließlich müssen alle Mieter nach dem bereits erwähnten Prinzip der gesamtschuldnerischen Haftung für Schäden oder Mietrückstände aufkommen. Theoretisch erschwert diese Vertragskonstellation allerdings den Auszug eines einzelnen Mitbewohners. Denn will einer der Vertragspartner aus dem Vertrag aussteigen, müssen die anderen Vertragspartner – Mitbewohner und Vermieter – damit einverstanden sein.

- *Variante 3: Mehrere Hauptmieter – mehrere Verträge*
  Die vertraglich wohl ordentlichste Variante ist diese: Der Vermieter schließt mit jedem WG-Bewohner einen Individualvertrag ab. Das hat den Vorteil, dass keines der WG-Mitglieder in vollem Umfang für den anderen haftet. Die gemeinsame Haftung beschränkt sich lediglich auf die gemeinsam genutzten Räume, also in der Regel Küche und Bad. Es gibt außerdem individuelle Nebenkostenabrechnungen. Wer seinen Vertrag kündigen möchte, kann das ganz einfach unter Einhaltung der Fristen tun. Allerdings kann in einer solchen WG der Vermieter allein über den neuen Mitbewohner entscheiden.

Informationen über das Mietobjekt

Hier findet sich eine genaue Beschreibung des Mietobjekts inklusive Adresse, Etage, Wohnungsnummer sowie die Anzahl der Räume und die Größe der Wohnung. Die angegebene Quadratmeterzahl sollte von dir als Mieter immer überprüft werden, da sie auch für die Berechnung der Betriebskosten herangezogen wird. Hat der Vermieter es hier nicht so ganz genau genommen, zahlst du womöglich zu viel Miete. Es wäre zum Beispiel möglich, dass deine Miete umgerechnet auf die richtige Quadratmeterzahl über den erlaubten 10 Prozent der Vergleichsmiete im Mietspiegel liegt.

In diesem Teil des Vertrags finden sich auch die Informationen zu mitvermieteten Gegenständen wie zum Beispiel Einbauküche oder weiteren Räume wie Kellerraum oder Speicherabteil. Sollte ein Stellplatz für ein Auto Teil der Mietsache sein, ist er hier aufgeführt. Außerdem steht hier, welche Schlüssel in welcher Anzahl du von deinem Vermieter erhalten hast und später vollständig wieder zurückgeben musst.

Schlüssel

Händigt dir dein Vermieter die Schlüssel für die Mietsache verspätet aus, musst du für diese Zeit auch keine Miete zahlen. Schließlich kannst du die Mietsache ohne Schlüssel auch nicht nutzen (OLG Düsseldorf, Urteil vom 23.12.2010 – I-10 U 60/10). Sind die Schlüssel nicht vollständig, zum Beispiel für eine Garage, in der sich dein Stellplatz befindet, ist das ein Mietmangel, der dich dazu berechtigt, die Miete zu mindern (LG Bonn, Urteil vom 01.02.2010 – 6 S 90/09).

Zu den großen Mieter-Schadensersatz-Mythen gehört der verlorene Schlüssel einer Schließanlage. Tatsächlich können sich die Kosten für einen Austausch hier schnell auf mehrere Tausend Euro belaufen. In der Regel kommt dafür jedoch deine private Haftpflichtversicherung auf. Diese Kosten entstehen jedoch auch nur dann, wenn der Vermieter die Schließanlage auch wirklich austauscht. Durch den Verlust des Schlüssels allein entstehen noch keine Ansprüche (LG Wiesbaden, Urteil vom 17.12.1998 – 1 S 146/97).

Wer haftet eigentlich, wenn dir ein Schlüssel abbricht? Darf der Vermieter dir die Kosten für einen neuen Schlüssel oder gar ein neues Schloss einfach so in Rechnung stellen? Schließlich hat der Mieter eine sogenannte nebenvertragliche Obhutspflicht, nach der er mit den gemieteten Sachen schonend und pfleglich umzugehen hat. Um dir die Kosten in Rechnung zu stellen, müsste der Vermieter allerdings nachweisen, dass du diese Obhutspflicht verletzt hast. Damit dürfte er sich schwertun, da er dir kaum jedes Mal, wenn du die Tür auf- oder zuschließt, über die Schulter schaut. Bricht ein Schlüssel ab, kann das nämlich auch auf Materialermüdung zurückzuführen sein. Und für die kann der Mieter nicht verantwortlich gemacht werden (AG Halle-Saalkreis, Urteil vom 17.03.2009 – 93 C 4044/08).

Mitunter ist eine Regelung zum Besitz eines Zweitschlüssels Teil deines Mietvertrags. Dein Vermieter darf tatsächlich keinen Zweitschlüssel zu deiner Wohnung haben – es sei denn, du erlaubst ihm das ausdrücklich. Dann aber gilt: Selbstverständlich berechtigt ihn das nicht dazu, nach Belieben in deine Wohnung spazieren zu dürfen. Im Gegenteil: Betritt dein Vermieter deine Wohnung, ohne dich vorher zu fragen, ist das grundsätzlich eine Straftat. Das gilt jedoch nicht bei einem Notfall, etwa durch einen Wohnungsbrand oder Wasserschaden, der ein unmittelbares Eingreifen erfordert. Jeden Besuch, selbst wenn er nur den Zustand der Wohnung kontrollieren will, muss dein Vermieter vorher mit dir abstimmen.

Mietdauer – befristet oder unbefristet?

Neben dem Beginn des Mietverhältnisses ist unter der Mietdauer festgelegt, ob es sich um einen befristetes oder unbefristetes Mietverhältnis handelt. Bei unbefristeten Mietverträgen findest du hier zum Beispiel die folgende Formulierung:

Das Mietverhältnis beginnt am XY, es läuft auf unbestimmte Zeit.

Ist das Mietverhältnis dagegen befristet, heißt es:

Das Mietverhältnis beginnt am XY und endet am XY.

In der Regel sind Wohnmietverträge unbefristet. Sollte dir ein Vermieter lediglich einen befristeten Mietvertrag, einen sogenannten Zeitmietvertrag, anbieten wollen, muss er die Befristung genau begründen. Der Gesetzgeber erkennt dafür nur drei Gründe an (§ 575 BGB):

1. Eigenbedarf des Vermieters nach Ablauf der Befristung
2. Geplante Baumaßnahmen nach Ablauf der Befristung, die dazu führen, dass das Mietverhältnis erheblich erschwert oder so nicht mehr fortgeführt werden kann, beispielsweise weil das Haus abgerissen und neu gebaut wird
3. Nutzung der Wohnung für Angestellte nach Ablauf der Befristung

Liegt keiner der genannten Gründe vor, gilt das Mietverhältnis automatisch als unbefristet abgeschlossen.

In der Regel gilt bei einem befristeten Mietvertrag, dass weder du noch dein Vermieter den Vertrag vorzeitig kündigen können. Es sei denn, ihr habt eine ordentliche Kündigungsfrist im Mietvertrag vereinbart. Fehlt diese, bist du auf die Kulanz deines Vermieters angewiesen, dich vorzeitig aus dem Vertragsverhältnis zu entlassen. §§ 543 und 569 BGB eröffnet dir hier jedoch die Möglichkeit der außerordentlichen Kündigung aus wichtigem Grund. Etwa, wenn in der Wohnung durch Asbest oder Schimmel eine erhebliche Gesundheitsgefährdung droht. Zu diesem Urteil kamen bereits mehrere Gerichte, etwa das Amtsgericht Bielefeld (Urteil vom 03.07.2019 – 415 C 56/18) oder das Amtsgericht Saarbrücken (Urteil vom 23.08.2017 – 4 C 348/16).

In der Praxis ist es oft so, dass die Suche nach einem Nachmieter für die restliche Mietdauer die Möglichkeit eröffnet, eine befristet angemietete Wohnung früher als im Vertrag festgehalten zu verlassen. Hier ist man jedoch auf die Kulanz des Vermieters angewiesen.

In der Klausel über die Mietdauer können die Vertragsparteien im Mietvertrag auch eine Mindestmietdauer beziehungsweise einen Kündigungsausschluss für eine bestimmte Zeit vereinbaren. Dieser gilt dann für Mieter und Vermieter gleichermaßen. Die Mindestmietdauer darf für Wohnraum jedoch nur maximal vier Jahre betragen (BGH, Senatsurteil vom 6. April 2005 – VIII ZR 27/04).

Miete

In dieser Klausel des Mietvertrags werden die folgenden Punkte geregelt:

- Höhe der Kaltmiete
- Mieterhöhung
- Vorauszahlungen für Nebenkosten (z. B. Heizung oder Warmwasser)
- Vorauszahlungen für Betriebskosten
- Bankverbindung und Fälligkeit der Miete (z. B. zum 1. oder 15. des Monats)

Zu den Neben- und Betriebskosten kommen wir noch. Zunächst schauen wir uns die Themen Kaltmiete und Mieterhöhung genauer an. Falls du nämlich einen Index- oder einen Staffelmietvertrag unterschrieben hast, kann sich deine Kaltmiete, auch Nettomiete genannt, in den kommenden Jahren auf unterschiedliche Weise erhöhen.

Indexmiete

Bei einem Indexmietvertrag orientiert sich die Miete am sogenannten Verbraucherpreisindex (VPI), der offiziell vom Statistischen Bundesamt ermittelt wird. Dieser Preisindex dreht sich um die Lebenshaltungskosten – eine Art Warenkorb des täglichen Bedarfs – und repräsentiert damit die Inflation oder Deflation. Steigen die Preise, kann die Netto-Kaltmiete mit einem Indexmietvertrag alle zwölf Monate entsprechend erhöht werden. Das geschieht nicht automatisch. Dein Vermieter muss dich informieren, sodass du die Angaben zur Mieterhöhung prüfen kannst.

Bisher waren Indexmietverträge vor allem im gewerblichen Bereich üblich. Der vermehrte Einsatz bei privaten Vermietungen hat dazu geführt, dass die Politik hier nachbessern will und zum Beispiel überlegt, die sonst übliche Kappungsgrenze, die Mietwucher verhindert, auch für Indexmieten einzuführen. Bevor es so weit ist, solltest du es vermeiden, einen Indexmietvertrag zu unterschreiben. Einen Vorteil hat ein Indexmietvertrag für Mieter allerdings: Sollte es zu einer Deflation, also zu sinkenden Verbraucherpreisen, kommen, muss deine Miete ebenfalls sinken. Vorausgesetzt, du meldest dich bei deinem Vermieter.

Staffelmiete

Staffelmiete bedeutet, dass im Vertrag bereits die Mieterhöhungen für die kommenden Jahre festgelegt sind. Wichtig: Es müssen für jede Staffel die genauen

Eurobeträge der Miete angegeben werden. Einfach zu sagen, dass die Miete jedes Jahr um 2,5 Prozent steigt, reicht nicht aus. § 557a des Bürgerlichen Gesetzbuchs regelt ausdrücklich: Die neue Miete oder die Mieterhöhung müssen als Geldbetrag ausgewiesen sein. Ansonsten ist die Regelung unwirksam. Fehlt die Angabe des Betrags für spätere Jahre, dann bleiben für die ersten Jahre des Mietvertrags als Betrag angegebene Mietstaffeln aber wirksam (BGH, Urteil vom 15.02.2012 – VIII ZR 197/11).

RECHT BEKOMMEN

Wird die Wohnung modernisiert, darf der Vermieter bei einem Staffelmietvertrag die Kosten nicht auf deine Miete umlegen. Auch eine Mieterhöhung gemäß der ortsüblichen Vergleichsmiete ist ausgeschlossen. Für dich gelten die festgelegten Staffelmieten. So steht es im Bürgerlichen Gesetzbuch (§ 557a Abs. 2 BGB).

Mieterhöhung bis zur ortsüblichen Vergleichsmiete

Sind in deinem Mietvertrag weder Staffeln für die Mieterhöhung noch eine Kopplung an den Verbraucherpreisindex vorgesehen, heißt das leider nicht, dass du vor Mieterhöhungen gefeit bist. Hat ein Vermieter zwölf Monate lang die Miete nicht erhöht, kann er dich unter Berufung auf § 558 BGB um Entrichtung einer höheren Miete bitten. § 558 BGB regelt das Prozedere für eine Mieterhöhung bis zur ortsüblichen Vergleichsmiete.

Das heißt: Liegt deine Miete deutlich unter der Miete, die für vergleichbaren Wohnraum am Standort der Mietimmobilie oder in einer ähnlichen Gemeinde in den letzten sechs Jahren gezahlt wurde, kann dein Vermieter die Mieterhöhung von dir verlangen. Stimmst du zu, wird deine neue Miete mit Frist von drei Monaten wirksam. Rechnet man die zwölf Monate ohne Mieterhöhung plus die Dreimonatsfrist zusammen, kann sich deine Miete also theoretisch alle 15 Monate erhöhen. Allerdings setzt das Mietrecht durch die sogenannte Kappungsgrenze ein weiteres Limit für Mieterhöhungen: Innerhalb von drei Jahren darf eine Miete um höchstens 20 Prozent steigen (§ 558 Abs. 3 BGB). Einige Städte und Gemeinden haben die Kappungsgrenze sogar auf 15 Prozent gesenkt.

RECHT BEKOMMEN

Sollte dein Vermieter ständig nach mehr Miete verlangen, solltest du schauen, welche Kappungsgrenze an deinem Wohnort gilt und wie hoch die ortsübliche Vergleichsmiete für vergleichbaren Wohnraum ist. Folgende Kriterien werden herangezogen, um Wohnraum zu vergleichen:

- Lage
- Größe
- Ausstattung
- Beschaffenheit
- Art der Mietimmobilie
- Energetischer Zustand

Wie hoch die ortübliche Vergleichsmiete ist, steht im Mietspiegel der Gemeinde. In großen Städten wie Berlin oder München gibt es unterschiedlich detaillierte Online-Abfragen, mit denen du dich in Sachen Vergleichsmiete orientieren kannst. Blind verlassen kannst du dich auf den Mietspiegel jedoch nicht. Vor Gericht kann zum Beispiel auch ein Sachverständigengutachten, das den Angaben des Mietspiegels widerspricht, herangezogen werden. So geschehen in Berlin, als Mieter der vorgeschlagenen Vergleichsmiete nicht zustimmen wollten, da diese 9,7 Prozent höher lag, als sie mit dem Mietspiegel ermittelt hatten. Dem setzte der Vermieter ein Sachverständigengutachten entgegen, das die Richter überzeugen konnte. Die Mieter mussten der dort ermittelten Miete zustimmen (Bundesgerichtshof, Beschluss vom 03.08.2021 – VIII ZR 88/20).

Allerdings haben Vermieter in solchen Fällen kein Recht auf ein selbstständiges gerichtliches Beweisverfahren. Mit anderen Worten: Sollte ein Vermieter aus eigenem Antrieb, also ohne dass das Gericht danach verlangt, ein Sachverständigengutachten einholen, steht er für die Kosten gerade, selbst wenn er den Prozess gewinnen sollte. Mit dieser Regelung wollen Gerichte vermeiden, dass Vermieter ihrem Mieter mit dem hohen Kostenrisiko eines Gutachtens – oft mehrere Tausend Euro – vorab drohen und sich so die Zustimmung zur Mieterhöhung quasi erpressen (Amtsgericht Hamburg, Beschluss vom 16.01.2024 – 49 H 3/23).

Mieterhöhung nach einer Modernisierung

Wird deine Wohnung durch den Vermieter modernisiert, kann er einen Teil der Kosten auf die Miete umlegen. Was genau als Modernisierung gilt, ist in § 555b BGB festgelegt. Als Grundsatz gilt, dass eine Modernisierung den Zustand einer Wohnung nachweislich verbessern muss. Etwa weil die Wohnung auf einen neuen technischen Stand gebracht wird und dadurch weniger Wasser oder Energie verbraucht oder endlich über schnelles Internet verfügt, damit du deine You-

Tube-Videos ruckelfrei in HD gucken kannst. Streicht dein Vermieter dagegen einfach nur die Fassade neu, ist das keine Modernisierung, sondern eine Renovierung, eine sogenannte Erhaltungsmaßnahme. Und die ist nicht umlagefähig.

Als Modernisierungsmaßnahmen gelten zum Beispiel:

- Maßnahmen, die helfen, Energie nachhaltig einzusparen oder die Anforderungen des Gebäudeenergiegesetzes zu erfüllen
- Maßnahmen, die dafür sorgen, dass der Wasserverbrauch in der Mietsache sinkt
- Anschluss ans Glasfasernetz
- Schaffung neuen Wohnraums

Damit Rechtsanwälte nicht arbeitslos werden, gibt es aber natürlich auch etwas weniger klare Vorgaben, was als Modernisierung gilt: Etwa die Verbesserung der allgemeinen Wohnverhältnisse auf Dauer oder die nachhaltige Erhöhung des Gebrauchswertes der Mietsache. Der Gebrauchswert einer Mietsache wird in der Regel durch bauliche Veränderungen erhöht. Darunter kann zum Beispiel der Einbau eines neuen Badezimmers, der Einbau eines Aufzugs oder der Anbau eines Balkons fallen. Die Verbesserung der allgemeinen Wohnverhältnisse könnte dagegen durch die Sanierung des Treppenhauses erreicht werden. Oder durch den Einbau einer Gegensprechanlage mit Videoüberwachung, weil dadurch die Sicherheit erhöht wird.

SO KANN DEINE MIETE NACH EINER MODERNISIERUNGSMASSNAHME ERHÖHT WERDEN

Von den angefallenen Modernisierungskosten sind 8 Prozent auf die Jahresmiete umlegbar. Aber nur bis zu drei Euro pro Quadratmeter innerhalb von sechs Jahren.

Für eine Mieterhöhung wegen Austauschs einer Heizung gilt seit 1. Januar 2024 eine neue Regelung: Erfolgte der Austausch mit einer staatlichen Förderung, dürfen 10 Prozent der Kosten umgelegt werden, aber nicht mehr als 50 Cent pro Quadratmeter und Monat (§ 559e BGB).

Sogenannte Instandhaltungsarbeiten, die auf den Erhalt der Funktionsfähigkeit und Sicherheit einer Immobilie oder eines Objekts abzielen, gelten *nicht* als Modernisierungsmaßnahmen. Sie dürfen nicht auf dich als Mieter abgewälzt werden. Meist handelt es sich um Arbeiten, durch die Schäden verhindert oder behoben oder durch die Lebensdauer des Gebäudes oder technischen Anlagen verlängert wird.

Beispiele für Instandhaltungsarbeiten sind:

- Reparatur eines undichten Dachs
- Austausch defekter Fenster
- Instandsetzung der Heizungsanlage
- Reparatur von Wasserleitungen
- Beseitigung von Schimmelbefall in Wänden
- Wartung und Reparatur von Fahrstühlen
- Erneuerung der Elektroinstallation
- Sanierung des Fundaments bei Setzungsrissen
- Ausbesserung von Fassadenschäden (z. B. Risse im Putz)
- Wartung von Klimaanlagen oder Lüftungssystemen

RECHT BEKOMMEN

Sollte ein Vermieter versuchen, dir eine Instandhaltungsmaßnahme als Modernisierung unterzujubeln, solltest du Widerspruch einlegen und ihn darauf hinwiesen, dass es sich dabei um eine Maßnahme handelt, die in seine Verantwortung fällt.

Mietpreisbremse

Um die Rechte von Mietern gegen die ständig steigenden Mieten zu stärken, hat sich der Gesetzgeber die Mietpreisbremse ausgedacht. Sie sorgt dafür, dass Vermieter bei Neuvermietungen die Miete auf maximal 10 Prozent über der ortsüblichen Vergleichsmiete anpassen dürfen. Es gibt jedoch Ausnahmen, zum Beispiel für Neubauten oder Wohnungen, die umfassend modernisiert wurden. Als umfassende Modernisierung gilt, wenn sich die Modernisierungskosten einer Wohnung etwa auf ein Drittel dessen belaufen, was eine vergleichbare Neubauwohnung gekostet hätte.

Vermieter genießen außerdem einen Bestandsschutz: Lag die Miete für eine Wohnung schon vorher über dem, was die Mietpreisbremse erlaubt, kann der Vermieter sie auch weiterhin verlangen – vorausgesetzt, er informiert dich vor Vertragsabschluss darüber. Tut er das nicht oder erst nach Vertragsabschluss, musst du für zwei Jahre lediglich die von der Mietpreisbremse vorgegebene Miete zahlen.

Um deine Rechte durchzusetzen, musst du als Mieter selbst aktiv werden. Eine spezielle Aufsichtsbehörde gibt es nicht. Trotz vieler Kritik in der Öffentlichkeit: Erste Urteile zeigen, dass die Mietpreisbremse funktioniert. Etwa bei einem Fall in München, als ein Mieterpaar 2021 seine Miete von 1171 Euro auf 896,25 Euro senken konnte und die zu viel gezahlten 3295,44 Euro Mietzins zurückerhielt. Die Kläger konnten nachweisen, dass die Miete deutlich über der ortsüblichen Vergleichsmiete lag. Das Gericht berücksichtigte dabei auch, dass sich aus dem Mietspiegel eben kein feststehender Betrag ableiten lasse, sondern es immer eine Spannbreite bezüglich der ortsüblichen Vergleichsmiete gebe. Die Beklagten kamen mit ihrer Argumentation, dass der Münchner Mietspiegel »nichts mit der Realität der Münchner Mieten zu tun« habe, dagegen nicht wirklich durch (AG München, Urteil vom 23.06.2023 – 453 C 22593/20). Fast 300 Euro weniger Miete im Monat? Dieser Rechtsstreit hat sich für die Mieter wirklich gelohnt.

RECHT BEKOMMEN

Die Mietpreisbremse gilt nicht überall. Jedes Bundesland und die Gemeinden entscheiden selbstständig darüber. Die meisten Regelungen zur Mietpreisbremse laufen 2025 aus. Im Juni 2025 hat der Gesetzgeber die Voraussetzungen dafür geschaffen, dass das Instrument der Mietpreissteuerung bis 2029 verlängert werden kann. Informiere dich daher online, welche Regelungen zur Mietpreisbremse in deiner Gemeinde gelten. Neben dem Mieterschutzbund hat in der Regel jede Gemeinde und jedes Bundesland entsprechende Informationen online veröffentlicht.

Mietwucher

Wucher, so sagt der Duden, ist »eine Praktik, beim Verleihen von Geld, beim Verkauf von Waren o. Ä. einen unverhältnismäßig hohen Gewinn zu erzielen«. Das kann so auch auf einen Vermieter zutreffen, der eine unangemessen hohe Miete für seine Wohnung verlangt.

Verträge, die als Wucher einzustufen sind, sind nach § 138 Absatz 2 BGB sittenwidrig und damit nichtig. Voraussetzung ist, dass die Leistung in einem auffälligen Missverhältnis zur Gegenleistung steht und jemand zum Beispiel ausgebeutet und sein Mangel an Urteilsvermögen ausgenutzt wird. Hierfür gibt es zwar keine festen Grenzen. Doch § 5 des Wirtschaftsstrafgesetzes betrachtet es bereits als Ordnungswidrigkeit, wenn die ortsübliche Vergleichsmiete um mehr als 20 Prozent überschritten wird. In diesem Fall spricht der Gesetzgeber von einer Mietpreisüberhöhung. Bei Vermietern, die noch gieriger sind und eine Zwangslage, den Leichtsinn oder die Unerfahrenheit eines Mieters ausnutzten, um auf diese Weise eine Miete von mehr als 50 Prozent über der ortsüblichen Vergleichsmiete einnehmen, sprechen wir konkret von Mietwucher. Und der ist sogar ein Straftatbestand (§ 291 StGB), der mit einer Geldstrafe, mit einer Freiheitsstrafe bis zu drei Jahren oder in besonders schweren Fällen bis zu zehn Jahren bestraft werden kann.

Und selbstverständlich muss der Vermieter auch die zu viel eingenommene Miete zurückerstatten. In einem Rechtsstreit in Hamburg ging es dabei um mehr als 52 000 Euro, die ein Vermieter zurückzahlen musste. Kläger war das Jobcenter, das die Wohnkosten für einen Mieter übernommen hatte und die Ansprüche gemäß § 33 SGB II gegenüber dem Vermieter geltend machte. Ein Sachverständiger hatte festgestellt, dass die Mieten mehr als 50, teilweise sogar 100 Prozent über der ortsüblichen Vergleichsmiete lagen und damit die Voraussetzungen für Mietwucher sogar teilweise übererfüllten (LG Hamburg, Urteil vom 31.05.2016 – 316 S 81/15).

Betriebs- und Nebenkosten

Nebenkosten? Betriebskosten? Ist das nicht alles dasselbe? Nicht ganz. Als Nebenkosten gelten alle Kosten, die du neben deiner Kaltmiete bezahlen musst. Wie etwa die Stromkosten. Den Strom liefert nicht dein Vermieter, sondern du suchst dir deinen Anbieter selbst aus. Es gibt allerdings neben deinen privaten Mietnebenkosten auch Kosten, die dein Vermieter mit der Mietsache hat, die sogenannten Betriebskosten wie die Müllabfuhr oder die Kosten für den Hausmeister. Diese Kosten werden auf alle Mieter umgelegt und sind ebenfalls Teil deines Mietvertrags. Vereinfacht gesagt: Die umlagefähigen Betriebskosten sind Teil deiner Nebenkosten. Nicht umlagefähige Betriebskosten zahlt der Vermieter selbst.

Was genau Betriebskosten sind, ist in der Betriebskostenverordnung (BetrKV) geregelt. Nur die dort aufgeführten Kostenarten dürfen als Betriebskosten auf die Mieter umgelegt werden – die anderen nicht.

UMLAGEFÄHIGE BETRIEBSKOSTEN GEMÄSS § 2 DER BETRKV

- Grundsteuer: öffentliche Lasten des Grundstücks
- Wasserkosten: Kosten der Wasserversorgung, einschließlich der Kosten für Zählermiete und Wasseraufbereitung
- Abwasserkosten: Kosten der Entwässerung (z. B. Gebühren für Abwasser und Niederschlagswasser)
- Heizungskosten: Kosten der zentralen Heizungsanlage oder einer Etagenheizung, einschließlich der Kosten für Brennstoffe (z. B. Gas, Öl)
- Warmwasserkosten: Kosten der zentralen Warmwasserversorgung
- Aufzugskosten: Betriebskosten für einen Aufzug (z. B. Wartung, Prüfung)
- Straßenreinigung und Müllabfuhr: Kosten der Straßenreinigung und der Müllentsorgung
- Hausreinigung und Ungezieferbekämpfung: Kosten der Gebäudereinigung und der Schädlingsbekämpfung (allerdings nicht die Kosten für eine einmalige Schädlingsbekämpfung)
- Gartenpflege: Kosten der Pflege von Außenanlagen, z. B. Rasenpflege, Baumschnitt
- Beleuchtung: Kosten für die Beleuchtung von Gemeinschaftsflächen (Treppenhaus, Hof, Keller)
- Schornsteinreinigung: Kosten für die Reinigung des Schornsteins durch den Schornsteinfeger
- Versicherungen: Kosten für bestimmte Versicherungen wie Gebäudeversicherung (z. B. Feuerversicherung, Leitungswasserversicherung)
- Hauswartkosten: Kosten für den Hausmeister (soweit sie nicht Instandhaltungs- oder Instandsetzungskosten betreffen!)
- Gemeinschaftsantenne/Breitbandkabel: Kosten für den Betrieb einer Gemeinschaftsantenne oder für den Kabelanschluss
- Kosten für sonstige Gemeinschaftsanlagen: Betriebskosten für Einrichtungen wie Waschmaschinenräume, Heizkostenverteiler oder Gemeinschaftssatellitenanlagen

NICHT UMLAGEFÄHIGE BETRIEBSKOSTEN

- Verwaltungskosten: Kosten für die Verwaltung des Gebäudes wie Gehälter des Verwalters oder Verwaltungsbüros
- Instandhaltung und Instandsetzung: Kosten für die Reparatur und Wartung des Gebäudes, die nicht als Kleinreparaturen gelten
- Rücklagen für zukünftige Instandhaltung: Ansparungen für künftige größere Reparaturen oder Renovierungen
- Zinskosten für Kredite: Kosten, die durch die Finanzierung des Gebäudes entstanden sind, wie Hypothekenzinsen
- Kosten für die Hausverwaltung: externe oder interne Hausverwaltungskosten, die nicht direkt mit den umlagefähigen Nebenkosten zusammenhängen
- Abschreibungen: Wertminderungen des Gebäudes oder seiner Ausstattung durch Alterung
- Rechtsschutz- oder Haftpflichtversicherungen des Vermieters: Versicherungen, die dem Schutz des Vermieters, aber nicht der Mieter dienen
- Marketingkosten: Ausgaben für die Werbung, um neue Mieter zu gewinnen
- Buchhaltungskosten: Kosten für die buchhalterische Erfassung von Mieteinnahmen und Betriebskosten

Es ist übrigens nicht nötig, alle umlagefähigen Betriebskosten im Mietvertrag einzeln zu benennen. Es reicht ein Hinweis auf § 2 Betriebskostenverordnung. Fehlt dieser Hinweis jedoch und führt der Mietvertrag die Betriebskosten einzeln auf, dürfen grundsätzlich auch nur die im Vertrag genannten Kosten umgelegt werden. Betriebskosten, die nicht aufgeführt sind, muss der Mieter nicht gesondert zahlen.

Betriebskostenabrechnung: Formalien

Die Betriebskosten werden stets für maximal zwölf Monate abgerechnet. Liegen sie höher als die Vorauszahlung, die du zuvor mit der Miete geleistet hast, musst du den Fehlbetrag nachzahlen. Liegen die Betriebskosten niedriger als die Vorauszahlung, erhältst du Geld zurück. Dein Vermieter muss dir die Abrechnung spätestens ein Jahr nach Ende des Abrechnungszeitraums zukommen lassen. Verspätet er sich, kann das dazu führen, dass er keine Nachforderungen mehr stellen kann. Rückzahlungen an dich werden jedoch nicht durch eine verspätete Erstellung der Betriebskostenabrechnung verwirkt. Hast du Einwände gegen eine Betriebskostenabrechnung, musst du diese innerhalb von zwölf Monaten nach Erhalt der Abrechnung vorbringen (§ 556 Abs. 3 S. 5 BGB).

Formell ordnungsgemäß ist eine Betriebskostenabrechnung, wenn sie den allgemeinen Anforderungen des § 259 BGB entspricht. Formfehler können zum Beispiel auftreten, wenn verschiedene Kostenpunkte einfach zusammengeführt werden. Etwa für den Hausmeister, die Gebäudereinigung und die Gartenpflege. Macht das dein Vermieter, wirst du als Mieter um die Möglichkeit einer Plausibilitätskontrolle der angesetzten Beträge gebracht. Aus einer auf diese Weise zusammengefassten Betriebskostenabrechnung kannst du nur schwerlich ablesen, welcher Betrag für die einzelnen Positionen veranschlagt worden ist und ob die Angaben realistisch sind. Schaut ein Gärtner nur viermal im Jahr in der Wohnanlage vorbei, um kurz die Hecke zu stutzen und ab und an Rasen zu mähen, musst du aus deiner Betriebskostenabrechnung ablesen können, ob für diese Dienste 2000 oder 5000 Euro angefallen und auf die Mieter umgelegt worden sind.

Eine Betriebskostenabrechnung muss immer in schriftlicher Form vorliegen. Alle Angaben müssen zudem leicht verständlich und nachvollziehbar sein. Folgende Punkte müssen in der Betriebskostenabrechnung aufgeführt sein:

- Benennung des genauen Abrechnungszeitraums. Dieser darf jedoch nicht mehr als zwölf Monate betragen.
- Auflistung der angefallenen Gesamtkosten je Betriebskostenposition
- Genaue Summe aller Einzelbeträge je angefallener Nebenkostenposition
- Genaue Angaben sowie eine entsprechende Erläuterung zum verwendeten Verteilerschlüssel
- Genaue Berechnung, wie sich der eigene Anteil errechnet
- Summe der geleisteten Vorauszahlungen
- Endsumme, die sich aus der Summe der Vorauszahlungen abzüglich der angefallenen Betriebskosten ergibt

Fehlt eine dieser Angaben, ist die Betriebskostenabrechnung nicht korrekt und somit formal ungültig. Befindet sich der Vermieter noch innerhalb der Ein-Jahres-Frist für die Abgabe der Betriebskostenabrechnung an den Mieter, kann er die Abrechnung korrigieren. Ist die Frist jedoch überschritten und hat der Vermieter dies zu verantworten, entfallen jegliche Nachforderungen des Vermieters gegen den Mieter. Es bleibt also bei den Abschlagszahlungen. Allerdings kann der Mieter weiterhin auf die Abrechnung bestehen und eventuelle Rückzahlungen verlangen.

TYPISCHE FEHLER IN DER BETRIEBSKOSTENABRECHNUNG

- *Falsche Umlageschlüssel:* Verwendung eines fehlerhaften oder nicht vereinbarten Umlageschlüssels
- *Nicht umlagefähige Kosten:* Aufnahme von nicht umlagefähigen Kosten wie Instandhaltung, Verwaltungskosten oder Finanzierungskosten in die Abrechnung
- *Falsche Berechnungsgrundlagen:* Verwendung von falschen Quadratmeterangaben oder Anzahl der Mieter für die Verteilung der Kosten
- *Fehlerhafte Abrechnungsperiode:* Abrechnung für einen falschen Zeitraum (z. B. 13 Monate statt 12 Monate) oder Überschreiten der Abrechnungsfrist
- *Doppelte Abrechnung von Positionen:* Unabsichtliche doppelte Abrechnung derselben Betriebskostenposition
- *Nicht berücksichtigte Vorauszahlungen:* Mieter-Vorauszahlungen werden in der Abrechnung nicht korrekt angerechnet.
- *Falsche Heizkostenabrechnung:* fehlerhafte Berechnung der Heizkosten, z. B. falsche Verbrauchswerte oder falsche Ablesedaten
- *Fehlerhafte Einbeziehung von Leerstandsflächen:* Umlage von Kosten für Leerstandsflächen auf die Mieter, obwohl dies nicht zulässig ist (siehe unten)
- *Verteilung von Sonderkosten auf alle Mieter:* Umlage von Kosten, die nur bestimmte Mieter betreffen (z. B. Reinigung eines Treppenhauses, das nicht von allen Mietern genutzt wird), auf alle Parteien.

Jeder dieser Fehler kann dazu führen, dass eine Betriebskostenabrechnung unwirksam ist oder korrigiert werden muss.

RECHT BEKOMMEN

Gibt es in einem Mehrfamilienhaus Leerstände, muss der Vermieter für die Kosten aufkommen, die normalerweise auf alle Mieter umgelegt werden. Das betrifft insbesondere die Kosten, die verbrauchsabhängig oder direkt proportional zur Wohnfläche oder Anzahl der Einheiten verteilt werden, wie zum Beispiel die Grundsteuer, Versicherungen, Hausmeisterkosten, Straßenreinigung und Müllabfuhr. Gibt es in deinem Wohnhaus im Erdgeschoss Gewerbebetriebe, etwa ein Café oder einen Friseursalon, müssen die vorhandenen Gewerbebetriebe von der Gesamtfläche abgezogen werden. Denn in der Regel haben Gewerbebetriebe einen erhöhten Wasserverbrauch und verursachen auch mehr Müll als ein Privathaushalt. Das muss in der Betriebskostenabrechnung berücksichtigt werden.

Fallen in der Betriebskostenabrechnung Unstimmigkeiten auf, ist es vollkommen in Ordnung, sich mit den Nachbarn und Mietmietern darüber auszutauschen und zu diskutieren, ob die Kosten transparent und nachvollziehbar sind oder eben nicht (AG Euskirchen, Urteil vom 16.01.2020 – 33 C 63/19). Sollten dir also in der Betriebskostenabrechnung ein paar Dinge komisch vorkommen, frage ruhig bei deinen Nachbarn nach, ob sie das ähnlich empfinden. Und falls es zu einem Prozess kommen sollte, könnt ihr das Kostenrisiko womöglich sogar besser verteilen, wenn sich weitere Mieter einer Klage anschließen.

Betriebskostenpauschale

Betriebskosten können gemäß § 556 Absatz 2 BGB in Teilen als Pauschale vereinbart werden, sofern die im Mietvertrag ausdrücklich und eindeutig festgelegt wird. Eine solche Regelung muss klar bestimmen, welche Betriebskosten durch die Pauschale abgedeckt sind, um Missverständnisse zu vermeiden und sicherzustellen, dass sowohl der Mieter als auch der Vermieter über den Umfang der pauschalierten Kosten im Bilde ist. Im Falle unklarer oder mehrdeutiger Formulierungen im Mietvertrag wird nach ständiger Rechtsprechung des Bundesgerichtshofs regelmäßig zugunsten des Mieters entschieden (vgl. § 305c Abs. 2 BGB).

VORTEILE DER BETRIEBSKOSTENPAUSCHALE

- Kalkulierbarkeit der Kosten: Durch die Vereinbarung einer Pauschale weißt du als Mieter auf den Cent genau, wie viel du an Betriebskosten bezahlen musst. Eine Nachforderung, etwa durch erhöhte Verbräuche, ist ausgeschlossen.
- Kein Abrechnungsaufwand: Sowohl für den Vermieter als auch für den Mieter entfällt der Aufwand einer jährlichen Betriebskostenabrechnung. Auch Nachzahlungen, die bei höheren tatsächlichen Betriebskosten anfallen könnten, entfallen.

NACHTEILE DER BETRIEBSKOSTENPAUSCHALE

- Kein Rückerstattungsanspruch: Zwar kann dein Vermieter bei einer pauschalen Abrechnung der Betriebskosten keine Nachforderungen an dich stellen. Du erhältst aber gleichzeitig auch keine Rückerstattung, wenn die tatsächlichen Betriebskosten unter der Pauschale liegen. Hast du Pech, zahlst du als Mieter mehr, als tatsächlich notwendig wäre.
- Keine Belegeinsicht: Da die Betriebskosten pauschaliert abgerechnet werden, hast du als Mieter auch nicht das Recht auf Einsicht in die Belege, um die Höhe der Pauschale zu überprüfen. Das sagt so auch der BGH, der klarstellt, dass Mieter nach Vertragsabschluss grundsätzlich keine Einsicht in die Belege verlangen können, es sei denn, sie können triftige Zweifel an der Angemessenheit der Pauschale geltend machen (Urteil vom 7. April 2004, VIII ZR 167/03).

Eine Erhöhung der Betriebskostenpauschale ist nur unter bestimmten Bedingungen zulässig. Gemäß § 560 Abs. 1 BGB kann sie nur erfolgen, wenn dies im Mietvertrag ausdrücklich vereinbart wurde und die Betriebskosten nachweislich gestiegen sind. Hier muss dir dein Vermieter also nachvollziehbar darlegen, warum er die Pauschale erhöhen will. Ohne eine solche Vereinbarung zur Erhöhung der Betriebskostenpauschale im Mietvertrag ist eine Erhöhung der Pauschale ausgeschlossen.

Wichtig zu wissen: Heiz- und Warmwasserkosten können grundsätzlich nicht pauschal abgerechnet werden, da diese gemäß § 2 Heizkostenverordnung (HeizkostenV) verbrauchsabhängig abzurechnen sind.

Heizkosten

Verfügt die Wohnung über einen Fernwärmeanschluss oder eine andere zentral gesteuerte Heizung für alle Wohnungen im Mietobjekt, wirst du in deinem Mietvertrag unter dem Punkt »Verteilung der Heiz- und Betriebskosten« in der Regel einen Verteilerschlüssel finden. Die Heizkosten setzen sich zusammen aus deinem persönlichen Wärme- und Warmwasserverbrauch plus einer Pauschale, deren Höhe von der Quadratmeterzahl der Mietsache bestimmt wird. Die Personenzahl pro Haushalt sollte hier keine Rolle spielen. Sie wird in der Regel nur bei sogenannten kalten Nebenkosten wie der Müllabfuhr herangezogen.

Laut § 6 der Heizkostenverordnung darf der Gebäudeeigentümer diesen Verteilerschlüssel nach billigem Ermessen bestimmen und er hat dabei laut §§ 7 und 8 den Spielraum, »mindestens 50 vom Hundert, höchstens 70 vom Hundert« verbrauchsabhängig zu verteilen. Dein persönlich gemessener Verbrauch zählt also mindesten 50 Prozent und maximal 70 Prozent. Mit der Verteilung dieser Nebenkosten sollen unter anderem erhöhte Verbräuche ausgeglichen werden, die sich aus der Lage der Wohnung, beispielsweise im kälteren Erdgeschoss, ergeben.

Um eine ordentliche Heizkostenabrechnung erstellen zu können, müssen die Verbräuche selbstverständlich ordentlich erfasst werden. Ist das nicht der Fall, hast du das Recht, deinen Anteil am Heizkostenbetrag, den dein Vermieter von dir verlangt, um 15 Prozent zu kürzen (§ 12 Abs. 1 Satz 1 HeizkostenVO). Allerdings kannst du nicht einfach die monatlichen Vorauszahlungen reduzieren, sondern diese Kürzung erst nach Erhalt der Nebenkostenabrechnung geltend machen.

Dein Vermieter kann jedoch die Verbräuche auch anhand des Gesamtverbrauchs des Gebäudes schätzen. Die Schätzung der Heizkosten ist erlaubt und beeinträchtigt nicht die Wirksamkeit der Nebenkostenabrechnung (BGH, Urteil vom 12.11.2014, VIII ZR 112/14).

RECHT BEKOMMEN

In Wohnungen mit Gasetagenheizung wird kein Verteilerschlüssel umgesetzt. Du zahlst tatsächlich lediglich deinen eigenen Verbrauch sowie über die Betriebskosten deinen Teil der Heizkosten, die dem Vermieter fürs Heizen der Gemeinschaftsräume entstehen.

Hausmeisterkosten

Sollten dir die vom Vermieter veranschlagten Betriebskosten, etwa für den Hausmeister, als zu hoch vorkommen, musst du bei einer Beanstandung den Nachweis erbringen, dass dein Vermieter eine gleichwertige Leistungen nach den örtlichen Gegebenheiten deutlich günstiger hätte beschaffen können (BGH, Urteil v. 17.12.2014, XII ZR 170/13) – etwa indem du ein Angebot von einer anderen Firma einholst. Natürlich muss das Angebot für die gleichen Leistungen gelten, die auch bisher Teil der Hausmeistertätigkeit sind. Welche das sind, kannst du bei deinem Vermieter erfragen.

Du hast sogar das Recht, den Dienstvertrag einzusehen, in dem die vereinbarten Tätigkeiten festgelegt sind. Dabei kommen mitunter spannende Details zutage. Etwa in einem Berliner Mietshaus, als sich herausstellte, dass der Hauswart gar nicht selbst das Haus in Ordnung hielt, sondern vornehmlich mit der Überwachung von Fremdfirmen beschäftigt war, welche die eigentlichen Hausmeistertätigkeiten erledigten. Dabei handelt es sich jedoch um eine Verwaltungstätigkeit, und die darf ein Vermieter eben nicht in den Betriebskosten auf die Mieter umlegen. Der Vermieter versuchte das Gericht noch zu überzeugen, dass der Hausmeister für die Mieter schließlich auch eine Art »Kummerkasten« sei. Da ein »Kummerkasten« wie eine Verwaltungstätigkeit nicht in der Betriebskostenverordnung als umlagefähig geführt wird, ging dieses Argument ins Leere (AG Köpenick, Urteil vom 19. Dezember 1996 – 3 C 446/96).

Zu einem gewissen Teil dürfen Hausmeister auch kleinere Mängel in einem Wohnhaus beseitigen, etwa eine kaputte Glühbirne im Treppenhaus wechseln. Allerdings sollten diese Instandhaltungsarbeiten nicht überhandnehmen. Es sei denn, der Vermieter kann genau nachweisen, wie viele Stunden der Hausmeister für umlagefähige Hausmeistertätigkeiten aufwendet. Und wie viele Stunden auf die nichtumlagefähigen Instandhaltungsarbeiten oder andere Tätigkeiten entfallen. Kann der Vermieter einen entsprechenden Stundennachweis nicht vorlegen, müssen Mieter die gesamten Hauswartkosten nicht zahlen.

TYPISCHE UMLAGEFÄHIGE HAUSMEISTERTÄTIGKEITEN

- *Reinigung und Pflege von Gemeinschaftsflächen:* Reinigung von Treppenhäusern, Fluren, Gemeinschaftskellern und Außenanlagen
- *Überwachung und Pflege der Heizungsanlage:* regelmäßige Kontrolle der Heizungsanlage und eventuelle Bedienung zur Sicherstellung des ordnungsgemäßen Betriebs
- *Winterdienst:* Schneeräumen und Streuen von Gehwegen, Zufahrten und anderen Gemeinschaftsflächen
- *Müllbeseitigung und Mülltonnenmanagement:* Bereitstellung der Mülltonnen zur Abholung, Reinigung und Rücktransport der Tonnen
- *Kleinreparaturen und Wartungsarbeiten:* Durchführung kleinerer Reparaturen und Wartungsarbeiten, die keine spezialisierten Fachkräfte erfordern
- *Beleuchtungspflege:* Austausch von Glühbirnen in Gemeinschaftsbereichen, Überprüfung der Funktionstüchtigkeit der Beleuchtung in Treppenhäusern und Außenbereichen
- *Gartenpflege:* Pflege der Grünanlagen, Rasenmähen, Heckenschnitt und Unkrautentfernung
- *Schließdienst:* Sicherstellen, dass Gemeinschaftstüren und -tore ordnungsgemäß geschlossen sind, Kontrolle von Sicherheitseinrichtungen
- *Kontrolle und Überwachung des Gebäudes:* regelmäßige Rundgänge zur Kontrolle des Zustands des Gebäudes und der Anlagen, Meldung von Schäden oder Auffälligkeiten
- *Pflege und Wartung von Spielplätzen und Gemeinschaftseinrichtungen:* Kontrolle und Instandhaltung von gemeinschaftlich genutzten Einrichtungen wie Spielplätzen, Fahrradabstellplätzen oder Waschküchen

Diese Tätigkeiten sind allerdings nur dann umlagefähig, solange sie tatsächlich durchgeführt werden und in einem angemessenen Verhältnis zum Nutzen für die Mieter stehen.

RECHT BEKOMMEN

Vermieter können Hausmeisterdienste oder Gartenarbeiten als Eigenleistung erbringen und auf Grundlage fiktiver, aber branchenüblicher Berechnungen eines Dienstleistungsunternehmens als Betriebskosten abrechnen (BGH, Urteil v. 14.11.2012, VIII ZR 41/12).

Mietkaution

Zunächst die Formalien: In deinem Mietvertrag muss die Höhe der Kaution, manchmal auch Mietsicherheit genannt, exakt vereinbart werden. Sie darf maximal drei Nettokaltmieten betragen. Das Zahlungsziel, bis wann die Kaution geleistet werden muss, kann ebenfalls Teil des Vertrags sein. Du hast das Recht, die Kaution in drei gleichen Monatsraten zu zahlen (§ 551 Abs. 2 BGB). Hinsichtlich der Form, wie die Kaution gestellt werden kann, gibt es Spielraum. Neben der klassischen Überweisung kann die Kaution auch in Form einer Bankbürgschaft oder der Verpfändung des Bankkontos oder anderer Vermögenswerte hinterlegt werden.

Gemäß § 551 BGB ist die Kaution zu verzinsen und getrennt vom Vermögen des Vermieters anzulegen, um den Mieter im Falle einer Insolvenz des Vermieters zu schützen. Die Zinsen sind dem Mieter zusammen mit der Kaution zurückzuzahlen. Und das kann mitunter richtig spannend werden. So wie bei einem Fall in Köln: Dort hatte der Vermieter im Jahr 1960 die Kaution einer Mieterin in Aktien angelegt. Als die Mieterin verstorben war, kündigte die Tochter als Alleinerbin das Mietverhältnis und verlangte die Herausgabe der Kaution, wohlgemerkt nicht nur den damals vereinbarten Betrag, sondern die Herausgabe der Aktien. Die waren mittlerweile rund 100 000 Euro wert. Der Vermieter wollte jedoch lediglich die geleistete Kaution von 409,03 Euro an die Tochter auszahlen – und verlor den Prozess, den die Tochter daraufhin anstrengte. § 551 Absatz 3 Satz 3 BGB sieht nun mal vor, dass die Erträge aus der Mietsicherheit unabhängig von der Anlageform dem Mieter zustehen. Bei Aktien sind das eben nicht nur Dividenden, sondern auch die Kursgewinne. Zwar gab es diese Vorschrift 1960 noch nicht – aber weil die Parteien zwischenzeitlich einen neuen Mietvertrag abgeschlossen, aber die Übernahme der alten Kaution vereinbart hatten, galt sie eben doch. Glück muss man haben (Amtsgericht Köln, Urteil vom 19.07.2022 – 203 C 199/21)!

Mit der Rückzahlung der Kaution klappt es allerdings auch in Fällen, in denen es um deutlich geringere Beträge geht, nicht immer so, wie vom Mieter gewünscht. Der Vermieter darf die Kaution nämlich einbehalten, wenn begründete Gegenansprüche bestehen. Zu diesen Ansprüchen gehören Mietschulden, Schäden an der Mietsache und offene oder nachzuzahlende Betriebskosten. Beispielsweise kann der Vermieter die Kaution auch verwenden, um Kosten für Reparaturen in der Wohnung zu decken, wenn der Mieter die Schäden verursacht hat, oder um ausstehende Nebenkostenabrechnungen zu begleichen.

Ein Klassiker ist der Verweis des Vermieters, dass die Wohnung noch einmal gereinigt oder gar renoviert werden musste. Schließlich habe sich eine Reinigungsklausel im Mietvertrag befunden, die zum Beispiel auch die Fenster miteingeschlossen habe. Solche Reinigungsklauseln sind unwirksam. Der Mieter schuldet lediglich eine besenreine Übergabe der Wohnung. Dafür müssen weder die Fenster geputzt noch die Fliesen im Badezimmer entkalkt sein (LG Berlin II, Urteil vom 13.02.2024 – 67 S 186/23). Auch Renovierungsarbeiten gehen in der Regel nicht zu Lasten des Mieters, wenn es sich um normale Abnutzungserscheinungen handelt. Hier greift § 538 BGB, in dem es heißt, dass Veränderungen oder Verschlechterungen der Mietsache, die durch den vertragsgemäßen Gebrauch herbeigeführt werden, nicht durch den Mieter zu vertreten sind (siehe »Auszug – Streit um die Kaution wegen Schönheitsreparaturen«, Seite 169).

Der BGH hat mittlerweile klargestellt, dass der Vermieter auch bei streitigen Forderungen – also Forderungen, denen der Mieter eigentlich widerspricht – auf die Kaution zugreifen darf. Der Mieter hat dann nur die Möglichkeit, im Rahmen eines Rechtsstreits die Rückzahlung der Kaution zu verlangen und die Rechtmäßigkeit der Forderungen des Vermieters überprüfen zu lassen. In diesem Prozess hat dann der Vermieter die Darlegungs- und Beweislast für das Bestehen dieser Forderungen. Das bedeutet, er muss genau aufschlüsseln und Belege vorzeigen, warum er einen Teil der Kaution einbehalten hat.

Was hingegen nicht geht: Dass sich der Vermieter, während das Mietverhältnis noch andauert, an der Kaution bedient. Selbst wenn es eine entsprechende Klausel im Mietvertrag gibt. Die Kaution wird »treuhänderisch« verwaltet – also nur für die andere Person. Der Vermieter darf auf sie erst nach Ende des Mietvertrags zugreifen. Die Frist für die Rückzahlung der Kaution ist per Gesetz nicht eindeutig festgelegt. Die Frist beträgt in der Regel drei bis sechs Monate nach Ende des Mietvertrags. Bestehen noch Streitigkeiten zwischen Mieter und Vermieter, kann die Rückzahlung aber auch länger dauern.

Mietmängel

Die Fenster in deiner Wohnung sind undicht, die Heizung tropft und die Nachbarn feiern jeden Samstag bis nachts um zwei bei lauter Musik Party und treiben dich damit in den Wahnsinn? Wenn in deiner Wohnung ein Mangel auftritt, der den Gebrauch einschränkt, muss der Vermieter diesen Mangel beseitigen. So ist es in § 535 des BGB über den Inhalt und die Hauptpflichten des Mietvertrags geregelt. Sollte der Vermieter das nicht tun, bist du laut § 536 BGB berechtigt, die Miete zu mindern, also eine »angemessen herabgesetzte Miete« zu zahlen. Doch was genau ist angemessen? Um wie viel Prozent kannst du bei welchem Mangel deine Miete mindern? Genau darum wird vor Gericht oft gestritten – und es hängt vom Einzelfall ab.

Zunächst einmal ein paar Grundsätze in Sachen Mietmangel:

- Herangezogen werden darf für die Mietminderung immer die Warmmiete (BGH, Urteil vom 6.4.2005 – XII ZR 225/03), also die Summe aus Kaltmiete und der Vorauszahlung für die Nebenkosten.
- War dir ein Mangel beim Einzug bekannt (siehe Übergabeprotokoll, Seite 142), ist in der Regel eine Mietminderung ebenfalls ausgeschlossen. Anders verhält es sich, wenn dir die Beseitigung eines Mangels bei Abschluss des Mietvertrags vertraglich zugesichert worden ist. Hat dein Vermieter dir versprochen, zum Beispiel das Parkett noch einmal abziehen zu lassen, muss er das auch tun.
- Vorsicht mit Mietminderungen bei sogenannten unerheblichen Mängeln: Eine defekte Glühbirne im Hausflur oder ein kleiner Sprung in einem Fenster, das ansonsten tadellos funktioniert, Haarrisse in der Zimmerdecke oder abgetretene Türschwellen rechtfertigen keine Mietminderung. Als unerheblich gelten Mängel in jedem Fall, wenn sie leicht zu erkennen und schnell und mit geringen Kosten zu beseitigen sind.
- Ist ein Mangel erwartbar gewesen, musst du als Mieter mit diesem Mangel klarkommen. Du kannst dir also nicht einfach eine Wohnung im belebtesten Viertel der Stadt suchen und dich wenig später bei deinem Vermieter darüber beschweren, dass dich der Lärm der Restaurants und Bars zu sehr stört und du deswegen deine Miete mindern möchtest.
- Ist deine Wohnung gänzlich unbewohnbar, musst du sogar gar keine Miete zahlen.

Im Internet findest du zahlreiche Mietminderungstabellen, die auflisten, wie viel Prozent Mietminderung Gerichte bei einem bestimmten Mangel möglicherweise gewähren. Was diese Tabellen vor allem zeigen: Die Gerichte bewerten die gleichen Fälle – wie zum Beispiel das bereits angesprochene undichte Fenster – sehr unterschiedlich. Mal kommen die Richter zum Schluss, dass lediglich 6 Prozent Mietminderung gerechtfertigt sind, mal sind es jedoch 10 oder gar 20 Prozent. Verlassen solltest du dich auf diese Tabellen nicht.

Auf keinen Fall solltest du auf die Idee kommen, deine Miete ohne Absprache mit dem Vermieter zu mindern – schon gar nicht um einen besonders hohen Betrag. Tust du es doch, kann es dir passieren, dass du in einen so großen Mietrückstand gerätst, dass dieser am Ende sogar eine fristlose Kündigung rechtfertigten kann. Sagen wir, du kürzt deine Miete auf eigene Faust wegen undichter Fenster um 20 Prozent. Am Ende spricht dir ein Gericht jedoch nur einen Anspruch von 5 Prozent Mietminderung für den Zeitraum zu, in dem der Mangel von dir angezeigt und vom Vermieter nicht behoben wurde. Das heißt, dass du in jeden Monat 15 Prozent zu wenig Miete bezahlt hast. Diese Miete musst du selbstverständlich nachzahlen. Hat sich durch dein eigenmächtiges Einbehalten der Miete ein Mietrückstand von insgesamt zwei Monatsmieten angesammelt, darf dir laut BGH fristlos gekündigt werden, da du den Mietrückstand schuldhaft verursacht hast (BGH, Urteil vom 11.07.2012 – VIII ZR 138/11). Und so eine fristlose Kündigung ist kein Spaß. Zwar musst du die Wohnung nicht von einem Tag auf den anderen verlassen, allerdings wird bei einer fristlosen Kündigung eben auch nur eine Zeit für den Auszug von ein bis zwei Wochen angesetzt (so z. B. LG Potsdam, Beschluss vom 26.8.04 – 11 T 27/04).

RECHT BEKOMMEN

Wenn du gegen einen Mietmangel vorgehen möchtest, informiere am besten deinen Vermieter schriftlich und fordere ihn auf, die Mängel zu beseitigen. Fordere ihn außerdem auf, eine bestimmte Minderungsquote bis zur Beseitigung der Mängel anzuerkennen. Weigert sich dein Vermieter, informierst du ihn darüber, dass du deine Miete künftig nur noch unter Vorbehalt *vollständig* weiterzahlst. Der Weg zu deiner Mietminderung führt nun über eine Klage gegen den Vermieter, in der du die Instandsetzung der Mängel, die Feststellung einer Minderungsquote und die Rückzahlung der überzahlten Miete verlangen kannst.

Übergabeprotokoll

Mit dem sogenannten Übergabeprotokoll wird der Zustand einer Mietwohnung bei Ein- und Auszug dokumentiert. Es dient als Beweismittel für beide Parteien, um spätere Streitigkeiten zu vermeiden. Neben den allgemeinen Angaben wie Namen und Anschriften von Mieter und Vermieter, Datum der Übergabe, Adresse der Wohnung und Nummer des Mietvertrags (falls zutreffend) sollten die folgenden Punkte in einem Übergabeprotokoll enthalten sein:

- *Zimmerbeschreibung:* Jedes Zimmer (Wohnzimmer, Schlafzimmer, Küche, Badezimmer, Flur etc.) sollte einzeln aufgeführt und beschrieben werden.
- *Bodenbeläge:* Zustand von Teppich, Parkett, Fliesen etc.
- *Wände und Decken:* Zustand von Tapeten, Anstrich, Wandfliesen etc.
- Fenster und Türen: Zustand von Fenstern (inkl. Rahmen und Beschlägen) und Türen (inkl. Schlösser und Griffe)
- *Heizkörper und Thermostate:* Funktionsfähigkeit und Zustand
- *Elektrische Anlagen:* Zustand und Funktion von Steckdosen, Lichtschaltern, Deckenlampen etc.
- *Sanitäre Anlagen:* Zustand von Waschbecken, Toilette, Dusche, Badewanne, Armaturen, Fliesen etc.
- *Küche:* Zustand von Einbauküche, Arbeitsplatte, Spüle, Herd, Kühlschrank, Dunstabzugshaube etc.
- *Sonstiges:* Zustand von Einbauschränken, Balkon, Terrasse, Kellerabteil etc.
- *Zählerstände:* Ablesewerte von Strom-, Wasser- und Gaszählern (mit Zählernummern), Datum der Ablesung

Falls nicht bereits im Mietvertrag geschehen, kann auch das Übergabeprotokoll die Anzahl und Art der übergebenen Schlüssel (z. B. Wohnungstür, Briefkasten, Keller etc.) nennen. Außerdem können noch ausstehende Arbeiten wie das Streichen der Wände oder Reparaturen vermerkt sein. Unbedingt sollten bereits bestehende Schäden oder Mängel im Übergabeprotokoll aufgelistet werden. Befinden sich in der Wohnung zurückgelassene Möbel oder Gegenstände, sollte festgelegt werden, was mit ihnen geschieht: Kann der Mieter frei über sie verfügen oder muss er sie mit der Wohnung zurückgeben?

Es empfiehlt sich, bestehende Schäden oder besondere Merkmale der Wohnung mit Fotos zu dokumentieren und dem Übergabeprotokoll beizufügen. Das Protokoll muss vom Mieter und vom Vermieter beziehungsweise von deren Ver-

Beispiel für ein Übergabeprotokoll

Wohnungs-Übergabe-Protokoll – Wohnung Nr.			
1. Objektanschrift			
2. Anlass der Übergabe	Einzug zum		
3. Name des Mieter			
Tel-Nr. /E-Mail:			
Mieter wird vertreten durch:			
Bei Übergabe auch anwesend:			
4. Zählerstände			
Strom		Zähler-Nr.	
Wasser/kalt		Zähler-Nr.	
Wasser/warm		Zähler-Nr.	
Heizung		Zähler-Nr.	
Küche		Wohn-Zi	
Bad/WC		Schlaf-Zi	
Gäste WC		Kinder-Zi	
5. Mängel			
Bei der Übergabe am	wurden keine Mängel festgestellt ☐	wurden Mängel festgestellt ☐	Mängel fotografiert ☐
Ohne Mängel	Festgestellte Mängel		
Küche ☐	☐		
Bad/WC ☐	☐		
Gaste WC ☐	☐		
Wohnzimmer ☐	☐		
Schlafzimmer ☐	☐		
Kinderzimmer ☐	☐		
Flur/Diele ☐	☐		
Abstellraum ☐	☐		
Balkon/Terrasse ☐	☐		
6. Beseitigung der Mängel			
☐ Die genannten Mangel werden vom Mieter bis zum			fachgerecht beseitigt.
☐ Die genannten Mängel werden vom Vermieter bis zum			fachgerecht beseitigt.
☐ Die mit einem * gekennzeichneten Mängel sollen lediglich dokumentiert werden.			
7. Bemerkungen/Sonstiges/Inventar			
Inventar Küche:			
Inventar Bad/WC:			
Inventar Wohnzimmer:			
Inventar Schlafzimmer:			
Garage/TG-Stellplatz:			
Keller/Dachboden:			
Sonstiges:			
8. Schlüsselübergabe			
Es wurden übergeben	☐ Haus-Schlüssel	☐ Wohnungs-Schlüssel	☐ Je 1 Zimmer-Schlüssel (alle ZI)
	☐ Briefkasten	☐ Kellerschlüssel	
Es fehlen			
9. ☐ Wohnungsgeberbestätigung (Einzug) gemäß 19 Absatz 3 wurde dem Mieter übergeben			
10. ☐ Energieausweis: Kopie des Energieausweises wurde dem Mieter übergeben			
11. Unterschriften			
Ausfertigung für: ☐ Mieter	☐ Vermieter	☐ Vertreter Anlage/n mit Seite/n	
Ort Datum	Mieter/Vertreter	Vermieter	

tretern unterschrieben sein. Es sollte in zweifacher Ausfertigung erstellt werden, sodass beide Parteien ein Exemplar erhalten.

Kleinstreparaturklausel

Laut dem Bürgerlichen Gesetzbuch (BGB § 535) ist der Vermieter für die Instandhaltung der Wohnung und die anfallenden Kosten zuständig. Allerdings gibt es die Möglichkeit, sogenannte Kleinstreparaturen in einer eigenen Klausel in den Mietvertrag aufzunehmen und die Verantwortung für die Beseitigung kleiner Mängel an der Mietsache auf den Mieter zu übertragen. Damit ein solche Kleinstreparaturklausel gültig ist, muss sie laut BGH die folgenden drei Punkte erfüllen:

- einen angemessenen Höchstbetrag pro Reparatur,
- einen angemessenen Höchstbetrag für die jährliche Gesamtbelastung des Mieters durch die Kleinstreparaturklausel,
- eine gegenständliche Beschränkung auf Reparaturkosten für Teile der Mietsache, auf die der Mieter häufigen und unmittelbaren Zugriff hat.

Ebenfalls festgelegt wurden vom Bundesgerichtshof ein Höchstbetrag pro Reparatur von 100 bis 150 Euro und eine Höchstgrenze von 8 Prozent der Jahreskaltmiete. Genau aus diesem Grund ist die Frage, wer denn für die defekte Toilettenspülung aufkommt, nicht immer eindeutig zu beantworten. Gibt es im Vertrag eine Kleinstreparaturklausel und übersteigt die Reparatur des Spülkastens die im Mietvertrag festgelegt Höchstgrenze nicht, zahlt der Mieter. Ist die Reparatur dagegen kostspieliger, muss der Vermieter die Rechnung begleichen.

Bei Kleinstreparaturen gilt das Prinzip: Ganz oder gar nicht. Entweder zahlt der Mieter oder der Vermieter. Die Rechnung vom Mieter anteilig zahlen zu lassen – zum Beispiel bis zu der im Mietvertrag festgelegten Höchstgrenze – ist nicht zulässig.

RECHT BEKOMMEN

Der Handwerker für die Reparatur sollte immer vom Vermieter beauftragt werden. Als Mieter solltest du darauf auch immer bestehen, da du so davor geschützt bist, für fehlerhafte Reparaturen haften zu müssen.

Schimmel in der Wohnung – Mangel oder nicht?

Schimmel in der Wohnung ist nicht nur unschön anzusehen, sondern kann deine Gesundheit schädigen. Dass Schimmel in der Wohnung, zum Beispiel im Bad, ein Mangel ist, daran besteht kein Zweifel vor Gericht. Sobald es in einer Wohnung vermehrt zu Schimmelbildung kommt, muss diese beseitigt werden. Nicht ganz so klar ist jedoch, wer am Ende dafür sorgen und vor allem zahlen muss. Hier schauen Gerichte sich genau an, wer der Verursacher der Schimmelbildung ist.

Liegt ein baulicher Mangel vor, der die Schimmelbildung begünstigt, etwa weil Fenster und Türen nicht dicht sind oder eine Rohrleitung undicht ist und für Feuchtigkeit in einer Wand sorgt, muss ganz klar der Vermieter ran. Gerade wenn ein Wasserschaden durch eine undichte Leitung vorliegt, muss der Schaden relativ aufwendig mit Trocknungsgeräten behoben werden, die je nach Größe des Schadens über Wochen oder gar Monate laufen müssen, und zwar Tag und Nacht. Die damit verbundene hohe Lärmbelästigung kann ein Mietminderung von 100 Prozent für die Zeit der Sanierung nach sich ziehen (Amtsgericht Schöneberg, Urteil vom 10. 4. 2008 – 09 C 256/07). Die durch den Einsatz der Trocknungsgeräte erhöhten Stromkosten kann der Mieter übrigens ebenfalls vom Vermieter zurückverlangen.

Doch nicht immer gehen die Gerichte von baulichen Mängeln bei der Schimmelbildung aus. Die Gerichte nehmen häufig auch die Mieter in die Pflicht, durch ordentliches Lüften dazu beizutragen, dass in der Wohnung kein Schimmel entsteht. So entschied unlängst der BGH: Gerade in Altbauten müssten Mieter davon ausgehen, dass die Errichtung dieser Wohnungen gemäß früherer technischer Normen und Bauvorschriften erfolgt ist. In einem solchen Fall greife auch nicht das Anrecht des Mieters auf einen zeitgemäßen Wohnstandard, da ihm das etwas häufigere Lüften in der Altbauwohnung zuzumuten sei (Urteil vom 05.12.2018 – VIII ZR 67/18). Heißt: Der Mieter ist in einer Altbauwohnung verpflichtet, häufiger zu lüften, um der Schimmelpilzbildung entgegenzuwirken. Tut er es nicht, kann er für den Mangel nicht den Vermieter verantwortlich machen.

Die Beweislast, was Ursache für die Schimmelbildung ist, liegt zunächst übrigens immer beim Vermieter (BGH, Urteil vom 01.03.2000 – XII ZR 272/97). Der muss bei einer Mängelanzeige nachweisen, zum Beispiel durch einen Sachverständigen, dass die Ursache aus technisch-handwerklicher Sicht nicht auf der Bausubstanz beruht. Kann er das, liegt der Ball wiederum beim Mieter, der nun glaubhaft machen muss, dass sein Lüftungs- und Heizverhalten eigentlich ausreichend ist, damit sich in der Wohnung keine Feuchtigkeit sammelt, durch die die Schimmelbildung begünstigt wirkt.

Wann Baulärm zum Mangel wird

Ein Pressluftbohrer hämmert morgens um 7 Uhr auf den Asphalt. So will keiner von uns in der Früh geweckt werden. Fängt dann auch noch ein Betonmischer an zu rödeln oder rauscht im Minutentakt Bauschutt in einen Bauschuttbehälter, ist der Tag meist im Eimer. In der eigenen Wohnung bei dem Krach auf der Straße oder auf dem Nachbargrundstück entspannen? Unmöglich! Im Homeoffice arbeiten? Klappt auch nicht wirklich. Also wenn Baulärm nicht eindeutig ein Mietminderungsgrund ist, was dann? Nun, so eindeutig ist die Rechtslage leider nicht. Denn Baulärm ist nicht gleich Baulärm.

Oft berufen sich Vermieter bei Anzeige eines Baulärm-Mangels auf § 906 BGB. Demnach muss der Eigentümer eines Grundstücks »die Zuführung von Gasen, Dämpfen, Gerüchen, Rauch, Ruß, Wärme, Geräusch, Erschütterungen und ähnliche von einem anderen Grundstück ausgehende Einwirkungen« zum Teil hinnehmen. Vor allem dann, wenn es sich um eine unwesentliche Beeinträchtigung handelt. Wo genau die unwesentliche Beeinträchtigung beginnt und wo sie in eine wesentliche Beeinträchtigung übergeht, darüber muss im Einzelfall entscheiden werden.

Bis zu einem gewissen Grad muss nämlich tatsächlich jeder von uns sogenannten sozialadäquaten Lärm hinnehmen. Dazu gehören die Geräusche des Straßenverkehrs, spielende Kinder, das Bellen eines Hundes, wenn es denn mal gelegentlich erfolgt und nicht ausufert, und eben auch Baulärm. Der Bundesgerichthof ist hier sehr klar in seiner Rechtsprechung: »Nach Abschluss des Mietvertrags eintretende erhöhte Lärm- und Schmutzimmissionen begründen, auch wenn sie von einer auf einem Nachbargrundstück eines Dritten betriebenen Baustelle herrühren, […] grundsätzlich keinen […] Mangel« (BGH, Urteil vom 24.11.2021 – VIII ZR 258/19). Zumindest, solange nicht etwas anderes im Mietvertrag vereinbart wurde. Eine weitere Ausnahme: Der Lärm ist so stark, dass auch dem Vermieter Abwehr- oder Entschädigungsanspruch zusteht.

Vor allem in der Stadt muss gebaut werden. Und hier kann es dir sogar passieren, dass du Baulärm außerhalb der Ruhezeiten ertragen musst. In Berlin war das 2024 zum Beispiel rund um die Großbaustelle für das neue Aquarium Ocean Berlin der Fall. Dort wurde den Bewohnern »Lärmbelästigungen in den späten Abend ab 19 Uhr bis 6 Uhr« angekündigt. Allerdings nur für eine Nacht. Begründet hatte der Bauunternehmer den nächtlichen Lärm mit dem komplexen Bauverfahren. Der Lärm ließe sich – egal, wie man es anstellt – nicht auf den Tag verlegen. Das wurde von der Berliner Verwaltung auch überprüft und entsprechend genehmigt. Wohl auch, weil es sich eben nur um eine Lärmbelästigung für eine Nacht handelte. Die Mieter konnten sich daher nicht einmal auf die im Berliner Landes-Immissionsschutzgesetz festgelegten Nachtruhe von 22 bis 6 Uhr berufen. Das Gesetz verbietet in diesem Zeitraum normalerweise alle Betätigungen, die geeignet sind, die Nachtruhe zu stören.

Dennoch musst du natürlich nicht jeden Baulärm klaglos hinnehmen. Um deine Rechte durchzusetzen, kannst du dich auf das Bundes-Immissionsschutzgesetz (BImSchG) berufen. Das Thema Baulärm wird dabei insbesondere in der 32. Verordnung zur Durchführung des Bundes-Immissionsschutzgesetzes (32. BImSchV) behandelt. Dort heißt es unter anderem, dass du an Sonn- und Feiertagen ganztätig von Baulärm verschont bleiben musst und an Werktagen zwischen 20 und 7 Uhr. Das BlmSchV gönnt dir im Gegensatz zum Berliner Landes-Immissionsschutzgesetz also eine Stunde mehr Schlaf, bevor dich ein rotierender Betonmischer aus den Federn holen darf. In der Verordnung findet sich außerdem eine Liste mit besonders lauten Baumaschinen. Der Betrieb dieser besonders lauten Geräte ist auch werktags zwischen 7 und 9 Uhr, 13 und 15 Uhr sowie 17 und 20 Uhr untersagt.

Nur wann wird Baulärm unzumutbar? Als Richtwert in Wohngebieten gilt ein Dauerschallpegel von 55 Dezibel (dB). Dabei handelt es sich um gehobene Zimmerlautstärke. Die Zimmerlautstärke ist eine Richtgröße, die immer gern als Referenz hergenommen wird. Nur wie laut ist eigentlich die ominöse Zimmerlautstärke? Von Zimmerlautstärke spricht man, wenn Musik oder ein Gespräch nur in dem Zimmer zu hören sind, in dem die Musik auch abgespielt wird oder in dem das Gespräch stattfindet. Nicht darüber hinaus. Und die gehobene Zimmerlautstärke? Stell dir vor, in deiner Wohnung läuft der Fernseher auf normaler Lautstärke und nebenbei unterhalten sich noch ein paar Menschen und werden dabei immer mal wieder so laut, dass sie den Fernseher übertönen. In einer solchen Situation landet ihr ungefähr bei 55 Dezibel. Wird in deiner Nachbarschaft dieser Grenzwert dauerhaft und über einen längeren Zeitraum überschritten, kannst du auch in einer Großstadt Anspruch auf Mietminderung haben. Diesen machst du als Mieter immer gegenüber deinem Vermieter geltend. Dieser hat dann übrigens die Möglichkeit, seinen Schaden – ein solcher ist die herabgesetzte Miete – gegenüber dem Bauherrn geltend zu machen.

Im Jahr 2018 entschied das Amtsgericht München, dass eine Mietminderung nicht wegen grundsätzlich in Großstädten hinzunehmenden Baulärms von vornherein ausgeschlossen werden kann (Urteil vom 01.02.2018 – 472 C 18927/16). Eine Frau hatte 1997 in der Münchner Maxvorstadt, dem sehr belebten Studentenviertel, eine Drei-Zimmer-Wohnung angemietet. Neben der Wohnung befand sich ein Fabrikgebäude. Diese Fabrik wurde irgendwann stillgelegt und das Gebäude schließlich in den Jahren 2015 und 2016 abgerissen und durch Wohnungen ersetzt. Für einen Zeitraum von mehreren Monaten machte die Mieterin daher gegenüber ihrer Vermieterin einen Mangel wegen Baulärm und Schmutzeinwirkung von der Baustelle geltend. Nichts da, sagte die Vermieterin. Baulärm in der Großstadt sei nun mal hinzunehmen und sie als Vermieterin hätte die Baustelle auch nicht verhindern können. Die Baugenehmigung sei ordnungsgemäß erteilt worden. Sie behauptete zudem, dass sämtliche baurechtlichen Vorschriften auch in Sachen Lärm und Schmutz eingehalten worden seien. Außerdem habe die Beklagte beim Einzug in die Wohnung von der bereits stillgelegten Fabrik gewusst und hätte damit rechnen müssen, dass hier gebaut wird. Der beanstandete Mangel sei daher bei Einzug bekannt gewesen und müsse folglich von der Beklagten hingenommen werden.

Zum Glück werden vor Gericht jedoch nicht nur Argumente, sondern eben auch Beweise ausgetauscht, und hier hatte die Mieterin ihre Hausaufgaben gemacht. Sie legte dem Gericht nicht nur ein detailliertes Lärmprotokoll und das Ergebnis eigener Schallmessungen vor, sondern auch eine Fotodokumentation. Das Amtsgericht München holte außerdem ein Sachverständigengutachten ein, um zu klären, wie hoch der Lärm wirklich war. Der Sachverständige stellte daraufhin für das Jahr 2015 ganze 19 Tage mit Lärmimmissionen über 63 Dezibel fest. 2016 wurden die Lärmgrenzwerte sogar an 160 Tagen überschritten, an mehr als 60 Tagen lag die Geräuschbelästigungen sogar über 70 Dezibel. Auf Grundlage dieser Beweise stellte das Gericht die Unzumutbarkeit der Lärmbelästigung fest und stufte den Mangel als wesentlich ein. Eine Mietminderung sei also gerechtfertigt. Bei der Feststellung der Höhe berücksichtigte das Gericht, dass mit den unterschiedlichen Bauphasen auch unterschiedliche Lärmbelästigungen einhergingen. Für die Zeit der sehr lauten Abriss- und Grundarbeiten setzte das Gericht 30 Prozent Mietminderung an. Für die darauffolgenden Hochbauarbeiten, bei denen nicht ganz so viel Lärm und

Staub gemacht worden war, hielt das Gericht 25 Prozent Mietminderung für gerechtfertigt.

Gute Chancen auf eine Mietminderung wegen Baulärms bestehen vor allem auch dann, wenn die Belastung mehrere Monate andauert. Als Richtwert gelten sechs Monate. Dauern die Bauarbeiten so lange an, können die Grenzen der Zumutbarkeit überschritten sein.

Lärmbelästigung durch Nachbarn

Manchmal braucht es keine Baustelle, um einen in der eigenen Wohnung um seine wohlverdiente Ruhe zu bringen. Da reichen mitunter auch Nachbarn, die laut Musik hören, nachts die Waschmaschine laufen lassen oder sich oft und gern lauthals streiten. Das ist erst einmal ärgerlich, doch ein Recht auf absolute Ruhe gibt es nicht. Auch hier gilt der Grundsatz, dass sozialadäquater Lärm Teil des nachbarschaftlichen Lebens ist.

Insbesondere Kinderlärm wird vom Gesetzgeber besonders geschützt. Nach § 22 Absatz 1a BImSchG sind Geräusche, die von Kindern ausgehen, im Regelfall keine schädliche Umwelteinwirkung. Gehen die Geräusche aus dem normalen Spiel- und Bewegungsdrang der Kinder hervor, sind sie zumutbar für die Nachbarn. Kinder toben nun einmal herum, und das kann und will man ihnen auch nicht per Gesetz verbieten. Unter den normalen Spiel- und Bewegungsdrang fallen Geräusche wie Lachen oder Weinen, aber auch lautes Reden, schnelles Rennen, Springen oder sogar das gelegentliche Zuschlagen einer Tür. Schließlich verfügen Kinder noch nicht über die gleiche Impulskontrolle wie Erwachsene. Obwohl auch manche Erwachse hier Defizite aufweisen, aber das ist eine andere Geschichte.

Schlagen Kinder jedoch zu sehr über die Stränge und ist der Lärm, den sie verursachen, im Grunde vermeidbar, sieht die Sache schon wieder ein wenig anders aus. Hier kann es dann bei der juristischen Bewertung unter anderem eine Rolle spielen, ob die Eltern mäßigend auf ihre Kinder einwirken, also mit ihnen schimpfen oder versuchen, ihnen klarzumachen, dass sie nicht nach Belieben in der Wohnung Krach machen dürfen. Generell bewerten Gerichte auch Art, Qualität, Dauer und Zeit der Geräusche sowie das Alter und den Gesundheitszustand eines Kindes bei der Entscheidungsfindung, ob der Kinderlärm noch sozial adäquat ist oder nicht.

Dass die Toleranz bei Lärm auch Grenzen hat, zeigt ein Urteil des Amtsgerichts Münster aus dem Jahr 2023, in dem die fristlose Kündigung einer achtköpfigen Familie als rechtens bestätigt wurde. In der Familie mit sechs Kindern galten offenbar gar keine Regeln. Da wurde mitten in der Nacht in der Wohnung Ball gespielt. Es gab außerhalb der Ruhezeiten Geschrei und laute Musik. In der Nacht wurden sogar Möbel hin- und hergerückt. Da selbst mehrere mündliche Ermahnungen und ordnungsgemäße Abmahnungen nichts fruchteten, sprach der Vermieter schließlich mehrere fristlose Kündigungen aus. Und bekam schließlich recht. Die Familie versuchte, das Gericht davon zu überzeugen, dass nicht sie, sondern die schlechte Bauqualität des Hauses schuld sei, dass der Lärm aus ihrer Wohnung überall zu hören sei. Außerdem würden die anderen Mieter Stimmung gegen sie als Familie machen. Das sah das Gericht anders. Die Familie musste die Wohnung tatsächlich räumen, da sie den Hausfrieden in erheblichem Maße gestört habe (§ 569 BGB). Dabei berücksichtigte das Amtsgericht Münster die Tatsache, dass eine achtköpfige Familie nur sehr schwer Ersatz auf dem Wohnungsmarkt findet, und räumte der Familie eine großzügige Räumungsfrist von acht Monaten ein (Urteil vom 24.07.2023 – 28 C 323/23).

Kommt es zu Streitigkeiten wegen Lärms, kann auch ein baulicher Mangel Ursache für ein Übermaß an Krach sein. Etwa, weil die Bauarbeiter beim Einbau der Schallisolierung gepfuscht haben und diese nicht den gesetzlichen Normen entspricht. Lässt sich nachweisen, dass beim Bau eines Hauses gesetzliche Vorschriften ignoriert wurden und der Lärm deswegen größer ist, als er sein müsste, besteht für dich als Mieter Anspruch auf Beseitigung des Mangels und auf eine Nachbesserung der Schallisolierung (Amtsgericht Wedding, Urteil vom 3.3.2023 – 16 C 301/21). Den Beweis, dass ein Mangel vorliegt, musst du allerdings selbst erbringen – zum Beispiel durch ein Sachverständigengutachten. Auch hier ist zu beachten: Es gelten lediglich die Normen und Vorgaben, die beim Bau des Hauses gültig waren. Du kannst dich nicht auf nachträglich verschärfte Standards bei der Schallisolierung berufen. Maßgeblich ist hier die Norm DIN 4109 für das jeweilige Baujahr.

Defekte Heizung

Eine Wohnung, die mit einer Heizung vermietet wird, muss so ausgestattet sein, dass in den Hauptwohnräumen, also Wohn-, Schlaf- und Kinderzimmer, tagsüber eine angenehme Raumtemperatur von 20 bis 22 Grad erreicht werden kann. In Nebenräumen wie Küche oder Badezimmer sollte die Temperatur zwischen 18 und 20 Grad liegen, während in Fluren eine Mindesttemperatur von 15 Grad ausreichend ist. Diese Anforderungen gelten unabhängig vom Alter der Heizungsanlage.

Nachts muss es dem Mieter möglich sein, die Temperatur in der Wohnung auf mindestens 18 Grad zu halten, sofern im Mietvertrag keine abweichende Regelung getroffen wurde. Darüber hinaus muss der Mieter in der Lage sein, die Heizleistung individuell zu regulieren (AG Köln, Urteil vom 5. Juli 2016 – 205 C 36/16).

Die reguläre Heizperiode erstreckt sich von Oktober bis Ende April. Ein Vermieter ist nicht verpflichtet, die Heizungsanlage außerhalb dieser Zeit (z. B. im Sommer) ständig betriebsbereit zu halten. Kurzfristige Heizungsausfälle, die lediglich einige Stunden andauern, gelten als unerheblicher Mangel (»Bagatellmangel«) und begründen keinen Anspruch auf Mietminderung gemäß § 536 Absatz 1 Satz 3 BGB.

Wie hoch eine Mietminderung bei einem Heizungsausfall sein darf, hängt vom Einzelfall ab. Bei der Bewertung werden verschiedene Faktoren berücksichtigt. Sind alle Zimmer betroffen oder nur eines? In welchem Monat ist die Heizung ausgefallen? Auf welche Temperatur kann die Wohnung geheizt werden? In Gerichtsurteilen findet sich eine Spanne hinsichtlich der möglichen Mietminderungen von 10 bis 70 Prozent.

RECHT BEKOMMEN

Für das Minderungsrecht kommt es nicht darauf an, ob der Heizungsausfall oder die mangelhafte Heizleistung vom Vermieter verschuldet ist. Der Vermieter muss in diesem Fall auch für solche Mängel einstehen, die ihre Ursache außerhalb seines Einflussbereichs haben.

Wasserschaden

Bei einem Wasserschaden hängt die Haftung davon ab, wer für den Schaden verantwortlich ist und was die Ursache des Schadens war. Liegt die Ursache des Schadens in einem baulichen Mangel wie einem Rohrbruch, undichten Fenstern oder einer defekten Heizung, haftet in der Regel der Vermieter. Die Verpflichtung des Vermieters ergibt sich aus seiner Verantwortung für die Instandhaltung der Mietsache (§ 536a BGB).

Die Höhe einer zulässigen Mietminderung richtet sich nach dem Ausmaß der Beeinträchtigung. Übliche Minderungsquoten liegen je nach Schadensumfang bei 10 bis 30 Prozent. Müssen zur Beseitigung des Wasserschadens Trockengeräte eingesetzt werden, können der damit verbundene Lärm und die Einschränkung der Wohnqualität eine Mietminderung von 50 bis 80 Prozent rechtfertigen. Dies hängt jedoch vom konkreten Einzelfall ab. Die Minderungsquote sollte im Zweifelsfall mit einem Rechtsanwalt oder Mieterverein abgestimmt werden.

Wird der Wasserschaden durch den Mieter selbst verursacht, etwa durch das Offenlassen eines Wasserhahns oder das unsachgemäße Anschließen einer Waschmaschine, haftet der Mieter sowohl für eigene Schäden als auch für Schäden, die bei anderen Mietparteien oder am Gebäude entstehen.

Schäden, die durch das Verschulden des Mieters entstehen, werden in der Regel durch die Privathaftpflichtversicherung des Mieters abgedeckt. Grobe Fahrlässigkeit oder Vorsatz sind allerdings nicht gedeckt. Schäden am beweglichen Hausrat des Mieters (z. B. Möbel, Teppiche oder elektronische Geräte) reguliert die Hausratversicherung, sofern eine abgeschlossen wurde. Schäden am Gebäude oder an baulichen Anlagen (z. B. Wände, Bodenbeläge) fallen in den Zuständigkeitsbereich der Gebäudeversicherung, die in der Regel vom Vermieter abgeschlossen wird.

Weitere Mietmängel

- *Ungezieferbefall*
  Es gibt Gäste, die hat kaum jemand gern in seiner Wohnung. Kakerlaken etwa oder Ungeziefer wie Mäuse, Ratten, Bettwanzen, Silberfische oder Motten. Bis vor einigen Jahren sahen Gerichte einen Befall mit Ungeziefer vor allem im Gefahrenbereich des Mieters. Vor allem dann, wenn dieser die Wohnung schon länger nutzte. Lag kein baulicher Mangel vor, durch den der Befall hervorgerufen worden war, musste der Mieter das Ungeziefer selbst beseitigen lassen. 2021 entschied jedoch das Amtsgericht Stuttgart, dass das unbeabsichtigte Einschleppen von Ungeziefer durch alltägliche Handlungen – etwa durch Taschen oder Beutel – Teil des vertragsgemäßen Gebrauchs der Wohnung gemäß Paragraf 538 BGB und somit unvermeidbar sei. Dem Mieter wurde sogar eine Mietminderung von 60 Prozent zugesprochen (AG Stuttgart, Urteil vom 30.03.2021 – 35 C 5509/19). Ganz ähnlich wertete das Amtsgericht Frankfurt unlängst einen Streit zwischen Mieter und Vermieter über einen Insektenbefall. Auch hier traf die Mieterin keine eindeutige Schuld am Befall. Sie erhielt sogar die Kosten für eine Ersatzunterkunft und die Reinigung der Haushaltsgegenstände erstattet (Urteil vom 21.06.2021 – 33 C 1888/21).

- *Ausfall eines Aufzugs*
  Der Ausfall eines Aufzuges kann zu einer Mietminderung berechtigen. Wie hoch diese ausfällt, hängt allerdings von der Etage ab, in der du wohnt. Im zweiten Obergeschoss wirst du eine wesentlich geringere Mietminderung durchsetzen können als im zehnten. Die Spanne in Urteilen reicht hier von 3 bis 20 Prozent.

- *Mangelnde Wasserversorgung*
  Dauerhaft oder zeitweise kein warmes Wasser in der Wohnung? Oder aus dem Hahn kommt nur kochend heißes Wasser, weil die Kaltwasserregulierung defekt ist? Dann solltest du eine Mietminderung in Betracht ziehen, bis dein Vermieter den Mangel beseitigt hat. Die Minderung kann zwischen 5 und 50 Prozent liegen.

- *Geruchsbelästigung*
  Starke Geruchsbelästigungen wie zum Beispiel durch stinkende Mülltonnen können eine Mietminderung begründen. Schwierig wird es dagegen beim Thema Kochgerüche oder rauchende Nachbarn. Hier müssen gelegentliche Geruchsbelästigungen, die als sozialadäquat eingestuft werden können, hingenommen werden. Ist die Belästigung dagegen erheblich und unzumutbar, ist eine Mietminderung von 10 bis 30 Prozent möglich. Auf das Thema Grillgerüche gehe ich später noch einmal gesondert ein (Seite 160).

RECHT BEKOMMEN

Sollte es in der von dir angemieteten Wohnung einen Mangel geben und du bist nicht sicher, ob er als Kleinstreparatur gilt oder ob er nicht doch in die Verantwortung deines Vermieters fällt, findest du unter mietminderungstabelle.de eine gute Übersicht möglicher Mängel sowie passender Rechtsfälle als Orientierung. Auch die Websites des Mieterschutzbundes klären diesbezüglich gut auf.

Nutzung des Mietobjekts

In der Regel wird eine Mietsache dem Mieter »zu Wohnzwecken« überlassen. Das heißt, der Mieter darf die Räume für alle Tätigkeiten seiner privaten Lebensführung – wie Essen, Schlafen oder Fernsehen – ohne Weiteres nutzen. Das Arbeiten fällt aber häufig nicht darunter. Hier können die Grenzen zu einer gewerblichen Nutzung fließend sein. Und für die würdest du eine extra Genehmigung benötigen. Du kannst in einer Mietwohnung auch nicht einfach so bauliche Veränderungen vornehmen. Auch die Untervermietung der von dir gemieteten Wohnung – ob ganz oder ein einzelnes Zimmer – ist nicht ohne Weiteres möglich, sondern an bestimmte rechtliche Vorrausetzungen geknüpft.

In der Wohnung arbeiten? Ist das überhaupt erlaubt?

In deinem Mietvertrag ist der Zweck der Nutzung festgelegt. Da kann es zum Beispiel heißen: »Zur Benutzung als Wohnung werden die im Hause (Ort, Straße und Hausnummer) gelegenen Räume vermietet: …«. Warum ist der Nutzen wichtig? Eine Mietsache, die dir als Wohnung überlassen wurde, darfst du nicht einfach so ohne die Erlaubnis deines Vermieters gewerblich nutzen. Du kannst in einer Wohnung also nicht ohne Weiteres eine Boutique eröffnen oder ein Kochstudio, selbst, wenn sich die Räumlichkeiten dafür eignen würden. Du darfst auch nicht einfach Arbeiten und Wohnen kombinieren, also zum Beispiel einen Raum für ein Gewerbe benutzen und in den anderen ganz normal wohnen. Hier gibt es baurechtliche Vorgaben und Einschränkungen, an die sich dein Vermieter halten muss. Müssen Notausgänge neu verortet werden? Ist der Sanitärbereich in seiner bisherigen Form ausreichend? Greifen aufgrund des neuen Nutzungszwecks womöglich andere Vorschriften, was den Brand- oder Schallschutz betrifft?

Ein wenig anders verhält es sich, wenn die in der Wohnung ausgebübte Tätigkeit einer Tätigkeit ähnelt, die ein Mieter üblicherweise in seiner Wohnung ausübt. Solltest du Schriftsteller sein, dürftest auch in deiner Wohnung arbeiten und an deinem großen Roman schreiben, ohne dass dich dein Vermieter rausschmeißen kann. Und ich als Rechtsanwalt müsste für Schreibarbeiten auch nicht zwingend in meine Kanzlei fahren, sondern könnte die auch zu Hause in meinem Haus erledigen, ohne Konsequenzen befürchten zu müssen. Das gleich gilt für Lehrer, die in den eigenen vier Wänden Klausuren korrigieren, oder für Programmierer, die am PC arbeiten. Problematisch wird eine berufliche Nutzung einer Wohnung, wenn du in deiner Wohnung nicht mehr allein arbeitest, sondern du jeden Tag von einem Angestellten besucht wirst oder Kunden in deiner Wohnung empfängst. Das geht deutlich zu weit und könnte deinen Vermieter auf den Plan rufen.

Bauliche Veränderungen

Als Mieter darfst du eine Wohnung zwar nach deinem Gusto gestalten. Sobald du jedoch sogenannte bauliche Veränderungen vornimmst, ist Vorsicht geboten. Doch wann beginnst du, die Grenze zu überschreiten? Das Anbohren zweier Fliesen im Badezimmer, um zum Beispiel ein Regal oder einen Seifenhalter anbringen zu können, zählt noch als zulässige Gebrauchsänderung nach § 535 BGB. Größere Umbauten wie zum Beispiel der Wechsel des Fußbodenbelags können dagegen bereits als bauliche Veränderung zählen. Selbst dann, wenn du einen alten Teppichboden gegen einen eigentlich hochwertigeren Parkettboden austauschst und damit den Wohnwert eigentlich erhöhst. Neue Fliesen im Badezimmer? Solltest du nicht ohne Zustimmung deines Vermieters einbauen. Auch das Anbringen einer Katzenklappe an deiner Wohnungstür stellt eine bauliche Veränderung dar, für die du eine Zustimmung brauchst (LG Berlin, Urteil vom 24.09.2004 – 63 S 199/04). Außerhalb deiner Wohnung – also an Balkon, Fassade oder Fenstern – ist dein Spielraum für bauliche Veränderungen ohne Zustimmung noch kleiner, da hier meist ein Eingriff in die Bausubstanz vorgenommen werden muss. Eine fest auf dem Balkon angebaute Markise? Geht nicht ohne Zustimmung des Vermieters. Ein beweglicher, nicht fest verschraubter Sonnenschirm? Darf in der Regel auch ohne Zustimmung aufgestellt werden.

Als Faustregel gilt: Veränderungen innerhalb der Wohnung, die du beim Auszug leicht rückgängig machen kannst, brauchen keine Zustimmung. Stimmt dein Vermieter einer baulichen Veränderung zu, entbindet dich die Zustimmung nicht von der Rückbaupflicht bei einem Auszug. Ein Verzicht auf diese – etwa, wenn die bauliche Veränderung auch im Sinne des Vermieters ist – muss extra vereinbart werden.

RECHT BEKOMMEN

Möchtest du deine Wohnung aufgrund einer Behinderung barrierefrei umgestalten, überwiegt dein persönliches Interesse etwaige Interessen des Vermieters (§ 554a BGB).

Untervermietung

Eine Untervermietung findet immer dann statt, wenn ein Mieter Geld für den Wohnraum erhält. Sobald du deine Mietwohnung untervermieten möchtest, brauchst du dafür immer eine Genehmigung des Vermieters (§§ 540, 553

BGB). Gelegentlich steht eine generelle Genehmigung schon im Mietvertrag. Wiederholte Kurzvermietungen – etwa via Airbnb – sollten in einer solchen Klausel explizit erwähnt sein. Steht im Mietvertrag nichts, musst du deinen Vermieter jedes Mal aufs Neue fragen.

Verlangen kannst du eine Genehmigung als Mieter allerdings grundsätzlich nicht. Es sei denn, es liegt ein berechtigtes Interesse deinerseits an der Untervermietung vor (§ 553 BGB). Was genau als berechtigtes Interesse gilt, dazu gibt es zahlreiche Fallbeispiele. Vor allem private oder berufliche Lebensveränderungen spielen hier eine gewichtige Rolle. Ein berechtigtes Interesse an einer Untervermietung könnte zum Beispiel vorliegen bei:

- Auszug eines Mietmieters,
- Verschlechterung deiner Einkommensverhältnisse,
- Aufnahme einer Pflegeperson oder der eigenen Eltern,
- Verkleinerung deiner Familie als Mieter (z. B. durch Trennung, Scheidung oder Tod),
- einem anderweitigen beruflichen Aufenthalt (z. B. Versetzung für einige Monate an einen anderen Standort).

Sollte durch die von dir geplante Untervermietung die Wohnung zum Beispiel überbelegt werden oder ein anderer unzumutbarer Grund vorliegen, kann der Vermieter dein Ansinnen dennoch ablehnen.

Und solltest du planen, deine Wohnung gewinnbringend an Fußball- oder Event-Fans unterzuvermieten, die in deiner Stadt zu Gast sind, muss dein Vermieter dem nicht zustimmen.

RECHT BEKOMMEN

Rechtlich gesehen muss auch ein zeitweiser Wohnungstausch vom Vermieter genehmigt werden, da für die Überlassung der Wohnung – wie bei einer Untervermietung – vom Mieter eine Leistung (die Tauschwohnung) entgegengenommen wird.

Haustiere

Nicht immer möchte man zusätzlich andere Menschen an seiner Seite in einer Mietwohnung wissen, sondern ein geliebtes Haustier. Doch darfst du jedes

Haustier ohne Zustimmung deines Vermieters mit in die Wohnung bringen? Ein generelles Verbot von Haustieren in deinem Mietvertrag ist laut Bundesgerichtshof unwirksam (Urteil vom 20.03.2013 – VIII ZR 168/12). Das heißt, dass gewisse Kleintiere wie Kaninchen, Hamster oder Fische ohne Zustimmung gehalten werden dürfen. Diese Tiere leben in der Regel in geschlossenen Behältnissen. Von ihnen geht keine Gefährdung der Wohnsubstanz aus. Eine Störung der Nachbarn – wie zum Beispiel durch lauteres Bellen – ist auch nicht zu erwarten. Wie aber sieht es mit Hunden oder Katzen aus? Hier hat der Bundesgerichtshof festgestellt, dass auch Hunde und Katzen nicht pauschal verboten werden können. Eine entsprechende Klausel im Mietvertrag wäre unwirksam.

Häufig findet sich in Verträgen jedoch eine Klausel, dass die Genehmigung für die Haltung eines Hundes oder einer Katze von der Zustimmung des Vermieters abhängt. Die darf er jedoch nicht aus willkürlichen Gründen verweigern, sondern nur, wenn er einen nachvollziehbaren, objektiven Grund gegen das Halten dieser etwas größeren Haustiere benennen kann. Die persönliche Angst vor Hunden zählt zum Beispiel nicht als Grund. Anders verhält es sich, wenn deine Wohnung zu klein für eine artgerechte Haltung des Tieres ist. Oder wenn das Tier die Nachbarn massiv stört – etwa durch aggressives Verhalten oder weil ein Nachbar eine starke Hundehaarallergie hat.

Hat dir dein Vermieter das Halten eines Haustieres – zum Beispiel eines Hundes – erlaubt, kann er über die Hausordnung entsprechende Regeln zum Umgang mit dem Tier festlegen, zum Beispiel eine Leinenpflicht im Treppenhaus oder auf den Gemeinschaftsflächen.

RECHT BEKOMMEN

In manchen Bundesländern wie Berlin, Brandenburg, Hamburg oder Schleswig-Holstein gilt durch Landesverordnungen eine generelle Leinenpflicht für Hunde im Bereich der Zuwege zu Wohnanlagen, in Treppenhäusern, Aufzügen, Fluren und gemeinschaftlich genutzten Räumen.

Hausordnung

In den meisten Mietshäusern gibt es eine sogenannte Hausordnung. Mitunter ist sie sogar im Treppenhaus ausgehängt. Doch was darf in so einer Hausordnung alles geregelt sein? Und welche rechtliche Kraft hat diese Verordnung?

Das hängt ganz entscheidend davon ab, ob die Hausordnung Bestandteil deines Mietvertrags ist oder eben einfach nur im Hausflur ausgehängt worden ist.

Ist die Hausordnung deinem Mietvertrag beigefügt oder wird im Mietvertrag auf die (ausgehängte und leicht einsehbare) Hausordnung hingewiesen, werden die Regeln Teil des Vertrags – sofern sie rechtlich zulässig sind. Ist die Hausordnung dagegen lediglich im Hausflur ausgehängt, ohne dass im Mietvertrag auf sie Bezug genommen wird, sind die dort enthaltenen Klauseln nicht Bestandteil des Mietvertrags geworden. Dann handelt es sich nur um eine »allgemeine Hausordnung«, in der Vermieter »ordnende Regeln« aufstellen können, um die Ordnung innerhalb der Hausgemeinschaft zu erhalten und dich als Mieter zu einem sachgemäßen, pfleglichen Umgang mit der Mietsache anzuleiten. Denn dazu bist du als Mieter ohnehin – auch ohne Hausordnung – verpflichtet. In einer solchen Hausordnung kann der Vermieter jedoch keine Pflichten auf die Mieter abwälzen.

Warum aber sind nicht alle Hausordnungen automatisch Teil des Mietvertrags? Nun, würde der Vermieter eine Klausel in der Hausordnung ändern wollen, würde er dafür die Zustimmung sämtlicher Vertragspartner – also die aller Mieter – benötigen. Ist die Hausordnung dagegen nicht Teil des Mietvertrags, kann der Vermieter über neue Vorgaben allein entscheiden.

Ein Beispiel: Sind die Mieter laut Hausordnung für die Reinigung des Treppenhauses verantwortlich, muss die Hausordnung unbedingt Teil des Mietvertrags sein. Ist sie das nicht, kann dein Vermieter nicht von dir verlangen, den Hausflur zu reinigen, da eine Hausordnung dir keine über den Mietvertrag hinausgehenden Pflichten auferlegen darf. So könnte in einer Hausordnung zwar stehen, wann du als Mietpartei mit der Reinigung des Treppenhauses an der Reihe bist. Dass du jedoch überhaupt für die Reinigung des Treppenhauses mitverantwortlich bist, darf dein Vermieter nicht einfach über den bloßen Aushang einer Hausordnung festlegen. Das muss im Mietvertrag stehen.

Allerdings können manche Hausordnungsregeln generell ungültig sein. Selbst dann, wenn du ihnen als Mieter im Rahmen des Vertragsabschlusses zugestimmt hast. Regelungen, die zu sehr in das Persönlichkeitsrecht der Mieter eingreifen, sind zum Beispiel unzulässig. So kann dir eine Hausordnung nicht verbieten, Besuch nach 22 Uhr zu empfangen. Auch ein generelles Abstellverbot für Kinderwagen im Hausflur ist unwirksam, wenn es keine andere zumutbare – gut zugängliche – Abstellmöglichkeit gibt. Bei der Frage, ob nächtliches Baden und Duschen verboten werden darf, ist die Rechtsprechung interessanterweise un-

WAS WIRD IN EINER HAUSORDNUNG IM ALLGEMEINEN GEREGELT?

- Ruhezeiten, in denen laute Tätigkeiten wie Musizieren, Staubsaugen oder Heimwerken untersagt sind
- Reinigung und Instandhaltung der gemeinschaftlich genutzten Außenanlagen und Räumlichkeiten wie Treppenhaus (wenn entsprechend im Mietvertrag festgelegt)
- Regeln zu Heizung, Lüftung und Umgang mit Gemeinschaftseinrichtungen (das kann bis zu erlaubten Dekorationen an den Wohnungstüren außen gehen)
- Vorgaben zu Abstellflächen für Fahrräder, Kinderwagen oder auch motorisierten Fahrzeugen
- Vorgaben zur Schadens- und Unfallverhütung
- Schließzeiten für Haus-, Keller- und Hoftüren
- Brandschutzbestimmungen
- Winterliche Räum- und Streupflichten (wenn entsprechend im Mietvertrag festgelegt)
- Vorschriften zum Grillen auf dem Balkon, der Terrasse oder auf den Gemeinschaftsflächen im Hof

einheitlich. Ein generelles Verbot ist auch hier eher unzulässig, allerdings sollte das nächtliche Duschen nicht allzu zu exzessiv andauern. In einem Fall aus dem Jahr 1991, den das OLG Düsseldorf zu verhandeln hatte, hatte ein Chirurg nach dem Nachtdienst bis zu drei Stunden lang geduscht – und handelte damit nach Auffassung der Düsseldorfer Richter ordnungswidrig. Sie hielten eine Duschzeit von maximal 30 Minuten für angemessen (OLG Düsseldorf, Urteil vom 25.01.1991 – Ss (OWi) 411/90).

Unterschätzen oder einfach ignorieren sollte man die Regeln in der Hausordnung allerdings nie. So hatte ein Mieter in Berlin seine Hunde entgegen der Anleinpflicht in der Hausordnung auf den gemeinschaftlichen Freiflächen immer wieder frei herumlaufen lassen, trotz mehrfacher Abmahnungen. Irgendwann reichte es dem Vermieter. Er kündigte dem uneinsichtigen Hundehalter fristlos. Zu Recht, sagte der Bundesgerichtshof (BGH, Beschluss vom 02.01.2020 – VIII ZR 328/19).

Strafe wegen zu häufigen Grillens?

Manchmal finden sich in der Hausordnung auch Regeln zum Grillen. Und tatsächlich kann dieses auf dem Balkon im Mietvertrag sogar ganz verboten oder in der Häufigkeit sehr eingeschränkt werden. Ich bin ja jemand, der häufig und gerne grillt, daher ist das für mich eigentlich unvorstellbar: Aber tatsächlich gibt es Menschen, die sich darüber streiten, wie oft man grillen darf.

So geschehen unter anderem in Bad Tölz, wo sich ein Paar im zweiten Stock daran störte, dass ihr Nachbar im Erdgeschoss an mehreren Tagen hintereinander im Sommer auf seiner Terrasse grillte. Statt dass beide Parteien eine gütliche Einigung herbeiführten, landete der Fall vor Gericht. Dessen Urteilspruch muss jeden Fan glühender Holzkohle (oder von Elektrogrills) aufhorchen lassen: Das Landgericht München untersagte dem Grill-Narr tatsächlich, an zwei aufeinanderfolgenden Tagen am Wochenende, also Samstag, Sonntag oder einem angrenzenden Feiertag, zu grillen, und beschränkte die Zahl der Grill-Sessions auf vier pro Monat. Auf welcher Grundlage kam das Gericht zu dieser Entscheidung? Denn statt zu grillen hätte der Mann ja auch eine Kohlsuppe kochen können – die riecht in meinem Augen sogar ein bisschen strenger als ein Steak oder Gemüse vom Grill. Allerdings bewertete das Gericht, dass der Grillgeruch im Freien deutlich störender sei als normaler Küchengeruch. Zudem seien im Sommer die Fenster besonders häufig geöffnet, sodass der Geruch auch häufiger in die Wohnung reinziehe. Und das müsse ein Nachbar nicht tolerieren. Dabei hantierte der grillwütige Nachbar nicht einmal mit einem Holzkohlegrill, sondern lediglich mit einem Elektrogrill, sodass die Rauch- und Geruchsentwicklung sogar noch nicht einmal so störend gewesen sein dürfte wie mit einem klassischen Holzkohlegrill.

So weit, so schlecht, denn mit seiner Entscheidung steht das Landgericht München nicht allein da: So entschied das Amtsgericht Bonn, dass Mieter in Mehrfamilienhäusern in der Zeit von April bis September einmal monatlich auf Balkon oder Terrasse grillen dürfen, wenn sie die anderen Mieter im Haus 48 Stunden vorher darüber informieren. Das Landgericht Stuttgart setzte in einem Urteil sechs Stunden Grillen auf der Terrasse im Jahr (!) als zumutbar an. Und das Landgericht Aachen ging so weit zu sagen, dass zweimal im Monat zwischen 17 Uhr und 22:30 Uhr gegrillt werden dürfe. Grillen am Samstagnachmittag, während Bundesliga läuft, fällt also aus. Auch das nächtliche Grillen nach 22 Uhr wird nicht gern gesehen. Immerhin räumte das Oberlandesgericht Oldenburg ein, dass viermal im Jahr das Grillen bis 24 Uhr als sozialadäquat angesehen werden kann. An all diesen Beispielen zeigt sich, wie unterschiedlich Richter Gesetze auslegen können.

Hoffnung in Sachen stress- und streitfreies Grillen besteht für alle, die neben der Terrasse auch einen Garten haben. In seiner Entscheidung verwies das Landgericht München auf diese Möglichkeit, die Grillhäufigkeit dann doch wieder etwas zu steigern. Stünde der Grill des Beklagten nämlich in einem Garten, würden die Grillgerüche und der Rauch womöglich gar nicht in die Wohnung des Klägers dringen. Und unter diesen Umständen dürfte auch häufiger gegrillt werden (LG München I, Endurteil vom 01.03.2023 – 1 S 7620/22 WEG).

Kündigung und Beendigung des Mietverhältnisses

Ist dein Mietvertrag nicht ohnehin befristet, finden sich darin auch die Regelungen zu Kündigungsfristen und Formalitäten, egal ob du oder dein Vermieter kündigen wollen. Während du ein Mietverhältnis einfach so kündigen darfst, kann dein Vermieter dir nur unter bestimmten Bedingungen kündigen, wie zum Beispiel bei Eigenbedarf. Doch auch der hat vor Gericht nicht immer Bestand, zum Beispiel bei einem Härteeinwand. Und was passiert eigentlich, wenn ein Mieter stirbt? Dürfen oder müssen seine Erben den Mietvertrag erben?

Kündigungsfristen

Die Kündigungsfristen für Mietverträge sind im Bürgerlichen Gesetzbuch in den §§ 573c bis 573d geregelt. Während du als Mieter jederzeit mit einer Frist von drei Monaten deinen Mietvertrag kündigen kannst, legt das Gesetz für deinen Vermieter eine Staffelung fest, die sich nach der Dauer des Mietverhältnisses richtet. Und zwar wie folgt:

Kündigungsfristen für den Vermieter	
Mietverhältnis	**Frist**
0-5 Jahre	3 Monate
5-8 Jahre	6 Monate
Ab 8 Jahre	9 Monate

Diese gesetzliche Regelung greift nur bei unbefristeten Mietverhältnissen. Zeitmietverträge sind davon ausgenommen.

Kündigungsformalitäten

Eine formell korrekte Kündigung durch den Vermieter muss bestimmten rechtlichen Anforderungen entsprechen, um wirksam zu sein. Wenn diese Anforderungen nicht eingehalten werden, kann die Kündigung unwirksam sein. Hier sind die wichtigsten Punkte, die eine Kündigung durch den Vermieter erfüllen muss:

- *Schriftform*
  Die Kündigung muss in Schriftform erfolgen. Eine Kündigung per E-Mail, SMS oder mündlich ist nicht rechtswirksam. Die Kündigung muss zudem vom Vermieter handschriftlich unterschrieben sein. Bei einer juristischen Person (z. B. einer GmbH) muss der Kündigungsbrief von einem vertretungsberechtigten Vertreter unterzeichnet sein.

- *Begründungspflicht*
  Der Vermieter ist gesetzlich verpflichtet, in der Kündigung den konkreten Kündigungsgrund anzugeben. Die gesetzlichen Kündigungsgründe sind klar definiert und umfassen beispielsweise: Eigenbedarf, Pflichtverletzungen des Mieters oder eine anderweitige wirtschaftliche Nutzung, wobei eine Neuvermietung zu einem höheren Mietpreis als Kündigungsgrund ausgeschlossen ist (§ 573 Abs. 1 BGB). Bei einer außerordentlichen fristlosen Kündigung aufgrund von schwerwiegenden Vertragsverstößen (z. B. erheblicher Mietrückstand) muss der Grund detailliert dargelegt werden.

- *Kündigungsfristen*
  Die gesetzliche Kündigungsfrist muss vom Vermieter eingehalten werden. Eine fristlose Kündigung – die innerhalb von zwei Wochen erfolgen kann (§ 622 Abs. 2 BGB) – setzt gravierende Verstöße auf Mieterseite und eine Abmahnung zuvor voraus.

- *Zustellung der Kündigung*
  Die Kündigung muss dem Mieter zugehen, damit sie wirksam wird.

- *Angaben zur Widerspruchsmöglichkeit*
  Der Vermieter muss den Mieter in der Kündigung auf das Recht hinweisen, gegen die Kündigung Widerspruch einzulegen (§ 574 BGB). Dies gilt vor allem, wenn der Mieter aufgrund besonderer Härte (z. B. Krankheit, hohes Alter) einwenden könnte, dass die Kündigung unzumutbar ist. Die Widerspruchsfrist beträgt in der Regel zwei Monate vor Ablauf der Kündigungsfrist.

Kündigungsgründe

Als Kündigungsgründe für Vermieter führt der Gesetzgeber die bereits genannten Gründe »Pflichtverletzungen des Mieters«, »anderweitige wirtschaftliche Nutzung« oder »Eigenbedarf« an. Auf letzteres Thema schauen wir noch einmal gesondert. Beschäftigen wir uns zunächst mit den Pflichtverletzungen eines Mieters. Dazu zählen unter anderem:

- *Zahlungsverzug bei der Miete*
  Dazu gehört, dass du deine Miete mindestens zwei Monate hintereinander nicht rechtzeitig oder eben gar nicht bezahlst beziehungsweise mit einem »nicht unerheblichen Teil der Miete« in Verzug bist (§ 543 Abs. 2 Nr. 3 BGB).

- *Unerlaubte Untervermietung*
  Du gibst deine gemietete Wohnung an Dritte weiter, ohne die Zustimmung des Vermieters einzuholen (§ 540 BGB).

- *Missbräuchliche Nutzung der Mietsache*
  Du nutzt die Wohnung entgegen der vertraglichen Vereinbarung gewerblich, obwohl sie ausschließlich zu Wohnzwecken vermietet wurde.

- *Erhebliche Lärmbelästigung*
  Du veranstaltest regelmäßig lautstarke Partys, wodurch Nachbarn gestört werden (§ 536 BGB in Verbindung mit der Hausordnung).

- *Verletzung deiner Obhutspflichten*
  Du lässt die Wohnung verwahrlosen, zum Beispiel indem sich in der Küche der Müll stapelt und du nicht sauber machst. So sehr, dass der Zustand der Mietsache gefährdet ist.

- *Veränderung der Mietsache ohne Zustimmung*
  Du sorgst eigenmächtig für bauliche Veränderungen in der Wohnung, etwa, indem du eine Wand entfernst (§ 541 BGB).

- *Tierhaltung ohne Zustimmung*
  Du hältst Tiere, die der Zustimmung bedürfen, wie etwa große Hunde oder exotische Tiere, und es kommt zu Störungen oder Schäden.

- *Verstöße gegen die Hausordnung*
  Du verstößt wiederholt gegen verbindliche Regelungen, etwa zu Ruhezeiten, Müllentsorgung oder Reinigungspflichten.

- *Nichtanzeige von Mängeln oder Schäden*
  Du unterlässt es, wesentliche Schäden wie zum Beispiel einen Wasserrohrbruch unverzüglich dem Vermieter zu melden (§ 536c BGB).

- *Illegale Aktivitäten in der Wohnung*
  Du nutzt die Wohnung für illegale Zwecke wie den Betrieb einer Drogenplantage oder für Hehlerei.

- *Störungen des Hausfriedens*
  Du beleidigst oder bedrohst zum Beispiel deine Nachbarn oder zerstörst deren Eigentum.

All diese Pflichtverletzungen können je nach Schweregrad zur Abmahnung, zu Schadensersatzforderungen oder eben zur fristlosen oder normalen Kündigung des Mietverhältnisses führen.

Ein frommes, stilles Lämmchen musst du als Mieter jedoch nicht sein, wie ein spannender Fall des Amtsgerichts Homburg aus dem Jahr 2018 zeigt. Ein Mieter hatte von seiner Vermieterin eine fristlose Kündigung erhalten, weil der Mieter gegenüber einer Mietmieterin folgenden Satz geäußert haben soll: »Halt die Fresse, du alte Sau, sonst bekommst du in die Fresse geschlagen.« Vor Gericht stellte sich jedoch heraus, dass die besagte Mitmieterin den Mann ständig überwacht und immer wieder provoziert hatte. Bis ihm schließlich einmal der Kragen platzte. Dieser einmalige Ausraster reichte dem Gericht noch nicht für eine fristlose Kündigung. Zumal sich der Mann gegenüber anderen Mietern zuvor nichts zu Schulden hatte kommen lassen (AG Homburg, Urteil vom 09.11.2018 – 4 C 216/18 (10)).

Auch bei einer fristlosen Kündigung gilt daher: Immer die Nerven behalten und am besten rechtzeitig einen Anwalt hinzuziehen!

Eigenbedarf

Benötigt ein Vermieter den an dich vermieteten Wohnraum für sich selbst oder einen nahen Angehörigen, hat er das Recht, dir die Wohnung zu kündigen. Was aber wird alles als Eigenbedarf gewertet? Den haben Gericht in der Vergangenheit durchaus großzügig ausgelegt. Als Eigenbedarf gilt bereits, dass der Vermieter die Wohnung berufsbedingt als Zweitwohnsitz benötigt. Er muss also auch bei der Anmeldung von Eigenbedarf nicht automatisch die ganze Zeit selbst in der Wohnung wohnen (BGH, Urteil vom 15.03.2017 – VIII ZR 270/15). Der Eigenbedarf wurde auch schon Vermietern zugesprochen, welche die Wohnung für eine Pflegekraft benötigten, weil sie einen nahen Angehörigen zu pflegen hatten (BGH, Urteil vom 14.12.2016 – VIII ZR 232/15). Auch die Unterbringung eines Hausmeisters, der im selben Gebäude arbeitet, kann als Eigenbedarf durchgehen (BGH, Urteil vom 29.03.2017 – VIII ZR 45/16).

Ansonsten gilt der Eigenbedarf nur für nahe Angehörige. Wichtig ist hierbei der Zusatz »nahe« Angehöre. Nicht alle Verwandten rechtfertigen eine Kündigung wegen Eigenbedarfs. Ein Onkel oder eine Tante fallen zum Beispiel nicht darunter. Und auch Cousin oder Cousine gelten nicht als nahe Verwandte. Zu diesen zählen die Gerichte Ehepartner und eingetragene Lebenspartner, Kinder und Stiefkinder, Eltern und Schwiegereltern, Geschwister und auch die Enkelkinder eines Vermieters. Freunde und Bekannte, selbst wenn es sich um Schulfreunde handelt, mit denen man sein ganzes Leben verbracht hat, werden in der Regel nicht als nahe Angehörige anerkannt.

Ganz schutzlos bist du also bei einer Eigenbedarfskündigung nicht. Dein Vermieter muss den Eigenbedarf immer konkret und nachvollziehbar darlegen, um ihn durchzusetzen. Was gar nicht geht: den Eigenbedarf vorschieben, um unliebsame Mieter loszuwerden (AG Hamburg, Urteil vom 12.01.2018 – 49 C 513/17). Auch das Argument, die Wohnung als Kapitalanlage nutzen zu wollen, rechtfertigt keinen Eigenbedarf (LG Berlin, Urteil vom 27.09.2017 – 65 S 149/17).

Sollte dir wegen Eigenbedarfs gekündigt werden, und im selben Haus oder in derselben Wohnanlage ist eine Alternativwohnung frei, die ebenfalls deinem Vermieter gehört, muss er dir diese Wohnung anbieten (BGH, Urteil vom 09.07.2003 – VIII ZR 311/02).

Du siehst: Eine Eigenbedarfskündigung ist nicht das Ende der Welt, eine genaue Prüfung lohnt sich.

Härteeinwand

Auch wenn der Eigenbedarf eigentlich rechtens ist: In sogenannten Härtefällen dürfen Mieter dennoch nicht gekündigt werden. Ein Mieter kann gegen eine Kündigung des Vermieters einen Härteeinwand erheben, wenn die Beendigung des Mietverhältnisses für ihn oder seine Familie eine unzumutbare Härte darstellen würde (§ 574 BGB). Häufige Gründe, die als Härtefall anerkannt werden können, sind:

- hohes Alter,
- eine schwerwiegende Krankheit, Pflegebedürftigkeit oder Behinderung,
- eine Schwangerschaft,
- besondere Familienverhältnisse (z. B. Betreuungsverpflichtung gegenüber nah wohnender Angehöriger),
- lange Wohndauer,
- finanzielle Härte.

RECHT BEKOMMEN

Solltest du gegen einen Kündigung einen Härteeinwand vorbringen, musst du diesen innerhalb der gesetzlichen Frist (in der Regel spätestens zwei Monate vor Beendigung des Mietverhältnisses) schriftlich beim Vermieter geltend machen und deine Gründe darlegen. Zieht der Vermieter die Kündigung nicht zurück, muss er nun den Fall vor Gericht bringen. Dort werden die Härtegründe des Mieters gegen das Interesse des Vermieters, die Wohnung zu kündigen, abgewogen.

Bis dass der Tod uns scheidet – was passiert, wenn der Mieter stirbt?

In den meisten Mietverträgen sollte sich auch eine Klausel »Tod des Mieters« befinden. Fehlt sie, ist das jedoch nicht tragisch, da das BGB hier klare Vorgaben macht, was mit dem Mietverhältnis passiert, wenn der Mieter stirbt. Das ist vor allem dann wichtig, wenn jemand mit seiner Familie in der Wohnung lebt, den Mietvertrag jedoch allein unterschrieben hat. In diesem Fall gewährt § 563 des BGB dem Ehegatten oder dem Lebenspartner, der mit dem Mieter einen gemeinsamen Haushalt führt, das Eintrittsrecht in das Mietverhältnis. Dieses Eintrittsrecht gilt auch für Kinder, Familienangehörige und sogar für Personen, »die mit dem Mieter einen auf Dauer angelegten gemeinsamen Haushalt führen«.

Haben zum Beispiel zwei Freundinnen zusammen in einer Alters-WG gelebt und nur eine von ihnen stand im Mietvertrag und verstirbt, kann die andere Freundin gegenüber dem Vermieter erklären, in das Mietverhältnis eintreten zu wollen. Sie fliegt also nicht automatisch aus der Wohnung oder kann vom Vermieter auch nicht einfach so gekündigt werden. Allerdings muss die Person innerhalb eines Monats, nachdem sie vom Tod des Mieters erfahren hat, entscheiden, ob sie in der Wohnung bleiben möchte. Übrigens: Sollte in deinem Mietvertrag einen Klausel stehen, die dir oder Familienangehörigen das Eintrittsrecht explizit verwehrt, ist diese Klausel ungültig.

Was aber passiert, wenn eine alleinstehende Person stirbt oder es keine Personen gibt, die von ihrem Eintrittsrecht Gebrauch machen? Müssen die Erben dann weiter Miete zahlen? Ja, sie stehen tatsächlich für die Erfüllung des Mietvertrags in der Verantwortung. Allerdings haben sie gemäß § 564 des BGB – wie der Vermieter übrigens auch – das Recht, das Mietverhältnis außerordentlich unter Berücksichtigung der gesetzlichen Frist zu kündigen.

Der Tod eines Mieters zieht übrigens auch keine Schadensersatzansprüche des Vermieters gegen die Erben nach sich. Vor Gericht gab es bereits einige Auseinandersetzungen ähnlich gelagerter Fälle diesbezüglich. Ein Mieter war in seiner Wohnung verstorben und wurde erst einige Tage später in seiner Wohnung gefunden. Dass passiert heutzutage leider häufiger. Dadurch, dass der Tod des Mieters nicht sofort bemerkt wurde, traten in der Wohnung bereits Verwesungsgerüche auf, die sehr hartnäckig sind. Die Kosten für die Reinigung bis hin zur notwendigen Grundrenovierung wollen Vermieter sich häufig von den Erben des Mieters zurückholen, entweder ganz oder durch Einbehalt der Kaution. Nichts da, sagen die Gerichte. Das Sterben in einer Wohnung und eine damit einhergehende Beeinträchtigung der Wohnung seien keine Überschreitung des Gebrauchsrechts an der Mietsache. Dies befand zum Beispiel das Amtsgericht Bad Schwartau (Urteil vom 05.01.2001 – 3 C 1214/99).

Das Landgericht Berlin folgte dem Urteil unlängst in der Sache – kein Schadensersatzanspruch für den Vermieter –, teilte jedoch nicht die inhaltliche Grundlage, auf der die Richterkollegen zuvor entschieden hatten. Das Landgericht Berlin begründete seine Entscheidung vielmehr damit, dass der Mieter nicht absichtlich und auch nicht fahrlässig in der Wohnung gestorben sei und ihn deshalb auch keine Schuld an den nach seinen Tod aufgetretenen Verunreinigungen treffe (LG Berlin, Beschluss vom 05.10.2021 – 66 S 7/21). Auch hier gab es keinen Schadensersatz für die aufgetretenen Reinigungs- und Renovierungskosten von den Erben an den Vermieter.

Auszug – Streit um die Kaution wegen Schönheitsreparaturen?

Beim Auszug kommt es nicht selten dazu, dass Vermieter noch einmal versuchen, etwas von der Kaution abzuzwacken oder gar die ganze Kaution einzubehalten, statt sie vertragsgemäß zurückzugeben. Wenn keine Gegenansprüche bestehen, muss der Vermieter nach Mietende die Kaution abrechnen und diese zurückzahlen. Eine gesetzliche Frist, in der dies geschehen muss, gibt es nicht. In der Regel werden sechs Monate als angemessen und zumutbar angesehen. Hat ein Mieter Schäden hinterlassen und sind die Reparaturkosten innerhalb dieser sechs Monate noch abzusehen, kann sich die Rückzahlung also durchaus noch länger hinziehen.

Grundsätzlich gilt bei einem Auszug: Gemäß § 546 BGB bist du als Mieter verpflichtet, die Mietsache nach Beendigung des Mietverhältnisses an den Vermieter in einem vertragsgemäßen Zustand zurückzugeben. Das bedeutet, dass du die Wohnung in dem Zustand übergeben musst, der bei Anmietung vereinbart wurde, abzüglich der üblichen Abnutzung. Doch hier gehen die Meinungen von Mieter und Vermieter mitunter auseinander, und es kommt zu Streitigkeiten um die sogenannten Schönheitsreparaturen und Renovierungspflichten.

Hier kommt es darauf an, was genau im Mietvertrag vereinbart wurde und in welchem Zustand die Wohnung übergeben wurde. Bist du zum Beispiel in eine unrenovierte Wohnung gezogen, kannst du in der Regel nicht dazu verpflichtet werden, die Wohnung bei einem Auszug in einem renovierten Zustand zu übergeben. Eine solche Klausel würde dich unangemessen benachteiligen. Der Bundesgerichtshof hat hier bereits mehrfach zugunsten von Mietern entschieden (z. B. Urteil vom 18. März 2015, VIII ZR 185/14) und entsprechende Klauseln für unwirksam erklärt. Anders würde es sich verhalten, wenn du in eine komplett renovierte Wohnung eingezogen bist. Hier musst du, wenn es im Vertrag steht, Schönheitsreparaturen durchführen, um den vertragsgemäßen Zustand der Wohnung bei einem Auszug wiederherzustellen.

Maßgeblich für den vertragsgemäßen Zustand, in dem die Wohnung an dich übergeben wurde, ist das Übergabeprotokoll. Denn so, wie du die Wohnung übernommen hast, musst du sie auch wieder zurückgeben. Doch die Renovierungspflicht hat eben auch Grenzen. Zu den Schönheitsreparaturen zählen:

- Streichen der Wände und Decken
- Lackieren von Türen und Türrahmen
- Tapezieren von Wänden
- Streichen der Heizkörper
- Austausch von Lichtschaltern und Steckdosenblenden
- Auffrischen von Fensterrahmen durch Anstrich
- Erneuern von Silikonfugen im Bad
- Beseitigung von Kratzern oder kleinen Dellen in Bodenbelägen
- Reinigen von Teppichböden

Nicht als Schönheitsreparatur zählen:

- Streichen von Fußleisten
- Abschleifen und Versiegeln von Parkett- und Holzböden
- Reparaturen an Elektrik und Leitungen
- Lackieren von Fenster und Wohnungstüren von außen
- Erneuern von Bodenbelägen
- Erneuern von Fugen in Bad oder Küche (außer Silikonfugen)
- Ersetzen von angebohrten Kacheln in Bad oder Küche

Wie gesagt, eine gewisse Abnutzung der Wohnung ist vom Vermieter bei deinem Auszug zu tolerieren. Er kann dann selbst entscheiden, ob er die Wohnung im selben Zustand oder doch lieber renoviert wiedervermieten möchte.

Was ist bei konkreten Schäden in der Wohnung? Ein kleiner Kratzer im Parkett ist eine Gebrauchsspur und kein Schaden. Auch der Abdruck eines Kleiderschrankes, der auf einem Teppichboden stand, zählt als Gebrauchsspur. Anders verhält es sich zum Beispiel bei Brandspuren im Parkett oder einem Rotweinfleck auf dem Teppichboden. Sie gelten als Schaden, für den du als Mieter haftest. Die Beweislast, dass der Schaden tatsächlich von dir verursacht wurde, liegt beim Vermieter.

Eine professionelle Reinigung der Wohnung bei Auszug ist nicht zwingend erforderlich. Die Übergabe – so steht es auch in den meisten Mietverträgen – hat in »besenreinem Zustand« zu erfolgen. Das bedeutet, dass die Wohnung grob gereinigt und leergeräumt sein muss. Du musst also nicht einmal die Fenster putzen. Solltest du bauliche Veränderungen in der Mietwohnung vorgenommen haben, für die eine Rückbaupflicht besteht, musst du diese ebenfalls entfernen.

Analog zum Übergabeprotokoll bei deinem Einzug solltest du beim Auszug auf einem Rückgabeprotokoll bestehen. So kann sich dein Vermieter nicht nachträglich auf Schäden oder Mängel berufen, die dort nicht festgehalten worden sind.

RECHT BEKOMMEN

Die Rechtsprechung des BGH hat in den letzten Jahren viele starre Regelungen zu Schönheitsreparaturen oder eine pauschale Verpflichtung zu einer Endrenovierung für unwirksam erklärt. Formulierungen in deinem Mietvertrag wie »Bad und Küche müssen alle zwei Jahre gestrichen werden, das Wohnzimmer alle vier Jahre« sind daher unwirksam.

ARBEITSRECHT

»Ich unterschreib einfach mal. Das wird schon passen.« Diese Einstellung hat womöglich mehr Arbeitsverhältnisse in Gefahr gebracht als jede Wirtschaftskrise. Musst du wirklich 24 Monate Probezeit akzeptieren? Bekommst du bei Krankheit eigentlich dein volles Gehalt? Was, wenn der Chef dir eine »Urlaubssperre« erteilt? Darfst du Überstunden auch verweigern? Und was kannst du tun, wenn Kollegen oder dein Chef dich mobben?

So wie das Mietrecht die Interessen von Vermietern und Mietern ausgleicht, vermittelt das Arbeitsrecht vor allem zwischen den Interessen von Arbeitgebern und Arbeitnehmern. Natürlich auch hier mit Rechten und Pflichten für beide Seiten, die in verschiedenen Gesetzeswerken, insbesondere im Bürgerlichen Gesetzbuch (BGB), im Arbeitszeitgesetz (ArbZG), im Arbeitsschutzgesetz (ArbSchG) oder aber im Bundesurlaubsgesetz, im Allgemeinen Gleichbehandlungsgesetz (AGG) oder im Betriebsverfassungsgesetz (BetrVG) festgehalten sind.

Rechte und Pflichten von Arbeitnehmern und Arbeitgebern

Zu den Pflichten des Arbeitgebers gehört zum Beispiel die Vergütungspflicht (§ 611a BGB, § 612 BGB). Arbeit muss entlohnt werden. Nicht ganz unwichtig für Arbeitgeber ist die Arbeitsschutzpflicht, die auf § 618 BGB sowie dem Arbeitsschutzgesetz fußt. Dass du nicht immer nur arbeiten musst, sondern auch mal in den Urlaub fahren kannst, regelt das Bundesurlaubsgesetz. Die Gleichbehandlungspflicht ergibt sich unter anderem aus dem Grundgesetz, aber auch aus dem Allgemeinen Gleichbehandlungsgesetz (AGG). Gibt es einen Betriebsrat im Unternehmen, regelt das Betriebsverfassungsgesetz das Recht auf Mitbestimmung durch den Betriebsrat. Außerdem gilt eine generelle Fürsorgepflicht. Das heißt, der Arbeitgeber muss die Persönlichkeitsrechte, das Eigentum und die Würde des Arbeitnehmers achten. Dazu gehört auch der Schutz vor Diskriminierung, Mobbing und Belästigung. Eines der wichtigsten Arbeitgeberrechte ist dagegen das Weisungsrecht, das unter anderem in § 106 der Gewerbeordnung festgeschrieben ist.

Für Arbeitnehmer besteht dagegen die Pflicht, die vereinbarte Arbeitsleistung auch zu erbringen (§ 611a BGB). Die ihm übertragenen Aufgaben muss ein Arbeitgeber sorgfältig erledigen (Sorgfaltspflicht). Aus § 242 BGB lässt sich zudem eine Treuepflicht gegenüber dem Arbeitgeber ableiten. Das heißt, dass du nicht gegen Interessen deines Arbeitgebers handeln darfst. Aus dem Weisungsrecht des Arbeitgebers ergibt sich wiederum eine Gehorsamspflicht für dich als Arbeitgeber. In § 5 des Entgeltfortzahlungsgesetzes ist eine Melde- und Nachweispflicht bei Arbeitsunfähigkeit festgelegt. Und natürlich darfst du die Rechte deiner Kollegen durch dein Verhalten am Arbeitsplatz nicht einschränken oder verletzen, etwa durch Mobbing, oder den Betriebsfrieden anderweitig stören. Doch bevor es so weit ist, musst du erst einen Bewerbungsprozess durchlaufen, um überhaupt einen Arbeitsvertrag zu unterschreiben.

Der Bewerbungsprozess und dein »Recht auf Lüge«

Tatsächlich gibt es im Bewerbungsgespräch ein Recht auf Lüge. Allerdings gilt es nicht uneingeschränkt und nur bei bestimmten Fragen. Lügst du an der falschen Stelle und wirst dabei erwischt, kann dein Arbeitgeber versuchen, den Arbeitsvertrag anzufechten und dadurch aufzulösen. Allerdings eben nur dann, wenn du deinen Arbeitgeber arglistig getäuscht hast (vgl. § 123 BGB). Das könnte zum Beispiel der Fall sein, wenn du eine Qualifikation angegeben hast, über die du gar nicht verfügst. Normalerweise ist so eine arglistige Täuschung immer rechtswidrig.

Dieser Grundsatz wird jedoch außer Kraft gesetzt, sobald die Frage deines Arbeitgebers an dich von vornherein rechtswidrig war. Eine Frage des Arbeitgebers ist immer dann rechtswidrig, wenn die Antwort mit der späteren Arbeitstätigkeit nichts zu tun hat (§ 8 Abs. 1 AGG, § 26 BDSG). Dazu zählen vor allem persönliche Dinge wie die Familienplanung oder auch politische Einstellungen.

Beispiele für rechtswidrige Fragen im Bewerbungsgespräch sind:

- *»Planen Sie, in nächster Zeit schwanger zu werden oder eine Familie zu gründen?«*
  Diese Frage ist unzulässig, da sie gegen das Diskriminierungsverbot aufgrund des Geschlechts (§ 1 AGG) verstößt und in die Privatsphäre eingreift.

- *»Welcher Religion gehören Sie an?«*
  Diese Frage ist unzulässig, da sie gegen das Diskriminierungsverbot aufgrund der Religion (§ 1 AGG) verstößt. Eine Ausnahme besteht nur bei Tendenzbetrieben (z. B. Kirchen oder Religionsgemeinschaften).

- *»Sind Sie homosexuell oder heterosexuell?«*
  Solche Fragen sind rechtswidrig, da sie gegen das Diskriminierungsverbot aufgrund der sexuellen Identität (§ 1 AGG) verstoßen und keinen Bezug zur beruflichen Tätigkeit haben.

- *»Hatten Sie in der Vergangenheit schwere Erkrankungen?«*
  Fragen nach früheren oder aktuellen Erkrankungen sind grundsätzlich unzulässig, es sei denn, die Krankheit hätte eine direkte Relevanz für die berufliche Tätigkeit (z. B. bei ansteckenden Krankheiten in der Pflege). Ansonsten greift hier der Schutz der Privatsphäre.

- *»Sind Sie Mitglied in einer Gewerkschaft?«*
  Diese Frage ist unzulässig, da sie in die Vereinigungsfreiheit (Art. 9 Abs. 3 GG) eingreift. Lediglich die bereits erwähnten Tendenzbetriebe können in Ausnahmefällen eine solche Frage stellen.

- *»Haben Sie Schulden oder sind Sie verschuldet?«*
  Diese Frage ist unzulässig, sofern die Vermögensverhältnisse keine Relevanz für die Tätigkeit haben. Bei einer Tätigkeit im Finanzbereich oder bei besonders vertrauenswürdigen Positionen könnte die Frage also berechtigt sein.

- *»Sind Sie Mitglied einer politischen Partei, und wenn ja, welcher?«*
  Diese Frage ist unzulässig, da sie gegen das Diskriminierungsverbot (§ 1 AGG) verstößt. Auch hier gilt eine Ausnahme nur für Tendenzbetriebe (z. B. politische Parteien).

TENDENZBETRIEBE

Tendenzbetriebe dürfen bei der Einstellung ihrer Mitarbeiter Fragen stellen, die in anderen Betrieben unzulässig wären. Beispielsweise dürfen sie nach der Religion, der politischen Einstellung oder der Mitgliedschaft in einer Gewerkschaft fragen, wenn diese Merkmale für den Tendenzcharakter des Betriebs relevant sind. Als Tendenzbetriebe gelten zum Beispiel:

- religiöse Einrichtungen (z. B. katholische und evangelische Kirche, Freikirchen, jüdische Gemeinden, islamische Organisationen),
- politische Parteien,
- Gewerkschaften und Arbeitgeberverbände,
- Medienunternehmen mit meinungsbildender Ausrichtung (dazu gehören zum Beispiel auch ARD und ZDF, aber auch politische Zeitungen wie die *Frankfurter Allgemeine Zeitung*),
- Kultur- und Kunstbetriebe (z. B. Theater, Orchester oder Museen),
- Bildungseinrichtungen mit weltanschaulicher Ausrichtung (z. B. kirchliche Privatschulen oder Waldorfschulen),
- Wohlfahrtsverbände (z. B. Rotes Kreuz, Caritas, Diakonie oder Arbeiterwohlfahrt).

Immer dann, wenn eine Frage eine direkte Relevanz für die von dir angestrebte Stelle hat, solltest du diese auch wahrheitsgemäß beantworten. Für den Job in einer Apotheke können selbstverständlich auch Fragen nach bisherigen Konflikten mit dem Betäubungsmittelgesetz oder nach Allergien relevant sein. Und ein LKW-Fahrer muss sich in einem Bewerbungsgespräch eben auch die Frage nach bisherigen Auffälligkeiten im Straßenverkehr gefallen lassen. Für einen Social-Media-Manager – wenn er sich nicht ausgerechnet beim ADAC bewirbt – ist so eine Frage dagegen nicht relevant. Zu den Fragen, die in einem Bewerbungsgespräch ausdrücklich erlaubt sind, gehören zum Beispiel Fragen nach Lücken im Lebenslauf, Fragen zum beruflichen Werdegang und Einzelheiten der einzelnen Stellen. Auch die Frage nach der Höhe des letzten Gehalts kann zulässig sein. Hier ist die Rechtsprechung uneinheitlich. Fragen nach Nebentätigkeiten sind ebenfalls erlaubt, ebenso wie Fragen nach bestehenden Wettbewerbsverboten vonseiten früherer Arbeitgeber, weil solche Verbote die Arbeit im neuen Unternehmen einschränken können.

Kann dein Arbeitgeber dir eine Lüge nachweisen, die unter den Begriff arglistige Täuschung fällt, kann er den Arbeitsvertrag anfechten. Dafür hat er ein Jahr Zeit, nachdem er Kenntnis von der Lüge erhalten hat.

BEWERBUNGSPROZESS: WEITERE WICHTIGE REGELUNGEN IM ÜBERBLICK

- *Müssen Arbeitgeber Bewerbungsunterlagen zurückschicken?*

Nein, ein rechtlicher Anspruch besteht für Bewerber nicht.

- *Müssen Reisekosten erstattet werden?*

Ja, es sei denn, der Arbeitgeber hat im Vorfeld explizit darauf hingewiesen, dass er die Reisekosten nicht erstattet. Bewerbungsgespräche werden im Sinne von § 670 BGB (Erstattung von Aufwendungen) als Auftrag angesehen, der dem Bewerber vom Arbeitgeber erteilt wird. Als Aufwendungen gelten Fahrt- und – wenn notwendig – auch Übernachtungskosten. Verpflegungskosten fallen nicht darunter.

- *Wie kann ich Diskriminierung bei der Bewerbung beweisen?*

In einem solchen Fall reichen sogar Indizien aus. Laut § 22 AGG (Beweislast bei Diskriminierungen) muss – sobald der Arbeitnehmer Indizien beweisen kann – der Arbeitgeber nachweisen, dass im Bewerbungsprozess kein Verstoß gegen die Bestimmungen zum Schutz vor Benachteiligung vorgelegen hat.

- *Darf ein Arbeitgeber eine medizinische Untersuchung vor der Unterzeichnung des Arbeitsvertrags verlangen?*

Ja, wenn mit der Stelle bestimmte körperliche Anforderungen verknüpft sind, die für die Ausübung notwendig sind. Solltest du dich also zum Beispiel als Busfahrer, Pilot oder Polizist bewerben, ergibt eine Einstellungsuntersuchung Sinn und ist auch erlaubt.

Arbeitsvertrag: Typische Regelungen und ihre Bedeutung

Grundsätzlich kann ein Arbeitsvertrag auch nur mündlich geschlossen werden. Allerdings sollten die Vereinbarungen und Regelungen mit Bezug auf das Arbeitsverhältnis besser schriftlich dokumentiert werden. Gemäß § 2 Nachweisgesetz (NachwG) hast du als Arbeitnehmer sogar einen Anspruch auf die schriftliche Dokumentation der für dich geltenden wesentlichen Arbeitsbedingungen und kannst einen entsprechenden Arbeitsvertrag einfordern. Der schriftliche Formzwang kann auch durch eine Betriebsvereinbarung oder einen Tarifvertrag begründet sein.

Folgende Punkte muss ein Arbeitsvertrag enthalten:

- Name und Anschrift der Vertragsparteien (Arbeitnehmer und Arbeitgeber)
- Beginn und Dauer des Arbeitsverhältnisses
- Arbeitsort: Hier können auch Regelungen zum Anspruch auf Arbeit im Homeoffice vereinbart werden.
- Art der Tätigkeit (Beschreibung der Tätigkeiten und der zu erfüllenden Aufgaben)
- Probezeit (falls vereinbart): maximal sechs Monate gemäß § 622 Absatz 3 BGB. Möglicher Hinweis, dass in der Probezeit kürzere Kündigungsfristen gelten können.
- Vergütung: Höhe und Zusammensetzung (ggf. Zuschläge, Zulagen, Prämien, Sonderzahlungen) sowie Fälligkeit. Plus Hinweis auf die Überstundenregelung.
- Regelungen zur Arbeitszeit: vereinbarte Arbeitszeit (z. B. 40 Stunden pro Woche). Regelungen zu Überstunden, Arbeitszeiterfassung, Schichtarbeit, Pausen und Ruhezeiten.
- Urlaubsanspruch
- Fortbildungspflichten oder -ansprüche: Falls der Arbeitnehmer zur Teilnahme an Fort- oder Weiterbildungen verpflichtet ist oder Ansprüche darauf hat, muss dies im Arbeitsvertrag geregelt sein.
- Regelungen zur betrieblichen Altersversorgung (falls vorhanden)
- Kündigungsfristen: inklusive Hinweis auf das gesetzliche Kündigungsschutzverfahren und die Fristen zur Erhebung einer Kündigungsschutzklage (Drei-Wochen-Frist gemäß § 4 KSchG).

- Hinweis auf Tarifverträge, Betriebsvereinbarungen oder Dienstvereinbarungen (falls für das Arbeitsverhältnis relevant)

Werden in einem Arbeitsvertrag keinerlei Vereinbarungen zu Arbeitszeit, Pausen, Urlaub oder Kündigungsfristen getroffen, finden die entsprechende gesetzlichen Vorschriften Anwendung, wie du das bereits aus den Grundlagen zum Vertragsrecht kennst.

Befristung von Arbeitsverträgen

Arbeitsverträge können befristet sein. Allerdings greifen auch hier gesetzliche Vorschriften, die regeln, wie eine Befristung umzusetzen ist. Liegt für eine Befristung kein besonderer Sachgrund vor, darf der Arbeitsvertrag auf maximal zwei Jahre befristet werden. Wird ein Vertrag auf nur wenige Monate befristet, kann er gemäß § 14 Absatz 2 Satz 1 TzBfG insgesamt dreimal mit Frist verlängert werden. Allerdings darf auch dabei die Höchstdauer von zwei Jahren nicht überschritten werden. Auch hier gibt es Ausnahmen, zum Beispiel für neugegründete Unternehmen. Innerhalb von vier Jahren ab Gründung kann ein Unternehmen auch ohne Sachgrund Arbeitsverträge abschließen, die auf vier Jahre befristet sind. Damit wird dem Umstand Rechnung getragen, dass die wirtschaftliche Zukunft solcher Unternehmen für die Gründer oft noch nicht absehbar ist. Eine weitere Befristungsmöglichkeit existiert für Arbeitnehmer, die älter als 52 Jahre sind und zuvor mehr als vier Monate beschäftigungslos waren. Ihnen dürfen Arbeitsverträge angeboten werden, die ohne Sachgrund auf bis zu fünf Jahre befristet sind. Generell können zudem tarifliche Vereinbarungen über die gesetzlichen Vorgaben in Sachen Befristung hinausgehen.

Liegt dagegen ein Sachgrund vor, kann die Befristung eines Arbeitsvertrags auch länger als auf zwei Jahre angelegt sein. Typische Sachgründe sind:

- *Anschlussbeschäftigung nach Ausbildung oder Studium*
  Die Befristung dient dazu, den Übergang des Arbeitnehmers in eine dauerhafte Beschäftigung zu erleichtern.

- *Vertretung*
  Einstellung zur Vertretung eines anderen Arbeitnehmers, beispielsweise während dessen Elternzeit, Krankheit oder Urlaub

- *Vorübergehender betrieblicher Bedarf*
  Wenn der Arbeitgeber die Arbeitsleistung nur für einen begrenzten Zeitraum benötigt, etwa bei saisonalen Auftragsspitzen oder zeitlich befristeten Projekten.

- *Eigenart der Arbeitsleistung*
  Das ist zum Beispiel der Fall, wenn die spezifische Art der Tätigkeit eine Befristung rechtfertigt, etwa bei Künstlern, Schauspielern oder Profisportlern.

- *Wunsch nach Erprobung*
  Die Befristung erfolgt zur Erprobung des Arbeitnehmers, um seine Eignung für die vorgesehene Tätigkeit zu testen.

- *Wunsch des Arbeitnehmers*
  Du selbst darfst dir – etwa, wenn du aufgrund deiner Lebensplanung schon weißt, dass du nur eine bestimmte Zeit in dem Unternehmen arbeiten willst – eine befristete Beschäftigung wünschen.

RECHT BEKOMMEN

Die Befristung - ob mit oder ohne Sachgrund - muss in jedem Fall schriftlich in deinem Arbeitsvertrag festgeschrieben sein. Fehlt die sogenannte Schriftform, wurde eine Befristung also nur mündlich vereinbart, gilt dein Arbeitsvertrag automatisch unbefristet. Wird dein ohne Sachgrund befristeter Arbeitsvertrag mehr als dreimal verlängert, verliert die Befristung ebenfalls ihre Gültigkeit.

Regelungen zur Arbeitszeit und Überstunden

Wie viele Arbeitsstunden darf dir ein Arbeitgeber eigentlich aufbürden? Und was ist eigentlich mit den Überstunden? Wie viele sind erlaubt? Müssen sie bezahlt werden? Beide Themen können das Vertrauensverhältnis zwischen Arbeitgeber und Arbeitnehmer nachhaltig erschüttern. Doch auch hier gibt es Regelungen, an denen du und dein Arbeitgeber euch orientieren könnt und eben auch müsst. Eine der wichtigsten lautet, dass Arbeitgeber seit 2022 verpflichtet sind, ihren Arbeitnehmern ein objektives, verlässliches und zugängliches System zur Verfügung zu stellen, mit dem sie ihre Arbeitszeit erfassen können.

Maximale Arbeitszeit

Grundsätzlich gilt, dass die maximale tägliche Arbeitszeit nicht mehr als acht Stunden betragen darf. Sie kann bis auf zehn Stunden am Tag verlängert werden, sofern innerhalb von sechs Monaten ein Durchschnitt von acht Stunden pro Tag eingehalten wird. Eine Überschreitung der Zehn-Stunden-Grenze ist selbst dann verboten, wenn du als Arbeitnehmer einwilligst. Die gesetzliche wöchentliche Höchstarbeitszeit liegt daher bei 48 Stunden (sechs Tage à acht Stunden). Eine vorübergehende Überschreitung auf bis zu 60 Stunden ist möglich. Auch hier gilt: Die Mehrarbeit muss innerhalb von sechs Monaten so ausgeglichen werden, dass über einen Zeitraum von sechs Monaten die durchschnittliche Arbeitszeit wieder bei acht Stunden am Tag liegt. Diese Regelungen gelten übrigens auch für Schichtarbeiter. Anders verhält es sich bei Bereitschaftsdiensten, auf die wir gleich noch näher eingehen werden.

Pausen- und Ruhezeiten

Arbeitest du länger als sechs Stunden am Tag, hast du das Recht auf eine Pause während der Arbeitszeit. Doch Achtung: Die Pausen selbst zählen nicht als Arbeitszeit! Eine Pause muss mindesten 15 Minuten am Stück betragen. Und sie muss in die Arbeitszeit fallen und nicht erst am Arbeitszeitende gewährt werden. Bei einer Arbeitszeit von sechs bis neun Stunden darfst du mindestens 30 Minuten Pause nehmen. Arbeitest du mehr als neun Stunden, muss die Pause mindestens 45 Minuten betragen. Außerdem gelten für jeden Arbeitnehmer sogenannte Ruhezeiten. Zwischen zwei Arbeitseinsätzen muss eine Ruhezeit von mindestens elf Stunden eingehalten werden (§ 5 ArbZG). Für Bereitschaftsdienst in Krankenhäusern und Pflegeeinrichtungen kann diese Ruhezeit in Ausnahmefällen auf zehn Stunden verkürzt werden. Zum Beispiel, um den Schichtdienst besser organisieren zu können.

Bereitschaft

Mitunter kann sich in deinem Arbeitsvertrag auch eine Regelung zu Bereitschaftsdiensten finden. Etwa, wenn du als Arzt in einem Krankenhaus arbeitest. Oder, wenn du als Techniker auch außerhalb deiner normalen Arbeitszeiten auf Abruf bereitstehen musst, um einen plötzlichen Störfall an einer Maschine zu beheben oder um Kunden bei einem unerwartet auftretenden Problem im Support zu unterstützen. Doch nicht immer zählt eine Bereitschaft als Arbeitszeit. Hier wird zwischen einem regulären Bereitschaftsdienst vor Ort und der sogenannten Rufbereitschaft unterschieden.

Bereitschaftsdienst

Musst du dich als Arbeitnehmer an einem vom Arbeitgeber bestimmten Ort (z. B. Krankenhaus, Feuerwehrwache) aufhalten und im Bedarfsfall sofort einsatzbereit sein, handelt es sich um einen Bereitschaftsdienst. Die Zeit dieses Dienstes wird als Arbeitszeit im Sinne des Arbeitszeitgesetzes (ArbZG) gewertet. Die Vergütung erfolgt nach Arbeitsvertrag oder Betriebsvereinbarung.

Rufbereitschaft

Darfst du als Arbeitnehmer den Aufenthaltsort frei wählen (z. B. zu Hause), musst aber erreichbar sein und bei Bedarf innerhalb einer angemessenen Zeitspanne zur Arbeit erscheinen, handelt es sich um eine Rufbereitschaft. Hierbei wird nicht die gesamte Dauer der Rufbereitschaft als Arbeitszeit gewertet, sondern nur die tatsächlich geleistete Arbeit. Entsprechend erfolgt auch die Vergütung. In der Regel gibt es für eine Rufbereitschaft eine pauschale Vergütung, zuzüglich zur Vergütung der tatsächlich in der Rufbereitschaft angefallenen Arbeit.

Eine Rufbereitschaft muss so gestaltet sein, dass sie dich in deiner Freizeitgestaltung nicht zu sehr einschränkt. Verlangt dein Arbeitgeber beispielsweise von dir, innerhalb von zehn Minuten am Arbeitsort verfügbar zu sein, ist das keine angemessene Zeitspanne für eine Rufbereitschaft. Solltest du regelmäßig besonders häufig und in kurzen Abständen aus der Bereitschaft gerufen werden, solltest du mit deinem Arbeitgeber darüber sprechen, da auch in diesem Fall die Einschränkung deiner Freizeit für eine reine Rufbereitschaft eigentlich zu hoch sein kann.

Überstunden

Überstunden liegen immer dann vor, wenn die vertraglich vereinbarte Arbeitszeit überschritten wird. Das Arbeitszeitgesetz begrenzt Überstunden indirekt durch die tägliche Höchstarbeitszeit von maximal zehn Stunden. Eine pauschale Obergrenze für Überstunden existiert nicht, jedoch sind dem Arbeitgeber Grenzen gesetzt. Er muss deine Interessen ausreichend berücksichtigen, insbesondere muss er das Gebot der Verhältnismäßigkeit (§ 106 GewO) beachten und darf deine Gesundheit nicht gefährden. Grundsätzlich kann eine Pflicht zur Mehrarbeit in deinem Arbeitsvertrag, im Tarifvertrag oder in der Betriebsvereinbarung festgelegt sein.

Musst du verlangte Überstunden in jedem Fall klaglos hinnehmen? Nein. Vor allem, wenn familiäre Pflichten wie zum Beispiel die Betreuung deiner Kinder dem Begehren nach Überstunden entgegenstehen. In Notfällen oder in betrieblichen Ausnahmesituationen kann dein Arbeitgeber von dir auch ohne vertragliche Vereinbarung Überstunden einfordern. Sie dürfen dann aber nur vorübergehend sein und nicht zur Regel werden.

In der Praxis werden Überstunden meist »abgefeiert«, also durch Freizeit abgegolten. Dein Arbeitgeber kann sich jedoch ein gewisses Überstundenkontingent auch vertraglich zusichern lassen. In den entsprechenden Regelungen heißt es dann manchmal: »Erforderliche Überstunden werden nicht gesondert vergütet, sondern sind mit dem Gehalt abgegolten.« Eine derart pauschal formulierte Klausel ohne eine konkrete Stundenzahl ist unwirksam. Achte in deinem Arbeitsvertrag daher besser auf eine klare Formulierung zum Umgang mit Überstunden. Und so könnte sie aussehen:

Die regelmäßige Arbeitszeit beträgt durchschnittlich ... Stunden wöchentlich. Für Überstunden erhält der Arbeitnehmer, sofern ein Ausgleich durch Freizeit nicht möglich ist, eine Vergütung von EUR ... pro Stunde.

Mit einer solchen Klausel wissen sowohl du als auch dein Arbeitgeber genau, woran ihr in Sachen Überstunden miteinander seid.

Fehlt in deinem Arbeitsvertrag eine Regelung zu Überstunden, steigen auch deine Chancen, dass diese vergütet werden. Maßgeblich hierfür ist § 612 BGB, demnach eine Vergütung als stillschweigend vereinbart gilt, »wenn die Dienstleistung den Umständen nach nur gegen eine Vergütung zu erwarten ist«. Eine

Vergütung von Überstunden kommt immer dann in Betracht, wenn dies in der Branche, in der du tätig bist, üblich ist. Außerdem musst du als Arbeitnehmer nachweisen können, dass du die Überstunden erbracht hast und dass diese vom Arbeitgeber angeordnet waren oder von ihm gebilligt wurden, wie das Bundesarbeitsgericht in mehreren Urteilen festgestellt hat.

RECHT BEKOMMEN

Solltest du merken, dass die von dir verlangte Arbeitsleistung nur durch Überstunden zu schaffen ist, suche am besten das Gespräch mit deinem Chef und weise ihn auf den Umstand hin. Vereinbare entweder eine Vergütung der Überstunden oder eine verminderte Arbeitsleistung. Hinterher solltest du das Ergebnis des Gesprächs mit einer E-Mail an ihn dokumentieren.

Vergütung

Wie viel Geld du in deinem Job verdienst, hängt unter anderem von deiner Qualifikation, deinem Verhandlungsgeschick, aber eben auch von bestimmten gesetzlichen Regelungen wie zum Beispiel dem Mindestlohn oder dem Gleichbehandlungsgrundsatz ab. Was du in jedem Fall tun solltest und auch darfst: über dein Gehalt reden. Mögliche Verschwiegenheitsklauseln im Arbeitsvertrag, die dir das untersagen, sind in der Regel unwirksam. Das Gehalt gilt innerhalb des Betriebs nicht als Geschäftsgeheimnis. Außerhalb möglicherweise schon. Unternehmen haben früher argumentiert, dass ihre Konkurrenten durch die Offenlegung von Gehältern einen Wettbewerbsvorteil erlangen würden, da sie so über die Kostenstruktur im Unternehmen Bescheid wüssten. Aus der Weitergabe eines einzelnen Gehalts lassen sich jedoch kaum Rückschlüsse auf die gesamten Personalkosten im Unternehmen ziehen. Dennoch sollest du außerhalb des Betriebs Informationen zur Höhe deines Gehalts durchaus etwas vorsichtiger behandeln. Gegenüber Familie und Freunden musst du es jedoch nicht geheim halten.

Mit deinen Arbeitskollegen darfst du also immer über dein Gehalt sprechen und kannst so zum Beispiel herausfinden, ob in deinem Unternehmen der im Gesetz festgeschriebene Gleichbehandlungsgrundsatz umgesetzt wird. Arbeitest du in einem Betrieb mit mehr als 200 Mitarbeitern, hast du sogar gemäß Entgelttransparenzgesetz das Recht auf eine Auskunft darüber, was Kollegen in einer vergleichbaren Position verdienen. Zumindest die des anderen Geschlechts. Frauen können also erfragen, was männliche Kollegen verdienen, und Männer, was Frauen bekommen.

Natürlich bekommst du nicht gesagt, was der oder die Einzelne am Monatsende auf dem Konto hat. Dir wird lediglich das Mediangehalt genannt. Das heißt, 50 Prozent der Kollegen verdienen mehr als die dir genannte Summe, 50 Prozent weniger. Solltest du feststellen, dass du signifikant weniger Gehalt für eine vergleichbare Tätigkeit und Leistung bekommst als andere, gibt es unter bestimmten Voraussetzungen die Möglichkeit, ein höheres Gehalt durchzusetzen. Aber auch andere Zuwendungen, zum Beispiel Weihnachtsgeld, könnten dir gemäß Gleichbehandlungsgrundsatz zustehen.

Recht auf mehr Gehalt? Das gibt es wirklich!

Die Vergütung von Arbeitsnehmern ist ein schönes Beispiel dafür, wie Gesetze in Konflikt miteinander geraten können und Gerichte am Ende abwägen müssen, welche Regelung in der Einzelfallbetrachtung tatsächlich anzuwenden ist. Normalerweise ermöglicht es ja die Vertragsfreiheit, dass ein Arbeitgeber, wenn er nicht gerade an Tarifverträge gebunden ist, die Vergütung mit jedem Arbeitnehmer individuell aushandeln kann. Allerdings gibt es eben auch den Gleichbehandlungsgrundsatz.

Dieser ist gleich an mehreren Stellen im Gesetz festgeschrieben. Zum einen in Artikel 3 des Grundgesetzes. Zum anderen im sogenannten Allgemeinen Gleichbehandlungsgesetz, das 2006 in Kraft getreten ist. Mit diesem Gesetz wurden in Deutschland verschiedene europäische Antidiskriminierungsrichtlinien umgesetzt. Ganz ähnlich wie das Grundgesetz beschäftigt sich das Allgemeine Gleichbehandlungsgesetz (AGG) mit Diskriminierungen wegen des Geschlechts, der ethnischen Herkunft, der Weltanschauung, einer Behinderung, des Alters oder aber der sexuellen Identität. Es gilt erst einmal speziell für Arbeitnehmer.

Und dann gibt es ja auch noch das zuvor bereits erwähnte Entgelttransparenzgesetz. In diesem ist speziell für das Thema Vergütung das sogenannte Entgeltgleichheitsgebot geregelt.

GLEICHBEHANDLUNG IM ZIVILRECHT

In eingeschränkter Weise ist das AGG auch im Zivilrecht anwendbar. Zum Beispiel bei sogenannten Massengeschäften, die typischerweise ohne Ansehen der Person zustande kommen – also etwa an der Supermarktkasse oder bei Handyverträgen. Die Einschränkung erfolgt durch die Vertragsfreiheit, bei der Diskriminierung bis zu einem gewissen Grad erlaubt ist. Wenn es jedoch um Rassismus geht, setzt das AGG der Vertragsfreiheit engere Grenzen als beispielsweise bei der Altersdiskriminierung: »Eine Benachteiligung aus Gründen der Rasse oder wegen der ethnischen Herkunft« ist danach bei Verträgen unzulässig, bei denen es nicht um »ein besonderes Nähe- oder Vertrauensverhältnis der Parteien oder ihrer Angehörigen« geht (§ 19 AGG). Eine Sonderstellung haben generell Mietverhältnisse: Danach ist eine unterschiedliche Behandlung – auch im Hinblick auf die Herkunft einer Person – »im Hinblick auf die Schaffung und Erhaltung sozial stabiler Bewohnerstrukturen und ausgewogener Siedlungsstrukturen sowie ausgeglichener wirtschaftlicher, sozialer und kultureller Verhältnisse zulässig« (§19 Abs. 3 AGG). Gleiches gilt, wenn die Vermieter oder ihre Angehörigen auf demselben Grundstück wohnen.

Das Gebot besagt nicht, dass ein Arbeitnehmer alle Angestellten gleich bezahlt. Als Faustregel gilt: Für eine Ungleichbehandlung muss ein legitimer sachlicher Grund vorliegen. Dies könnte zum Beispiel der Fall sein, wenn ein Arbeitgeber bei anhaltendem Personalmangel einem neuen Mitarbeiter ein besseres Gehaltsangebot machen muss als den bereits angestellten – obwohl der neue Mitarbeiter in derselben Abteilung und an denselben Aufgaben arbeitet. Auch die besondere Qualifikation oder Ausbildung eines Mitarbeiters darf mitunter anders honoriert werden. Ebenso wie die Dauer der Betriebszugehörigkeit, die sich in mehr Erfahrung und somit einer besseren Arbeitsleistung niederschlagen kann. Übernimmt ein Arbeitnehmer mehr Verantwortung, rechtfertigt das in der Regel auch ein besseres Gehalt. Außerdem können Arbeitnehmer in teuren Regionen mit einem generell höheren Lohnniveau wie zum Beispiel in Hessen oder Hamburg anders bezahlt werden als etwa im Saarland.

Ein Dauerthema bei der Vergütung ist der sogenannte Gender-Pay-Gap. Im Durchschnitt erhalten Frauen in Deutschland immer noch rund 16 Prozent weniger Gehalt als Männer. Oft begründen Arbeitgeber den Unterschied damit, dass Männer eben besser verhandeln würden. Gegen diese Argumentation haben Frauen in Zukunft ein richtungsweisendes Urteil auf ihrer Seite. Im Februar 2023 entschied das Bundesarbeitsgericht, dass eine Entgeltbenachteiligung mit ebenjener Begründung des besseren Verhandlungsgeschicks nicht zulässig ist, und sprach der Klägerin nicht nur eine Lohnnachzahlung zu, sondern auch eine Entschädigung wegen Benachteiligung aufgrund des Geschlechts. Die Klägerin war nahezu zur selben Zeit wie ein männlicher Kollege im Vertrieb angestellt worden, verdiente jedoch trotz gleicher Verantwortung und gleicher Aufgabe deutlich weniger (BAG, Urteil vom 16.2.2023 – 8 AZR 450/21).

Der Verweis auf die quasi zeitgleiche Einstellung der beiden Vertriebskollegen ist in diesem Fall nicht ganz unwichtig. Denn mitunter kann die Personalsuche so schwer sein, dass ein Arbeitgeber mehr oder weniger gezwungen ist, an eine finanzielle Grenze zu gehen und mehr Gehalt als bisher üblich zu bieten, um eine Stelle zu besetzen. In solch einem Fall läge für die Ungleichbehandlung wieder ein Sachgrund vor.

RECHT BEKOMMEN

Immer dann, wenn du feststellen solltest, dass du in einem Unternehmen bei gleicher Verantwortung und vergleichbarer Leistung signifikant weniger verdienst als deine Kollegen, ohne dass ein Sachgrund vorliegt, solltest du auf eine Lohnangleichung nach oben bestehen und diese notfalls auch gerichtlich durchsetzen.

Der Gleichbehandlungsgrundsatz gilt übrigens auch bei freiwilligen Bonuszahlungen. Über diese muss ein Arbeitgeber nach »billigem Ermessen« entscheiden. Das heißt, er darf in seiner Entscheidung nicht willkürlich oder unsachlich sein und muss den Bonus zum Beispiel tatsächlich mit einer besonderen Arbeitsleistung begründen können.

Mindestlohn

Seit 2015 gibt es in Deutschland einen Mindestlohn. Dieser ist im Mindestlohngesetz (MiLoG) festgeschrieben. Die Höhe des gesetzlichen Mindestlohns wird aktuell alle zwei Jahre von der Mindestlohnkommission überprüft und der Bundesregierung vorgeschlagen, die den Betrag schließlich per Verordnung festlegt. Im Januar 2025 wurde der gesetzliche Mindestlohn auf 12,82 Euro pro Stunde erhöht. Die aktuelle Höhe kann auf der Website der Bundesregierung nachgeschaut werden.

Anspruch auf Mindestlohn haben alle Arbeitnehmer. Dazu zählen:

- Vollzeitbeschäftigte und Teilzeitbeschäftigte
- Minijobber
- Mitarbeiter in geringfügigen Beschäftigungsverhältnissen (450-Euro- bzw. 520-Euro-Jobs)
- Beschäftigte in befristeten Arbeitsverhältnissen
- Beschäftigte bei Leiharbeitsfirmen

Selbstständige und Gewerbetreibende haben kein Anrecht auf den Mindestlohn, da sie nicht als Arbeitnehmer zählen. Doch auch unter den Arbeitnehmern sind Ausnahmen vom Mindestlohn möglich. Allerdings nur für die folgenden Gruppen:

- Jugendliche unter 18 Jahren ohne abgeschlossene Berufsausbildung
- Auszubildende*
- Ehrenamtlich Tätige
- Pflichtpraktikantinnen und -praktikanten bis zu drei Monaten (z. B. im Rahmen von Schule, Ausbildung oder Studium)
- Orientierungs- und freiwillige Praktika bis zu drei Monaten
- Langzeitarbeitslose in den ersten sechs Monaten nach Wiedereinstieg in den Arbeitsmarkt

---

* Auszubildende haben einen eigenen Mindestlohn, der im Berufsbildungsgesetz geregelt ist. Wer ab 2025 eine Ausbildung beginnt, erhält im ersten Ausbildungsjahr mindestens 682 Euro brutto im Monat. Im zweiten Ausbildungsjahr sind es 805 Euro pro Monat und im dritten Jahr 921 Euro. Im vierten Ausbildungsjahr liegt die Mindestvergütung bei 955 Euro.

MINDESTLOHN: WEITERE WICHTIGE REGELUNGEN IM ÜBERBLICK

- Der Mindestlohn darf durch Minijobs nicht umgangen werden. Angenommen, eine Mitarbeiterin arbeitet auf 520-Euro-Basis (Minijob) und der aktuelle Mindestlohn beträgt 12,82 Euro pro Stunde. Dann darf sie höchstens rund 40,5 Stunden pro Monat arbeiten (520 Euro ÷ 12,82 Euro/Stunde = ca. 40,56 Stunden), damit sie den Mindestlohn erhält und nicht über die Minijob-Grenze kommt. Werden mehr Arbeitsstunden verlangt, müsste entsprechend mehr Lohn gezahlt werden – oder das Arbeitsverhältnis überschreitet die Grenze zum Minijob und verwandelt sich in eine sozialversicherungspflichtige Beschäftigung.
- In einigen Branchen, etwa im Baugewerbe oder in der Pflege, gelten Branchentarifverträge, die häufig sogar höhere Mindestlöhne vorsehen als der allgemeine gesetzliche Mindestlohn. Auch diese tariflichen Regelungen werden regelmäßig angepasst und können sich je nach Qualifikation und Region unterscheiden. In solchen Fällen steht dir als Beschäftigter der branchenbezogene höhere Mindestlohn zu.
- Tarifverträge dürfen den gesetzlichen Mindestlohn nicht unterschreiten.
- Trinkgelder dürfen nicht auf den Mindestlohn angerechnet werden. Arbeitest du zum Beispiel im Gastgewerbe, darf dein Arbeitgeber Teile des gesetzlichen Mindestlohns nicht durch das Trinkgeld ersetzen, das du bekommen hast. Auch Sachbezüge wie zum Beispiel kostenlose Mahlzeiten oder eine Unterkunft dürfen nicht als Ersatz für den Mindestlohn gewertet werden, sondern lediglich als zusätzliche Vergütung.
- Der Mindestlohn gilt auch für ausländische Arbeitnehmer, wenn diese innerhalb Deutschlands tätig sind.

Sonn- und Feiertagszuschläge sowie Nachtarbeit

Die schlechte Nachricht vorweg: Einen gesetzlichen Anspruch auf die sogenannten Sonn- oder Feiertagszuschläge oder auf mehr Lohn bei Nachtarbeit gibt es nicht. Du bekommst also nicht automatisch mehr Lohn, wenn du an Sonn- oder Feiertagen oder in der Nacht arbeitest. Ein Anspruch kann sich aber aus deinem Arbeitsvertrag oder einem Tarifvertrag ergeben. Die Arbeit an Sonn- und Feiertagen sowie in der Nacht kann neben finanziellen Zuschlägen auch durch eine angemessene Anzahl bezahlter freier Tage erfolgen (§ 6 Abs. 5 ArbZG).

Ein kurioser Fall diesbezüglich ereignete sich 2021, als ein Arbeitnehmer aus Nordrhein-Westfalen an einer dienstlich verordneten Fortbildung in Hessen teilnahm. In die Zeit der Fortbildung fiel jedoch Allerheiligen. In Nordrhein-Westfalen ist das ein Feiertag, in Hessen nicht. Da im Arbeitsvertrag des Arbeitnehmers Feiertagszuschläge festgeschrieben sind, klagte der Mann auf deren Zahlung. Schließlich habe er an einem Feiertag arbeiten müssen. Und bekam vom Bundesarbeitsgericht recht. Maßgeblich für den Anspruch auf die Zuschläge sei tatsächlich der regelmäßige Beschäftigungsort des Arbeitnehmers und nicht etwa der zufällige Aufenthaltsort (BAG, Urteil vom 1.8.2024 – 6 AZR 38/24).

Und wie ist das mit den Steuern? Viele haben im Hinterkopf, dass Arbeit an Sonn- und Feiertagen oder nachts steuerlich begünstigt ist. Das stimmt, die Steuererleichterungen gelten allerdings nicht für deinen Grundlohn. Sie beziehen sich nur auf die eventuell an dich gezahlten Zuschläge. Wie groß die steuerlichen Vorteile sind, kannst du in § 3b des Einkommensteuergesetzes nachlesen.

Lohnfortzahlung im Krankheitsfall

Wer nicht arbeiten kann, weil er krank ist oder einen Unfall hatte, bekommt erst einmal trotzdem 100 Prozent Lohn. So ist es im Entgeltfortzahlungsgesetzes festgelegt. Allerdings nur unter bestimmten Voraussetzungen und nur für eine bestimmte Zeit. Entgeltfortzahlung erhalten alle Arbeitnehmenden, die ein ununterbrochenes Arbeitsverhältnis von mindestens vier Wochen vorweisen können. Das gilt auch für geringfügig Beschäftigte und Auszubildende. Die Höhe der wöchentlichen Arbeitszeit spielt für den Anspruch keine Rolle.

RECHT BEKOMMEN

Das Entgeltfortzahlungsgesetz regelt nicht nur die Lohnfortzahlung im Krankheitsfall, sondern auch für gesetzliche Feiertage. Es stellt also sicher, dass du – falls ein Arbeitstag auf einen gesetzlichen Feiertag fällt – trotzdem bezahlt wirst.

Maßgeblich für den Anspruch auf Entgeltfortzahlung ist die sogenannte Arbeitsunfähigkeit. Als arbeitsunfähig giltst du, wenn du die vertraglich vereinbarte Arbeitsleistung in Folge einer Krankheit oder eines Unfalls nicht erbringen kannst. Oder wenn die Gefahr besteht, dass sich eine Erkrankung durch Weiterarbeiten verschlimmern würde. Mit einem gebrochenen Zeh könntest du als Anwalt oder in einem anderen Bürojob durchaus noch arbeitsfähig sein, während einem Paketzusteller mit derselben Verletzung die Weiterarbeit eher nicht zuzumuten ist. Eine Lehrerin, die wegen entzündeter Stimmbänder heiser ist, kann ihre Arbeit so nicht weiterführen. Ein Buchhalter ohne Kundenkontakt dagegen womöglich schon.

Natürlich darfst du deine Arbeitsunfähigkeit nicht selbst schuldhaft herbeiführen. Doch ab wann ist das der Fall? Hier gilt wieder das Prinzip der Fahrlässigkeit mit seinen Abstufungen sowie der Vorsatz. Ein Kater nach einer wilden Party? Kommt mindestens grob fahrlässig zustande und ist dadurch selbst verschuldet. Sportunfälle implizieren nicht automatisch eine grobe Fahrlässigkeit. Hier muss man vielmehr unterscheiden: Nur Unfälle wegen besonders gefährlicher Sportarten mit hohem Verletzungsrisiko gelten als selbst verschuldet. Extremsportler können aber aufatmen: Die Gerichte sind hier sehr arbeitnehmerfreundlich. Auch Sportarten wie Motocross oder Gleitschirmfliegen gelten als ungefährlich.

Eine vorsätzlich herbeigeführte Arbeitsunfähigkeit liegt beispielsweise vor, wenn du eine Schlägerei anfängst, in deren Folge du dich verletzt und nicht mehr arbeiten kannst. In solch einem Fall könnte ein Arbeitgeber die Entgeltfortzahlung verweigern und recht bekommen. Dann springt zumindest bei gesetzlich Versicherten die Krankenkasse ab dem ersten Tag mit dem Krankengeld ein und nicht erst nach sechs Wochen, wenn die Entgeltfortzahlung unter normalen Umständen endet.

Auch eine Krankschreibung nach Erhalt einer Kündigung oder nachdem du selbst deine Kündigung eingereicht hast, will wohlüberlegt sein. 2023 hatte das Landesarbeitsgericht in Schleswig-Holstein einen interessanten Fall zu verhandeln. Eine Pflegerin hatte bei ihrem Arbeitgeber ihre ordentliche Kündigung eingereicht und sich anschließend unter Berücksichtigung ausstehender Urlabstage genau für sechs Wochen – also den Zeitraum der Entgeltfortzahlung – krankschreiben lassen und entsprechende Arbeitsunfähigkeitsbescheinigungen vorgelegt. Der Arbeitgeber bezweifelte die Krankheit und weigerte sich, das Entgelt der Pflegerin fortzuzahlen. Im Zuge der Beweisaufnahme, bei der unter anderem der Arzt aussagte, sah das Landesarbeitsgericht dann den Beweiswert der vorgelegten Arbeitsunfähigkeitsbescheinigungen tatsächlich als erschüttert an. So hatte die Pflegerin gegenüber ihrem Arzt behauptet, vom Arbeitgeber unter Druck gesetzt worden zu sein. Die Whatsapp-Nachricht, auf die sie sich dabei bezog, war jedoch eine bloße Nachfrage, wann die Pflegerin in die Arbeit zurückkehre. Zum Verhängnis wurde der Pflegerin dabei auch, dass sie ihre Kündigung in einem Stil formulierte, der nahelegte, dass sie nicht mehr vorhatte, in das Unternehmen zurückzukehren. Das Gericht entschied daher, dass die Pflegerin keinen Anspruch auf die verlangte Entgeltfortzahlung habe (LAG Schleswig-Holstein, Urteil vom 02.05.2023 – 2 Sa 203/22).

Es ist in der Regel auch nicht sinnvoll, sechs Wochen krank zu sein – und für diese Zeit den vollen Lohn zu erhalten –, sich dann einen oder zwei Tage in die Arbeit zu schleppen und sich in der Hoffnung auf erneute Entgeltfortzahlung wieder arbeitsunfähig schreiben zu lassen. Ein erneuter Anspruch wegen derselben Krankheit würde erst bestehen, wenn zwischen den beiden Arbeitsunfähigkeiten mindestens sechs Monate liegen. Tritt jedoch eine neue Erkrankung auf, würde selbst ein kurzer Zeitraum der Arbeitsfähigkeit ausreichen, um einen neuen Anspruch auf Entgeltfortzahlung zu begründen. Etwa, wenn du eine Grippe überstanden hast und dir nach drei Tagen im Büro den Arm beim Fußballspielen brichst.

Arbeitgeber und Krankenkasse neigen mitunter dazu, sich bei Entgeltfortzahlung und Krankengeld schadlos zu halten und auf den jeweils anderen zu verweisen. Du solltest daher Krankheitsverläufe, Arbeitsfähigkeit und Arbeitsunfähigkeit stets sorgfältig dokumentieren, um deine Ansprüche durchzusetzen.

Urlaub: Anspruch, Berechnung und Übertragbarkeit

Als normaler Arbeitnehmer hast du gemäß Bundesurlaubsgesetz (BUrlG) Anspruch auf mindestens 24 Werktage Urlaub pro Jahr. Dabei geht das Gesetz von einer Sechs-Tage-Woche aus. Der Samstag zählt ebenfalls als Werktag. Arbeitest du daher nur fünf Tage in der Woche, wie es zum Beispiel für die meisten Büroangestellten üblich ist, reduziert sich dein gesetzlicher Mindestanspruch auf 20 Urlaubstage im Jahr. Eine Höchstgrenze für Urlaubstage gibt das Gesetz nicht vor.

BESONDERE URLAUBSREGELUNGEN FÜR JUGENDLICHE UND MENSCHEN MIT SCHWERBEHINDERUNG

Jugendliche und Menschen mit Schwerbehinderung haben einen erhöhten gesetzlichen Urlaubsanspruch. Jugendliche (gemäß Jugendarbeitsschutzgesetz, § 19 Abs. 2 JArbSchG):

- Unter 16 Jahren: 30 Werktage Mindesturlaub im Jahr
- Unter 17 Jahren: 27 Werktage Mindesturlaub
- Unter 18 Jahren: 25 Werktage Mindesturlaub

Menschen mit Schwerbehinderung (nach SGB IX § 208 Zusatzurlaub) steht ein zusätzlicher Urlaub von fünf Werktagen zu, der zum gesetzlichen Mindesturlaub hinzukommt.

Hier die wichtigsten Infos zu deinen Urlaubsrechten:

- *Habe ich Anspruch auf drei Wochen Urlaub am Stück?*
  Den gibt es so leider nicht. Zwar ist Urlaub grundsätzlich zusammenhängend zu gewähren. Allerdings können diesem Ansinnen dringende betriebliche Gründe entgegenstehen. Ist das der Fall, stehen dir bei einer Fünf-Tage-Woche lediglich zehn Urlaubstage am Stück zu (§ 7 Abs. 2 BurlG).

- *Darf ich Urlaub in der Probezeit machen?*
  Auch in der Probezeit steht dir Urlaub zu. Allerdings kannst du in dieser Zeit deinen Urlaub nur anteilig nehmen. Und zwar pro vollem Monat ein Zwölftel deines Jahresurlaubskontingents. Bei vertraglich vereinbarten 24 Tagen Urlaub im Jahr und einer Fünf-Tage-Woche sind das zum Beispiel zwei Urlaubstage pro vollem Monat. Nach vier Monaten könntest du also acht Tage Urlaub nehmen (§ 4 u. § 5 Absatz 1 BUrlG).

- *Kann mein Urlaub verboten werden?*
  Verboten nicht, jedoch kann er abgelehnt werden. Du hast kein Recht, deinen Urlaub immer dann zu nehmen, wenn du willst. Liegen betriebliche Gründe vor, etwa wenn zu viele Kollegen gleichzeitig in den Urlaub wollen,

kann dein Chef Nein zu deinem Urlaubsantrag sagen (§ 7 Absatz 1 BUrlG). Vor diesem Hintergrund dürfen Arbeitgeber auch eine sogenannte Urlaubssperre verhängen, also eine Zeit, in der niemand in den Urlaub fahren darf. Das könnte zum Beispiel in Handelsbetrieben in der Zeit des Weihnachtsgeschäftes, wenn besonders viel zu tun ist, der Fall sein. Eltern mit schulpflichtigen Kindern haben zwar generell keinen Anspruch auf Urlaub in den Ferien. Allerdings sind Arbeitgeber verpflichtet, auf die Urlaubswünsche einzugehen und bei der Urlaubsvergabe soziale Gesichtspunkte zu berücksichtigen. Die Urlaubsanträge von Eltern mit Kindern werden daher in der Schulferienzeit gegenüber denen von kinderlosen Kollegen bevorzugt.

- *Innerhalb welcher Frist muss mein Urlaub genehmigt werden?*
  Eine eindeutige Frist ist im Gesetz nicht festgeschrieben. Dein Chef muss daher innerhalb einer angemessenen Frist über deinen Urlaubsantrag entscheiden. Als angemessen gilt in der Regel ein Zeitraum von einem Monat nach Abgabe des Urlaubsantrags. Wichtig: Reagiert dein Chef nicht auf deinen Urlaubsantrag, liegt dir also weder eine Genehmigung noch eine Ablehnung vor, solltest du nicht einfach in den Urlaub fahren, da du sonst eine Abmahnung riskierst. Solange du keine Antwort erhalten hast, musst du den Urlaubsantrag als abgelehnt betrachten.

- *Darf mein bereits genehmigter Urlaub zurückgezogen werden?*
  Normalerweise nicht. Das geht nur in zwingenden Notfällen und wenn du damit einverstanden bist. Sollten dir durch das Verschieben des Urlaubs Kosten – zum Beispiel durch Stornogebühren – entstehen, muss dein Arbeitgeber für diese einstehen.

- *Muss ich meinen Urlaub auf Anordnung des Chefs abbrechen?*
  Nein. Dafür gibt es keine rechtliche Grundlage. Das geht nur, wenn du damit einverstanden bist. Auch hier gilt, dass der Arbeitgeber für die Kosten, die dir durch den Abbruch entstehen, aufkommen muss.

- *Was passiert, wenn ich im Urlaub krank werde?*
  Krankheitstage sind keine Urlaubstage (§ 9 BUrlG). Du kannst Urlaubstage, an denen du krank warst, daher später nachholen. Wichtig ist auch, dass du deinen Arbeitgeber sofort über deinen Krankenstand in Kenntnis

setzt. Außerdem benötigst du eine Arbeitsunfähigkeitsbescheinigung (AUB), mit der du deine Krankheit und den Zeitraum der Krankschreibung bestätigen kannst.

- *Wann verfällt mein Urlaub?*
  Am 31. Dezember. Und zwar ersatzlos. In § 7 Absatz 3 Satz 1 und 2 BUrlG heißt es eindeutig: »Der Urlaub muss im laufenden Kalenderjahr gewährt und genommen werden. Eine Übertragung des Urlaubs auf das nächste Kalenderjahr ist nur statthaft, wenn dringende betriebliche oder in der Person des Arbeitnehmers liegende Gründe dies rechtfertigen.« Grundsatzurteile des Europäischen Gerichtshofs (EuGH) aus dem Jahr 2018 stärken allerdings die Position von Arbeitnehmern. In ihnen ist festgehalten, dass ein Arbeitgeber seine Mitarbeiter auch in die Lage versetzen muss, ihren Resturlaub bis zum 31. Dezember zu nehmen. Kann er das nicht – etwa, weil im Weihnachtsgeschäft alle Hände gebraucht werden –, kann der Urlaub sehr wohl nachgeholt werden. Auch wenn ein Mitarbeiter krank wird und deswegen seinen Resturlaub nicht antreten kann, verfällt dieser nicht so einfach (EuGH, Urteil vom 06.11.2018, C-684/16 und Urteil vom 06.11.2018, C-619/16).

- *Darf ich mir Urlaubstage ausbezahlen lassen?*
  Das geht nur, wenn dein Arbeitsverhältnis endet und du die dir zustehenden Urlaubstage nicht mehr nehmen kannst. Solange dein Arbeitsverhältnis besteht, musst du Urlaub nehmen (§ 7 Abs. 4 BUrlG).

- *Wie zählen halbe Urlaubstage, zum Beispiel an Heiligabend oder Silvester?*
  Das Bundesurlaubsgesetz kennt keine halben Urlaubstage. Das Anrechnen halber Urlaubstage, wenn zum Beispiel an Heiligabend oder Silvester in bestimmten Unternehmen nur ein halber Tag gearbeitet wird, liegt im Ermessen des Arbeitgebers.

Mutterschutz und Elternzeit

Gemäß § 15 Mutterschutzgesetz (MuSchG) wird empfohlen, den Arbeitgeber so früh wie möglich über die Schwangerschaft zu informieren. Eine gesetzliche Pflicht zur unverzüglichen Mitteilung besteht jedoch nicht. Frauen können selbst entscheiden, wann sie die Schwangerschaft offenlegen, beispielsweise nach dem dritten Monat oder noch später. Theoretisch ist eine Mitteilung gar nicht erforderlich. Sollte der Arbeitgeber jedoch eine Kündigung aussprechen, musst du als Arbeitnehmerin binnen zwei Wochen nach Zugang der Kündigung mitteilen, dass du schwanger bist. In diesem Fall greift der besondere Kündigungsschutz gemäß § 17 MuSchG.

Mit der Mitteilung der Schwangerschaft können zudem mutterschutzrechtliche Beschäftigungsverbote wirksam werden. Das kann zum Beispiel dann der Fall sein, wenn bestimmte Arbeiten für dich als Schwangere zu gefährlich sind oder dich die Schwangerschaft so sehr beeinträchtigt, dass du gar nicht oder nur teilweise arbeiten kannst. Ausfallzeiten aufgrund von mutterschutzrechtlichen Beschäftigungsverboten gelten als Beschäftigungszeiten. Eine Kürzung des Urlaubsanspruchs erfolgt – anders als bei der Elternzeit – nicht.

Falls dem Arbeitgeber deine mündliche Mitteilung nicht ausreicht, kann er ein ärztliches Attest oder eine Bestätigung einer Hebamme oder eines Entbindungspflegers verlangen. Die Kosten dafür hat er allerdings selbst zu tragen. Der Arbeitgeber darf die Tatsache der Schwangerschaft nur an befugte Personen weitergeben, zum Beispiel an den unmittelbaren Vorgesetzten oder den Betriebsarzt, sofern dies für die Umsetzung von Mutterschutzvorschriften erforderlich ist. Nach §§ 80, 89 Betriebsverfassungsgesetz (BetrVG) ist der Arbeitgeber verpflichtet, den Betriebsrat unaufgefordert über die Schwangerschaft zu informieren. Eine sonstige unbefugte Weitergabe der Information ist unzulässig.

Der Mutterschutz gilt grundsätzlich auch dann, wenn der Arbeitgeber nicht über eine Schwangerschaft informiert wurde. Er kann die Mutterschutzregelungen jedoch nur befolgen, wenn er Kenntnis davon hat. Hat er keine Kenntnis, kann er auch nicht wegen Verstößen nach den Straf- und Ordnungswidrigkeitenvorschriften der §§ 32, 33 MuSchG belangt werden.

Ab dem Beginn der Schwangerschaft bis zu vier Monate nach der Entbindung darf dir grundsätzlich nicht gekündigt werden. Eine Ausnahme kann jedoch durch die zuständige Landesbehörde genehmigt werden, sofern die Kündigung nicht mit der Schwangerschaft oder der Entbindung in Zusammenhang steht.

Die Regelungen zum Elterngeld und zur Elternzeit sind im Bundeselterngeld- und Elternzeitgesetz (BEEG) geregelt. Dabei ist der Anspruch auf Elternzeit sehr viel umfassender, als du vielleicht denkst. Jedes Elternteil kann bis zum vollendeten achten Lebensjahr des Kindes bis zu drei Jahre Elternzeit nehmen. Dabei gelten unterschiedliche Regelungen:

<table>
<tr><th>Alter des Kindes</th><th>Dauer der Elternzeit</th><th>Zustimmung des Arbeitgebers?</th><th>Antragsfristen</th></tr>
<tr><td>bis 3 Jahre</td><td>ohne Einschränkung (bis 3 Jahre)</td><td>nicht notwendig</td><td>7 Wochen vor Beginn der Elternzeit</td></tr>
<tr><td>zwischen 3 und 8 Jahren</td><td>bis 24 Monate</td><td>notwendig</td><td rowspan="2">13 Wochen vor Beginn der Elternzeit</td></tr>
<tr><td>ab 3 Jahren</td><td>ohne Einschränkung (bis 3 Jahre)</td><td>kann aus betrieblichen Gründen untersagt werden</td></tr>
</table>

Die Elternzeit kann in bis zu drei Abschnitte aufgeteilt werden. Weitere Abschnitte sind nur mit Zustimmung des Arbeitgebers möglich. Hast du deinen Elternzeitantrag einmal eingereicht, bist du daran gebunden. Eine einseitige Rücknahme ist nicht möglich. Eine vorzeitige Beendigung ist nur in Ausnahmefällen erlaubt, zum Beispiel bei einer erneuten Schwangerschaft. Der Arbeitgeber kann auch deine vorzeitige Rückkehr aus der Elternzeit ablehnen, wenn dringende betriebliche Gründe dagegensprechen.

Meldest du Elternzeit vor dem dritten Geburtstag deines Kindes an, musst du bei der Anmeldung genau festlegen, für welche Zeiträume innerhalb der nächsten 24 Monate du Elternzeit nehmen willst. Diese beiden Jahre nennt man auch »Bindungszeitraum«. Wenn du innerhalb dieses Bindungszeitraums für einen Teil der Zeit keine Elternzeit beantragst, kannst du das nachträglich nicht ändern. Es sei denn, dein Arbeitgeber ist damit einverstanden.

Rechte bei Teilzeit oder im Minijob

Teilzeit

Die Arbeitnehmerrechte von Teilzeitbeschäftigten sind nicht nur im Arbeitsrecht, sondern auch im Teilzeit- und Befristungsgesetz (TzBfG) geregelt. Auch hier wird noch einmal explizit ein Gleichbehandlungsgrundsatz formuliert, der sicherstellen soll, dass Teilzeitbeschäftigte gegenüber Vollzeitbeschäftigten nicht schlechter behandelt werden, etwa bei Gehalt, Urlaubstagen, Sozialleistungen oder Aufstiegsmöglichkeiten. Diesem Gleichbehandlungsgrundsatz können jedoch betriebliche Gründe entgegenstehen. Gerade Führungs- und Leitungspositionen lassen sich in der Regel nur schwer mit Teilzeitbeschäftigten besetzen, etwa wenn eine ständige Erreichbarkeit und Präsenz des Chefs im Unternehmen notwendig ist – sei es als leitender Arzt in einem Krankenhaus oder beispielsweise als Filialleiter eines Handelsunternehmens. Auch höhere Personalkosten, die entstehen, weil jemand anderes beim Wechsel in die Teilzeit angestellt werden muss, können als betrieblicher Grund gewertet werden.

Wer als Arbeitnehmer mindestens sechs Monate in einem Unternehmen mit mehr als 15 Mitarbeitern gearbeitet hat, hat laut § 8 TzBfG Anspruch auf Teilzeit. Sie muss mindestens drei Monate vor dem gewünschten Beginn beantragt werden. Der Arbeitgeber kann den Antrag bis einen Monat vor Beginn der Teilzeit ablehnen, wenn es betriebliche Gründe gibt, die gegen eine Teilzeit sprechen. Etwa wenn sich durch Teilzeit der Schichtbetrieb in einem Unternehmen nicht mehr aufrechterhalten lässt. Einen automatischen Anspruch auf Rückkehr in die Vollzeit gibt es bei einem Teilzeitantrag auf Grundlage von § 8 TzBfG nicht. Hier kann der Arbeitgeber frei entscheiden, ob er dem zustimmt oder nicht. Er muss allerdings bei Neubesetzung einer Vollzeitstelle Mitarbeitende, die zurück in Vollzeit wollen, bevorzugen.

Wer nur für einen bestimmten Zeitraum in Teilzeit gehen will, kann dafür die sogenannte Brückenteilzeit nutzen. Die zeitlich begrenzte Verringerung der Arbeitszeit, wie die Brückenteilzeit im Juristendeutsch heißt, ist in § 9a TzBfG geregelt. Sie muss mindestens ein Jahr und darf höchsten fünf Jahre betragen. Maßgeblich für den Anspruch ist zudem die Betriebsgröße. Betriebe mit weniger als 45 Mitarbeitenden müssen keine Brückenteilzeit gewähren. Um zu verhindern, dass in einem Unternehmen zu viele Menschen gleichzeitig in Brückenteilzeit gehen, hat der Gesetzgeber für Betriebe mit bis zu 200 Mitarbeitenden einen Schlüssel entwickelt. Befindet sich bereits eine bestimmte Anzahl an Kollegen in Brückenteilzeit, kann der Betrieb das Ansinnen auch ablehnen. Stimmt der Arbeitgeber jedoch zu, reduziert sich die Arbeitszeit für den gewünschten Zeitraum. Nach Ablauf geht es automatisch wieder in die Vollzeit.

Minijob

Auch für Minijobber gelten dieselben Gesetze wie für Arbeitnehmer in Vollzeit. So haben sie Anspruch auf Mindestlohn, Lohnfortzahlung im Krankheitsfall sowie auf Entgeltfortzahlung an Feiertagen. Wer zum Beispiel regelmäßig immer montags, mittwochs und freitags in einem Supermarkt arbeitet, muss an einem

Feiertag, der auf einen Mittwoch fällt, nicht arbeiten – und bekommt trotzdem den vollen Lohn. Es ist auch nicht statthaft, den Dienstplan eines Minijobbers so anzupassen, dass Feiertage umgangen werden. Auch bei Schwangerschaft und Mutterschutz sind Minijobber nicht schlechter oder anders gestellt. Maßgeblich für den Urlaubsanspruch, der auf dem gesetzlichen Mindesturlaubsanspruch fußt, ist nicht die Arbeitszeit, sondern die Zahl der Tage, an denen ein Minijobber arbeitet. Wie viel Urlaub dir in deinem Minijob zusteht, kannst du mit der folgenden Formel berechnen:

Anzahl der Arbeitstage pro Woche × 24 ÷ 6
= Anzahl der Urlaubstage pro Jahr

Arbeitet ein Minijobber also an fünf Tagen, stehen ihm 20 Urlaubstage zu. Arbeitet er nur an zwei Tagen pro Woche, hat er einen Urlaubsanspruch von 8 Tagen im Jahr.

Eine sehr gute Übersicht über die aktuelle Rechtslage für Minijobber bietet übrigens die Website der Minijob-Zentrale (www.minijob-zentrale.de). Dort findest du mögliche praktische Anwendungsfälle erklärt, wie etwa das Thema Arbeit auf Abruf im Minijob oder Versicherungsfragen.

Arbeitssicherheit

Arbeitgeber haben gegenüber Arbeitnehmern eine Fürsorgepflicht. Dazu gehört, dass die Arbeit nicht krank machen oder das Leben des Arbeitnehmers gefährden darf. Geregelt ist diese Pflicht in einer ganzen Reihe von Gesetzen und Verordnungen. Etwa im Arbeitsschutzgesetz (ArbSchG), im Arbeitssicherheitsgesetz (ASiG), in der Arbeitsstättenverordnung (ArbStättV), in der Verordnung zur arbeitsmedizinischen Vorsorge (ArbMedVV), der Gefahrstoffverordnung (GefStoffV) oder der Biostoffverordnung (BioStoffV). Selbstverständlich greifen neben den in Spezialgesetzen geregelten Fürsorgepflichten auch die »normalen« privatrechtlichen Fürsorgepflichten aus dem Bürgerlichen Gesetzbuch (BGB).

Als Arbeitnehmer ergeben sich für dich unter anderen die folgenden Rechte:

- Du hast den Anspruch, dich je nach den spezifischen Gefahren für deine Sicherheit und Gesundheit bei der Arbeit regelmäßig arbeitsmedizinisch untersuchen zu lassen (§ 11 ArbSchG).

- Der Arbeitgeber muss eine Beurteilung der Gefährdungen durchführen, die mit deiner Arbeit verbunden sind (§ 5 Abs. 1 ArbSchG), und entsprechend vorsorgen, zum Beispiel im Büro mit einem ergonomisch eingerichteten Arbeitsplatz.
- Du musst ausreichend und angemessen über die Sicherheit und den Gesundheitsschutz in Bezug auf deine Arbeit aufgeklärt werden (§ 12 Abs. 1 Satz 1 ArbSchG).

Dennoch kann es natürlich trotz aller Vorsorge passieren, dass du durch deine Arbeit krank wirst. Dachdecker oder Fliesenleger sind zum Beispiel besonders gefährdet, Schäden an den Knien oder der Lendenwirbelsäule zu erleiden. Wirst du während deiner Arbeit so krank, dass du die Tätigkeit nicht mehr oder nur noch eingeschränkt ausüben kannst, ergeben sich möglicherweise Ansprüche in Form von Entschädigung oder Rente.

Was zählt als Berufskrankheit?

Zu den unter Juristen am häufigsten verbreiteten Berufskrankheiten gehört das ausschweifende Reden ohne Punkt und Komma. Leider ist diese jedoch nicht anerkannt, weshalb wir Juristen damit einfach immer weitermachen. Spaß beiseite: Was genau als Berufskrankheit gilt, ist im Siebten Buch Sozialgesetzbuch in § 9 Absatz 1 definiert:

> »Eine Berufskrankheit ist eine Erkrankung, die ein Versicherter durch seine berufliche Tätigkeit erleidet und die von der Bundesregierung durch Rechtsverordnung als Berufskrankheit bezeichnet ist.«

Welche Krankheiten von der Bundesregierung als Berufskrankheiten bezeichnet werden, kannst du in der offiziellen Berufskrankheiten-Liste (BK-Liste) nachlesen, die als Anlage zur Berufskrankheiten-Verordnung geführt wird. Aktuell finden sich auf der Liste, die unter anderem von der Bundesanstalt für Arbeitsschutz und Arbeitsmedizin veröffentlich wird, etwas mehr als 80 anerkannte Berufskrankheiten. Fehlt eine Erkrankung in der Liste, kann sie nach § 9 Absatz 2 SGB VII, gegebenenfalls »wie eine Berufskrankheit« behandelt werden, wenn zum Beispiel neue medizinische Kenntnisse vorliegen, durch welche die Voraussetzung für die Anerkennung als Berufskrankheit geschaffen werden.

Allerdings ist es nicht immer ganz leicht, eine Berufskrankheit als solche anerkennen zu lassen. 2017 entschied das Sozialgericht Dresden zum Beispiel, dass die Erkrankung des Innenmeniskus eines Profifußballers durchaus als Berufskrankheit zu werten sei. Die Berufsgenossenschaft hatte es zuvor abgelehnt, für die medizinische Rehabilitation und finanzielle Entschädigung des versicherten Spielers aufzukommen. Die Berufsgenossenschaft hatte argumentiert, dass die Einsatz- und Trainingszeiten des Spielers nicht ausreichend gewesen seien. Für die Anerkennung der Berufskrankheit sei eine kniebelastende Tätigkeit von mindestens 1600 Stunden im Jahr notwendig. Das sahen ein medizinischer Sachverständiger und letztlich das Gericht anders (Sozialgericht Dresden, Gerichtsbescheid vom 10.2.2017 – 5 U 233/16).

Weniger Glück hatte dagegen ein professioneller Handballspieler, der – zwei Jahre nach Ende seiner Spielerkarriere – auf Anerkennung einer Hüfterkrankung als Berufskrankheit klagte. Hier sah das Gericht auch aufgrund fehlender relevanter medizinischer Studien keinen ursächlichen Zusammenhang zwischen dem Beruf (Handballspieler) und der Erkrankung. Relevant für die Entscheidung war auch die Tatsache, dass in der Vergangenheit lediglich vier Handballspieler eine ähnliche Anzeige gestellt hätten (Sozialgericht Gießen, Urteil vom 10.11.2017 – S 1 U 28/16).

Aus ähnlichem Grund wurde 2024 die Klage eines Polizisten abgewiesen, der seine Hautkrebserkrankung als Berufskrankheit geltend machen wollte. Tatsächlich befinden sich Hautkrebserkrankungen in der BK-Liste. Allerdings war der Beamte, so das Gericht, obwohl er vorwiegend als Posten- und Streifenbeamter im Außendienst eingesetzt worden war, durch seine Tätigkeit keiner besonderen Gefährdung ausgesetzt. Das Erkrankungsrisiko für einen Polizeibeamten sei auch im Außendienst nicht höher als das der allgemeinen Bevölkerung.

Du siehst, auch beim Thema Berufskrankheiten sind die Einzelfallbetrachtung und das Abwägen der Fakten und Beweise wichtig.

Was zählt als Arbeitsunfall?

Wie Berufskrankheiten stehen auch Arbeitsunfälle unter dem Schutz der gesetzlichen Unfallversicherung. Dazu zählen nicht nur Unfälle direkt am Arbeitsplatz, sondern auch Unfälle auf dem Weg zur Arbeit oder von der Arbeit nach Hause (Wegeunfall). Hier gilt jedoch die Regel, dass es sich um den direkten Weg nach Hause handeln muss. Fährst du einen Umweg, zum Beispiel zum Einkaufen oder zum Sport, gilt der Schutz der Unfallversicherung erst dann, wenn du dich wieder auf dem direkten Arbeitsweg befindest – es sei denn, die Unterbrechung hat länger als zwei Stunden gedauert. Auch der Gang auf die Toilette zählt als private Unterbrechung des Arbeitsweges. Kommt es dann zu einem Unfall, haftet die gesetzliche Unfallversicherung nicht (Landessozialgericht Baden-Württemberg, Urteil vom 25.09.2023 – L 1 U 1485/23). Umwege, um Mitfahrende aufzunehmen oder um Kinder in die Schule oder Kita zu bringen, sind dagegen ebenfalls mitversichert. Beim Umfahren von Staus solltest du immer den kürzesten Weg wählen. Tust du es nicht, könnte der gesetzliche Versicherungsschutz nicht mehr greifen. Wege, die du in den Betriebspausen zurücklegst, sind versichert – zumindest bis zur Tür des Lokals oder des Imbisses, den du aufsuchst.

Einen etwas skurrilen Wegeunfall verhandelte das Bundessozialgericht 2017. Ein Firmeninhaber wollte von seinem Zuhause zu einem Geschäftstermin aufbrechen. Dabei brach ihm jedoch der Schlüssel in der abgeschlossenen Tür ab, sodass er nicht hinauskonnte. Er entscheid sich, die Wohnung über ein Fenster zu verlassen. 2,60 Meter unter dem Fenster befand sich ein Flachdach. Von dort ging es wiederum 2,60 Meter runter. Beim Herabhangeln aufs Flachdach verletzte sich der Mann. Wegeunfall oder nicht? Ja, sagt das Bundessozialgericht. Es sei kein anderer Weg in die Arbeit möglich gewesen, und das Herabhangeln aus einer Höhe von 2,60 Metern stellte auch keine Fahrlässigkeit dar. Grundsätzlich sei natürlich der risikoärmere Weg in die Arbeit zu wählen. Doch der war durch den abgebrochenen Schlüssel nun mal versperrt (Bundessozialgericht, Urteil vom 31.8.2017 – B 2 U 2/16 R).

Was genau als Arbeitsunfall zählt, darüber wird vor Gericht gern gestritten. Ein maßgebliches Kriterium bei der Entscheidung ist die Frage, ob die Tätigkeit, die zum Unfall führte, zu den arbeitsvertraglichen Pflichten gehörte sowie maßgeblich im betrieblichen Interesse lag. Liegt dem Unfall dagegen eine eigenwirtschaftliche beziehungsweise privatnützige Tätigkeit zugrunde, zählt das nicht als Arbeitsunfall.

Hier einige gerichtliche Entscheidungen zu Arbeitsunfällen aus den letzten Jahren, die illustrieren, wo die juristischen Grenzen verlaufen können:

- Eine Verwaltungsangestellte stürzte beim Tablettenholen während einer Arbeitspause. Da die Einnahme der Tabletten vorrangig im privaten Interesse lag und keine Gefährdung der Arbeitssicherheit durch Nichteinnahme der Tabletten bestand, musste die Unfallversicherung nicht zahlen (Landessozialgericht Berlin-Brandenburg, Urteil vom 26.09.2024 – L 21 U 40/21).

- Eine Verletzung durch die Explosion eines Heizkessels im Homeoffice zählt als Arbeitsunfall, da der Mitarbeiter durch das Heizen an seinem Arbeitsplatz für eine höhere Temperatur sorgen wollte, um seine Arbeit vernünftig erledigen zu können (Bundessozialgericht, Urteil vom 21.03.2024 – B 2 U 14/21 R).
- Eine Verletzung beim Sprung in den Pool wurde vom Sozialgericht München als Arbeitsunfall gewertet, da der Arbeitgeber seinen Mitarbeiter angewiesen hatte, sich im Pool zu erfrischen. Mit dem Bad sollte sichergestellt werden, dass die Arbeitsfähigkeit des Mitarbeiters bei den damals herrschenden hochsommerlichen Temperaturen aufrechterhalten blieb (Sozialgericht München, Urteil vom 2.5.2023 – S 9 U 276/21).
- Ein Sturz bei einer Segway-Tour nach einer betrieblich veranlassten Tagung ist unter bestimmten Umständen kein Arbeitsunfall – selbst dann nicht, wenn die Tour vom Arbeitgeber angeboten und organisiert wird. Programmpunkte, die erkennbar und abgegrenzt vom übrigen Tagungsprogramm der Unterhaltung oder Entspannung dienen, stehen nicht automatisch unter dem Schutz der gesetzlichen Unfallversicherung. Etwas anderes ist es, wenn die Tour allen Mitarbeitenden und nicht nur den Teilnehmenden der Tagung offensteht. Dann kann die Veranstaltung – zum Beispiel eine Weihnachtsfeier – als betriebliche Gemeinschaftsveranstaltung gelten, bei der dann wiederum die gesetzliche Unfallversicherung greift (Sozialgericht Stuttgart, Urteil vom 10.1.2019 – L 3 U 175/13).

WER IST ÜBER DIE GESETZLICHE UNFALLVERSICHERUNG ABGESICHERT?

- *Arbeitnehmer und Angestellte:* alle Personen, die in einem abhängigen Beschäftigungsverhältnis stehen
- *Auszubildende:* während der Ausbildung und im Berufsschulunterricht
- *Kinder in Kindergärten, Schüler und Studierende:* während des Besuchs von Bildungseinrichtungen und auf dem direkten Weg dorthin und zurück
- *Ehrenamtlich Tätige:* Personen, die in bestimmten Bereichen ehrenamtlich tätig sind (z. B. freiwillige Feuerwehr, Katastrophenschutz, Fußballtrainer, Wahlhelfer)
- *Helfer bei Unglücksfällen:* Personen, die bei Unfällen oder öffentlichen Notständen Hilfe leisten

MÖGLICHE ANSPRÜCHE AUS DER UNFALLVERSICHERUNG

- *Medizinische Leistungen (Heilbehandlung und Rehabilitation)*

Dazu gehören die vollständige Übernahme der Kosten für ärztliche Behandlung, Krankenhausaufenthalte und Medikamente, für Rehabilitationsmaßnahmen zur Wiederherstellung der Arbeitsfähigkeit (körperlich und beruflich), für Hilfsmittel (z. B. Prothesen, Rollstühle) sowie für Maßnahmen zur beruflichen Wiedereingliederung.

- *Verletztengeld (§ 45 SGB VII)*

Das Verletztengeld wird während der Arbeitsunfähigkeit ab dem Tag nach dem Unfall gezahlt. Es entspricht 80 Prozent des letzten Bruttoentgelts, maximal jedoch dem Nettogehalt. Anspruch besteht für die Dauer der Arbeitsunfähigkeit, längstens jedoch bis zur Wiederaufnahme der Arbeit oder bis zur Entscheidung über eine Rente.

- *Übergangsgeld (§ 49 SGB VII)*

Es wird gezahlt, wenn aufgrund des Unfalls Maßnahmen zur beruflichen Wiedereingliederung – etwa Umschulungen – erforderlich sind. Es entspricht 68 Prozent des letzten Nettoentgelts (bei Pflegebedürftigkeit und mit Kind: 75 Prozent).

- *Verletztenrente (§ 56 SGB VII)*

Sie wird bei dauerhaften Gesundheitsschäden gezahlt, welche die Erwerbsfähigkeit um mindestens 20 Prozent mindern. Die Höhe richtet sich dabei nach dem Grad der Minderung der Erwerbsfähigkeit und dem Jahresarbeitsverdienst. Ist die Erwerbsfähigkeit um 30 Prozent gemindert, erhält der Versicherte 30 Prozent seines Jahresarbeitsverdienstes als monatliche Rente.

- *Hinterbliebenenleistungen (§§ 63 ff. SGB VII)*

Dazu gehören die Witwen- oder Witwerrente, die Waisenrente sowie das Sterbegeld und Überführungskosten.

Weitere Leistungen könnten zum Beispiel eine Haushaltshilfe sein, wenn du aufgrund des Unfalls deinen Haushalt nicht mehr selbstständig führen kannst.

Eine Frage, die sich immer häufiger stellt: Wie verfahren Gerichte mit Arbeitsunfällen im Homeoffice? Die Neuregelung durch § 8 Absatz 1 S. 3 SGB VII im Jahr 2021 schafft hier Klarheit: »Wird die versicherte Tätigkeit im Haushalt der Versicherten oder an einem anderen Ort ausgeübt, besteht Versicherungsschutz in gleichem Umfang wie bei Ausübung der Tätigkeit auf der Unternehmensstätte.« Das heißt: Unfälle im Homeoffice, die in direktem Zusammenhang mit deiner Tätigkeit stehen, fallen unter die gesetzliche Unfallversicherung. Als versicherter Betriebsweg gilt im Homeoffice der erste Weg aus dem privaten Bereich (z. B. dem Bett) an den im Haus befindlichen Arbeitsplatz (BSG, Urteil vom 8.12.2021 – B 2 U 4/21 R). Der Weg zur Küche oder ins Bad gilt dagegen als privatnützige Tätigkeit. Geschieht währenddessen ein Unfall, ist die Krankenkasse und nicht die Unfallversicherung zuständig.

Mobbing

Der Begriff »Mobbing« findet sich im Gesetz als solcher nicht. Das heißt jedoch nicht, dass du juristisch nicht gegen ein derartiges Verhalten vorgehen kannst. Mobbing am Arbeitsplatz, sagt das Bundesarbeitsgericht (BAG), liegt dann vor, wenn du im Betrieb eine wiederholte, systematische und zielgerichtete Schikane, Demütigung oder Ausgrenzung erlebst. Je nach Einzelfall können verschiedene Rechtsverstöße vorliegen. Etwa die Verletzung deiner Persönlichkeitsrechte, ein Verstoß gegen den Gleichbehandlungsgrundsatz oder die Verletzung der Fürsorgepflicht des Arbeitgebers.

Möchtest du Ansprüche wie Schadensersatz wegen Verletzung deiner Gesundheit oder des allgemeinen Persönlichkeitsrechts geltend machen, liegt die Beweislast komplett bei dir. Du musst das Verschulden des Mobbers beweisen können. Gehst du gegen eine Verletzung der Fürsorgepflicht deines Arbeitgebers vor, zum Beispiel weil er trotz deiner Meldung nicht aktiv gegen das Mobbing eintritt, profitierst du von der Beweiserleichterung des § 22 des Allgemeinen Gleichbehandlungsgesetzes. In diesem Fall muss dein Arbeitgeber nachweisen, was er gegen das Mobbing unternommen hat.

Um Mobbing vor Gericht beweisen zu können, solltest du ein Mobbingtagebuch führen, in dem jeder Mobbingvorfall inhaltlich und zeitlich sowie mit Verursacher genau dokumentiert ist. Erkennt das Gericht deine Beweise an, hast du gemäß BGB Anspruch auf Schadensersatz oder Schmerzensgeld sowie auf

Unterlassung. Einen Anspruch, darauf, dass dem Mobber gekündigt wird, hast du jedoch nicht (BAG, Urteil vom 25.10.2007 – 8 AZR 593/06). Der Arbeitgeber darf selbst entscheiden, mit welchen Maßnahmen er durchsetzt, dass das Mobbing unterbleibt.

Kündigungsschutz: Alles, was du über Kündigungen wissen musst

Arbeitsverhältnisse gelten als sogenannte Dauerschuldverhältnisse – diese können prinzipiell auch gekündigt werden. Allerdings bedarf das Kündigen von Arbeitsverträgen durch den Arbeitgeber – sobald der gesetzliche Kündigungsschutz greift – einer Begründung. Kündigungen ohne Grund sind in der Regel nur in der Probezeit sowie in Kleinbetrieben möglich. Das Kündigungsschutzgesetz gilt aber nur in Betrieben mit mehr als zehn Mitarbeitenden.

Kündigungsarten

Grundsätzlich wird zwischen ordentlichen und außerordentlichen Kündigungen entschieden. Zu den ordentlichen Kündigungen zählen:

- betriebsbedingte Kündigungen,
- personenbedingte Kündigungen,
- verhaltensbedingte Kündigungen.

Als außerordentliche Kündigung wird die fristlose Kündigung aus wichtigem Grund (§ 626 BGB) bezeichnet. Für die außerordentliche Kündigung gelten grundsätzlich keine Kündigungsfristen. Das Arbeitsverhältnis endet in diesem Fall sofort mit der Bekanntgabe der Kündigung. Für alle anderen (ordentlichen) Formen der Kündigung gelten die in § 622 des BGB festgelegten Fristen in Abhängigkeit von der Beschäftigungsdauer:

Beschäftigungsdauer	Kündigungsfrist
0 bis 6 Monate (Probezeit)	2 Wochen zu jedem beliebigen Tag
7 Monate bis 2 Jahre	4 Wochen zum 15. oder zum Ende des Kalendermonats
2 Jahre	1 Monat zum Ende des Kalendermonats
5 Jahre	2 Monate zum Ende des Kalendermonats
8 Jahre	3 Monate zum Ende des Kalendermonats
10 Jahre	4 Monate zum Ende des Kalendermonats
12 Jahre	5 Monate zum Ende des Kalendermonats
15 Jahre	6 Monate zum Ende des Kalendermonats
20 Jahre	7 Monate zum Ende des Kalendermonats

Sind in deinem Arbeitsvertrag Kündigungsfristen festgelegt, die großzügiger als die gesetzlichen Vorgaben sind, gelten die Regeln aus deinem Vertrag.

Schwangere, Eltern in Elternzeit, Betriebsratsmitglieder oder Menschen mit Schwerbehinderung genießen einen besonderen Kündigungsschutz. Für Schwangere besteht ab Beginn der Schwangerschaft bis vier Monate nach der Entbindung ein Kündigungsverbot seitens des Arbeitgebers (§ 17 Mutterschutzgesetz). Für Eltern in Elternzeit besteht ab dem Zeitpunkt der Anmeldung der Elternzeit, frühestens aber acht Wochen vor Beginn der Elternzeit, bis zum Ende der Elternzeit Kündigungsschutz (§ 18 Bundeselterngeld- und Elternzeitgesetz). Betriebsratsmitgliedern kann während ihrer Amtszeit und bis ein Jahr nach Ende der Amtszeit nicht ordentlich gekündigt werden. Selbst eine fristlose Kündigung ist nur mit Zustimmung des Betriebsrats oder durch ein Arbeitsgericht möglich (§ 15 Kündigungsschutzgesetz). Der besondere Kündigungsschutz von Menschen mit Schwerbehinderung ist in den Paragrafen §§ 168–175 Neuntes Sozialgesetzbuch geregelt und bedarf der vorherigen Zustimmung des Integrationsamtes.

Betriebsbedingte Kündigung

Neben der Einhaltung der Kündigungsfristen müssen Arbeitgeber – sollte das Kündigungsschutzgesetz anwendbar sein – auch einen triftigen Kündigungsgrund vorbringen. Die Hürden für eine betriebsbedingte Kündigung sind hoch.

Als Kündigungsgründe für eine betriebsbedingte Kündigung gelten:

- Umsatzeinbrüche
- Auftragsrückgang
- Wirtschaftskrise
- Insolvenz
- Gesetzliche Änderungen
- Schließung einer Abteilung oder eines Standorts
- Automatisierung oder Digitalisierung
- Outsourcing an externe Dienstleister
- Umstrukturierung oder Fusion mit einer anderen Firma

Voraussetzung für die Gültigkeit einer betriebsbedingten Kündigung ist, dass der Arbeitsplatz tatsächlich wegfällt und nicht ersetzt werden kann. Außerdem muss es dem Unternehmen unmöglich sein, den Arbeitnehmer an einem anderen Arbeitsplatz im Unternehmen einzusetzen. Wichtig ist auch die Sozialauswahl bei der Kündigung (§ 1 Abs. 3 KSchG): Berücksichtigt werden müssen die Dauer der Betriebszugehörigkeit, das Lebensalter, Unterhaltspflichten für die Familie oder schwere Behinderungen.

Personenbedingte Kündigung

Eine personenbedingte Kündigung liegt vor, wenn der Arbeitnehmer aus Gründen, die in seiner Person liegen, nicht mehr in der Lage ist, seine arbeitsvertraglichen Pflichten zu erfüllen. Die Gründe dafür können sehr unterschiedlich sein. Verliert ein Lkw-Fahrer beispielsweise seinen Führerschein, darf ihm sein Arbeitgeber kündigen. Langzeiterkrankungen oder sehr häufig wiederkehrende Kurzzeiterkrankungen mit negativer Prognose können ebenfalls zu einer personenbedingten Kündigung führen. Gerade beim Thema Krankheit ist die Rechtsprechung hier aber sehr streng, am Ende ist die Abwägung zwischen den Interessen des Arbeitgebers und des kranken Arbeitnehmers entscheidend. Auch der Antritt einer Haftstrafe rechtfertig in der Regel eine personenbedingte Kündigung. Allerdings ist diese Form der Kündigung sehr selten. Gerade mal drei Prozent der Arbeitnehmer wird personenbedingt gekündigt.

Verhaltensbedingte Kündigung

Verletzt ein Arbeitnehmer durch schuldhaftes Fehlverhalten seine arbeitsvertraglichen Pflichten, kann das eine verhaltensbedingte Kündigung nach sich ziehen.

Gründe für eine verhaltensbedingte Kündigung können sein:

- Wiederholtes unentschuldigtes Fehlen oder Zuspätkommen
- Arbeitsverweigerung
- Beleidigung oder Störung des Betriebsfriedens
- Missachtung von Anweisungen des Arbeitgebers
- Alkoholkonsum am Arbeitsplatz (wenn nicht einmalig und nicht ausdrücklich verboten oder gar betrieblich veranlasst im Rahmen einer Feier)
- Wiederholte private Erledigungen während der Arbeitszeit
- Schlechte oder unzureichende Arbeitsleistung
- Fehlende Krankmeldungen

RECHT BEKOMMEN

Eine verhaltensbedingte ordentliche Kündigung ist meist erst möglich, wenn zuvor eine wirksame Abmahnung erfolgt ist und das Verhalten danach erneut auftritt. Du musst also in der Regel erst abgemahnt werden und die Chance bekommen, das abgemahnte Fehlverhalten zu korrigieren. Ausnahmen von der Pflicht zur vorherigen Abmahnung gibt es nur bei sehr schweren Pflichtverletzungen – die dann häufig auch direkt eine fristlose Kündigung rechtfertigen würden.

Fristlose Kündigung

Liegt ein wichtiger Grund vor, der es einem Arbeitgeber unzumutbar macht, die Kündigungsfrist abzuwarten, kann er dem Arbeitgeber auch fristlos kündigen (§ 626 BGB). Bei diesem wichtigen Grund muss es sich allerdings um eine schwerwiegende Pflichtverletzung handeln.

Beispiele für schwerwiegende Pflichtverletzungen sind:

- Diebstahl oder Betrug
- Arbeitszeitbetrug
- Sexuelle Belästigung
- Mobbing gegenüber Kollegen
- Beleidigung oder Bedrohung von Vorgesetzten oder Mitarbeitern

- Verletzung der Verschwiegenheitspflicht oder Spionage
- Wiederholte und vorsätzliche Arbeitsverweigerung
- Eigenmächtiger Urlaubsantritt trotz Verweigerung
- Nebenjob in direkter Konkurrenz zum Arbeitgeber
- Gefälschte Krankmeldungen (»Krankfeiern«)
- Vorgetäuschte Arbeitsunfähigkeit, während der der Arbeitnehmer verreist oder anderweitig arbeitet
- Schwere Beleidigung oder körperliche Angriffe

Eine fristlose Kündigung muss zwei Wochen nach Bekanntwerden des Kündigungsgrundes ausgesprochen werden. Außerdem muss eine Interessenabwägung dahingehend erfolgen, dass keine milderen Maßnahmen wie eine Abmahnung oder Versetzung möglich sind.

Einer der hierzulande bekanntesten Fälle einer fristlosen Kündigung war der der Kassiererin »Emmely«. Ihr war 2009 gekündigt worden, nachdem sie Leergutbons in Höhe von 1,30 Euro, die in der Filiale gefunden worden waren, für einen privaten Einkauf genutzt hatte. Während die ersten Instanzen dem Arbeitgeber noch recht gaben, erklärte das Bundesarbeitsgericht die Kündigung schließlich für unwirksam. Zwar habe es sich um einen schwerwiegenden Verstoß gehandelt, da eine Kassiererin über jeden Verdacht der finanziellen Vorteilsnahme erhaben sein muss. Das BAG würdigte im Gegensatz zu den Vorinstanzen jedoch auch das Vertrauenskapital, das die Kassiererin zuvor in 30 Jahren beanstandungsfreier Tätigkeit angesammelt hatte, und sah daher eine Abmahnung als angemessen an (BAG, Urteil vom 10. Juni 2010 – 2 AZR 541/09).

RECHT BEKOMMEN

Übrigens hast auch du als Arbeitnehmer das Recht, deinen Arbeitsvertrag fristlos zu kündigen, wenn dein Arbeitgeber ein schwerwiegendes Fehlverhalten zeigt, etwa wenn er deinen Lohn nicht bezahlt.

Abmahnung: Wann ist sie gerechtfertigt?

Eine Abmahnung ist eine besonders einschneidende arbeitsrechtliche Maßnahme, wenn der Arbeitnehmer gegen den Arbeitsvertrag verstoßen hat. Im Falle einer Wiederholung kann das zu einer Kündigung führen. Eine Abmahnung ist also nur vor einer verhaltensbedingten Kündigung erforderlich, nicht bei einer personen- oder betriebsbedingten Kündigung. Solltest du eine Abmahnung erhalten, nimm sie bitte ernst und prüfe sie genau.

Grundsätzlich unterliegt eine Abmahnung keinem Formerfordernis, allerdings ist der Arbeitgeber in der Pflicht zu beweisen, dass er dir die Abmahnung zugestellt hat. In der Regel lässt er sich den Erhalt der Abmahnung schriftlich bestätigen. Wichtig: Die Bestätigung des Erhalts ist nicht gleichzusetzen mit der Unterschrift unter der Abmahnung selbst. Diese Unterschrift könnte dahingehend interpretiert werden, dass du die Abmahnung und das dort genannte Fehlverhalten anerkennst. Quasi als Schuldeingeständnis. Eine Abmahnung ist jedoch auch ohne deine Unterschrift gültig, wenn sie die entsprechenden Voraussetzungen erfüllt. Der Aufforderung, sie zu unterschreiben, musst du nicht nachkommen.

Eine Abmahnung erfüllt drei Funktionen:

- *Hinweisfunktion*
  Das Fehlverhalten muss konkret benannt und beanstandet werden. Es reicht nicht aus, pauschal das »wiederholte Zuspätkommen« abzumahnen. Vielmehr müssen Datum und Uhrzeit des Fehlverhaltens genannt werden.

- *Warnfunktion*
  In der Abmahnung muss die konkrete Aufforderung enthalten sein, das Fehlverhalten in Zukunft zu unterlassen. Außerdem muss der Arbeitgeber ankündigen, dass er das Arbeitsverhältnis einseitig beenden wird, sollte das Verhalten vom Arbeitnehmer wiederholt oder in ähnlicher Form erneut an den Tag gelegt werden.

- *Dokumentationsfunktion*
  Die Abmahnung dient im Fall einer Kündigung als Beweismittel und wird in deiner Personalakte hinterlegt.

  Selbstverständlich kannst du gegen eine in deinen Augen ungerechtfertigte Abmahnung vorgehen und offiziell Widerspruch einlegen. Dein Widerspruch sollte dabei die folgenden Punkte enthalten:
  - Ort und Datum des Widerspruch-Schreibens
  - Name des Mitarbeiters
  - Beschreibung des Sachverhalts aus Sicht des Abgemahnten

- Benennung möglicher Zeugen oder anderer Beweismittel
- Direkte Aufforderung zur Entfernung der Abmahnung aus der Personalakte
- Direkte Aufforderung an den Arbeitgeber, dem Arbeitnehmer innerhalb einer angemessenen Frist eine Entscheidung über den Widerspruch mitzuteilen
- Eigenhändige Unterschrift

Eine Frist für den Widerspruch ist nicht vorgeschrieben. Er sollte allerdings zeitnah, also idealerweise innerhalb von zwei Wochen, bei deinem Arbeitgeber eingehen. Anwaltliche Unterstützung ist für einen solchen Widerspruch zwar nicht erforderlich, allerdings ratsam, da Arbeitgeber anwaltlich formulierte Widersprüche ernster nehmen.

ABMAHNUNG: WEITERE WICHTIGE REGELUNGEN IM ÜBERBLICK

- Ist eine Abmahnung unwirksam, kann sie später nicht als Grundlage für eine Kündigung herangezogen werden. In so einem Fall müsstest du erst wieder ordentlich abgemahnt werden.
- Abmahnungen verjähren nicht. Allerdings verlieren Abmahnungen nach zwei bis drei Jahren an Bedeutung. Nach fünf Jahren hast du sogar gute Chancen auf Entfernung der Abmahnung aus deiner Personalakte (BAG, Urteil vom 19.07.2012 - 2 AZR 782/11).
- Einer Abmahnung folgt nicht immer sofort eine Kündigung. Je nach Schwere der abgemahnten Vertragsverletzung können sogar zwei oder drei Abmahnungen vor einer Kündigung geboten sein.

Aufhebungs- und Abwicklungsvertrag: Was sind die Unterschiede?

Es kann vorkommen, dass dir dein Arbeitgeber im Zuge einer Kündigung einen Aufhebungs- oder Abwicklungsvertrag anbietet. Doch was ist der Unterschied?

Bei einem *Aufhebungsvertrag* sind sich beide Parteien einig, dass das Arbeitsverhältnis beendet werden soll. Ein solcher Vertrag zieht auf Grundlage von

§ 159 Abs.1 Satz 1 SGB III eine Sperrzeit nach sich. In dieser Zeit hast du keinen Anspruch auf Arbeitslosengeld, da du durch deine Zustimmung zum Aufhebungsvertrag an deiner Kündigung mitgewirkt hast.

Ein *Abwicklungsvertrag* folgt dagegen in der Regel auf eine einseitig ausgesprochene Kündigung und regelt das Wie des Arbeitsendes. Der zentrale Bestandteil eines Abwicklungsvertrags ist der Verzicht des Arbeitnehmers auf die Erhebung einer Kündigungsschutzklage. Im Gegenzug für diesen Verzicht erhält der Arbeitnehmer in der Regel eine Abfindung.

Wichtig: Ohne Gegenleistung ist der Kündigungsverzicht meist unwirksam. Mit der Unterschrift unter einen wirksamen Abwicklungsvertrag verlierst du allerdings tatsächlich die Möglichkeit, die Kündigung gerichtlich anzugreifen, selbst wenn sie sozial ungerechtfertigt wäre. Der Weg zum Arbeitsgericht ist dir dann versperrt. Hast du einen solchen Abwicklungsvertrag ohne Gegenleistung unterschrieben, bleibt dir nur noch die Möglichkeit, mithilfe eines Anwalts den Abwicklungsvertrag selbst anzufechten und für ungültig erklären zu lassen. Allerdings sind die Hürden hier sehr hoch. Am besten ist es, wenn du bereits *vor* der Unterschrift unter einen Abwicklungsvertrag einen Anwalt konsultierst.

Dass ein Abwicklungsvertrag hinsichtlich des Anspruchs auf Arbeitslosengeld keine Sperrzeit nach sich zieht (§ 159 SGB III), ist leider ein Irrtum. Aus diesem Grund wird auch bei den Abwicklungsverträgen fast immer eine Sperrzeit von bis zu zwölf Wochen für das Arbeitslosengeld verhängt. Einen Aufhebungs- oder Abwicklungsvertrag solltest du daher immer nur dann unterzeichnen, wenn du auf das Arbeitslosengeld vorerst nicht angewiesen bist oder vielleicht sogar bereits einen neuen Arbeitsvertrag direkt im Anschluss an deine Kündigung in der Tasche hast.

Kündigungsschutzklage

Solltest du berechtigte Zweifel an der Wirksamkeit deiner Kündigung haben – etwa, weil Fristen nicht eingehalten wurden, dir keine andere Stelle angeboten worden ist oder der Betriebsrat nicht involviert war – kannst du dich entscheiden, gegen die Kündigung gerichtlich vorzugehen. Schalte dafür zügig einen Anwalt ein. Dieser berät dich in einem Erstgespräch, ob eine Klage sinnvoll ist oder nicht. Viele Arbeitsrechtler bieten hier kostenlose Erstgespräche an. Solltest du Mitglied einer Gewerkschaft sein, ist zumindest die erstinstanzliche anwaltliche Betreuung sogar oft Teil der Mitgliedschaft. Deine Klage muss in jedem Fall innerhalb von drei Wochen nach Eingang der Kündigung bei dir beim zuständigen Arbeitsgericht eingereicht werden. Wichtig ist, dass du mit deinem Anwalt bereits vorher klärst, welche Ziele du mit der Klage erreichen möchtest. Eine möglichst hohe Abfindung? Eine Weiterbeschäftigung? Keinen Ärger mit dem Arbeitsamt? Oder ein sehr gutes Zeugnis?

In Deutschland werden jedes Jahr rund 400 000 Kündigungsschutzklagen verhandelt. Dabei kommt es in etwa 70 Prozent der Fälle zu einer Einigung im sogenannten Gütetermin (das ist der Termin, der der eigentlichen Gerichtsverhandlung vorgelagert ist). Das liegt unter anderem daran, dass Richter in der Güteverhandlung den Parteien meist sehr deutlich machen, wie es um ihre Chancen in einem gerichtlichen Hauptverfahren bestellt ist. Die meisten Kündigungsschutzklagen enden daher mit einem Vergleich, in dem beide Parteien den Rechtsstreit für beendet erklären und sich auf einen Kompromiss einigen.

Arbeitszeugnis: Was darf drinstehen?

Im Arbeitsrecht stellt § 109 Gewerbeordnung (GewO) die rechtliche Grundlage für den Anspruch auf ein Arbeitszeugnis dar. Danach haben Beschäftigte bei Beendigung des Arbeitsverhältnisses Anspruch auf ein Endzeugnis, das auf ihr Verlangen hin auch eine Beurteilung ihrer Leistung und ihres Verhaltens im Arbeitsverhältnis enthalten muss. Mitarbeiter wie Praktikanten oder Volontäre, die nicht zu den klassischen Arbeitnehmern zählen, können ebenfalls einen Zeugnisanspruch geltend machen (§ 630 BGB).

Ein Arbeitszeugnis muss schriftlich abgefasst und vom Arbeitgeber unterschrieben werden. Eine E-Mail oder ein elektronisches Dokument reichen nicht aus, da das Zeugnis nicht in elektronischer Form ausgestellt werden darf.

Ein Arbeitszeugnis soll »wohlwollend«, »vollständig« und »wahr« sein – ein Spagat, der zuweilen zu akrobatischen Formulierungen führt. Denn was auf den ersten Blick höflich klingt, kann zwischen den Zeilen ein verheerendes Urteil über den Arbeitnehmer enthalten. Die sogenannte Zeugnissprache ist deshalb nicht nur für Personaler ein wertvolles Werkzeug, sondern auch für Juristen ein Dauerbrenner. Schauen wir uns einmal an, welche Formulierungen kritisch sein könnten. Wichtig ist aber, dass es immer auf den Kontext der Äußerung ankommt. Wohl die wenigsten Formulierungen sind in ausnahmslos jedem Fall unzulässig.

Formulierung im Arbeitszeugnis	**Zulässig oder unzulässig?**
»Herr Müller erledigte die ihm übertragenen Aufgaben stets zu unserer vollen Zufriedenheit.«	Zulässig. Dies ist eine gängige und anerkannte Formulierung für eine gute bis sehr gute Leistung (Note 2).
»Frau Meier hat sich bemüht, die ihr übertragenen Aufgaben zu unserer Zufriedenheit zu erledigen.«	Unzulässig (bzw. kritisch zu sehen). Klingt nach »er/sie hat sich bemüht, es aber nicht geschafft«. Dies ist ein klassischer Geheimcode für eine mangelhafte Leistung und verstößt gegen das Wohlwollensgebot.
»Er zeigte für seine Arbeit Verständnis.«	Unzulässig (bzw. kritisch zu sehen). Impliziert, dass der Arbeitnehmer zwar die Aufgaben verstanden hat, aber keine Eigeninitiative oder Engagement zeigte. Eine negative Codierung.
»Ihr Verhalten gegenüber Vorgesetzten und Kollegen war stets einwandfrei.«	Zulässig. Eine positive und klare Aussage zum Sozialverhalten.
»Er war bei seinen Kollegen beliebt.«	Zulässig, aber mit Vorsicht zu genießen. Kann positiv gemeint sein. Manchmal wird es aber auch verwendet, um von fachlichen Mängeln abzulenken oder um anzudeuten, dass der Mitarbeiter mehr auf soziale Kontakte als auf die Arbeit fokussiert war. Die Gesamtaussage des Zeugnisses ist entscheidend.
»Sie verfügt über Fachwissen und ein gesundes Selbstvertrauen.«	Unzulässig (bzw. kritisch zu sehen). »Gesundes Selbstvertrauen« kann als Code für Arroganz oder Überschätzung der eigenen Fähigkeiten interpretiert werden.
»Wir wünschen ihm für die Zukunft alles Gute, insbesondere auch Erfolg.«	In dieser Form unzulässig (bzw. kritisch zu sehen). Die explizite Erwähnung von »auch Erfolg« kann darauf hindeuten, dass der Mitarbeiter bisher nicht erfolgreich war. Ohne diesen Zusatz wäre der Satz zulässig. Eine wohlwollendere Formulierung wäre »weiterhin viel Erfolg«.
»Sie zeigte ein kontaktfreudiges Wesen.«	Unzulässig (bzw. kritisch zu sehen). Kann negativ ausgelegt werden als Hinweis auf übermäßige Gesprächigkeit oder Ablenkung von der Arbeit. Anders ist die Aussage zu beurteilen, wenn es Teil des Jobs ist, Kontakte (z. B. zu Kunden) aufzubauen oder zu pflegen.
»Er war stets pünktlich.«	Zulässig, aber mit Vorsicht. Pünktlichkeit ist eine Selbstverständlichkeit. Wird sie explizit als besondere Leistung hervorgehoben, kann dies darauf hindeuten, dass es ansonsten wenig Positives zu berichten gibt. Im Kontext anderer positiver Aussagen jedoch unproblematisch.

Formulierung im Arbeitszeugnis	**Zulässig oder unzulässig?**
»Er verlässt unser Unternehmen auf eigenen Wunsch.«	Zulässig. Eine neutrale und informative Aussage zum Trennungsgrund.
»Frau Schmidt war eine gesellige Mitarbeiterin.«	Unzulässig (bzw. kritisch zu sehen). Ähnlich wie »kontaktfreudig« kann dies auf eine Tendenz zu übermäßigen Pausen oder privaten Gesprächen während der Arbeitszeit hindeuten und eventuell sogar auf Alkoholkonsum anspielen (abhängig vom Kontext).
»Er hat alle Aufgaben ordnungsgemäß erledigt.«	Zulässig, aber nicht sehr positiv. »Ordnungsgemäß« bedeutet fehlerfrei, aber ohne besonderes Engagement oder überdurchschnittliche Leistungen. Entspricht eher einer ausreichenden Leistung (Note 4).
»Informationen über seine Krankheitstage dürfen nicht im Zeugnis stehen.«	Unzulässig. Angaben zu Krankheitstagen sind grundsätzlich unzulässig. Eine Ausnahme gibt es nur, wenn die Fehlzeiten das Arbeitsverhältnis außergewöhnlich stark und negativ geprägt haben (z. B. dauerhafte Minderleistung durch häufige Kurzerkrankungen über einen längeren Zeitraum). Allerdings muss sich der Arbeitgeber auch hier um eine möglichst neutrale und eben wohlwollende Formulierung bemühen.
»Sie war Mitglied im Betriebsrat.«	Unzulässig. Die Tätigkeit im Betriebsrat oder gewerkschaftliches Engagement dürfen im Arbeitszeugnis nicht erwähnt werden, weder positiv noch negativ, es sei denn, der Arbeitnehmer wünscht dies ausdrücklich.

Enthält dein Zeugnis falsche Tatsachen oder eine unrichtige Beurteilung, darfst du es berichtigen lassen. Sollten dir wichtige Punkte oder Erfolge fehlen, kannst du ebenfalls darum bitten, dass diese dem Arbeitszeugnis hinzugefügt werden. Sollte dein Arbeitgeber deinen Wünschen nicht nachkommen, kannst du diese auch gerichtlich durchsetzen.

Die Arbeitsgerichte sind befugt, das gesamte Zeugnis zu überprüfen. Falls das Gericht feststellt, dass das Zeugnis unzutreffend oder unangemessen formuliert ist, kann es den Arbeitgeber verpflichten, eine neue, korrekte Version auszustellen. Dabei darf der Arbeitgeber weder auf das Urteil noch auf einen gerichtlich protokollierten Vergleich im neuen Zeugnis Bezug nehmen, da ein potenzieller neuer Arbeitgeber einen solchen Hinweis negativ deuten könnte. Einen rechtlichen Anspruch auf die bekannte Dankesformel und gute Wünsche für die Zukunft gibt es übrigens nicht. Es reicht, wenn der Arbeitgeber deine Leistungen sachlich richtig bewertet (BAG, Urteil vom 25.01.2022 – 9 AZR 146/21).

EHERECHT

Familienbande schützen nicht vor Streit – im Gegenteil. Wird eine Liebe enttäuscht, können die Emotionen mitunter besonders hochkochen. Gerade im Eherecht spiegeln sich zudem die gesellschaftlichen Veränderungen der letzten Jahrzehnte, die auf eine zunehmende Gleichstellung von Frau und Mann abzielen. Überholte Paragrafen wurden gestrichen, neue sind hinzugekommen. Ein Beispiel, das schwer zu fassen ist: Erst seit 1997 ist eine Vergewaltigung auch in der Ehe strafbar! Und immerhin bis 1977 spielte es noch eine wichtige Rolle, welcher der beiden Ehepartner schuld am Aus der Ehe war. Mit der Feststellung der Schuld konnte der Verlust von Unterhaltsansprüchen oder des Sorgerechts einhergehen. Entsprechend heftig wurde vor Gericht gestritten. Heute ist das Schuldprinzip allerdings nicht mehr relevant. Das ändert allerdings nichts daran, dass Scheidungen noch immer mal einvernehmlich, mal strittig ablaufen. Nur wird heute vor Gericht nicht mehr nach der Schuld gesucht, sondern lediglich festgestellt, ob die Voraussetzungen für eine Scheidung bestehen oder nicht. Auch der sogenannte Gehorsamsparagraf (§ 1354 BGB), der dem Mann in einer Ehe das alleinige Recht zur Entscheidung aller Eheangelegenheiten zusprach, ist längst Geschichte. Geben sich heute zwei Menschen das Ja-Wort, gehen sie dennoch – juristisch gesehen – zahlreiche Verpflichtungen ein.

Rechte und Pflichten in der Ehe

Das Eherecht beginnt mit dem Verlöbnis in § 1297 BGB und endet mit dem Versorgungsausgleich in § 1587 BGB bei der Scheidung. Aus einer Verlobung selbst ergeben sich noch keine weitreichenden gesetzlichen Pflichten. Als Verlobter oder Verlobte bist du weder erbberechtigt noch hast du im Krankenhaus ein Besuchs- oder Auskunftsrecht. Es besteht lediglich Recht auf Schadensersatz, wenn für die anstehende Hochzeit bereits Anschaffungen – zum Beispiel ein Brautkleid oder ein Hochzeitsanzug – getätigt wurden und einer der beiden Ehepartner dann aber doch kalte Füße bekommen und die Verlobung aufgelöst hat.

Spannender wird die Sache dann jedoch mit dem Eheversprechen. Juristisch gesehen ist die Ehe nichts weiter als ein Vertrag zwischen zwei Menschen. Als zentrale Vertragsklausel gilt dabei § 1353 Absatz 1 S. 2 BGB. Darin heißt es: »Die Ehegatten sind einander zur ehelichen Lebensgemeinschaft verpflichtet; sie tragen füreinander Verantwortung.«

Aus der Rechtsprechung der letzten Jahre und Jahrzehnte lassen sich die folgenden wichtigsten Pflichten einer »ehelichen Gemeinschaft« ableiten:

- Häusliche Gemeinschaft
- Gemeinsame Familienplanung und Geschlechtsgemeinschaft
- Achtung des persönlichen Freiraums
- Gesundheitsvorsorge
- Einvernehmliche Regelung gemeinsamer Angelegenheiten und Rücksichtnahme

Häusliche Gemeinschaft

Dazu gehört das Zusammenleben der Eheleute unter einem Dach. Natürlich ist eine gemeinsame Wohnung nicht zwingend vorgeschrieben. Paare in Fern- oder Wochenendbeziehungen dürfen ebenfalls verheiratet sein. Das Nichtzusammenleben will allerdings gut begründet sein, um nicht in den Verdacht zu geraten, eine Scheinehe zu führen.

Gemeinsame Familienplanung und Geschlechtsgemeinschaft

Was passiert eigentlich, wenn in der Ehe ein Partner ein Kind will, der andere nicht, und der eine dann heimlich die Verhütung absetzt oder über getroffene Verhütungsmaßnahmen die Unwahrheit sagt? Das sogenannte Stealthing, also das heimliche Entfernen eines Kondoms vor oder während der Ausübung von Geschlechtsverkehr ohne Einwilligung des Partners, gilt als Straftat. Versichert eine Frau dagegen einem Mann, dass sie verhütet, obwohl dies nicht stimmt, und wird schwanger, so bleibt der leibliche Vater des Kindes in jedem Fall unterhaltspflichtig. Auch Schadensersatz lässt sich trotz einer solchen Täuschung nicht geltend machen. Das mag für manche ungerecht klingen. Doch wer als Mann auf Nummer sicher gehen will und es auch nur den Hauch eines Zweifels gibt, seiner Partnerin in so einer wichtigen Frage wie der Zeugung eines Kindes vertrauen zu können, kann ja selbst für die Verhütung sorgen.

Ein Recht auf Sex in der Ehe – nichts anderes benennt die »Geschlechtsgemeinschaft« – gibt es übrigens grundsätzlich nicht. Das stellte der Europäische Gerichtshof für Menschenrechte Anfang 2025 noch einmal in einem Urteil fest (EGMR – Urteil vom 23.01.2025, Beschw.-Nr. 13805/21). In Deutschland liest man hier und da noch immer, dass sich aus der Verpflichtung zur »ehelichen Lebensgemeinschaft« auch eine Verpflichtung zur Geschlechtsgemeinschaft – also zum Sex – ableite. Dies allerdings nur, um einige Zeilen später festzuhalten, dass sich eine Weigerung nicht durchsetzen lasse. Eine entsprechende Klage würde deshalb automatisch ins Leere laufen. Wie man es auch dreht und wendet: Nur ja heißt ja. Einvernehmlichkeit ist die Grundvoraussetzung für Sex – innerhalb und außerhalb der Ehe.

Achtung des persönlichen Freiraums

Keiner der beiden Ehegatten hat ein Recht darauf, dass sein Partner ihm gegenüber gehorsam ist oder gar alle seine Lebensumstände offenbaren oder offenlegen muss. Das Briefgeheimnis zum Beispiel gilt auch in der Ehe. Welche Religion ein Ehegatte ausübt, ist ebenfalls seine Sache. Und liegen die Umfragen richtig, verschweigen etwa die Hälfte aller Männer und Frauen in ihren Beziehungen, wie viel sie verdienen und über welches Vermögen sie verfügen. So, wie es ihr gutes Recht ist. Es sei denn, es kommt zur Scheidung. Vor Gericht müssen Verdienst und Vermögen wahrheitsgemäß offengelegt werden.

Gesundheitsvorsorge

Seit 2023 regelt § 1358 BGB das sogenannte Notvertretungsrecht für Ehepartner. Es ist zeitlich auf maximal sechs Monate begrenzt und greift, wenn ein Ehepartner nicht mehr selbst für sich entscheiden kann – etwa, weil er im Koma liegt oder schwer verunglückt ist und dadurch seinen Willen nicht mehr äußern kann. Zuvor musste der Ehepartner auch in solchen Fällen eine Vorsorgevollmacht vorlegen, um gegenüber Ärzten und Behörden dessen Vertretung wahrnehmen zu dürfen. Gab es eine solche Vollmacht nicht, musste gerichtlich ein Betreuer bestellt werden. Neben Ehegatten profitieren auch eingetragene Lebenspartner von der Neureglung.

Unter das Notvertretungsrecht fallen die Zustimmung oder Untersagung von Untersuchungen, Heilbehandlungen oder ärztlichen Eingriffen. Ehegatten können außerdem Behandlungs- und Krankenhausverträge unterzeichnen oder Ansprüche aus Versicherungen oder anderen Beihilfen geltend machen.

Das Notvertretungsrecht greift in den folgenden Fällen nicht:

- Die Ehegatten leben getrennt.
- Es existiert bereits eine Vorsorgevollmacht. Dann gelten die darin festgehaltenen Bestimmungen.
- Es wurde bereits ein Betreuer gesetzlich bestimmt.

Das Notvertretungsrecht gilt tatsächlich nur für sechs Monate und kann nicht verlängert werden. Um eine nahtlose Betreuung sicherzustellen, sollte innerhalb der sechs Monate bereits ein Betreuungsverfahren beim Betreuungsgericht eingeleitet werden. Mit ihm wird ein rechtlicher Betreuer bestellt. In den meisten Fällen wird das Gericht den Ehepartner oder ein Familienmitglied zum Betreuer bestellen, wenn keine Gründe dagegensprechen. Mit einer Vorsorgevollmacht kann man sich dieses Prozedere jedoch ersparen.

Einvernehmliche Regelungen und Rücksichtnahme

Dem persönlichen Freiraum steht das »gegenseitige Einvernehmen« entgegen, welches das BGB insbesondere für die Haushaltsführung und die Erwerbstätigkeit als verpflichtend feststellt (§ 1356 BGB). Allerdings schreibt das Gesetz nicht vor, dass Ehegatten jede Entscheidung, die das Zusammenleben betrifft, gemeinsam treffen müssen. Handelt es sich um Geschäfte zur Deckung des Lebensbedarfs, dürfen Ehegatten auch selbstständig und ohne explizite Zustimmung des Partners entscheiden (§ 1357 BGB, auch »Schlüsselgewalt« genannt). Etwa beim Kauf von Lebensmitteln, Kleidung oder Schulmaterialen für die gemeinsamen Kinder. Auch die Anmeldung in einem Sport- oder Musikverein fällt darunter. Obwohl nur ein Ehegatte sie abgeschlossen hat, haftet der andere mit.

Wohlgemerkt: Die Haftung gilt nur für Geschäfte zur Deckung des Lebensbedarfs. Ein Kredit für einen teuren Sportwagen fällt nicht darunter. Denn entgegen der landläufigen Annahme haften Eheleute nicht automatisch für die Schulden des anderen. Welche Regelungen hier greifen, hängt unter anderem davon ab, ob es einen Ehevertrag gibt oder nicht.

Ehevertrag – Ja oder Nein?

Noch immer sehen viele Eheleute einen Ehevertrag als unromantisch an. Schließlich gehen die meisten mit der festen Absicht in die Beziehung, zusammenzubleiben, bis dass der Tod sie scheidet. In rund 35 Prozent der in Deutschland eingegangenen Ehen übernimmt diese Aufgabe jedoch nicht der Sensenmann, sondern ein Familienrichter. Die durchschnittliche Ehedauer bis zur Scheidung liegt aktuell bei rund 15 Jahren.

Der schlechte Ruf von Eheverträgen liegt womöglich auch in der Annahme begründet, dass es sich in der Regel um Verzichtserklärungen von Frauen auf Wunsch eines gutverdienenden Mannes handelt. Tatsächlich kann ein Ehevertrag zum Beispiel Unterhaltsansprüche oder aber den Versorgungsausgleich im Scheidungsfall anders regeln, als es der Gesetzgeber normalerweise vorsieht – bis hin zum vollständigen Verzicht. Allerdings darf auch ein Ehevertrag nicht durch eine Zwangslage oder Unterlegenheit eines der beiden Ehepartner zustande kommen. Auch eine einseitige Lastenverteilung kann dazu führen, dass ein Ehevertrag im Nachhinein als sittenwidrig angesehen wird. Der Betreuungsunterhalt für Kinder kann in einem Ehevertrag übrigens grundsätzlich nicht ausgeschlossen werden.

RECHT BEKOMMEN

In Deutschland muss ein Ehevertrag zwingend notariell beurkundet werden, sonst ist er nicht gültig. Auch so wird sichergestellt, dass der Vertrag allen rechtlichen Anforderungen entspricht und beide Ehegatten dem Vertrag wirklich zustimmen.

Vielleicht hilft es dir, mit dem folgenden Gedanken deine Perspektive auf den Ehevertrag zu verändern: Wenn die Ehe juristisch gesehen schon ein Vertrag ist, schadet es vielleicht nicht, diesem Vertrag seine eigenen Allgemeinen Geschäftsbedingungen hinzuzufügen.

Schließen Eheleute keinen eigenen Ehevertrag ab, gilt für die Ehe automatisch der gesetzlich festgelegte Güterstand der Zugewinngemeinschaft. Möchten Eheleute vom Prinzip der Zugewinngemeinschaft abweichen und lieber in einer Gütergemeinschaft oder Gütertrennung leben, kann das nur mit einem Ehevertrag abgeändert werden.

Hier eine Übersicht der Vor- und Nachteile der verschiedenen Güterstände:

Güterstand	**Ehevertrag nötig?**	**Merkmale**	**Vor- und Nachteile**
Zugewinngemeinschaft	Nein	Die Zugewinngemeinschaft kombiniert die Gütertrennung mit dem Zugewinn innerhalb der Ehezeit. Während der Ehe bleiben die in die Ehe eingebrachten Vermögensgüter der Eheleute alleiniges Eigentum des jeweiligen Ehegatten (Gütertrennung). Nur Vermögen, das während der Ehe gemeinsam erwirtschaftet wird, oder gemeinsam angeschaffte Güter (wie z. B. ein Haus oder Möbel) zählen zum gemeinsamen Vermögen des Paares. Kommt es zur Scheidung, wird ein Vergleich gezogen zwischen dem, was jeder Partner zum Anfang der Ehe an Vermögen hatte und wie sein Vermögensstand am Ende aussieht: Derjenige, der mehr erwirtschaftet hat, muss dem anderen grundsätzlich die Hälfte von seinem Zugewinn auszahlen. Der Zugewinn ist steuerfrei. Schenkungen und Erbschaften gehören übrigens nicht zum Zugewinn. Einzige Ausnahme: Du erhältst eine Immobilie, die während deiner Ehe im Wert steigt. In diesem Fall wird die Hälfte des Wertzuwachses als Zugewinn ausgeglichen.	+ Jeder Ehepartner kann selbst über seine in die Ehe eingebrachten Vermögenswerte verfügen und sie selbst verwalten. + Gibt ein Ehepartner seinen Beruf zugunsten der Haushaltsführung oder Kinderbetreuung auf, profitiert er am Ende vom Zugewinn. + Jeder Ehegatte haftet eigenständig für Verbindlichkeiten, die vor oder nach der Ehe entstehen. – Schwierig wird es, wenn ein Ehepartner zum Beispiel eine Firma aufgebaut hat. Im Zweifel muss er dann die Hälfte des geschätzten Wertes auszahlen – ohne liquide zu sein. Das kann bedeuten, dass man die Firma verkaufen muss, um den Ehepartner auszuzahlen.

Gütergemeinschaft	Ja	Vermögen der Eheleute wird zum gemeinsamen Vermögen. Das betrifft sowohl Vermögen, das vor, als auch Vermögen, das während der Ehe erwirtschaftet wurde.	+ Beide Eheleute können das Vermögen gleichermaßen verwalten. + Jedem steht jeweils die Hälfte des Vermögens zu. - Ehegatten haften auch für die Schulden des Partners.
Gütertrennung	Ja	Es findet eine vollständige Trennung des Vermögens der Eheleute statt. Bei der Scheidung findet kein Zugewinnausgleich statt. Jeder behält, was er in die Ehe eingebracht und in der Ehe verdient hat. Dieser Güterstand kann vor allem dann sinnvoll sein, wenn beide Ehepartner über hohe Vermögen verfügen oder aber beide gewerblich tätig sind und ein entsprechendes unternehmerisches und finanzielles Risiko tragen.	+ Jeder kann vollumfänglich über seine Vermögenswerte verfügen. + Keine Haftung für Schulden des Ehepartners - Kein Zugewinnausgleich am Ende der Ehe; ggf. Benachteiligung, sollte ein Partner sich während der Ehe beruflich zurückgenommen haben.

Die Wahl eines entsprechenden Güterstandes kann zum Beispiel dann Sinn machen, wenn sich in der Ehe ein Partner überwiegend um die Sorge- und Hausarbeit kümmert und dadurch kein oder nur ein geringes Einkommen hat. Dann würde zum Beispiel die Zugewinngemeinschaft für einen fairen Ausgleich sorgen.

So funktioniert der Zugewinnausgleich

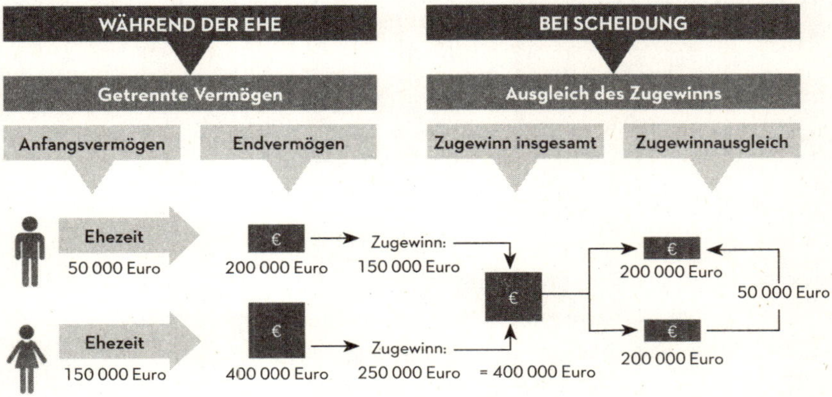

Auch dann, wenn es größere Vermögensunterschiede oder aber eigene Unternehmen gibt, kann der Ehevertrag helfen, Vermögen zu schützen. Es muss hier allerdings nicht gleich die Gütertrennung sein. Eine weitere Möglichkeit wäre die »modifizierte Zugewinngemeinschaft«: Hier können zum Beispiel einzelne Vermögenswerte wie etwa Firmen aus dem Zugewinnausgleich ausgeklammert werden, während über das restliche Vermögen bei einer Scheidung dennoch der Zugewinnausgleich stattfindet.

Umgekehrt zeigt folgendes Beispiel, wo die Risiken einer vertraglich festgelegten Gütergemeinschaft liegen würden: Ein Unternehmer setzt sein Unternehmen in den Sand und häuft dabei ordentlich Schulden an. Sein Ehegatte hatte mit diesem Unternehmen allerdings gar nichts zu tun, konnte also auch nicht eingreifen, um das Scheitern und die Schulden zu verhindern. In so einem Fall wäre eine Gütergemeinschaft eher kontraproduktiv, da der Ehegatte in dieser Konstellation für die Schulden ebenfalls haften muss.

Ein Ehevertrag muss sich nicht zwangsläufig um Zugewinne und Vermögen drehen. Haben die Partner unterschiedliche Nationalitäten, kann man so auch festlegen, welches nationale Recht im Fall der Trennung Anwendung finden soll. So kann zum Beispiel das deutsche Trennungsjahr leichter umgangen werden.

Ein Ehevertrag kann auch während der Ehe abgeschlossen werden oder sogar noch nach einer Trennung – wobei man dies dann meist »Scheidungsfolgenvereinbarung« nennt. Eine solche kann den Streit vor Gericht erheblich reduzieren. Häufig werden solche Vereinbarungen auch in Mediationen (siehe Seite 388) ausgehandelt. Sind sich die Ehepartner schon vor dem gerichtlichen Scheidungsverfahren über die Scheidungsfolgen einig, können sie sogar Kosten vor Gericht sparen und eine »einvernehmliche Scheidung« mit nur einem Anwalt durchführen lassen.

Scheidung: Voraussetzungen, Ablauf und Folgen

Ehen können grundsätzlich geschieden werden, wenn sie »zerrüttet« sind. Dass dies der Fall ist, machen Gerichte unter anderem am sogenannten Trennungsjahr fest. Ein ganzes Jahr lang müssen Eheleute mindestens getrennt voneinander leben, um sich scheiden lassen zu können (§ 1565 BGB). Maßgeblich dafür, dass die eheliche Lebensgemeinschaft keinen Bestand mehr hat, ist die »Trennung von Tisch und Bett«. Eheleute können also auch im Trennungsjahr durchaus im selben Haus oder in derselben Wohnung leben. Ein gemeinsames Schlafzimmer, gemeinsame Urlaube oder Einkäufe vom gemeinsamen Familienkonto sollte es aber nicht mehr geben.

PRAXISTIPP **!**

Erfolgt eine Scheidung einvernehmlich – wollen sich also beide Ehegatten trennen und sind sich dabei auch über den möglichen Versorgungsausgleich oder den Unterhalt einig –, kann eine Scheidung in der Praxis auch schneller erfolgen. Denn tragen beide Eheleute in einem solchen Fall übereinstimmend einen dem Gesetz entsprechenden Trennungszeitpunkt vor, wird dieser vom Gericht meist nicht überprüft.

Komplizierter wird das Ganze, wenn sich nur einer scheiden lassen will. In so einem Fall kann sich eine Scheidung bis zu drei Jahre hinziehen. Hier rechtfertigt nur ein besonderer Härtegrund, der das Fortführen der Ehe unzumutbar macht, eine schnellere, mitunter sofortige Scheidung (§ 1565 Absatz 2 BGB).

Als Härtegründe gelten unter anderen:

- Wiederholte Gewalt oder Misshandlungen gegen den Partner oder die Kinder
- Alkoholabhängigkeit oder Drogensucht ohne Aussicht auf Besserung
- Wiederholter Ehebruch
- Straftaten zum Nachteil des Ehegatten, wie zum Beispiel Erpressung
- Wiederholte erniedrigende Behandlungen und Beleidigungen
- Außereheliche Beziehung, insbesondere, wenn in dieser ein außereheliches Kind erwartet wird oder bereits geboren ist

TRENNUNGSUNTERHALT

Bereits während der Trennung kann ein Ehepartner Anspruch auf den sogenannten Trennungsunterhalt haben. Etwa, weil einer der Partner nicht gearbeitet hat und über kein eigenes Einkommen verfügt. Der Trennungsunterhalt ist nicht mit dem nachehelichen Unterhalt nach einer Scheidung zu verwechseln! Maßgeblich für die Bestimmung der Höhe des Trennungsunterhalts sind drei Aspekte:

- Bedarf des Unterhaltsberechtigten
- Bedürftigkeit des Unterhaltsberechtigten
- Leistungsfähigkeit des Unterhaltspflichtigen

Grundlage für die Ermittlung des Bedarfs sind die normalen Lebenskosten, die dem Lebensstandard während der Ehe entsprechen. Trennungsunterhalt bekommt allerdings auch nur, wer bedürftig ist. Als bedürftig gilt, wer seinen Bedarf nicht selbst decken kann. Wichtig ist auch, ob der möglicherweise unterhaltspflichtige Ehepartner nach Abzug seines Selbstbehaltes überhaupt Unterhalt zahlen kann. Bestimmte Faktoren wie eine mutwillige Bedürftigkeit – etwa die Kündigung eines Jobs – oder eine neue Beziehung können dazu führen, dass die Voraussetzungen für den Trennungsunterhalt entfallen.

Trennungsunterhalt kann nicht wie der Scheidungsunterhalt durch einen Ehevertrag ausgeschlossen werden. Der Anspruch endet mit der rechtskräftigen Scheidung oder nach Ablauf der verpflichtenden Trennungszeit von einem bis maximal drei Jahren. Ist der Unterhaltspflichtige auch zum Kindesunterhalt verpflichtet, hat dieser Vorrang gegenüber dem Trennungsunterhalt. Das heißt, erst wenn der Kindesunterhalt in voller Höhe gezahlt ist und danach noch leistungsfähiges Einkommen vorhanden ist, kann Trennungsunterhalt beansprucht werden.

Eine nicht einvernehmliche Scheidung läuft in der Regel wie folgt ab:

- Einreichung des einseitigen Scheidungsbegehrens
- Zustellung des Scheidungsantrags an die Gegenpartei

- Stellungnahme des Ehegatten zum eingereichten Antrag
- Festlegung eines ersten Gerichtstermins
- Klärung des Scheidungsbegehrens und aller Scheidungsfolgen
- Scheidungsbeschluss durch das Gericht

Um eine Scheidung zu vollziehen, muss also mindestens einer der beiden Ehegatten einen Scheidungsantrag beim zuständigen Familiengericht stellen. Dabei ist anwaltlicher Beistand Pflicht (§ 114 Absatz 1 FamFG). Möchte der andere Ehepartner der Scheidung zustimmen, braucht er keinen Anwalt. Sobald er jedoch vor Gericht eigene Anträge zur Scheidung stellen möchte, etwa zum Unterhalt oder dem Zugewinnausgleich, braucht auch er einen Anwalt.

Im anberaumten Gerichtstermin werden sodann der Scheidungswunsch sowie alle relevanten Scheidungsfolgen behandelt. Dazu zählen:

- Unterhaltsansprüche gegenüber dem Ehepartner
- Versorgungsausgleich (nur wenn die Ehe länger als drei Jahre bestand) (siehe Seite 226)
- Ansprüche am sowie Aufteilung des ehelichen Vermögens
- Regelung der Ansprüche hinsichtlich ehelicher Wohnung und Hausrat
- Regelung finanzieller Scheidungsfolgen (Versicherungen, Kredite etc.)
- Regelung elterlicher Rechte und Pflichten (Sorgerecht, Umgangsrecht, Kindesunterhalt)

Die Anwesenheit beider Ehegatten ist dabei Pflicht. Eine Scheidung in Abwesenheit ist nicht möglich. Derjenige Ehegatte, der geschieden werden will, muss dem Gericht notfalls die Zerrüttung der Ehe beweisen. Streitet der andere Ehegatte die Scheidungsgründe ab, können sogar Zeugen vernommen werden. Die Dauer des Verfahrens hängt von der Zahl der strittigen Punkte ab. In der Regel ist mit vier bis neun Monaten zu rechnen. Das Verfahren endet mit dem Scheidungsbeschluss des Gerichtes, in dem alle für das Paar wichtigen Punkte geklärt sind.

Werden beide Eheleute von je einem Anwalt vertreten, können beide Parteien auf Rechtsmittel verzichten. Die Scheidung würde dann sofort rechtskräftig. Gibt es nur eine Partei mit Anwalt, wird die Scheidung erst einen Monat später gültig. Eine Scheidungsurkunde im eigentlichen Sinne gibt es nicht. Vielmehr gilt der rechtskräftige Scheidungsbeschluss des Gerichts als umgangssprachlich bekannte »Scheidungsurkunde«.

WAS KOSTET EINE SCHEIDUNG?

Die Anwalts- und Gerichtskosten für eine Scheidung hängen unter anderen von deinem Nettoeinkommen und dem deines Partners ab. Eine Rolle spielt auch, ob und wie viele Kinder es in der Ehe gibt, wie ihr für die Rente vorsorgt sowie wie hoch das gemeinsame Vermögen ist. Im Netz finden sich Scheidungskostenrechner, mit denen du überschlagen kannst, wie hoch die Anwalts- und Gerichtskosten ungefähr sind. Sobald Vermögenswerte von mehr als 50 000 Euro im Spiel sind, musst du mit rund 10 000 Euro rechnen.

Wer bekommt was?

Mit der Scheidung geht auch die Aufteilung von Besitz und Vermögen einher. Wer kriegt das Haus oder darf in der gemeinsamen Wohnung bleiben? Wer hat Anspruch auf Unterhalt? Und wie lange? Wie wird das Sorge- und Umgangsrecht mit Kindern geregelt? Bei wem darf das gemeinsame Haustier – zum Beispiel der Hund oder die Katze – bleiben? Können die Ehegatten diese Fragen nicht einvernehmlich klären, müssen spätestens vor Gericht Antworten gefunden werden.

Versorgungsausgleich

Der Versorgungsausgleich – festgeschrieben im Versorgungsausgleichsgesetz – hat das Ziel, die Rentenansprüche zweier Ehegatten fair untereinander aufzuteilen. Durch ihn werden die während der Ehezeit gesammelten Ansprüche in der Rente zwischen den Ehepartnern geteilt. Hat ein Partner sehr viel mehr als der andere verdient und entsprechend mehr in die Rentenkasse eingezahlt, muss er beim Versorgungsausgleich die Hälfte seiner Rentenansprüche an den geschiedenen Partner übertragen. Wer weniger eingezahlt hat, überträgt ebenfalls die Hälfte seiner Rentenansprüche an den Ex-Partner.

Beim Versorgungsausgleich werden alle Rentenansprüche geteilt. Es werden also nicht nur die Einzahlungen in die gesetzliche Rentenkasse berücksichtigt, sondern auch die private Altersvorsorge wie Riester- und Rürup-Renten oder Kapital-Lebensversicherungen. Verträge zur betrieblichen Altersvorsorge und Beamtenpensionen – wenn vorhanden – sind ebenfalls Teil des Versorgungsausgleichs.

Hat ein Ehepaar keine eigenen Vereinbarungen zum Versorgungsausgleich getroffen, erfolgt der Versorgungsausgleich automatisch durch das Familiengericht. Dazu werden vorab Fragebögen an die Ehepartner geschickt, in denen alle Rentenanwartschaften aufgeführt werden können. Theoretisch kann ein Versorgungsausgleich auch in einem Ehevertrag ausgeschlossen werden. Bestand die Ehe weniger als drei Jahre, erfolgt übrigens kein Versorgungsausgleich.

Unterhalt für Ehegatten und Kinder

Gemäß § 1569 BGB sind Ehegatten nach einer Scheidung grundsätzlich verpflichtet, selbst für den eigenen Unterhalt zu sorgen. Einen automatischen Anspruch auf den sogenannten nachehelichen Unterhalt oder Scheidungsunterhalt gibt es nicht (mehr).

Scheidungsunterhalt kann jedoch beim Familiengericht beantragt werden, um ehebedingte Nachteile auszugleichen, die möglicherweise während der Ehe entstanden sind und durch die Scheidung offenkundig werden. Etwa, wenn ein Partner nicht gearbeitet, sondern sich um den Haushalt gekümmert hat und nun nicht sofort für sich selbst sorgen kann, weil er keine Arbeitsstelle hat.

Im Gesetz sind verschiedene Unterhaltstatbestände festgeschrieben. Die wichtigsten sind:

- *Unterhalt wegen Betreuung eines Kindes (§ 1570 BGB)*
  Der Partner kann nicht arbeiten gehen, da er sich um das gemeinsame Kind kümmern muss.

- *Unterhalt wegen Alters (§ 1571 BGB)*
  Der Ehegatte ist zu alt, um zu arbeiten.

- *Unterhalt wegen Krankheit oder Gebrechen (§ 1572 BGB)*
  Eine Krankheit oder andere körperliche Einschränkungen machen eine Erwerbstätigkeit unmöglich.

- *Unterhalt wegen Erwerbslosigkeit (§ 1573 Abs. 1 BGB)*
  Der Ehegatte findet trotz intensiver Bemühungen keine Arbeit.

- *Aufstockungsunterhalt (§ 1573 Abs. 2 BGB)*
  Die Erwerbstätigkeit des Ehegatten bringt nicht genügend Geld ein, um einen angemessenen Lebensstandard aufrechtzuerhalten.

- *Unterhalt für Ausbildung, Fortbildung oder Umschulung (§ 1575 BGB)* Der Ehegatte muss eine Ausbildung beginnen, um in Zukunft einer Erwerbstätigkeit nachgehen zu können.

Wie hoch der Unterhalt ist, hängt von den ehelichen Lebensverhältnissen ab und umfasst den gesamten Lebensbedarf (§ 1578 Abs. 1 BGB). Entscheidend ist nach Auffassung des BGH allerdings nicht der tatsächlich zuvor in der Ehe gelebte Standard. Für die Unterhaltshöhe sollen Richter einen Lebensstandard heranziehen, der nach den vorhandenen Einkommensverhältnissen vom Standpunkt eines vernünftigen Betrachters als angemessen erscheint. Was genau als angemessen gilt, muss das Gericht im Einzelfall festlegen.

Modell	Funktionsweise	Rolle der Eltern	Wer zahlt was?
Residenzmodell	Das Kind lebt hauptsächlich bei einem Elternteil (dem betreuenden Elternteil), der andere hat Umgangsrecht.	Ein Elternteil ist Hauptbetreuungsperson. Es gibt klar getrennte Rollen: Betreuung vs. Zahlung.	Der betreuende Elternteil leistet Naturalunterhalt (u. a. Erziehung, Sach- und Dienstleistungen), der andere ist barunterhaltspflichtig (zahlt Geld nach Düsseldorfer Tabelle).
Wechselmodell	Das Kind lebt abwechselnd bei beiden Elternteilen, z. B. 50/50 oder annähernd gleich verteilt.	Beide Eltern sind in der Betreuung gleichwertig eingebunden.	Beide Eltern tragen anteilig Kosten (z. B. für Verpflegung, Kleidung, Versicherungen) nach ihren Einkommensverhältnissen. Es gibt keinen klassischen Barunterhalt wie im Residenzmodell.
Nestmodell	Das Kind bleibt immer im selben Zuhause (Nest).	Unterhaltspflicht ist wie beim Wechselmodell anteilig nach Einkommen, zusätzlich finanzieren beide das »Nest«. Die Eltern wechseln sich dort mit der Betreuung ab.	Beide Eltern zahlen anteilig Miete/Unterhalt für das Nest + anteilige Unterhaltskosten je nach Einkommen.

Wie lange der Unterhalt gezahlt werden muss, richtet sich nach dem Einzelfall. Die bekannte Faustformel »ein Drittel der Ehedauer = Unterhaltszeit« findet so nicht immer Anwendung. Ist ein Ehegatte unterhaltsverpflichtet, aber nicht unterhaltsfähig, muss er auch keinen Unterhalt zahlen. Maßgeblich ist hier auch wieder der Selbstbehalt, der in der Düsseldorfer Tabelle (siehe unten) festgeschrieben ist.

Wie auch beim Trennungsunterhalt gilt: Der Kindesunterhalt hat gegenüber dem Scheidungsunterhalt Vorrang.

Wie hoch der Kindesunterhalt ist, wird in der Regel ebenfalls auf Grundlage der Düsseldorfer Tabelle festgelegt. Denn auch Kinder haben nach einer Scheidung grundsätzlich Anspruch auf Unterhalt. Dieser richtet sich gesetzlich gegen beide Eltern, unabhängig davon, bei welchem Elternteil die Kinder leben. Allerdings beeinflusst das Betreuungsmodell, für das sich die Eltern nach der Trennung entscheiden, wie die Unterhaltszahlungen praktisch umgesetzt werden. Die häufigsten Betreuungsmodelle sind das Residenzmodell, das Wechselmodell und das Nestmodell.

Die Unterhaltspflicht kann nicht durch den Verzicht auf das Sorge- oder Elternrecht beendet werden. Das Kindergeld wird dabei auf den Unterhalt angerechnet. Der Anspruch gilt bis zum 18. Lebensjahr und kann sich – zum Beispiel aufgrund einer Ausbildung – verlängern. Bei begründetem Mehrbedarf oder Sonderbedarf kann der Unterhalt auch höher sein als der in der Düsseldorfer Tabelle festgelegte. Seit 2016 wirkt sich zudem die neue Mindestunterhaltsverordnung unmittelbar auf die Düsseldorfer Tabelle aus.

DÜSSELDORFER TABELLE

Die Düsseldorfer Tabelle entstand 1962 am Oberlandesgericht Düsseldorf. Das Gericht hatte damals einen Fall zum Kindesunterhalt zu verhandeln und wollte mit der Tabelle endlich eine einheitliche Richtlinie schaffen, an der sich Richter bei der Bestimmung der Unterhaltshöhe orientieren konnten. Zuvor hatte es bei der Bestimmung des Unterhalts regional sehr große Unterschiede gegeben. Obwohl sie keine Gesetzeskraft hat, ist die Tabelle noch heute wichtige Grundlage für die Unterhaltsfestsetzung. Sie wird heute noch immer vom OLG Düsseldorf herausgegeben. Allerdings wirken längst andere Oberlandesgerichte und der Deutsche Familiengerichtstag an der Tabelle mit.

Gemeinsame Kinder: Sorgerecht und Umgangsrecht

Das Sorgerecht ist im Bürgerlichen Gesetzbuch in den §§ 1626 ff. geregelt. Sind Eltern verheiratet, haben sie mit der Geburt ihres Kindes automatisch das gemeinsame Sorgerecht. Unverheiratete Eltern müssen dagegen erst noch gegenüber dem Jugendamt oder einem Notar erklären, dass sie das Sorgerecht gemeinsam ausüben wollen. Tun sie das nicht, ist lediglich die Mutter automatisch sorgeberechtigt.

Mit dem Sorgerecht gehen zahlreiche Pflichten und Rechte einher. Eltern müssen sich zum Beispiel um die Pflege, Erziehung und Aufsicht des Kindes kümmern. Dazu gehört auch, dass die Eltern das Vermögen des Kindes verwalten, darüber entscheiden, wo das Kind wohnt, auf welche Schule es geht, in welchen Vereinen es aktiv ist oder welche medizinischen Behandlungen es bekommt. Die elterliche Sorge hat sich dabei immer am Wohl des Kindes zu orientieren. Ist das Kindeswohl nachhaltig gefährdet – etwa, weil Eltern ihrem Kind eine notwendige medizinische Behandlung verweigern, das Kind nicht in die Schule schicken oder weil die Eltern gegenüber dem Kind gewalttätig werden –, kann das Jugendamt den Eltern das Sorgerecht entziehen.

Die Hürden für die Entziehung des Sorgerechts sind aber hoch. Es bedarf immer eines gerichtlichen Verfahrens. In diesem Verfahren muss detailliert aufgezeigt werden, welche konkrete Gefahr dem Kind droht und wie schwer und wahrscheinlich die befürchtete Beeinträchtigung ist. Elterliche Defizite in der Erziehung allein rechtfertigen keinen Entzug des Sorgerechts (Bundesverfassungsgericht, Urteil vom 19.11.2014, 1 BvR 1178/14). Das Sorgerecht kann auch nur in Teilen entzogen werden. Etwa, wenn Kind und Eltern uneins über eine bestimmte Frage sind. 2022 entschied beispielsweise das Oberlandesgericht Zweibrücken, dass eine 15-Jährige tatsächlich selbst über eine COVID-Impfung entscheiden darf, die ihre Mutter strikt ablehnte (OLG Zweibrücken, Beschluss vom 28.07.2022 – 2 UF 37/22).

Doch was passiert im Fall einer Trennung oder Scheidung? Auch in diesem Fall bleibt das gemeinsame Sorgerecht bestehen. Haben sich die Partner nicht einvernehmlich getrennt, steckt im gemeinsamen Sorgerecht viel Konfliktpotenzial. Schließlich muss auch in Zukunft über wichtige Themen wie Schulwechsel oder medizinische Eingriffe gemeinsam entschieden werden. Nimmt eines der beiden Elternteile die elterliche Sorge nicht mehr wirklich wahr und blockiert Entscheidungen immer wieder, kann es sinnvoll sein, auf Grundlage des § 1671 BGB das alleinige Sorgerecht beim Familiengericht zu beantragen, um eine Kindeswohlverbesserung zu erreichen. Kommt es zu einem Sorgerechtsstreit, zählt auch der Kindeswille (§ 159 FamFG). Wie stark, hängt vom Alter, aber auch von der Reife des

Kindes ab. Ab 10 Jahren gewinnt der Kindeswille zunehmend an Gewicht. Ab 14 Jahren werden Kinder generell vor dem Familiengericht angehört. Im Alter von 6 bis 10 Jahren kann eine Anhörung mit einem Verfahrensbeistand erfolgen.

Das Sorgerecht ist nicht zu verwechseln mit dem Umgangsrecht. Während das Sorgerecht die Entscheidungskompetenz über das Leben und die Erziehung des Kindes beinhaltet, umschreibt das Umgangsrecht lediglich das Kontaktrecht mit dem Kind. Es bleibt auch dann bestehen, wenn ein Elternteil das Sorgerecht verloren oder abgegeben hat – es sei denn, mit dem Umgang geht eine Gefährdung des Kindeswohls einher. Das Umgangsrecht gilt nicht nur für die Eltern, sondern unabhängig vom Sorgerecht auch für Großeltern, Geschwister oder enge Bezugspersonen. Ziel des Umgangsrechts ist es, die familiären Bindungen des Kindes aufrechtzuerhalten.

Wie das Umgangsrecht gelebt wird, können die Eltern selbst bestimmen. Möglich sind vollkommen unterschiedliche Modelle. Die bekanntesten sind, wie beim Unterhalt bereits aufgeführt, das Residenzmodell, das Wechselmodell oder das Nestmodell.

Die in Deutschland am häufigsten gelebte Betreuungsform ist immer noch das Residenzmodell, bei dem die Kinder den Großteil der Zeit bei einem Elternteil (meist bei der Mutter) leben und mit dem anderen Elternteil nur gewisse Zeiten verbringen. Das kann ein Nachmittag pro Woche sein. Oder ein langes Wochenende von Freitag bis Sonntag alle 14 Tage. Für die Ferienzeit und für Feiertage können zusätzliche Regelungen getroffen werden. Gelingt eine Einigung nicht, entscheidet das Familiengericht über das Umgangsrecht.

Immer beliebter werden jedoch inzwischen auch andere Modelle: das Wechselmodell etwa, bei dem die Kinder abwechselnd bei beiden Elternteilen leben. Je nachdem, ob sie dann mehr Zeit bei dem einen oder dem anderen verbringen, hat dies allerdings Auswirkungen auf die Unterhaltspflichten. Eine weitere, wenn auch kostspielige Variante ist das Nestmodell: Hier bleiben die Kinder in ihrer gewohnten Umgebung, werden jedoch von jedem Elternteil abwechselnd betreut. Das bedeutet aber auch, dass beide Elternteile eine Zweitwohnung für sich unterhalten müssen, in der sie die Zeit verbringen, in der der andere Elternteil die Betreuung übernimmt.

Hausrat und Haustiere

Spannend werden Scheidungen oft dann, wenn es um die Verteilung des Hausrats geht. Das liegt unter anderem auch daran, dass der Gesetzgeber den baldigen Ex-Ehegatten und den Gerichten hierbei einen gewissen Spielraum lässt. In § 1361a Absatz 2 BGB heißt es dazu: »Haushaltsgegenstände, die den Ehegatten gemeinsam gehören, werden zwischen ihnen nach den Grundsätzen der Billigkeit verteilt.« Der Verweis auf die Billigkeit bedeutet, dass bei der Teilung der Haushaltsgegenstände die Umstände des Falles berücksichtigt werden. Du kannst also nicht davon ausgehen, dass der Hausrat automatisch in zwei gleich große Teile geteilt wird – egal, ob du nun mit deinem Ehepartner in einer Zugewinngemeinschaft lebst oder eine Gütertrennung vereinbart hast. Bei der selten vorkommenden Gütergemeinschaft gehört der Hausrat dagegen zum Gesamtgut und wird im Rahmen der sogenannten Auseinandersetzung (§ 1471 ff. BGB) verteilt.

Doch was gehört überhaupt zu Hausrat? Darunter fallen in der Regel alle beweglichen Gegenstände, die von den Ehepartnern während der Ehe gemeinsam genutzt und in der Ehezeit angeschafft wurden – sofern das Alleineigentum eines Ehegatten nicht nachgewiesen werden kann. Unerheblich ist dabei, wer die Haushaltsgegenstände gekauft hat. Ausschlaggebend ist die gemeinsame Nutzung während der Ehezeit. Als Hausrat gelten daher Möbel und Einrichtungsgegenstände, Unterhaltungselektronik wie der Fernseher, Bettwäsche, Geschirr und Besteck, die Waschmaschine, der Staubsauger und – tatsächlich – auch das gemeinsame Haustier. Wichtig: Gegenstände, die ein Partner in die Ehe mitbrachte, zählen in der Regel nicht zum gemeinsamen Hausrat, sind also nicht gemeinsames Eigentum. Wer also Omas Silberbesteck mit in die Ehe bringt und es gemeinsam mit dem Ehegatten benutzt hat, muss nicht um das Familienerbe bangen oder streiten.

Nicht zum Hausrat gehören dagegen persönliche Gegenstände wie Schmuck, Kleidung, Musikinstrumente oder Gegenstände, die für das private Hobby angeschafft oder genutzt worden sind. Vor einigen Jahren gab es hierzu in München einen interessanten Fall, bei dem zwei Ehegatten um einen mit reichlich wertvollen Flaschen gefüllten Weinkeller stritten. Von diesen wollte die Frau nach der Trennung die Hälfte für sich haben. Der Mann konnte jedoch glaubhaft darlegen, dass es sich bei der Weinsammlung um sein persönliches Hobby gehandelt habe, an dem die Frau weder mitgewirkt noch ein Interesse hatte. Das überzeugte das Gericht. Der Mann durfte seine Weinsammlung behalten (AG München, Urteil vom 03.12.2010 – 566 F 881/08).

Wie verhält es sich dagegen mit dem gemeinsam genutzten PKW? Auch hier entscheidet die Art der Nutzung, wem das Fahrzeug gehört. Nutzen es beide Ehegatten regelmäßig, gehört das Fahrzeug zum Hausrat – unabhängig davon, wer als Fahrzeughalter gemeldet ist. Ist dagegen vor allem ein Ehegatte mit dem Fahrzeug unterwegs – zum Beispiel aus beruflichen Gründen – und nutzt das Fahrzeug vorwiegend allein, gilt er als rechtlicher und wirtschaftlicher Eigentümer. Doch selbst dann, wenn das Auto in solch einem Fall der Vermögensphäre eines der beiden Ehepartner zugeordnet wird, geht der andere dank des Zugewinnausgleichs nicht leer aus. Ein Zweitwagen, der nur für Familienzwecke – also Einkaufen, Urlaub, Kinderfahrten – und nicht beruflich genutzt wird, zählt als Hausrat.

Über all diesen Grundsätzen steht jedoch nach wie vor das Prinzip der Billigkeit. So könnte es durchaus sein, dass ein Ehegatte eine Waschmaschine in die Ehe eingebracht hat und diese – obwohl sie sein Eigentum ist – dem Ehepartner zugesprochen wird, weil dieser die Waschmaschine dringender braucht. Etwa, weil er die Kinder vorwiegend betreut und daher mehr Wäsche waschen muss. Es ist auch möglich, dass der Hausrat bei einem Ehepartner verbleibt und der andere dafür eine Ausgleichszahlung erhält. Allerdings wird diese Art des Kompromisses vonseiten der Gerichte nur selten angestrebt.

Auch Haustiere gehören zum Hausrat. Streitigkeiten, bei wem das Tier bleiben darf, sind gar nicht so selten. Zwar werden Tiere juristisch wie »Gegenstände« behandelt, jedoch spielt das Tierwohl bei gerichtlichen Entscheidungen auch eine Rolle. Zunächst versucht das Gericht jedoch zu bewerten, wer Eigentümer des Tieres ist. In der Regel ist das diejenige Person, die das Tier in die Beziehung eingebracht hat. Haben beide Ehepartner das Tier gemeinsam angeschafft, kommt es zu einer Bewertung, wer sich in welcher Form um das Tier gekümmert hat und welche Bindung und Beziehung zum Tier besteht. Auch die gewohnte Umgebung des Tieres – etwa das Haus mit Garten – kann bei der Bewertung eine Rolle spielen. Ein Wechselmodell wie bei Kindern kann zwar gerichtlich für Haustiere nicht durchgesetzt werden (LG Potsdam, Urteil vom 10.07.2024 – 7 S 68/23), und auch ein Umgangsrecht kann nicht eingeklagt werden. Aber solche Modelle können selbstverständlich privat vereinbart werden.

Wer darf in der Wohnung bleiben?

Im zunehmend umkämpften Wohnungsmarkt ist die Frage, wer in der gemeinsamen Mietwohnung bleiben kann, oft »nicht ohne«. Gibt es Kinder in der Ehe, bekommt die Wohnung bei einer Trennung meist derjenige Ehegatte zugesprochen, der sich vorrangig um die Kinder kümmert, damit diese nicht aus ihren gewohnten Lebensumständen gerissen werden. Um vertraglich auf der sicheren Seite zu sein, sollte gemeinsam mit dem Vermieter nach Auszug des einen Ehegatten eine Vertragsübernahme durchgeführt werden. Mit dieser scheidet der ausziehende Ehegatte aus dem gemeinsamen Mietvertrag aus und haftet in Zukunft auch nicht mehr für die Miete. Der in der Wohnung verbleibende Ehegatte steht dann allein im Mietvertrag. Eine Vertragsübernahme ist juristisch gesehen eine Vertragsfortsetzung mit geändertem Schuldner. Sie stellt keinen neuen Mietvertrag dar und berechtigt den Vermieter somit auch nicht zur Erhöhung der Miete.

Deutlich komplexer kann die rechtliche Situation werden, wenn das Ehepaar in einer Eigentumswohnung oder einem Eigenheim lebt. Ist diese schon abgezahlt? Gehört die Immobilie einem der beiden Ehegatten oder beiden? Wurde die Immobilie geerbt? All diese Faktoren können Einfluss darauf haben, wie mit der Wohnung oder dem Haus nach einer Scheidung umzugehen ist.

Gehört die Immobilie beiden gemeinsam, sind folgenden Varianten denkbar:

- Die Immobilie kann vermietet oder verkauft werden. Mieteinnahmen oder Verkaufserlös werden geteilt.
- Ein Ehegatte behält das Haus und zahlt den anderen aus.
- Ein Ehegatte wohnt weiterhin in dem Haus und zahlt eine Nutzungsentschädigung an den anderen.
- Es wird eine Realteilung vorgenommen und das Haus wird in zwei unabhängige Wohnbereiche umgebaut, die dann von den beiden Ehegatten bewohnt werden.

Gehört die Immobilie einem allein, bleibt er auch nach der Scheidung alleiniger Eigentümer. Lediglich die Wertsteigerung der Immobilie wird beim Zugewinnausgleich berücksichtigt. Es sei denn, es wurde eine anderer Güterstand vereinbart oder in einem Ehevertrag die Immobilie vom Zugewinn ausgeschlossen. Ein automatisches Recht auf Auszug des Ehegatten hat der Eigentümer übrigens nicht! Das Familiengericht kann tatsächlich dem anderen Ehegatten unter Umständen ein Wohnrecht zusprechen. Der muss dann allerdings die ortsübliche Miete zahlen (OLG Hamm, Urteil vom 25.09.2013 – 2 UF 58/13). Die Zuweisung der Ehewohnung bei Getrenntlebenden regelt § 1361b BGB. Maßgabe für die Entscheidung ist dabei immer die Vermeidung einer unbilligen Härte. Diese liegt insbesondere vor, wenn das Wohl der im Haushalt lebenden Kinder durch einen Auszug aus der gemeinschaftlichen Wohnung beeinträchtigt wird.

ERBRECHT

Dass Menschen ihren Angehörigen nach dem Tod ihr Hab und Gut hinterlassen können, ist einer der ältesten Grundsätze unseres Rechtssystems. Das Erbrecht ist im Bürgerlichen Gesetzbuch (BGB) geregelt. Hier steht geschrieben, was du tun musst, um ein wirksames Testament zu errichten, wer die gesetzlichen Erben sind, wenn du keines geschrieben hast, und vieles mehr. Weil das Eigentum auch noch über den Tod einer Person hinaus geschützt ist, darf jeder Erblasser (so nennen wir juristisch die Person, die das Erbe hinterlässt) im Grundsatz selbst darüber entscheiden, was nach seinem Tod damit passieren soll. Wenn du selbst ein Testament verfassen möchtest, gibt es einiges zu beachten. Auch als Erbe solltest du mit den gesetzlichen Regeln zumindest ein bisschen vertraut sein. Denn sobald du ein Erbe antrittst, hast du nicht nur Rechte, sondern es kommen auch Pflichten auf dich zu. Werfen wir also einen genaueren Blick auf die weit über 400 Paragrafen des Erbrechts!

Deine Rechte und Pflichten als Erbe

Am Anfang wollen wir uns anschauen, was überhaupt alles zum Erbe gehört. Der Einstieg ins Erbrecht ist relativ einfach. In § 1922 Absatz 1 BGB heißt es: »Mit dem Tode einer Person (Erbfall) geht deren Vermögen (Erbschaft) als Ganzes auf eine oder mehrere andere Personen (Erben) über.«

An dieser Formulierung erkennst du nicht nur, dass eine Erbschaft immer an den Tod des Erblassers geknüpft ist, sondern auch, dass das Gesetz grundsätzlich davon ausgeht, dass das Vermögen als Ganzes vererbt wird. Zwar kann man von diesem Grundsatz abweichen, indem der Erblasser (z. B. durch Testament oder einen Erbvertrag) etwas anderes festlegt. Trotzdem ist es wichtig, diesen Grundsatz im Hinterkopf zu behalten.

Der Paragraf verrät dir außerdem, dass das Vermögen einer Person auf deren Erben *übergeht*. Praktisch bedeutet das, dass der Erbe – bis auf wenige Ausnahmen – in alle Rechtsverhältnisse des Erblassers nachrückt. Er wird sozusagen Rechtsnachfolger des Erblassers. Zum Beispiel wird der Erbe Eigentümer von allem, was vorher dem Erblasser gehört hat. Dem Erblasser gehörte ein Haus oder eine Wohnung? Dann gehen diese Immobilien ins Eigentum des Erben über. Auch Ansprüche, die der Erblasser gegen einen Dritten hat (z. B. eine Schadensersatzforderung wegen eines Verkehrsunfalls), stehen dem Erben zu. Außerdem rückt der Erbe in Vertragsverhältnisse ein, zum Beispiel einen Bank- oder Handyvertrag. Sogar Social-Media-Kanäle und andere digitale Angebote wie Mail-Accounts gehören als sogenanntes digitales Erbe dazu, das hat der Bundesgerichtshof entschieden. Ein geerbter Vertrag läuft so lange weiter, bis er vom Erben, wenn er ihn nicht weiterführen will, gekündigt wird. Hatte der Erblasser eine Wohnung gemietet, können die Erben – solange es keine vorrangig Berechtigten wie zum Beispiel den Ehegatten des Erblassers gibt – den Mietvertrag weiterführen. Hat der Erbe kein Interesse an der Wohnung, besteht ein Sonderkündigungsrecht und er darf den Mietvertrag innerhalb eines Monats außerordentlich kündigen (§§ 564, 580 BGB).

Als Erbe hast du nicht nur Rechte, sondern auch Pflichten. Die schlechte Nachricht: Aus dem Nachrücken in Vertragsverhältnisse folgt, dass du vertragliche Verpflichtungen des Erblassers erfüllen musst – auch dann, wenn sich das Erbe dadurch verkleinert. Hat der Erblasser vor seinem Tod sein Auto verkauft und wurde der Vertrag noch nicht vollzogen, bist du dafür verantwortlich, das Auto an den Käufer zu übergeben. Genauso musst du für Zahlungsverpflichtungen des Erblassers einstehen. Umgangssprachlich sagt man oft, dass Schulden geerbt werden. Als Erbe bist du außerdem verpflichtet, die Kosten für die Beerdigung des Erblassers zu tragen (§ 1968 BGB).

Testament und Erbvertrag: Unterschiede und Formvorschriften

Die meisten Menschen wollen für den Fall ihres eigenen Todes vorsorgen und selbst bestimmen, welcher Teil ihres Vermögens auf wen übertragen wird. Die Erklärung über den letzten Willen nennt man juristisch »Verfügung von Todes wegen«. Hierbei gibt es zwei Möglichkeiten: das Testament und den Erbvertrag. Warum du dafür nicht in jedem Fall zum Notar musst und was diese beiden Optionen genau bedeuten, wollen wir uns genauer anschauen.

Testament

In den meisten Fällen hat ein Erblasser vor seinem Tod ein Testament errichtet. Das ist einerseits gut, weil dadurch sichergestellt ist, dass der letzte Wille des Erblassers schriftlich dokumentiert ist. Andererseits birgt das Vorliegen eines Testaments großes Konfliktpotenzial – zum Beispiel wenn bestimmte Familienangehörige das Gefühl haben, benachteiligt worden zu sein. Oder es werden mehrere Testamente gefunden und in der Folge entfacht sich ein Streit darüber, welches Testament das richtige ist. Nicht selten wird die Echtheit eines Testaments insgesamt angezweifelt. Dann werden häufig Schriftgutachten angefertigt, die beweisen sollen, ob ein Testament echt oder gefälscht ist.

Voraussetzungen der Testamentserrichtung

Wer sein Erbe rechtssicher regeln möchte, muss darauf achten, sein Testament rechtswirksam zu erstellen. Juristisch sprechen wir von der »Errichtung« eines Testaments. Ein unwirksames Testament ist ungültig und kann letztlich dazu führen, dass die im Gesetz vorgesehene Erbfolge eintritt (dazu später mehr). Schauen wir uns also die Voraussetzungen eines wirksamen Testaments einmal genauer an.

- *Höchstpersönliche Errichtung*
  Der Erblasser muss sein Testament höchstpersönlich errichten (§ 2064 BGB). Das bedeutet, dass er das Testament selbst erstellen und unterzeichnen muss und sich dabei nicht durch eine andere Person vertreten lassen darf. Ein von einem Vertreter errichtetes Testament ist ausnahmslos nichtig und unwirksam.

- *Testierfähigkeit und -wille*
  Der Erblasser muss zum Zeitpunkt der Testamentserrichtung testierfähig sein (§ 2229 BGB). Testierfähig ist man erst ab dem 16. Lebensjahr. Außerdem sind nur geistig gesunde Menschen testierfähig. Im Einzelfall ist es schwierig zu sagen, ab wann eine Person geistig so erkrankt ist, dass

sie nicht mehr wirksam ein Testament errichten kann. Klassische Beispiele sind die Schizophrenie oder andere Krankheiten mit wahnhaften Vorstellungen. Teilweise wird auch bei einer (zumindest mittelschweren) Demenz von Testierunfähigkeit ausgegangen. Man kann aber noch lange nicht bei jedem demenzkranken Menschen davon ausgehen, dass er nicht mehr in der Lage ist, ein Testament zu errichten. Denn viele Demenzpatienten erleben durchaus klare Momente, in denen sie mindestens vorübergehend testierfähig sind. Deshalb können hier keine allgemeinen Ausnahmen getroffen werden.

Außerdem muss der Erblasser bei der Errichtung des Testaments mit dem sogenannten Testierwillen gehandelt haben. Der liegt vor, wenn ein Erblasser in dem Willen handelt, eine letztwillige Verfügung zu errichten. Der Testierwille wird vermutet, wenn ein Schriftstück beispielsweise die Überschrift »Mein letzter Wille« oder »Testament« trägt.

- *Formvorschriften*

  Sehr wichtig ist die Einhaltung der gesetzlichen Formvorschriften. Hier stehen einem Erblasser zwei Möglichkeiten zur Verfügung: Er kann das Testament entweder eigenhändig (handschriftlich) oder zur Niederschrift eines Notars errichten.

  Bei einem eigenhändigen Testament (§ 2247 BGB) kann auf den Gang zum Notar verzichtet werden. Der Erblasser muss das Testament aber selbst von Hand (also nicht am PC oder auf einer Schreibmaschine!) schreiben und unterschreiben. Die Gerichte sind hierbei sehr streng. Wer aufgrund von Schwäche oder Lähmung nicht allein schreiben kann, kann kein eigenhändiges Testament errichten. An das Stück Papier, auf dem das Testament niedergeschrieben wird, werden keine besonderen Anforderungen gestellt: Theoretisch kannst du dein Testament auf einer Postkarte oder einem Bierdeckel errichten. Um Missverständnisse und Unklarheiten zu vermeiden, sollte das Testament Ort und Datum erkennen lassen und mit Vor- und Nachnamen unterschrieben werden.

  Als zweite Möglichkeit kann das Testament zur Niederschrift eines Notars errichtet werden (§ 2232 BGB). In diesem Fall spricht man von einem öffentlichen Testament. Hierbei gibt es zwei Möglichkeiten: Der Erblasser kann dem Notar seinen letzten Willen mündlich erklären. In bestimmten Fällen muss diese Form sogar eingehalten werden, zum Beispiel wenn der

Erblasser nicht lesen und schreiben kann. Der Notar schreibt dann den letzten Willen nieder und beurkundet ihn. Alternativ kann der Erblasser dem Notar ein Schriftstück übergeben, das sein Testament enthält. Dabei muss er dem Notar mündlich erklären, dass es sich um seinen letzten Willen handelt. Anders als bei der eigenhändigen Errichtung muss das Testament aber nicht handgeschrieben sein. Es muss nicht einmal eine Unterschrift oder Angaben über Ort und Datum enthalten. Für die Echtheit des Schriftstücks bürgt der Notar.

Eigenhändiges oder öffentliches Testament: Was ist besser?

Beide Arten der Testamentserrichtung haben Vor- und Nachteile, und du solltest dir gut überlegen, für welche Art du dich entscheidest. Das eigenhändige Testament ist in der Herstellung schneller und einfacher. Du brauchst dafür nur Stift und Papier. Außerdem sparst du dir die Kosten für den Notar und musst nicht extra einen Termin im Notariat vereinbaren. Es kann aber nicht abgestritten werden, dass eigenhändige Testamente ein gewisses Risiko bergen. Nicht selten kommt es vor, dass Testamente kurz vor dem Tod nochmal geändert werden. Werden mehrere Testamente gefunden, kommt es häufig zum Streit darüber, welches Testament das richtige ist.

Das öffentliche Testament beim Notar ist wohl die rechtssicherste Lösung: Zum einen ist es vor nachträglicher Manipulation geschützt, zum anderen kann der Erblasser sein Testament beim Notar nachträglich ändern oder ein neues Testament aufsetzen, ohne sich Sorgen machen zu müssen, dass es in falsche Hände gerät. Durch die Mitwirkung des Notars ist sichergestellt, dass alles rechtskonform abläuft. Allerdings kostet ein öffentliches Testament mehr Zeit und Geld, laut Anlage 1 zum Gerichts- und Notarkostengesetz (GNotKG) sind es aktuell 75 Euro.

DAS BERLINER TESTAMENT

Eine besondere Form des Testaments ist das sogenannte Berliner Testament. Dabei handelt es sich um ein Testament, das nur von Ehegatten und auch nur gemeinschaftlich errichtet werden kann. Diese Testamentsform wird vor allem dann gewählt, wenn ein Ehepaar gemeinsame Kinder hat, die erst nach dem Tod des zuletzt Versterbenden erben sollen. Die Eheleute setzen sich zunächst gegenseitig als Alleinerben ein, die Kinder kommen erst nach dem Tod des zuletzt Versterbenden zum Zug. So wird der überlebende Ehegatte finanziell abgesichert, denn das Vermögen muss nach dem Tod des ersten Ehegatten nicht sofort aufgeteilt werden.

Bei der Errichtung eines Berliner Testaments gibt es einiges zu beachten. So kann das Testament nach dem Tod des zuerst Versterbenden nicht mehr einfach einseitig geändert werden. Ein Beispiel für ein Berliner Testament sieht so aus:

UNSER TESTAMENT

Wir, die Eheleute ____________, geboren am ________, und ____________, geboren am ________, treffen für den Fall unseres Todes die nachfolgende Regelung:

§ 1 Erbeinsetzung

Wir setzen uns gegenseitig zu ausschließlichen und alleinigen Erben ein. Eine Nacherbfolge findet nicht statt.

§ 2 Erbfolge nach dem Überlebenden

Als Schlusserben des Überlebenden bzw. als gemeinsame Erben im Fall unseres gleichzeitigen Ablebens setzen wir zu gleichen Teilen unsere Kinder ___________ und ___________ ein.

§ 3Wechselbezüglichkeit

Unsere Verfügungen sind wechselbezüglich.

§ 4 Änderungsvorbehalt

Der Überlebende ist berechtigt, seine Verfügungen von Todes wegen zu ändern, zu ergänzen oder aufzuheben, allerdings dürfen sich solche erbrechtlichen Verfügungen nur auf unsere gemeinsamen Kinder bzw. deren Abkömmlinge beziehen.

§ 5 Pflichtteilsstrafklausel

Ein pflichtteilsberechtigter Schlusserbe, der nach dem Tod des Erstversterbenden den Pflichtteil verlangt, ist von der Schlusserbfolge ausgeschlossen, es sei denn, der Überlebende berücksichtigt ihn in einer Verfügung von Todes wegen ausdrücklich.

§ Wiederverheiratungsklausel

Im Falle einer erneuten Heirat verpflichtet sich der Überlebende, den gesetzlichen Teil am Erbe des Verstorbenen an unsere gemeinsamen Kinder herauszugeben.

Ort, Datum

______________________	______________________
Unterschrift des 1. Ehegatten	*Unterschrift des 2. Ehegatten*

Das Berliner Testament muss, damit es wirksam ist, selbstverständlich von beiden Ehegatten unterschrieben werden. Ein Gang zum Notar ist nicht nötig. Allerdings muss es ohne Notar vollkommen handschriftlich verfasst sein.

Was, wenn mehrere Testamente vorliegen?

Ein häufiges Problem besteht darin, dass nicht nur ein, sondern gleich zwei oder noch mehr handschriftliche Testamente existieren und herausgefunden werden muss, welches davon gültig ist. Grundsätzlich kann ein einmal errichtetes Testament jederzeit widerrufen oder geändert werden (§§ 2253, 2255 BGB). Der Widerruf erfolgt durch ein neues Testament, das alle Voraussetzungen der Errichtung erfüllen muss: Testierfähigkeit und -wille sowie die Beachtung der Formvorschriften (siehe oben). Wenn also bereits ein Testament existiert, sich der Erblasser aber entschließt, ein neues Testament aufzusetzen, gilt immer das spätere Testament (§ 2258 Abs. 1 BGB). Ein Widerruf ist aber zum Beispiel auch durch die Zerstörung des aktuellen Testaments möglich. Bei einem einfachen Widerruf des aktuellen Testaments (etwa durch Zerstörung oder durch eine Verfügung wie »Ich widerrufe mein Testament vom 01.01.2020.«) ist im Zweifel immer das vorherige Testament gültig (§ 2258 Abs. 2 BGB). Das gilt nicht, wenn in dem neuesten Testament ausdrücklich etwas anderes drinsteht. Hier zeigt sich nochmal deutlich, wie wichtig es ist, ein Testament mit Ort und Datum zu versehen.

Was tun bei Unklarheiten?

Schwierig werden kann es aber nicht nur, wenn mehrere Testamente vorliegen. Es reicht bereits aus, wenn ein einziges Testament Passagen enthält, die inhaltlich unklar oder mehrdeutig sind. Dann muss das Testament *ausgelegt* werden. Bei einer Testamentsauslegung steht der wirkliche Wille des Erblassers im Mittelpunkt, nicht die wortwörtliche Formulierung. Das ist auch sinnvoll, denn juristische Laien kennen sich mit den einzelnen Begrifflichkeiten in aller Regel nicht aus. Beispielsweise werden in der Alltagssprache die Begriffe »vererben« und »vermachen« synonym verwendet – in der Rechtssprache bedeuten sie aber etwas anderes und ziehen unterschiedliche rechtliche Konsequenzen nach sich. Da man den Erblasser leider nicht mehr fragen kann, was er mit dieser oder jener Formulierung genau gemeint hat, muss sein wirklicher Wille *erforscht* werden. Kommt es zum Erbstreit vor Gericht, ist diese Erforschung Aufgabe des Richters. Das Gericht stützt sich dabei zum Beispiel auf mündliche oder schriftliche Äußerungen des Verstorbenen.

Was darf nicht im Testament geregelt werden?

Im Prinzip sind dir bei der Errichtung deines Testaments keine Grenzen gesetzt. Du kannst also zum Beispiel deinen Geschwistern dein Haus vererben, deiner Tante deine Möbel, deinem besten Freund dein Auto. Allerdings darf nicht ausnahmslos alles in ein Testament hineingeschrieben werden. Es muss die Grenze der »Sittenwidrigkeit« beachtet werden: Ein Testament, das gegen die guten Sitten verstößt, ist nichtig. Juristen drücken es, vereinfacht gesagt, so aus: Gegen die guten Sitten verstößt alles, was alle, die billig und gerecht denken, anstößig finden. »Billig« bedeutet in diesem Zusammenhang nicht niedrig im Preis, sondern – nach ziemlich veraltetem Sprachgebrauch – angemessen.

Die Vorstellungen, was sich gehört und was nicht, haben sich natürlich über die Zeit gewandelt. Ein Beispiel dafür ist das sogenannte Geliebtentestament. Früher galt es als sittenwidrig, wenn ein verheirateter Mann seine langjährige Affäre als Alleinerbin einsetzte und dabei Frau und Kinder vom Erbe ausschloss. Heutzutage ist es nicht mehr verpönt, sich von Ehepartnern zu trennen und eine neue Partnerschaft einzugehen. Was ist also heute noch sittenwidrig? Darunter können Testamente fallen, die das Erbe von bestimmten Auflagen abhängig machen. Ein Beispiel: Ein Erbe soll nur dann das Erbe erhalten, wenn er vorher heiratet/sich scheiden lässt/zu einer anderen Religion konvertiert. Solche Testamente sind dann unzulässig, wenn sie tief in Persönlichkeitsrechte (also in sehr persönliche Entscheidungen über die eigene Lebensführung) des Erben eingreifen.

Erbvertrag

Ein Testament ist vielleicht die häufigste Form, das eigene Erbe zu regeln, aber nicht die einzige. Möglich ist auch der Abschluss eines Erbvertrags. Ein Erbvertrag wird zwischen dem Erblasser und mindestens einer weiteren Person geschlossen und bindet dann grundsätzlich beide Parteien. Ein Beispiel wäre, wenn der Erblasser sich versprechen lassen will, dass seine Kinder ihn bis an sein Lebensende pflegen und er im Gegenzug die Kinder als Erben einsetzt. Bei einem Testament wären die Kinder in einer unsicheren Position, weil Testamente jederzeit einseitig widerrufen werden können.

Ein Erbvertrag muss aber nicht zwangsläufig das Erbe mit einer Gegenleistung verknüpfen. Im klassischen Erbvertrag wird einfach nur wie im Testament die Verteilung des Erbes geregelt. Dann vereinbart beispielsweise eine Mutter mit ihren drei Töchtern, den beiden älteren Töchtern zusammen ihre Eigentumswohnung und der jüngeren Tochter alle Möbel zu vererben. Es ist auch möglich, dass beide Vertragspartner Regelungen für ihren Todesfall treffen. Das ist zum Beispiel der Fall, wenn sich zwei Eheleute durch Vertrag gegenseitig als Erben einsetzen. Anders als beim Berliner Testament sind die Eheleute dann bereits zu Lebzeiten vollständig an die vertraglichen Vereinbarungen gebunden. Da beide Lösungen Vor- und Nachteile haben, lohnt sich eine umfassende anwaltliche oder notarielle Beratung.

RECHT BEKOMMEN

Wer einen Erbvertrag abschließen möchte, muss zwingend einen Notar aufsuchen (§ 2276 Abs. 1 S. 1 BGB).

Aufhebung, Rücktritt und Anfechtung: Wie können sich Vertragspartner vom Erbvertrag lösen?

Wenn ein Erbvertrag einmal geschlossen wurde, ist es gar nicht so leicht, sich wieder von ihm zu lösen. Denn auch hier gilt: Verträge sind einzuhalten. Es gibt drei Möglichkeiten, sich vom Erbvertrag zu lösen: die Aufhebung, den Rücktritt vom Erbvertrag und die Anfechtung.

Jederzeit möglich ist die einvernehmliche Aufhebung des Vertrags durch alle Vertragspartner gemeinsam (§ 2290 BGB). Die Aufhebung erfolgt durch einen eigenen Vertrag, der wieder notariell beurkundet werden muss.

Um vom Erbvertrag zurücktreten zu können, braucht der Erblasser einen besonderen Rücktrittsgrund. Das ist zum Beispiel bei schwerem Fehlverhalten des Vertragserben der Fall (§ 2294 BGB), etwa weil der Vertragserbe dem Erblasser oder einer ihm nahestehenden Person schweren Schaden zufügen will oder wegen einer Straftat (egal welcher) für mindestens ein Jahr im Gefängnis sitzt (§ 2333 BGB).

Als letzte Möglichkeit, sich vom Erbvertrag zu lösen, kann der Erblasser den Erbvertrag anfechten. Das ist aber nur in seltenen Ausnahmefällen möglich, zum Beispiel wenn der Erblasser bei Vertragsabschluss bedroht wurde oder einem wesentlichen Irrtum unterlag (§ 2281 Abs. 1 BGB).

Verhältnis von Testament und Erbvertrag

Was, wenn eine Person sowohl ein Testament erstellt als auch einen Erbvertrag abgeschlossen hat? Sobald die zwei Schriftstücke unterschiedliche Erbfolgen anordnen, kommt es auf das Rangverhältnis von Testament und Erbvertrag an. Der Gesetzgeber hat sich grundsätzlich für einen Vorrang des Erbvertrags entschieden: Ein früheres Testament wird durch den Erbvertrag aufgehoben, ein späteres Testament ist bei Bestehen eines Erbvertrags ungültig (§ 2289 Abs.1 S. 1 BGB).

Wie können sich Erben gegen ein fehlerhaftes Testament wehren?

Wirksam errichtete Testamente gelten, wie schon angemerkt, grundsätzlich. Aber was, wenn bei der Errichtung eines Testaments etwas nicht mit rechten Dingen zugegangen ist oder sogar der Tod des Erblassers absichtlich herbeigeführt wurde? Für solche Fälle gibt es die Möglichkeit der Anfechtung letztwilliger Verfügungen.

Ein Testament kann, anders als ein Erbvertrag, niemals vom Erblasser selbst angefochten werden (er kann es nur widerrufen, siehe Seite 241). Zur Anfechtung berechtigt ist jeder, der durch die Anfechtung einen Vorteil hat (§ 2080 BGB). Damit eine Anfechtung erfolgreich ist, muss ein Anfechtungsgrund vorliegen. Die gesetzlich wichtigsten Anfechtungsgründe sind der Irrtum (§ 2078 Abs. 1 BGB) und die Drohung (§ 2078 Abs. 2 BGB). Beim Irrtum hat sich der Erblasser bei der Errichtung der Verfügung geirrt. Er hat also etwas ausgedrückt, was er so nicht ausdrücken wollte – zum Beispiel, weil er sich im Testament verschrieben hat oder ihm nicht klar war, was er mit einer gewählten Formulierung eigentlich aussagt (etwa, weil er nicht weiß, dass »vermachen« juristisch etwas anderes bedeutet als »vererben«). Bei einer Drohung wurde der Erblasser bei der Errichtung des Testaments oder Erbvertrags bedroht und diese Drohung hat den Inhalt des Schriftstücks beeinflusst. Wie du dir sicher denken kannst, ist es nach dem Tod des Erblassers gar nicht so einfach, einen Anfechtungsgrund nachzuweisen. Unmöglich ist es aber auch nicht.

Die Anfechtung muss gegenüber dem Nachlassgericht erklärt werden (§ 2081 Abs. 1 BGB). Das Nachlassgericht ist das Amtsgericht in dem Ort, an dem der Erblasser zum Todeszeitpunkt seinen gewöhnlichen Aufenthalt hatte (§ 343 Abs. 1 FamFG, § 23a Abs. 2 Nr. 2 GVG). In der Regel ist das der Wohnsitz des Erblassers. Die Anfechtung muss fristgerecht erklärt werden: Ab dem Zeitpunkt, in dem man den Anfechtungsgrund kennt, hat man dafür ein Jahr Zeit (§ 2082 BGB).

Mit der erfolgreichen Anfechtung wird die letztwillige Verfügung aus der Welt geschafft. Dies gilt aber nur für die Abschnitte des Testaments oder Erbvertrags, auf die sich der Irrtum oder die Drohung ausgewirkt hat. Sind die anderen Teile des Testaments nicht vom einschlägigen Anfechtungsgrund betroffen, bleiben sie gültig (§ 2085 BGB).

Gesetzliche Erbfolge: Wer erbt, wenn es kein Testament gibt?

Was passiert mit dem Erbe, wenn der Erblasser kein Testament geschrieben und auch keinen Erbvertrag geschlossen hat? Glücklicherweise bedeutet das nicht, dass die Erbfolge dann nicht geregelt ist. In so einem Fall greift vielmehr die gesetzliche Erbfolge. Das Gesetz regelt das Erbe nach sogenannten Ordnungen. Es gibt insgesamt vier Ordnungen. Schauen wir uns zuerst einmal an, wer zu welcher Ordnung gehört.

Erben erster Ordnung sind die Abkömmlinge des Erblassers (§ 1924 Abs. 1 BGB). Das sind alle, die von ihm abstammen, also Kinder, Enkelkinder, Urenkel und so weiter. Erben zweiter Ordnung sind die Eltern des Erblassers und deren Abkömmlinge (§ 1925 Abs. 1 BGB) – also auch seine Geschwister. Zur dritten Ordnung gehören die Großeltern des Erblassers und deren Abkömmlinge

(§ 1926 Abs. 1 BGB) – gemeint sind dann Onkel und Tanten sowie Cousinen und Cousins. Die vierte Ordnung stellen die Urgroßeltern des Erblassers dar (§ 1928 Abs. 1 BGB). War der Erblasser verheiratet, hat der Ehegatte einen Sonderstatus (mehr dazu auf Seite 247).

Grundsätzlich gilt: Wenn es um die Aufteilung des Erbes geht, haben Erben einer höheren Ordnung den Vorrang. Solange es Erben erster Ordnung gibt, kommen die Erben der zweiten Ordnung nicht zum Zug. Erben dritter Ordnung bekommen nur dann etwas vom Erbe, wenn es weder Erben der ersten

Die gesetzliche Erbfolge

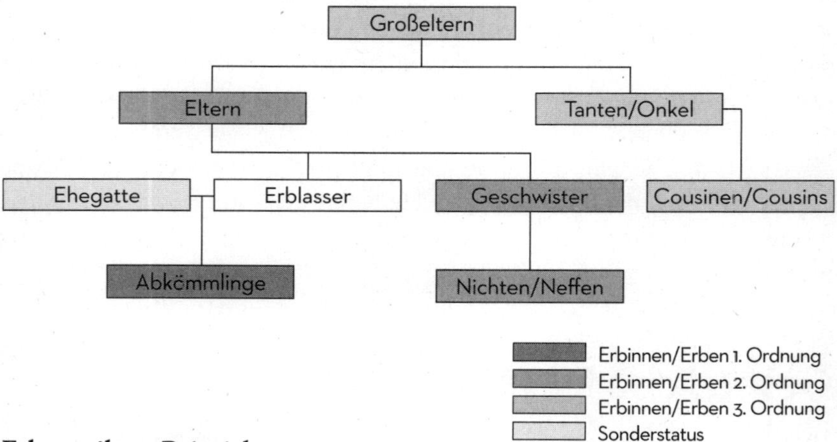

Erbverteilung Beispiel

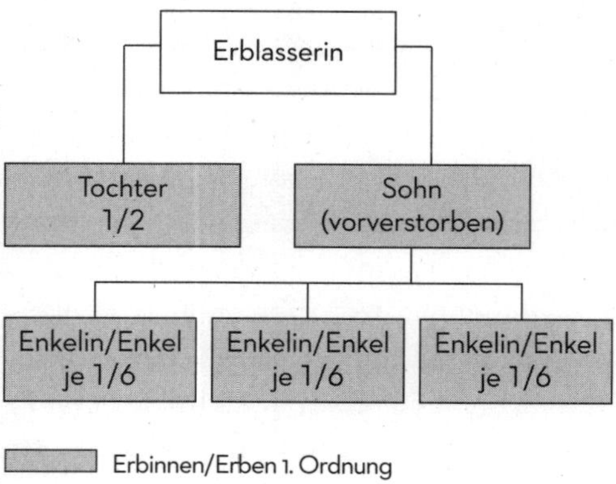

Konstellation: Die Verstorbene hatte eine Tochter und weiterhin drei Enkel, die von einem bereits verstorbenen Sohn abstammen. Nach der gesetzlichen Erbfolge erhält die Tochter die Hälfte des Erbes. Die Enkel teilen sich die andere Hälfte, die eigentlich auf ihren Vater entfallen wäre. Jeder der drei Enkel erhält daher 1/6 des Erbes.

noch der zweiten Ordnung gibt. Auch innerhalb der Ordnungen werden immer diejenigen bevorzugt, die mit dem Erblasser näher verwandt sind. Erst dann, wenn ein Erblasser keine Kinder hat und nicht verheiratet ist, erben seine Eltern als Erben zweiter Ordnung. Etwaige Abkömmlinge der Eltern (also die Geschwister des Erblassers) erben dann nichts mehr – es sei denn, ein Elternteil ist bereits verstorben. In diesem Fall treten an die Stelle des verstorbenen Erben dessen Abkömmlinge. Nach den gesetzlichen Regelungen erben Verwandte derselben Ordnung immer in derselben Höhe. Sie bekommen also alle denselben Anteil vom Erbe.

Einen Sonderstatus hat der Ehegatte des Erblassers: Er oder sie bekommt immer einen festen Anteil des Erbes. Wie hoch dieser Anteil genau ist, hängt davon ab, welche anderen Verwandten es noch gibt. Neben Verwandten der ersten Ordnung erbt der Ehegatte ein Viertel. Hat ein Erblasser Kinder, erbt der Ehegatte nach den gesetzlichen Regelungen also nur 25 Prozent, während sich alle noch lebenden Kinder die restlichen 75 Prozent teilen. Gibt es keine Verwandten der ersten Ordnung, aber Erben der zweiten Ordnung oder Großeltern, bekommt der Ehegatte die Hälfte der Erbschaft. Wenn es weder Verwandte der ersten oder zweiten Ordnung noch Großeltern gibt, erbt der Ehegatte nach den gesetzlichen Vorschriften alles.

Es gibt aber noch eine weitere Besonderheit, und für die müssen wir kurz ins eheliche Güterrecht eintauchen: Der gesetzliche Regelfall des Güterrechts ist die Zugewinngemeinschaft (§ 1363 BGB). Sie gilt, wenn die Eheleute untereinander nichts anderes vereinbart haben. Das wirkt sich auch auf das Erbrecht aus: Leben die Ehegatten im Güterstand der Zugewinngemeinschaft, wird auf den gesetzlich bestimmten Anteil noch einmal ein Viertel der gesamten Erbschaft draufgerechnet. Wenn der Erbanteil des Ehegatten nach den oben beschriebenen Regeln ein Viertel beträgt, beträgt er also bei Zugewinngemeinschaft die Hälfte der Erbschaft. Dadurch verringert sich der Erbanteil der anderen Verwandten entsprechend. Angenommen, der Erblasser ist verheiratet, lebt in Zugewinngemeinschaft und hat zwei Kinder. Dann erbt der Ehegatte 50 Prozent und die Kinder den Rest, also jeweils 25 Prozent.

Nochmal zur Erinnerung: Die gesetzliche Erbfolge greift nur dann, wenn keine letztwillige Verfügung (Testament oder Erbvertrag) existiert. Wurde ein Testament wirksam errichtet oder ein Erbvertrag abgeschlossen, spielt die gesetzliche Erbfolge keine Rolle. Zu beachten ist aber der Pflichtteil, und den wollen wir uns jetzt genauer anschauen.

Gesetzlicher Pflichtteil

Bestimmt hast du schon einmal davon gehört, dass Familienangehörige »enterbt« werden. Damit ist gemeint, dass Angehörige (meist Kinder oder Enkel) vom Erbe ausgeschlossen werden. Ganz so einfach geht das aber nicht. Denn das Gesetz sieht vor, dass ein Abkömmling in jedem Fall seinen Anspruch auf den Pflichtteil behält – selbst dann, wenn der Erblasser ihn aktiv von der gesetzlichen Erbfolge ausgeschlossen hat (§ 2303 Abs. 1 BGB). Damit jemand vom Erbe ausgeschlossen wird, muss der Erblasser ein Testament oder einen Erbvertrag hinterlassen haben, in dem die Pflichtteilsberechtigten nicht berücksichtigt worden sind. Das kann entweder dadurch passieren, dass sie in dem Schriftstück gar nicht erwähnt werden, oder durch ausdrückliche Zusätze wie »Meine Eltern erben nichts«.

Ein Anrecht auf den Pflichtteil haben grundsätzlich die Abkömmlinge des Erblassers sowie der Ehegatte. Hier gilt aber wie bei der gesetzlichen Erbfolge (siehe oben): Sobald es Abkömmlinge einer höheren Ordnung gibt, sind Abkömmlinge niedrigerer Ordnung ausgeschlossen (§ 2309 BGB). Hat ein Erblasser sowohl Kinder als auch Enkelkinder, haben also nur die Kinder Anspruch auf den Pflichtteil. Ehegatten haben wie bei der gesetzlichen Erbfolge einen Sonderstatus und können grundsätzlich immer ihren Pflichtteil fordern – allerdings nur dann, wenn die Ehe zum Zeitpunkt des Todes noch Bestand hatte.

WIE FUNKTIONIERT ENTERBEN?

Bei schwerem Fehlverhalten kann der Erblasser einem Pflichtteilsberechtigen den Pflichtteil allerdings auch gänzlich entziehen (§ 2333 BGB). Dafür müssen dem Abkömmling, Elternteil oder Ehegatten schwere Verfehlungen nachgewiesen werden. Dazu gehören unter anderem Fälle, in denen der Pflichtteilsberechtigte den Erblasser oder eine dem Erblasser nahestehende Person umbringen will oder eine andere schwere Straftat zum Nachteil dieser Personen begeht. Die Entziehung des Pflichtteils erfolgt durch eine ausdrückliche Angabe in der letztwilligen Verfügung (Testament oder Erbvertrag) (§ 2336 Abs. 1 BGB). Außerdem muss dort der Grund für die Entziehung angeben werden.

Die Höhe des Pflichtteils beträgt nach den gesetzlichen Vorgaben die Hälfte des Wertes des gesetzlichen Erbteils. Angenommen, eine Erblasserin hat zwei Kinder, ihr Ehemann ist bereits verstorben. Nach der gesetzlichen Erbfolge erbt jedes Kind die Hälfte (siehe oben). Ist nun ein Kind von der Erbfolge ausgeschlossen, kann es seinen Pflichtteil in Höhe der Hälfte des gesetzlichen Teils geltend machen. Das Kind kann also 25 Prozent des Erbes verlangen.

Erbengemeinschaft: Rechte und Pflichten der Erben

Oft enthalten Testamente Sätze wie »Mein Haus hinterlasse ich meinen Kindern«. Dann werden die Kinder im Erbfall zu einer Erbengemeinschaft. Denn die entsteht automatisch, sobald es mehrere Erben gibt. Dagegen kann man sich als Miterbe nicht wehren.

AUSEINANDERSETZUNG UND AUSZAHLUNG

Die Erbengemeinschaft ist eine Art Zufalls- oder Schicksalsgemeinschaft. Sie endet mit der sogenannten Auseinandersetzung. Damit ist gemeint, dass das, was nach Begleichen der Nachlassverbindlichkeiten (z. B. Schulden, Beerdigungskosten) noch vom Erbe übrig ist, unter den Erben aufgeteilt wird (§ 2047 Abs. 1 BGB). Die Auseinandersetzung in die Tat umzusetzen, ist oft gar nicht so einfach. Angenommen, eine Erbengemeinschaft aus drei Geschwistern erbt das Haus des verstorbenen Vaters. Sie streiten darüber, was mit dem Haus passieren soll. Das erste Kind möchte das Haus am liebsten loswerden. Das zweite Kind kann sich nicht vorstellen, dort einzuziehen, aber findet es schade, wenn das Haus nicht mehr in der Familie ist. Das dritte Kind möchte gern im Haus leben. Wenn also das dritte Kind allein das Haus nutzen möchte, könnte es seinen Geschwistern ihren Anteil am Haus abkaufen. Dazu müsste es jedem Geschwisterkind ein Drittel des Wertes des Hauses ausbezahlen. Dafür muss das dritte Kind aber erst einmal genug Geld haben, um die anderen beiden ausbezahlen zu können.

Erst einmal ist wichtig, was wir ganz zu Beginn dieses Kapitels gelernt haben: Das Vermögen einer Person wird als Ganzes vererbt (§ 1922 Abs. 1 BGB). Das bedeutet, dass der Nachlass (also die Erbschaft) ungeteilt zum gemeinschaftlichen Vermögen der Erben wird (§ 2032 Abs. 1 BGB). Alles gehört also allen zusammen. Ein Beispiel: Eine verwitwete Frau setzt ihre drei Kinder zu ihren Erben ein, genauere Regelungen enthält das Testament nicht. Das Vermögen der Erblasserin besteht hauptsächlich aus dem Haus, in dem sie gelebt hat.

Mit dem Erbfall geht das Haus ins Eigentum der Kinder über. Die drei Kinder werden dadurch Miteigentümer. Das bedeutet, sie können ab diesem Zeitpunkt nur gemeinsam über das Haus verfügen. Wollen sie das Haus verkaufen, geht das nur gemeinsam, also wenn alle zustimmen.

Rechte der Miterben

Zuerst einmal hast du als Miterbe das Recht, die Nachlassgegenstände zu nutzen, also zum Beispiel ein zum Nachlass gehörendes Auto zu fahren. Dafür benötigst du aber in der Regel die Zustimmung der anderen Miterben, weil ansonsten der Mitgebrauch der anderen Erben beeinträchtigt wird.

Jedes Mitglied darf jederzeit die Auseinandersetzung verlangen (§ 2042 Abs. 1 BGB). Im einfachsten Fall schaffen es alle Miterben, sich über die jeweilige Ausgestaltung der Auseinandersetzung zu einigen, und können unter sich ausmachen, wer zum Beispiel das Haus, wer die Ferienwohnung des Erblassers bekommt und so weiter. Gelingt den Erben keine einvernehmliche Auseinandersetzung, können sie sich Hilfe bei einem Mediator oder einem Notar suchen.

Jedes Mitglied einer Erbengemeinschaft hat das Recht, aus der Erbengemeinschaft auszutreten. Dafür muss der eigene Anteil am Erbe verkauft werden (§ 2011 Abs. 1 BGB). Die anderen Miterben können solch einen Verkauf zwar nicht verhindern. Aber sie haben ein sogenanntes Vorkaufsrecht, damit nicht einfach so Familienfremde über den Nachlass mitbestimmen dürfen. Durch das Vorkaufsrecht bekommen andere Mitglieder in Bezug auf einen geplanten Verkauf den Vorrang. Wenn du als Miterbe also deinen Erbanteil an einen Dritten verkaufen willst, dürfen die anderen Mitglieder der Erbengemeinschaft ihr Vorkaufsrecht ausüben. In diesem Fall entsteht automatisch ein Kaufvertrag zwischen dir und den Miterben zu denselben Bedingungen, wie du ihn mit dem Dritten abgeschlossen hast.

Als Miterbe darfst du außerdem Ansprüche des Erblassers allein geltend machen. Wir sprechen in diesem Zusammenhang von »Nachlassforderungen« (§ 2039 BGB). Stellen wir uns einmal vor, der Erblasser hat kurz vor seinem Tod mit einem Handwerker besprochen, dass sein Haus neu gestrichen werden soll. Die Malerarbeiten wurden in Vorkasse bereits bezahlt, aber noch nicht ausgeführt. Jeder Miterbe kann jederzeit, ohne sich vorher mit den anderen abzusprechen, verlangen, dass die Leistung wegen eines bestehenden Anspruchs an alle Miterben erbracht wird. Der Handwerker muss das Haus also neu streichen.

Pflichten der Erbengemeinschaft

Die schlechte Nachricht vorweg: Weil der Nachlass als Ganzes auf die Erben übergeht, fallen auch Schulden des Erblassers an die Erbengemeinschaft. Für diese Schulden haften die Mitglieder der Erbengemeinschaft als Gesamtschuldner. Das bedeutet: Gläubiger können sich aussuchen, ob sie ihre Ansprüche gegenüber der Erbengemeinschaft als Ganzes oder gegenüber einzelnen Mitgliedern geltend machen. Im Prinzip muss erst mal jedes Mitglied für den vollen Schuldenbetrag einstehen. Danach hat man aber die Möglichkeit, sich an die anderen Miterben zu wenden und von diesen die Rückzahlung zu verlangen – natürlich nur ihrem Anteil am Erbe entsprechend.

Die wichtigste Pflicht der Erbengemeinschaft ist die gemeinsame Verwaltung des Nachlasses. Zur Nachlassverwaltung zählen alle Handlungen, die die Erbschaftsgegenstände erhalten, sichern oder vermehren. Auch die Zahlung laufender Kosten gehört dazu. Über alle Maßnahmen, die zur Verwaltung des Erbes gehören, müssen die Miterben gemeinsam bestimmen. Das ist zum Beispiel die Entscheidung darüber, ob ein geerbtes Einfamilienhaus unverändert bleiben oder in mehrere Wohnungen umgebaut werden soll. Schon eine abweichende Stimme eines Miterben reicht, um so eine Maßnahme zu kippen. Darüber hinaus gibt es Maßnahmen, die zur ordnungsgemäßen Verwaltung unbedingt erforderlich sind. In Einzelfällen kann es notwendig sein, bestimmte Nachlassgegenstände zu verkaufen, um beispielsweise angefallene Schulden bezahlen zu können. In solchen Fällen sind die Miterben verpflichtet, entsprechende Maßnahmen mitzutragen (§ 2038 Abs.1 S.1 BGB). Weigern sich einzelne Miterben, können die anderen die notwenige Maßnahme über deren Kopf hinweg (mit Stimmenmehrheit) beschließen.

Erbschaftssteuer: Was ist zu beachten?

Nichts im umsonst, nicht einmal der Tod. Denn ein Erbfall kostet nicht nur den Erblasser sein Leben, auch die Erben müssen Erbschaftssteuer zahlen. Die Erbschaftssteuer fällt an, wenn mindestens eine der beteiligten Personen (also der Erblasser oder der Erbe) ihren Wohnsitz oder gewöhnlichen Aufenthalt in Deutschland hat. Regeln über die Erbschaftssteuer findest du im Erbschaftssteuer- und Schenkungssteuergesetz (ErbStG). Das Erbschaftssteuerrecht ist – wie Steuerrecht allgemein – ziemlich kompliziert. Deswegen wollen wir uns hier auf die wichtigsten Punkte beschränken. Bei individuellen Fragen solltest du dich ohnehin an einen Steuerberater wenden.

- *Für die Erbschaftssteuer ist der Wert des Erbes entscheidend.*
  Die Erbschaftssteuer fällt grundsätzlich bei jeder Art von Erbe an – es ist also egal, ob Geld, Immobilien oder Gegenstände vererbt werden. Ob und wie viel Erbschaftssteuer gezahlt werden muss, hängt vom Wert des Erbes ab. Bei Geldvermögen ist der Wert offensichtlich, aber was ist, wenn Schmuck oder ein Haus vererbt werden? Für deren Wert ist die Geldsumme entscheidend, die man bei einem Verkauf bekommen würde. Oft wird dieser Geldwert von Gutachtern ermittelt. Das sind zum Beispiel Experten für Immobilien, Schmuckstücke oder Kraftfahrzeuge. Am Ende wird der Wert von allem, was zum Erbe gehört, zusammengerechnet. Von diesem Wert sind dann noch eventuell bestehende Schulden abzuziehen. Schon hat man den Wert des Erbes (auch »Nachlasswert«) errechnet.

- *Grundsätzlich ist jeder erbschaftssteuerpflichtig.*
  Jeder muss als Erbe Erbschaftssteuer zahlen, auch minderjährige Kinder. Das ist in der Regel kein Problem, weil die Erbschaftssteuer aus dem Erbe beglichen werden kann. Es gibt aber eine Ausnahme – und zwar, wenn der Wert des Erbes innerhalb des Freibetrags liegt.

- *Es gibt Freibeträge.*
  In § 16 ErbStG sind Freibeträge geregelt, die steuerfrei sind. Wenn der Wert der Erbschaft unter einer bestimmten Grenze liegt, muss gar keine Erbschaftssteuer gezahlt werden. Die Höhe dieser Grenze hängt davon ab,

in welchem Verhältnis der Erbe zum Erblasser stand. So beträgt der Freibetrag beispielsweise

- beim Ehegatten des Erblassers (auch beim Berliner Testament) 500 000 Euro,
- bei jedem Kind 400 000 Euro und
- bei jedem Enkelkind 200 000 Euro.

Nicht mit dem Erblasser verwandte Personen bezahlen übrigens bereits ab einem Nachlasswert von 20 000 Euro Erbschaftssteuer.

- *Die Höhe der Erbschaftssteuer ist nicht immer gleich.*
  Wie hoch die Erbschaftssteuer genau ist, hängt von verschiedenen Faktoren ab, die in § 19 ErbStG aufgelistet sind. Zum einen ist wichtig, wie hoch der Wert des Erbes ist. Bis zu einem Wert von 75 000 Euro fallen – je nach Steuerklasse – zwischen 7 und 30 Prozent Steuern an. Der Höchststeuersatz greift ab einem Wert des Erbes über 26 Millionen Euro.

  In welche von drei Steuerklasse der Erbe fällt, hängt von seinem Verwandtschaftsverhältnis zum Erblasser ab. Hier zahlen Ehegatten und Kinder (Klasse I) prozentual gesehen weniger als Eltern oder Geschwister (Klasse II). Am meisten zahlen Personen, die überhaupt nicht mit dem Erblasser verwandt sind (Klasse III).

- *Bei einer Erbengemeinschaft ist jedes Mitglied einzeln erbschaftssteuerpflichtig.*
  Wenn es eine Erbengemeinschaft gibt, muss nicht etwa die Erbengemeinschaft gemeinsam in Bezug auf das ganze Erbe Steuern zahlen. Vielmehr fällt die Erbschaftssteuer bei jedem einzelnen Miterben an, und zwar gerechnet auf den Betrag, der seinem Anteil am Erbe entspricht.

- *Der Erbfall muss dem Finanzamt angezeigt werden.*
  Jede Erbschaft muss dem Finanzamt schriftlich angezeigt werden (§ 30 ErbStG). Dabei müssen unter anderem die persönlichen Daten (Name, Adresse, Steuer-ID etc.), der Todestag, der Wert des Erbes sowie der Verwandtschaftsgrad angegeben werden. Im Internet findest du Vordrucke unter dem Stichwort »Anzeige eines Erwerbs von Todes wegen«. Für die Anzeige hat man drei Monate Zeit – gerechnet ab dem Zeitpunkt, in dem man von der Erbschaft erfährt. Zuständig ist das Finanzamt am letzten Wohnsitz oder gewöhnlichen Aufenthaltsort des Erblassers.

- *Für manche Bereiche gibt es Sonderregelungen.*
  Wird zum Beispiel das Eigenheim des Erblassers mit bis zu 200 Quadratmetern Wohnfläche vererbt, das der Ehegatte, die Kinder oder Enkelkinder des Erblassers nach dessen Tod unverzüglich selbst nutzen, muss gar keine Erbschaftssteuer gezahlt werden. Um über den jeweiligen Freibetrag hinaus steuerfrei zu bleiben, musst du allerdings mindestens zehn Jahre dort wohnen.

- *Bestimmte Kosten können steuerlich abgesetzt werden.*
  Dazu gehören Kosten für die Beerdigung und einen Grabstein sowie für die Grabpflege. Für diese Kosten besteht eine sogenannte Erbfallkostenpauschale in Höhe von aktuell 15 000 Euro, die nicht nachweispflichtig sind (§ 10 Abs. 5 Nr. 3 ErbStG). Die Pauschale kann aber nur einmalig geltend gemacht werden, auch wenn es mehrere Erben gibt.

Umgehung des Erbrechts: Schenkung zu Lebzeiten

Große Teile des Vermögens zu Lebzeiten verschenken, um das Erbe für unliebsame Pflichtteilsberechtigte zu verringern und um Erbschaftssteuer zu sparen – eine gute Idee? Ja und nein. Auch wenn solche Vorhaben nachvollziehbar sind: Sie sind in der Realität gar nicht mal so einfach umzusetzen und wollen gut geplant sein. Außerdem werden auch Schenkungen ab einer bestimmten Höhe versteuert.

Vorteile einer Schenkung zu Lebzeiten

Wer schon vor seinem Tod Vermögenswerte auf andere überträgt, stellt sicher, dass alles genau so geregelt wird, wie er es möchte. Auch Streitereien wie »Aber Mama hätte dieses und jenes gewollt« kann dadurch vorgebeugt werden. Denn Streit entsteht häufig durch Missverständnisse, die der Verstorbene selbst nicht mehr aus der Welt schaffen kann. Außerdem können Schenkungen vor dem Todesfall Angehörige bedarfsgerechter unterstützen. Wer beispielswiese ein Unternehmen gründen will, benötigt meist sofort Geld und möchte nicht auf den Todesfall eines Familienmitglieds warten.

Schenkungssteuer

Auch bei einer Schenkung fallen grundsätzlich Steuern an, wenn bestimmte Freibeträge überschritten werden (sog. Schenkungssteuer). Grundsätzlich gelten hier dieselben Freibeträge wie bei der Erbschaftssteuer. Es gibt aber eine Besonderheit: Die Freibeträge gelten bei Schenkungen immer für ein Intervall von zehn Jahren. Danach kann der Freibetrag wieder komplett ausgeschöpft werden. Ein Beispiel: Bei Schenkungen von Eltern an ihre Kinder gilt ein Freibetrag von 400 000 Euro. Eine Mutter darf ihrem Sohn also Geld- und Sachwerte im Wert von 400 000 Euro schenken. Dafür werden alle Schenkungen, die innerhalb von zehn Jahren vorgenommen wurden, zusammengerechnet. Sind zehn Jahre vorbei, wird die Uhr wieder auf null gedreht und der Sohn darf innerhalb der nächsten zehn Jahre wieder steuerfrei Schenkungen bis zu 400 000 Euro erhalten.

Zu beachten ist hier: Große Schenkungen müssen sowohl die schenkende als auch die beschenkte Person dem Finanzamt anzeigen.

Verringerung des Pflichtanteils durch Schenkung

Das BGB enthält bestimmte Vorschriften, die den Pflichtanteil naher Angehöriger absichern. Dadurch soll verhindert werden, dass der Erblasser noch zu Lebzeiten seinen Nachlass verkleinern und so Pflichtteilsberechtigte benachteiligen kann. Und das geht so: Schenkungen, die der Erblasser in den letzten zehn Jahren vor seinem Tod vornimmt, werden dem Wert der Erbschaft wieder hinzugerechnet. In voller Höhe werden Schenkungen angerechnet, die im letzten Jahr vor dem Todesfall erfolgt sind. Danach verringert sich die Anrechnungsquote pro Jahr um 10 Prozent. Das heißt, im vorletzten Jahr vor der Erbschaft werden 90 Prozent des Schenkungswertes angerechnet, im vorvorletzten 80 Prozent und so weiter. Schenkungen, die länger als zehn Jahre zurückliegen, werden nicht mehr berücksichtigt. Wer sein Erbe verkleinern möchte, um den Pflichtanteil zu verringern, sollte also möglichst früh damit anfangen.

Erbschaftssteuer nach Schenkungen

Auch beim Steuerrecht ist der Staat recht streng, denn er will sich eine eigentlich anfallende Erbschaftssteuer nicht entgehen lassen. Deshalb wird im Erbfall alles zusammengerechnet, was eine Person innerhalb der letzten zehn Jahre vom Erblasser erhalten hat – egal, ob als Schenkung oder durch das Erbe. Angenommen, eine Erblasserin überschreibt ihrem Ehemann zu Lebzeiten ihre Wohnung im Wert von 500 000 Euro. Drei Jahre später stirbt sie. Als Erbe erhält der Mann ein Boot im Wert von 50 000 Euro. Hier wird der Freibetrag für Ehegatten (500 000 Euro) in einem Zeitraum von zehn Jahren vor dem Tod der Erblasserin überschritten. Deswegen ist der Mann erbschaftssteuerpflichtig.

Was tun, wenn man ein Erbe ausschlagen möchte?

Ein Erblasser hinterlässt dir mehr Schulden als Vermögen? Du hast keine Lust, dich mit den Miterben einer Erbengemeinschaft herumzuschlagen? Oder du möchtest mit einem Erbe aus anderen Gründen schlicht nichts zu tun haben? In diesen Fällen solltest du dir ernsthaft überlegen, das Erbe auszuschlagen – vor allem dann, wenn nur Schulden vererbt werden oder wenn zwar Vermögen vererbt wird, die Schulden des Erblassers aber höher sind, als das vererbte Vermögen wert ist.

Ein Erbe auszuschlagen bedeutet: Du wirst so gestellt, als hättest du nie etwas mit dem Erbe zu tun gehabt. In der Regel geht dein Anteil dann auf die gesetzlichen Erben über – es sei denn, im Testament ist etwas anderes geregelt. Achtung: Wenn du minderjährige Kinder hast, musst du das Erbe oft auch für sie ausschlagen. Denn wenn die gesetzliche Erbfolge greift, treten sie an deine Stelle.

Wenn du dich entschieden hast, ein Erbe auszuschlagen, musst du die Ausschlagung dem Nachlassgericht erklären (§ 1945 Abs. 1 BGB). Einen Grund für die Ausschlagung musst du nicht angeben. Das Nachlassgericht ist das Amtsgericht, an dem der Erblasser seinen letzten Wohnsitz beziehungsweise gewöhnlichen Aufenthalt hatte (§ 343 Abs. 1 FamFG, § 23a Abs. 2 Nr. 2 GVG). Dabei musst du bestimmte Formvorschriften einhalten: Du kannst dich entweder an einen Notar wenden, der die Ausschlagung des Erbes notariell beurkundet. Die vom Notar ausgestellte Originalurkunde musst du dann beim Nachlassgericht am letzten Wohn- beziehungsweise Aufenthaltsort des Erblassers einreichen. Alternativ kannst du die Ausschlagung zur Niederschrift des Nachlassgerichts erklären. Dazu musst du zum Gericht gehen und dem Rechtspfleger vor Ort erklären, dass du das Erbe ausschlagen möchtest. Hierzu kannst du dich auch an das Amtsgericht deines eigenen Wohnorts wenden (§ 344 Abs. 7 S. 1 FamFG). Das ist besonders praktisch, wenn der Erblasser weit entfernt von dir gelebt hat. Für die Ausschlagung wird dir eine – zugegeben recht kurze – Frist von sechs Wochen eingeräumt (§ 1944 Abs. 1 BGB). Die Frist beginnt zu laufen, sobald du Kenntnis davon hast, dass du Erbe geworden bist.

Du solltest dir gut überlegen, ob du ein Erbe wirklich ausschlagen möchtest. Denn dieser Schritt kann nicht so einfach rückgängig gemacht werden. Hast du die Ausschlagung einmal erklärt, kannst du keine Ansprüche mehr geltend machen. Auch den Pflichtteil kannst du nicht mehr verlangen. Und Anspruch auf Erinnerungen von persönlichem Wert hast du dann auch nicht.

Schlagen alle Erben ein Erbe zum Beispiel aufgrund von hohen Schulden aus, wird der Staat zum Erben und versucht, aus dem Nachlass so viele Gläubiger wie möglich zu bedienen. Die Haftung des Fiskus ist allerdings begrenzt, sodass die meisten Gläubiger nach Aufbrauchen des vorhandenen Nachlasses leer ausgehen.

Erbrecht innerhalb der Familie: Wie regelt man sein Erbe richtig?

Zum Schluss wollen wir uns mit der Frage beschäftigen, wie man sein Erbe denn nun am besten regelt. Wie so oft in der Juristerei lautet die Antwort: Es kommt drauf an. Um eine für dich passende Lösung zu finden, müssen mehrere Punkte berücksichtigt werden. Ein paar davon wollen wir uns genauer anschauen. Folgende Fragen können dir dabei helfen, herauszufinden, wie du dein Erbe richtig regelst:

- *Was gehört alles zu deinem Erbe?*
  Zunächst solltest du dir einen Überblick darüber verschaffen, was überhaupt alles Teil deines Vermögens ist. Nur so kannst du herausfinden, was später alles zu deinem Nachlass gehört. Zu deinem Vermögen zählt nicht nur dein gesamter Besitz (vor allem Gegenstände des täglichen Gebrauchs, also Kleidung, Möbel, Auto etc.), sondern auch dein Geldvermögen auf der Bank oder in Kapitalanlagen (Aktien, Krypto-Assets etc.). Vielleicht kannst du eine Immobilie dein Eigen nennen. Nicht zu vergessen ist außerdem der sogenannte digitale Nachlass. Das sind beispielsweise deine persönlichen Daten in Social-Media-Accounts und Bezahldiensten.

- *Welche Ziele verfolgst du in Bezug auf deinen Nachlass?*
  Du solltest dir darüber klar werden, welches Ziel du mit der Regelung deines Erbes verfolgst: Geht es darum, deinen Ehepartner abzusichern? Möchtest du das Erbe gerecht unter deinen Kindern aufteilen? Oder willst du bestimmte Menschen von der Erbfolge ausschließen? Bei Ehegatten bietet es sich an, ein gemeinschaftliches Testament (auch »Ehegattentestament«) zu verfassen, in dem sie sehr freie Regeln füreinander festlegen können. Wenn du an mehrere Personen (z. B. mehrere Kinder) vererbst, solltest du bedenken, dass Streit ums Erbe leider oft vorprogrammiert ist. Konflikte lassen sich verhindern, indem du mit deinen Erben offen das Gespräch suchst und ihnen deinen letzten Willen ausführlich erklärst.
  Auch wenn dafür Geld in die Hand genommen werden muss: Um auf Nummer sicher zu gehen und Missverständnisse zu vermeiden, solltest du dich in Erbangelegenheiten von einem Rechtsanwalt oder einem Notar beraten lassen. Nur so kann eine auf deine persönlichen Bedürfnisse maßgeschneiderte Lösung gefunden werden.

- *Gibt es in der Familie bereits andere Verfügungen?*
  Entscheidend können auch bereits bestehende Verfügungen anderer Familienmitglieder sein. Ein Beispiel: Wenn du mit deinem Ehegatten einen Erbvertrag geschlossen hast, in dem deinem Kind bestimmte Anteile am Nachlass versprochen werden, kannst du dieses Versprechen später nicht mehr durch ein anderes Testament aufheben. Ältere Testamente kannst du dagegen grundsätzlich durch die Errichtung eines neuen Testaments aus der Welt schaffen.

- *Was ist, wenn keine Erben vorhanden sind?*
  Wenn der letzte Wille nicht durch Testament oder Erbvertrag geregelt wurde und auch keine Erben vorhanden sind, die nach den gesetzlichen Vorschriften berücksichtigt werden, tritt an letzter Stelle der Staat als Erbe ein. Möchtest du das vermeiden, solltest du deine Erbfolge proaktiv regeln. Es ist auch möglich, gemeinnützige Organisationen (z. B. Vereine, Stiftungen) zu (Allein-)Erben einzusetzen. Hierbei ist es empfehlenswert, sich zuvor mit der Organisation in Verbindung zu setzen.

VERKEHRSRECHT

Wer regelmäßig mit dem Auto unterwegs ist, weiß, dass sich auch beim Autofahren eine ganze Reihe von rechtlichen Fragen stellen kann. Wie muss ich mich am Unfallort verhalten? Bin ich verpflichtet, die Polizei zu rufen? Und wer zahlt den Schaden nach einem Verkehrsunfall? Welche Versicherung brauche ich, und was übernimmt die im Schadensfall? Ein weiteres wichtiges Thema ist die Zulässigkeit von Dashcam-Aufnahmen.

Aber es muss nicht immer gleich zum Unfall kommen, damit juristische Konsequenzen eintreten. Auch Verstöße gegen die Straßenverkehrsordnung (StVO), zum Beispiel das Überfahren einer roten Ampel, ziehen rechtliche Folgen nach sich. Von Bußgeldern über Punkte »in Flensburg« bis hin zu Fahrverboten ist vieles möglich. Aber wann wird welche Buße verhängt und wie kann man sich dagegen wehren? All diese Fragen und mehr wollen wir in diesem Abschnitt klären.

Unfall

Zu spät gebremst, einen kurzen Moment nicht richtig aufgepasst – schon ist ein Unfall passiert. So aufwühlend ein Verkehrsunfall auch sein kann, umso wichtiger ist es, einen kühlen Kopf zu bewahren und rational zu handeln. Das ist natürlich leichter gesagt als getan. Deshalb wollen wir dir einen Fahrplan an die Hand geben, wie du Unfallsituationen sicher und rechtlich korrekt meisterst.

Verhalten am Unfallort

Eins vorweg: Ein Grundsatz, der immer gilt, lautet »Sicherheit zuerst«. Als Erstes solltest du sicherstellen, dass du selbst nicht in Gefahr bist. Unabhängig davon, wer den Unfall verschuldet hat: Gibt es Verletzte, musst du Erste Hilfe leisten.

Dazu bist du gesetzlich verpflichtet. Außerdem solltest du so schnell wie möglich unter der Nummer 112 einen Notruf absetzen.

Gesetzliche Verpflichtungen

Bei jedem Unfall bist du als Beteiligter verpflichtet, bestimmte Maßnahmen zu ergreifen. Diese Maßnahmen sind in § 34 StVO geregelt und müssen ergriffen werden, sobald juristisch gesehen ein Unfall vorliegt. Unter einem Unfall verstehen Juristen ein plötzliches, für mindestens einen der Beteiligten ungewolltes Ereignis im öffentlichen Straßenverkehr, das zu einem nicht komplett belanglosen Sach- oder Personenschaden führt. Unfallbeteiligter ist aus rechtlicher Sicht jede Person, deren Verhalten nach den äußeren Umständen zum Unfall beigetragen haben kann. An einem Unfall müssen also immer mehrere beteiligt sein. Fährst du mit deinem Auto gegen die Mauer deiner eigenen Garage, verursachst du keinen »Unfall« im juristischen Sinn, denn Unfallverursacher und Geschädigter sind in diesem Fall ein und dieselbe Person. Was nicht heißt, dass du die folgenden Regeln nicht trotzdem besser beachten solltest, gerade wenn dein beschädigtes Fahrzeug den Verkehr behindern könnte. Jetzt wollen wir uns die einzelnen Verhaltenspflichten einmal genauer anschauen.

- *Halte unverzüglich an.*
  Sobald es zum Unfall gekommen ist, musst du als Fahrer so schnell wie möglich den Motor abschalten und, wenn möglich, das Fahrzeug verlassen. Als unfallbeteiligter Fahrradfahrer oder Fußgänger musst du stehen bleiben. Sonst begehst du unter Umständen eine Unfallflucht und machst dich wegen unerlaubten Entfernens vom Unfallort strafbar (mehr dazu unter »Unfallflucht« auf Seite 264).

- *Sichere den Verkehr.*
  Es ist wichtig, dass der Verkehr so ungestört wie möglich weiterlaufen kann. Verschaffe dir einen Überblick über die Lage und sichere die Unfallstelle ab. Ist es möglich, dein Auto zur Seite zu fahren, damit andere Verkehrsteilnehmer ohne Probleme vorbeikommen? Dann solltest du das tun, um den Verkehrsfluss zu sichern. Wenn nötig, stelle ein Warndreieck auf. Nachts solltest du zusätzlich die Warnblinkleuchte einschalten.

- *Vergewissere dich über die Unfallfolgen.*
  Gibt es Verletzte? Gibt es weitere Gefahrenquellen?

- *Hilf Verletzten.*
  Falls Menschen beim Unfall verletzt worden sind, hilf ihnen. Das ist rechtlich gesehen deine Pflicht. Wenn du keine Hilfe leistest, obwohl dir das möglich ist, machst du dich wegen unterlassener Hilfeleistung (§ 323c StGB) strafbar. Verständige außerdem so schnell wie möglich den Notruf unter der Nummer 112.

- *Stelle Informationen bereit.*
  Du bist gesetzlich dazu verpflichtet, an der Aufklärung des Unfallgeschehens mitzuwirken. Deshalb musst du Informationen zu deiner Person und gegebenenfalls zu deinem Auto bereitstellen. Diese Angaben können gegenüber der Polizei gemacht werden. Das ist aber nicht immer zwingend erforderlich. Wenn alle Beteiligten einverstanden sind, muss die Polizei nicht gerufen werden. Darüber hinaus gibt es bei der Informationspflicht noch einige weitere Punkte zu beachten. Darauf kommen wir im Kapitel zur Unfallflucht noch einmal genauer zu sprechen.

Ratschläge zur Sicherung zivilrechtlicher Ansprüche

Was kannst du tun, um für einen späteren Zivilprozess vorzusorgen? Dein Ziel sollte sein, den Vorfall so gut wie möglich zu dokumentieren, damit du später vor Gericht nachweisen kannst, wie alles abgelaufen ist. Notiere dir daher den Unfallhergang sowie die Kennzeichen der beteiligten Fahrzeuge. Mache Fotos vom Unfallort. Falls es Zeugen gibt, sprich sie an und bitte sie, ihre Kontaktdaten zu hinterlassen. Sie können unter Umständen vor Gericht für dich aussagen. Bleibe in jedem Fall ruhig und freundlich und vermeide Schuldzuweisungen, denn damit ist nach einem Unfall niemandem geholfen.

Wie bereits erwähnt, ist es nicht gesetzlich vorgeschrieben, in jedem Fall die Polizei zu verständigen. Manchmal wollen Unfallbeteiligte ein Einschreiten der Polizei um jeden Preis vermeiden. Bedenke aber, dass du immer auf der sicheren Seite bist, wenn die Polizei vor Ort ist. Lass dir also nichts einreden: Auch wenn der Unfallgegner dich vom Gegenteil überzeugen will, solltest du darauf bestehen, die Polizei zu rufen. Denn auch Polizeibeamte können als Zeugen in einem späteren Gerichtsverfahren zu deinen Gunsten aussagen. In manchen Fällen kommst du sowieso nicht darum herum, die Sicherheitsbehörden zu verständigen – zum Beispiel, wenn jemand verletzt wurde.

In vielen Automodellen gehören mittlerweile auch sogenannte Dashcams zur Serienausstattung. Manche Fahrer kaufen sich ein solches Gerät extra, um im Fall eine Unfalls gute Beweise zu haben. Tatsächlich können Dashcams in einem solchen Fall immense Vorteile bringen, weil sich dann vor Gericht viel leichter beweisen lässt, wer Schuld an dem Unfall hatte. Oder wenn aufgrund der eindeutigen Beweislage, die das aufgezeichnete Videomaterial bietet, ein Gang vor Gericht gar nicht erst nötig ist.

DASHCAMS: ZULÄSSIGKEIT UND VERWERTBARKEIT VOR GERICHT

Viele Autofahrer sind verunsichert, in welchem Umfang sie eine Dashcam überhaupt einsetzen dürfen und wann die Aufnahmen vor Gericht verwendbar sind.

Zur zweiten Frage hat der BGH im Jahr 2018 entschieden, dass Dashcam-Aufnahmen von Unfällen in Einzelfällen als Beweis vor Gericht verwendet werden können – selbst dann, wenn die Aufzeichnung Datenschutzgesetze verletzt (Urteil vom 15. Mai 2018 – VI ZR 233/17). Zwar kommt es bei der Frage der Beweisverwertung immer auf eine Interessenabwägung im Einzelfall an. Doch der BGH hat sogar Aufnahmen zugelassen, bei denen der Dashcam-Nutzer permanent und anlasslos gefilmt hatte, was datenschutzrechtlich unzulässig ist. Der Grund: Bei der Schnelligkeit des Verkehrsgeschehens herrsche häufig Beweisnot, Beweise seien daher besonders wichtig. Außerdem würde in die Persönlichkeitsrechte anderer Verkehrsteilnehmer nicht besonders stark eingegriffen, schließlich nähmen sie freiwillig am öffentlichen Straßenverkehr teil. Das Aufklärungsinteresse des Unfallbeteiligten kann also schwerer wiegen als der Datenschutz Dritter. Dass das Urteil von 2018 auch heute noch Bestand hat, zeigt ein aktueller Fall des Landesarbeitsgerichts Düsseldorf, das nicht nur datenschutzwidrige Video-, sondern sogar Tonaufzeichnungen einer Dashcam als Beweis vor Gericht zugelassen hat (Urteil vom 19.1.2023 – 13 Sa 624/22).

Allerdings wissen wir jetzt nur, wann Aufnahmen verwertbar sind, obwohl ein Datenschutzverstoß vorliegt. Daraus folgt: Wenn man die Vorschriften zum Datenschutz eingehalten hat, sind die Aufzeichnungen natürlich erst recht verwendbar. Und man spart sich zudem ein Bußgeld. Nur: Wie hält man den Datenschutz ein? Das bestimmt sich nach der Datenschutz-Grundverordnung der EU (DSGVO) (siehe dazu Seite 91 ff.). Die DSGVO regelt die Verarbeitung personenbezogener Daten, worunter auch Filmaufnahmen fallen. Sie sind zulässig, wenn man dafür eine gesetzliche Erlaubnis nach Artikel 6 DSGVO hat (hier: überwiegendes berechtigtes Interesse nach Art. 6 Abs. 1 S. 1 lit. f DSGVO). Der BGH hatte in seinem Urteil von 2018 (welches auch auf die DSGVO übertragbar ist) eindeutige Hinweise gegeben, welche Anforderung eine Dashcam erfüllen sollte, damit sie auch datenschutzrechtlich zulässig ist:

- Es sind nur kurzzeitige, anlassbezogene Aufzeichnungen von wenigen Sekunden erlaubt, die erst bei Kollision oder starker Verzögerung des Fahrzeugs (Bremsen) durch einen Sensor ausgelöst werden.
- Wenn kein Unfall passiert, sollte die Aufnahme regelmäßig schnell überschrieben werden, sodass nichts dauerhaft und anlasslos gespeichert wird. Diese Löschung sollte automatisiert und dem Eingriff des Verwenders entzogen sein.
- Wenn möglich, sollten Personen automatisch verpixelt werden.
- Explizit nicht erlaubt ist hingegen die kontinuierliche, anlasslose Aufzeichnung des Straßenverkehrs.

Der Datenschutzbeauftragte von Niedersachsen hat daraufhin schon 2019 konkrete und praktikable Hinweise dazu gegeben, wie das genau umsetzbar ist. Da heißt es: »Lediglich die Speicherung eines anlasslosen Zeitraums von bis zu 30 Sekunden wird [...] nicht sanktioniert.« Technisch ist das durchaus möglich: Zulässig wären danach Aufzeichnungen im sogenannten Loop-Recording mit Speicherzeiträumen von zirka 30 Sekunden, die nur bei besonderen Ereignissen wie Unfällen speichern, etwa durch Beschleunigungs- beziehungsweise Bremssensoren, sogenannte G-Sensoren. Die Aufzeichnungen werden immer wieder überschrieben und nur dann gespeichert, wenn es zu einem Vorfall/Unfall kommt.

Du solltest beim Kauf einer Dashcam also darauf achten, dass sie über folgende Funktionen verfügt:

- Loop-Recording-Funktion
- G-Sensor
- GPS
- Erfassung von Datum und Uhrzeit

Wer Menschen und Nummernschilder filmt, muss allerdings auch die sogenannten »Informationspflichten« nach Artikel 13 DSGVO erfüllen. Bestenfalls hat man für den Fall eines Unfalls einen solchen Zettel mit den Pflichtinformationen bereits im Handschuhfach liegen. Darauf sollte Folgendes stehen: die Kontaktdaten des Fahrers (Anschrift und E-Mail-Adresse), der Zweck der Videoüberwachung (Eigentumsschutz), das berechtigte Interesse an der Überwachung (Beweissicherung), die Rechtsgrundlage der Datenverarbeitung (Art. 6 Abs. 1 Satz 1 lit. f DSGVO) und die Dauer der Speicherung. Hat man an einen solchen Zettel nicht gedacht, lassen sich diese Daten natürlich auch anlässlich eines Unfalls austauschen.

Zum Abschluss noch ein kleiner Warnhinweis: Dass Dashcam-Aufnahmen erlaubt und auch vor Gericht zulässig sind, berechtigt natürlich nicht dazu, entsprechende Aufnahmen (ohne Unkenntlichmachung von Personen und Nummernschildern) zu veröffentlichen. Unverpixelt dürfen sie aus Datenschutzgründen lediglich dem Gericht und gegebenenfalls der Polizei ausgehändigt werden, auf keinen Fall solltest du sie so ins Internet stellen.

Unfallflucht

Zum Thema Unfallflucht gibt es zahlreiche Missverständnisse und Mythen. Häufig wird zum Beispiel angenommen, dass kleinere Schäden gar nicht als Unfall gelten, man also einfach weiterfahren kann, wenn man seine Kontaktdaten am Unfallort hinterlassen hat. Oder dass ein Zettel hinter der Windschutzscheibe mit den Kontaktinfos ausreichend ist. Weit verbreitet ist auch der Glaube, dass man nach 30 Minuten Wartezeit seiner Pflicht Genüge getan hat und den Unfallort verlassen darf. Aber ist das wirklich richtig so?

Unter Unfallflucht versteht man das unerlaubte Entfernen vom Unfallort, nachdem man als Fahrzeugführer, aber auch als Fußgänger oder Radfahrer in einen Unfall verwickelt war. Wer sich nach einem Unfall entfernt, ohne die Feststellung seiner Personalien, seines Fahrzeugs und seiner Beteiligung am Unfall zu ermöglichen, kann mit einer Freiheitsstrafe von bis zu drei Jahren oder mit einer Geldstrafe bestraft werden. Das ist in § 142 StGB geregelt. Unfallflucht ist also kein Kavaliersdelikt, sondern, wie das veranschlagte Strafmaß zeigt, ein ziemlich heftiger Straftatbestand.

Du solltest daher nicht einmal kleine Unfälle wie einen Rempler beim Ausparken ignorieren. Das Gesetz differenziert nicht zwischen kleinen Unfällen mit Blechschaden oder großen Unfällen mit Personenschaden. Laut § 142 StGB ist jede Art von Unfall, unabhängig vom Ausmaß des Schadens, meldepflichtig, nicht nur gegenüber der Polizei, sondern auch gegenüber dem Geschädigten.

Doch was, wenn der Geschädigte, selbst wenn es nur einen kleinen Lackkratzer am Auto gibt, weit und breit nicht zu sehen ist? Reicht dann ein Zettel mit den eigenen Kontaktdaten hinter der Windschutzscheibe aus, wie viele meinen? Nein, der reicht nicht! Denn, so haben mehrere Gerichte festgestellt, so ein Windschutzscheibenzettel kann verloren gehen oder unleserlich werden. Er könnte weggeweht oder vom Regen zersetzt werden. Er könnte auch einfach von einem Witzbold gestohlen werden. In einigen Fällen haben Gerichte einen in schützende Alufolie eingewickelten Informationszettel akzeptiert. Aber wer hat die schon immer im Auto dabei? Auf der sicheren Seite bist du mit einem Zettel nicht.

Doch wie lange muss man am Unfallort warten, um gegenüber dem Geschädigten durch seine Anwesenheit die Feststellung seiner Person, seines Fahrzeugs und der Art seiner Beteiligung am Unfall zu ermöglichen? Oft wird angenommen, dass man nach 30 Minuten Wartezeit den Unfallort verlassen darf. Tatsächlich spricht § 142 StGB von einer »angemessenen Zeit«, die je nach Schadenshöhe, Tageszeit, Verkehrsdichte und Witterung variiert. Bei kleinen Schäden können 20 bis 30 Minuten tatsächlich ausreichend sein, bei größeren Schäden kann eine längere Wartezeit erforderlich sein. Gerichte berücksichtigen bei der Bewertung, ab wann eine Wartezeit angemessen ist, verschiedene Faktoren. Dazu gehören:

- *Tageszeit:* Tagsüber kann eine längere Wartezeit erwartet werden als nachts.
- *Witterung:* Scheint die Sonne und herrscht angenehmes Wetter, kann eine längere Wartezeit erwartet werden als bei unwirtlichen Bedingungen wie winterlicher Kälte oder Regen.
- *Schadenshöhe:* Hier gilt die Faustregel: Je größer der Schaden, desto länger die Wartezeit.

Auf Nummer sicher gehst du, wenn du dich auch bei einem kleinen Unfall einfach sofort bei der Polizei und natürlich bei deiner eigenen Versicherung meldest. Selbst eine angemessene Wartezeit entbindet dich nicht von dieser Pflicht. Wenn du also 30 Minuten vergeblich auf den Inhaber des von dir beschädigten

Autos gewartet hast, ruf besser so schnell wie möglich bei der Polizei an und gib Standort und Kennzeichen des Autos durch. Der Geschädigte muss so schnell wie möglich erfahren, dass ihm ein Schaden entstanden ist. Das Gesetz ist aber in einem Punkt gewissermaßen gnädig: Handelt es sich um einen Unfall, der nur einen kleineren Sachschaden zur Folge hat (z. B. das Abfahren eines fremden Seitenspiegels), bleibst du trotz unerlaubten Entfernens vom Unfallort straffrei, wenn du dich innerhalb von 24 Stunden nach dem Unfall doch noch bei der Polizei meldest (§ 142 Abs. 4 StGB).

Eine ordnungsgemäße Meldung ist übrigens auch deshalb in deinem eigenen Interesse, um deinen Versicherungsschutz vollständig zu behalten. Wird eine Unfallflucht festgestellt, kann es passieren, dass deine Versicherung teilweise frei von der Pflicht wird, dir den Schaden vollständig zu erstatten.

Haftung bei Verkehrsunfällen: Wer zahlt den Schaden?

Bei einem Verkehrsunfall kommt es in aller Regel zu Schäden an den involvierten Fahrzeugen, an anderen Gegenständen oder sogar bei Personen. Natürlich stellt sich da die Frage, wer für die entstandenen Schäden aufkommen muss. Die genauen Haftungsregeln für Verkehrsunfälle sind hauptsächlich im Straßenverkehrsgesetz (StVG) geregelt. Dabei gibt es einige Besonderheiten, und die wollen wir uns etwas genauer anschauen.

- *Grundsätzlich haftet der Halter des Kfz.*
  Schäden, die beim Betrieb eines Kfz verursacht werden, müssen grundsätzlich vom Halter des Fahrzeugs ersetzt werden (§ 7 Abs. 1 StVG). Dabei ist egal, ob der Halter den Unfall selbst verschuldet hat. Man spricht auch von »verschuldensunabhängiger Haftung«. Halter ist, wer ein Fahrzeug auf eigene Rechnung in Gebrauch hat und darüber bestimmen kann, was mit dem Fahrzeug passiert. Die Ersatzpflicht ist auch davon unabhängig, ob bei Unfallverursachung der Halter selbst oder eine andere Person am Steuer saß. Bei Juristen gibt es aber kaum einen Grundsatz ohne Ausnahme: Deswegen haftet der Halter nicht, wenn sein Fahrzeug benutzt worden ist, ohne dass er von der Nutzung wusste oder ihr zugestimmt hat (§ 7 Abs. 3 StVG).

- *Der Fahrer haftet ebenfalls.*
  Wird das Fahrzeug zum Zeitpunkt des Unfalls von einer anderen Person als dem Halter gefahren, muss auch diese Person für entstandene Schäden einstehen. Im Gegensatz zum Halter haftet der Fahrer aber nur dann, wenn er den Unfall auch wirklich verschuldet hat (§ 18 Abs. 1 S. 2 StVG), das heißt, wenn man ihm in Bezug auf die Entstehung des Schadens vorsätzliches oder fahrlässiges Handeln vorwerfen kann.

- *Dem Geschädigten kann unter Umständen ein Mitverschulden angerechnet werden.*
  Wenn die geschädigte Person an der Entstehung des Schadens mitgewirkt hat, trifft sie ein sogenanntes Mitverschulden (§ 9 StVG). Das ist der Fall, wenn der Person, die den Schaden erlitten hat, im Hinblick auf die Entstehung des Unfalls ebenfalls vorsätzliches oder fahrlässiges Handeln vorgeworfen werden kann. Steht ein Mitverschulden des anderen Beteiligten fest, entscheiden die Gerichte darüber, wer welchen Anteil an der Entstehung des Schadens hat (z. B. 50 : 50). Dieser Anteil wird dann vom eigenen Schadensersatzanspruch abgezogen. Bei 50-prozentigem Mitverschulden des Geschädigten wird sein Schadensersatzanspruch also um die Hälfte gekürzt.

- *Bei mehreren Unfallverursachern haftet jeder anteilig in der Höhe seines Verursachungsbeitrags.*
  Wenn mehr als zwei Fahrzeuge an einem Unfall beteiligt sind, muss das Gericht im Prozess herauszufinden, wer welchen Anteil an der Entstehung des Unfalls hatte. Jeder Halter beziehungsweise Fahrer muss dann anteilig nur den Teil des entstandenen Schadens begleichen, für den er verantwortlich ist. Zum Beispiel kann bei drei beteiligten Fahrzeugen jeder Beteiligte für einen Verursachungsbeitrag von, sagen wir, 33,33 Prozent verantwortlich gemacht werden. Entsprechend muss dann jeder ein Drittel des Gesamtschadens begleichen. Es ist aber wichtig zu wissen, dass der Geschädigte erst mal von jedem Verursacher verlangen kann, seinen gesamten Schaden zu ersetzen. Sobald sich der Geschädigte einen Verursacher ausgesucht hat und dieser gezahlt hat, ist die Schuld beglichen und die anderen müssen nicht mehr an den Geschädigten zahlen. Die einzelnen Verursacher klären daraufhin untereinander, bei wem sie sich welchen Anteil zurückholen können (»Regress«).

- *Im Regelfall zahlt die Haftpflichtversicherung des Halters.*
  Die Haftpflichtversicherung des Halters sorgt dafür, dass eine geschädigte Person nicht auf ihrem Schaden sitzen bleibt. In Ausnahmefällen springt die Haftpflichtversicherung aber nicht ein. Dann muss sich der Geschädigte direkt an den Unfallverursacher wenden und von ihm Schadensersatz verlangen. Das ist zum Beispiel der Fall, wenn ein Unfall absichtlich herbeigeführt wurde (§ 81 Abs. 1 VVG). Bei grob fahrlässigem Handeln des Schädigers darf die Versicherungsgesellschaft ihre Zahlung gegenüber dem Geschädigten kürzen (§ 81 Abs. 2 VVG). Unter grobe Fahrlässigkeit fällt das Fahren bei starker Alkoholisierung beziehungsweise unter Drogeneinfluss. Die Haftpflichtversicherung zahlt auch dann nicht, wenn der Fahrer keinen Führerschein hat. In anderen Fällen zahlt die Haftpflichtversicherung zwar an den Geschädigten, darf sich aber beim Schädiger einen Teil der gezahlten Schadensersatzsumme zurückholen. Wer beispielsweise trotz eines verhängten Fahrverbots fährt und einen Unfall verursacht, muss mit Rückzahlungsforderungen der Versicherung rechnen.

- *Es gibt ein paar (wenige) Ausnahmen von der Haftung.*
  Es gibt wenige Ausnahmen, in denen der Unfallverursacher gar nicht zum Schadensersatz verpflichtet ist. Ein solcher Ausnahmefall liegt bei höherer Gewalt vor (§ 7 Abs. 2 StVG). Höhere Gewalt ist nur äußerst selten im Spiel, und zwar dann, wenn ein verkehrsfremdes Ereignis eintritt, das weder vorhergesehen noch verhindert werden konnte. Erfasst sind solche Ereignisse, die durch Naturkräfte oder durch menschliches Handeln hervorgerufen werden. Das können zum Beispiel Erdbeben oder plötzliche Brände sein.

Versicherungen, Schadensmeldung und Regulierung

Versicherungen

Im Normalfall werden Schäden durch die Haftpflichtversicherung desjenigen ersetzt, der den Unfall verursacht hat. Eine Kfz-Haftpflichtversicherung muss jeder Halter eines Kraftfahrzeugs abschließen, ansonsten wird ein Fahrzeug nicht zugelassen. Deine Haftpflichtversicherung deckt aber nur die Schäden ab, die du mit deinem Kfz anderen zufügst. Deine eigenen Schäden werden in der Regel von der Haftpflichtversicherung des Unfallgegners getragen. Schäden, für die keine fremde Haftpflichtversicherung einsteht (z. B. Beschädigung durch Unwetter), sind nur bei Abschluss einer Teilkasko- oder Vollkaskoversicherung abgedeckt.

Schadensmeldung

In jedem Fall musst du einen Schaden der Versicherung melden, wenn du möchtest, dass sie tätig wird. Deine eigenen Schäden, die durch einen anderen Unfallgegner entstanden sind, musst du der Haftpflichtversicherung des Unfallgegners melden. Damit unberechtigte Forderungen gegen dich abgewehrt werden können, solltest du deinen Schaden auch deiner eigenen Versicherung melden. Bei Schäden, die du selbst an deinem eigenen Fahrzeug verursacht hast oder für die niemand herangezogen werden kann (z. B. Sturmschäden oder Fahrerflucht), ist die Teil- oder Vollkaskoversicherung zuständig. Die musst du aber vorher gesondert abgeschlossen haben.

In jedem Fall solltest du die Schäden schnellstmöglich der zuständigen Versicherung melden. Um auf Nummer sicher zu gehen, spätestens am nächsten Werktag. Wenn du nicht weißt, bei welcher Versicherung der Unfallgegner haftpflichtversichert ist, kann der Zentralruf der deutschen Autoversicherer weiterhelfen (online unter www.zentralruf.de oder telefonisch innerhalb Deutschlands unter 0800 2502600). Hierzu brauchst du das Kennzeichen des Unfallgegners.

Nach oder mit der Schadensmeldung muss außerdem ein Unfallbericht eingereicht werden. In diesem Bericht soll der Unfallhergang neutral und wahrheitsgemäß dokumentiert werden. Es geht nicht darum, wer welchen Schuldanteil hat. Du solltest also im Unfallbericht kein Schuldanerkenntnis abgeben.

Der Unfallbericht sollte folgende Angaben enthalten:

- Ort, Datum und Uhrzeit des Unfalls
- Namen, Adressen und Telefonnummern der beteiligten Fahrer
- Kfz-Kennzeichen der beteiligten Fahrzeuge
- Angaben zur Versicherung des Unfallgegners (Versicherungsgesellschaft und Versicherungsnummer)
- Beschreibung des Unfallhergangs (Aus welcher Richtung kam welches Fahrzeug mit welcher Geschwindigkeit? Wo haben sich die Fahrzeuge berührt?)
- Beschreibung sichtbarer Schäden
- Unfallskizze und Fotos von Unfallstelle und Schäden
- Eventuell besondere Witterungsbedingungen (z. B. Nebel, Glatteis)
- Im Idealfall Unterschriften aller Beteiligter

Am einfachsten ist es, den sogenannten Europäischen Unfallbericht auszufüllen. Vordrucke findest du unter diesem Stichwort im Internet.

Schadensregulierung

Nachdem du der Versicherung den Schaden gemeldet hast, kann die sogenannte Schadensregulierung beginnen. Damit ist der gesamte Prozess gemeint, durch den der Geschädigte nach einem Unfall seine Schäden ersetzt bekommt. Für die Schadensregulierung nach Unfällen ist die Haftpflichtversicherung des Unfallverursachers zuständig. Sie stellt Ermittlungen an, um den Unfallhergang zu rekonstruieren (z. B. mithilfe von Sachverständigen) und um die Frage zu klären, wer für welche Schäden verantwortlich ist. Anhand dieser Feststellungen und der im Versicherungsvertrag geregelten Bedingungen wird an den Geschädigten ein Schadensersatz gezahlt. Verweigert die Versicherung die Zahlung, solltest du einen Anwalt einschalten und als letzte Maßnahme Klage erheben.

Bußgelder

Wir sind alle keine Heiligen, vor allem nicht beim Autofahren. Doch Verkehrsverstöße können zu Recht erhebliche Folgen nach sich ziehen. Denn sie gefährden die Sicherheit des Straßenverkehrs und damit potenziell auch Menschenleben. Hier versucht der Gesetzgeber, mit Bußgeldern und anderen Strafen entgegenzuwirken.

Häufige Verkehrsverstöße und ihre Folgen

Der mit Abstand am häufigsten begangene Verkehrsverstoß ist die Geschwindigkeitsüberschreitung. Sehr oft kommen aber auch das Benutzen eines Handys am Steuer, das Fahren über eine rote Ampel, Abstandsverstöße (zu nahes Auffahren), Alkohol oder Drogen am Steuer sowie Vorfahrtsverstöße vor. Du solltest dir im Straßenverkehr lieber zweimal überlegen, ob ein Verkehrsverstoß es wirklich wert ist. Denn Verstöße können Geldbußen, Punkte in Flensburg oder Fahrverbote nach sich ziehen. Bußen drohen dir übrigens nicht nur als Kfz-Fahrer, sondern auch als Radfahrer oder Fußgänger.

Bußgeldbescheid

Üblicherweise wird ein Verkehrsverstoß mit einem Bußgeld geahndet. Je nachdem, gegen welche Vorschrift verstoßen wurde, werden Bußgeldzahlungen in unterschiedlicher Höhe fällig. Welche Geldbußen bei Geschwindigkeitsüberschreitungen drohen, steht im sogenannten Bußgeldkatalog – gemeint ist hier die Bußgeldkatalog-Verordnung (BKatV), die wiederum auf dem Straßenverkehrsgesetz (StVG) und der Straßenverkehrsordnung (StVO) fußt. Die BKatV enthält für viele Ordnungswidrigkeiten konkrete Regelsätze, also Vorschläge dafür, wie hoch das Bußgeld ausfallen soll. Die Regelsätze sind nicht immer zwingend, sondern sollen für Einheitlichkeit und Gerechtigkeit sorgen. Es besteht aber ein gewisser Ermessensspielraum, insbesondere bei besonderen Umständen (z. B. sehr gefährliches Verhalten, Wiederholungstäter) oder wenn der Betroffene unverschuldet gehandelt hat. Gerichte oder Bußgeldstellen dürfen vom Katalog abweichen – müssen aber begründen, warum. Hier ein paar Beispiele für Bußgelder (ohne Auslagen und Bearbeitungsgebühr) bei typischen Verkehrsvergehen:

Überschreitung	innerorts	außerorts
<10 km/h	30 Euro	20 Euro
11–15 km/h	50 Euro	40 Euro
16–20 km/h	70 Euro	60 Euro
21–25 km/h	115 Euro	100 Euro
26–30 km/h	180 Euro	150 Euro
31–40 km/h	260 Euro	200 Euro
41–50 km/h	400 Euro	320 Euro
51–60 km/h	560 Euro	480 Euro
61–70 km/h	700 Euro	600 Euro
>70 km/h	800 Euro	700 Euro

Die angegebenen Bußgelder beziehen sich auf normale Pkw von bis zu 3,5 Tonnen. Für schwerere Fahrzeuge sind die Bußgelder teilweise noch höher.

Auch andere Verkehrsverstöße haben mitunter hohe Geldbußen zur Folge. Teilweise wird hierbei eine Spanne angegeben. Das liegt daran, dass bei diesen Verkehrsverstößen verschiedene Schweregrade vorliegen können. Angenommen, du fährst nachts über eine rote Ampel und kein anderer Verkehrsteilnehmer ist in Sicht. Dann wird ein niedrigeres Bußgeld verhängt, als wenn du durch diese Aktion jemanden gefährdet hast oder eine Sache beschädigt wurde.

Handlung	**Verhängte Buße**
Alkohol am Steuer (>1,1 Promille)	Entziehung der Fahrerlaubnis, Geldstrafe oder Freiheitsstrafe
Alkohol am Steuer (0,5–1,09 Promille)	500 Euro (erster Verstoß) 1000 Euro (zweiter Verstoß) 1500 Euro (jeder weitere Verstoß)
Cannabis und andere Drogen am Steuer	500 Euro (erster Verstoß) 1000 Euro (zweiter Verstoß) 1500 Euro (jeder weitere Verstoß)
Unerlaubtes Fahren in einer Rettungsgasse	240–320 Euro
Nichtbilden einer Rettungsgasse	200–320 Euro
Handy am Steuer	100–200 Euro
Überfahren einer roten Ampel	90–360 Euro
Auto-Posing (unnötige Lärmverursachung, unnötig schnelles Beschleunigen)	80–100 Euro
Unzulässiges Halten in zweiter Reihe	55–100 Euro
Unzulässiges Parken auf Geh- oder Radweg	55–100 Euro
Abstandsverstöße	25–400 Euro
Missachten der Vorfahrt	25–100 Euro
Parken ohne Parkscheibe/Parkschein, Überschreiten der Höchstparkdauer	20–40 Euro
Nichtbenutzen des Radwegs als Fahrradfahrer	mind. 20 Euro
Überqueren einer roten Ampel als Fußgänger	5 Euro

Übrigens: Der Bußgeldkatalog wird vom Gesetzgeber regelmäßig geändert – im Schnitt alle ein bis zwei Jahre. Die hier aufgezählten Bußgelder stellen also nur eine Momentaufnahme dar und sind nicht bis in alle Ewigkeit gültig. Einen immer aktuellen Bußgeldkatalog findest du unter https://www.wbs.legal/verkehrsrecht/bussgeldverfahren/bussgeldkatalog/.

Punkte in Flensburg

Bei Verkehrsverstößen riskierst du außerdem einen Eintrag ins Fahreignungsregister des Kraftfahrt-Bundesamts. Diese Behörde sitzt ins Flensburg, weshalb man umgangssprachlich von »Punkten in Flensburg« spricht. Die Anzahl der Punkte werden dir im Bußgeldbescheid oder dem dazugehörigen Anhörungsschreiben mitgeteilt. Fehlt die Angabe, kannst du die Punkte selbst in einem Online-Bußgeldrechner berechnen. Je nachdem, wie schwer der Verstoß ist, werden ein bis drei Punkte ins Register eingetragen. Grundsätzlich gilt: Für Verkehrsordnungswidrigkeiten (z. B. Verstöße bezüglich Vorfahrt, Abstand, Geschwindigkeit) bekommst du einen Punkt, für besonders schwere Verstöße wie Fahren mit über 0,5 Promille oder das Nichtbilden einer Rettungsgasse zwei. Drei Punkte drohen bei Verkehrsstraftaten wie dem unerlaubten Entfernen vom Unfallort oder einer fahrlässigen Tötung. Genau nachlesen kannst du das in Anlage 13 zur Fahrerlaubnis-Verordnung (FeV). Alle Punkte, die unter deinem Namen eingetragen sind, werden zusammengerechnet. Ab einer Summe von acht Punkten verlierst du deinen Führerschein.

FLENSBURG

Punkte sind nicht für immer im Fahreignungsregister eingetragen. Es gibt, je nach Schwere des Verstoßes, unterschiedliche Tilgungsfristen. Straftaten mit drei Punkten werden nach zehn Jahren aus dem Register getilgt, Verstöße mit zwei Punkten nach fünf Jahren. Kleinere Verstöße mit einem Punkt werden schon nach zweieinhalb Jahren aus dem Register gestrichen. Wenn du vier oder fünf Punkte gesammelt hast, erhältst du die Möglichkeit, einen Punkt abzubauen. Nach erfolgreicher Teilnahme an einem Fahreignungsseminar wird dir ein Punkt gestrichen. An so einem Seminar kannst du alle fünf Jahre teilnehmen.

Fahrverbote und Führerscheinentzug

Bei schwereren Verstößen können Fahrverbote verhängt werden. Normalerweise wird ein Fahrverbot durch die Bußgeldstelle ausgesprochen und dauert ein bis drei Monate (§ 25 Abs. 1 StVG). Gründe für ein Fahrverbot sind zum Beispiel das Überfahren einer roten Ampel in gefährlichen Fällen (ein Monat), Alkohol und Drogen am Steuer (ein bis drei Monate), das Nichtbilden einer beziehungsweise Fahren in einer Rettungsgasse (ein Monat) oder Geschwindigkeitsüberschreitungen (innerorts beispielswiese ab über 30 km/h zu schnell). Wird eine Person strafrechtlich verurteilt, darf auch das Gericht als sogenannte »Nebenstrafe« ein Fahrverbot erteilen (§ 44 StGB) – egal, ob die begangene Straftat mit einem Fahrzeug zusammenhängt oder nicht. Das Fahrverbot dauert in solch einem Fall zwischen einem und sechs Monaten.

Wird gegen dich ein Fahrverbot verhängt, musst du deinen Führerschein für die Zeit des Fahrverbots abgeben und darfst gar keine Kraftfahrzeuge fahren (nicht einmal Mofas). Nach Ablauf dieser Zeit wird dir der Führerschein automatisch wieder zugesendet.

Aufgepasst: Fahrverbote dürfen nicht mit der Entziehung der Fahrerlaubnis (umgangssprachlich »Führerscheinentzug«) verwechselt werden. Der Entzug der Fahrerlaubnis folgt bei schweren Verstößen im Straßenverkehr. Das sind entweder mindestens acht Punkte in Flensburg, eine am Steuer begangene Straftat oder schwere Verkehrsverstöße während der Probezeit. Bei acht Punkten oder mehr wird dir die Fahrerlaubnis durch die Fahrerlaubnisbehörde entzogen (§ 4 Abs. 5 StVG). Bei einer strafrechtlichen Verurteilung wegen einer Tat, die im Zusammenhang mit dem Straßenverkehr begangen wurde, entscheidet das Gericht über die Entziehung (§ 69 Abs. 1 StGB). Beispiele für solche Straftaten sind das alkoholisierte Fahren mit mehr als 1,1 Promille, eine strafbare Unfallflucht oder illegale Autorennen. Das Gericht muss dabei entscheiden, ob der Verurteilte ungeeignet ist, ein Kraftfahrzeug im Verkehr zu führen. Die Entziehung der Fahrerlaubnis führt, wie es der Name schon vermuten lässt, dazu, dass die Berechtigung, ein Kraftfahrzeug zu führen, aufgehoben wird. Nach Ablauf einer Sperrfrist (mindestens sechs Monate, maximal fünf Jahre) muss die Fahrerlaubnis neu beantragt werden (Antrag auf Wiedererteilung der Fahrerlaubnis).

Je nach Grund der Entziehung kann die Fahrerlaubnisbehörde eine sogenannte Medizinisch-Psychologische Untersuchung (MPU) verlangen, bevor sie über deinen Antrag entscheidet. Diese Untersuchung wird oft auch umgangssprachlich als »Idiotentest« bezeichnet. Diese Begutachtung deiner Fahreignung erfolgt, wenn Zweifel bestehen, ob du zum Führen von Fahrzeugen geeignet bist. Bei Entzug wegen Alkohols am Steuer etwa wird eine MPU regelmäßig angeordnet (§ 13 FeV), oft auch bei Drogen am Steuer (§ 14 FeV). Bei Entzug wegen Straftaten dann, wenn wegen der Tat Zweifel an der charakterlichen Eignung bestehen (§ 11 Abs 3 FeV spricht z. B. von »hohem Aggressionspotenzial«).

WELCHE FAHRZEUGE DARF ICH BEI FAHRVERBOT UND BEI DER ENTZIEHUNG DER FAHRERLAUBNIS NOCH FAHREN?

Wird dir ein Fahrverbot erteilt, erstreckt sich das Verbot auf alle Arten von Kraftfahrzeugen. Du darfst also keinerlei motorisierte Fahrzeuge benutzen. Einfache Fahrräder sind natürlich erlaubt, Pedelecs auch. E-Bikes und S-Pedelecs allerdings nicht, denn die sind rechtlich gesehen Kraftfahrzeuge.

Bei der Entziehung der Fahrerlaubnis gibt es eine Ausnahme: Du darfst weiterhin Mofa fahren, wenn du eine separate Prüfbescheinigung dafür hast oder du vor dem 1.4.1980 das 15. Lebensjahr vollendet hast. Für E-Bikes und S-Pedelecs gilt dasselbe.

Übrigens: Führst du unerlaubterweise ein Kraftfahrzeug, begehst du eine Straftat, und zwar das Fahren ohne Fahrerlaubnis (§ 21 StVG). Dabei drohen Geld- oder sogar Freiheitsstrafen.

RECHT BEKOMMEN

Gegen falsche Beschuldigungen zu Verkehrsverstößen kannst und solltest du dich wehren – vor allem, wenn damit Punkte in Flensburg einhergehen. Durch die teilweise lange Löschungsfrist (bis zu zehn Jahren) können sich Punkte schnell anhäufen, und irgendwann droht dir der Entzug des Führerscheins. Was ist also zu tun, wenn dir ein falscher Bußgeldbescheid ins Haus flattert? So ein Bescheid ist ein Verwaltungsakt, deswegen kannst du dich mithilfe eines Widerspruchs oder einer Klage dagegen wehren. Wichtig ist es hierbei, schnell zu handeln. In der Regel hast du einen Monat Zeit, um ein Rechtsmittel einzulegen. Genaueres kannst du im Unterkapitel »Widerspruch und Einspruch: Was tun, wenn der Bescheid falsch ist?« (Seite 330) nachlesen.

STRAFRECHT

Nicht immer verhalten sich Bürgerinnen und Bürger besonnen und im Einklang mit dem Recht. So kommt es immer wieder vor, dass die Grenze zur Strafbarkeit überschritten wird. Was genau strafbares Verhalten ist, ist in Deutschland hauptsächlich im Strafgesetzbuch (StGB) geregelt. Hinzu kommen einige Sonderstrafgesetze, beispielsweise im Urheberrechtsgesetz oder im Gesetz gegen den unlauteren Wettbewerb.

Das Strafgesetzbuch ist ziemlich alt, es stammt aus dem Jahr 1871. Natürlich wurde es seitdem vielfach überarbeitet. Trotzdem findet man neben erwartbaren Delikten wie Mord, Totschlag, Diebstahl oder Sachbeschädigung einige ungewöhnliche Straftatbestände. Wusstest du zum Beispiel, dass es strafbar ist, die Entziehungskur einer anderen Person zu gefährden (§ 323b StGB)? Andere Strafnormen scheinen etwas aus der Zeit gefallen zu sein: Wer etwa den Bundespräsidenten öffentlich verunglimpft, wird nach § 90 StGB mit mindestens drei Monaten Freiheitsstrafe bestraft, bis zu fünf Jahre Haft sind möglich. Die Beleidigung »normaler« Menschen führt jedoch maximal zu zwei Jahren Freiheits- oder Geldstrafe.

Gerade im Strafrecht ist es wichtig, dass Gesetze eindeutig und für Bürger klar verständlich formuliert sind. Denn das Grundgesetz schreibt vor, dass in unserem Rechtsstaat eine Tat nur dann bestraft werden darf, wenn die Strafbarkeit gesetzlich festgelegt war, bevor die Tat begangen wurde. Trotzdem sind Strafgesetze nicht immer so formuliert, dass jeder sie verstehen kann. Wenn du nicht gerade mein Buch *Der Taschenanwalt* gelesen hast (dann empfehle ich natürlich, das unbedingt nachzuholen), hättest du dann gewusst, dass die Striche auf dem Bierdeckel wegzukratzen eine Urkundenfälschung ist? In jedem Fall sollst du hier einen Überblick über die wichtigsten Verbote bekommen – und darüber, was passiert, wenn dir vorgeworfen wird, sie übertreten zu haben.

Strafverfahren

Immer wieder geraten Bürger mit dem Gesetz in Konflikt. Doch es kann auch in Einzelfällen mal passieren, dass du schuldlos zum Verdächtigen in einem Strafverfahren wirst. Egal, ob du etwas auf dem Kerbholz hast oder nicht: Wichtig ist, dass du deine Rechte kennst und weißt, wie du dich verhalten solltest. In Deutschland läuft ein Strafverfahren nämlich etwas anders ab, als wir es in US-amerikanischen Filmen häufig zu sehen bekommen.

Ablauf des Strafverfahrens

Ein Strafverfahren in Deutschland wird grundsätzlich in vier Abschnitte unterteilt: Ermittlungsverfahren, Zwischenverfahren, Hauptverfahren und Vollstreckungsverfahren. Es ist nicht unwahrscheinlich, dass ein Strafverfahren in einem dieser Abschnitte »stecken bleibt«. Dann kommt es erst gar nicht zum formellen Abschluss des Verfahrens in Form einer Verurteilung oder eines Freispruchs, sondern das Verfahren wird vorher eingestellt.

Ermittlungsverfahren

Das Strafverfahren beginnt mit dem Ermittlungsverfahren. Es kann eingeleitet werden, wenn ein sogenannter Anfangsverdacht besteht, also wenn genügend tatsächliche Anhaltspunkte dafür vorliegen, dass eine Straftat begangen wurde. Der als Täter Verdächtige wird dann als Beschuldigter bezeichnet. Die Strafverfolgungsbehörden, also die Polizei oder die Staatsanwaltschaft, können auf verschiedenen Wegen Kenntnis von einer möglichen Straftat erlangen. Das kann passieren, indem eine Staatsanwalt oder ein Polizeibeamter während seiner Arbeitszeit (z. B. auf einer Streifenfahrt) Zeuge eines solchen Sachverhalts wird oder indem ein Bürger bei der Polizei oder Staatsanwaltschaft eine Strafanzeige oder einen Strafantrag stellt.

Liegt ein Anfangsverdacht einmal vor, geht die Staatsanwaltschaft zum nächsten Schritt über und prüft, ob ein hinreichender Tatverdacht besteht, sammelt also Beweise. Es ist Aufgabe der Staatsanwaltschaft, alles zu ermitteln, was für oder gegen den Beschuldigten spricht. Dabei arbeitet sie eng mit der Polizei zusammen. Wenn es keine Beweise für die Tat gibt oder wenn der Beschuldigte offensichtlich unschuldig ist, wird das Verfahren eingestellt. Kommt die Staatsanwaltschaft hingegen zu dem Ergebnis, dass eine Verurteilung wahrscheinlicher erscheint als ein Freispruch, erhebt sie Anklage vor dem Strafgericht, und es beginnt das Zwischenverfahren.

Zwischenverfahren

Das Zwischenverfahren wird mit der Erhebung der Anklage durch die Staatsanwaltschaft eingeleitet. Im Zwischenverfahren beschäftigt sich das Gericht mit der Anklageschrift. Der vermeintliche Täter wird nun als Angeschuldigter bezeichnet.

Das Gericht prüft nun ebenfalls noch einmal, ob nach seiner Einschätzung ein hinreichender Tatversacht besteht. Der Sinn und Zweck des Zwischenverfahrens besteht darin, dass das Gericht als unabhängige Kontrollinstanz selbst vom Vorliegen eines hinreichenden Tatverdachts überzeugt sein soll. Sieht das Gericht keinen hinreichenden Tatverdacht, wird das Verfahren eingestellt. In aller Regel hält das Gericht den von der Staatsanwaltschaft festgestellten Tatverdacht jedoch für hinreichend. Dann wird ein Eröffnungsbeschluss erlassen, und das Hauptverfahren wird eingeleitet.

Das Strafverfahren gliedert sich in vier Verfahrensstadien

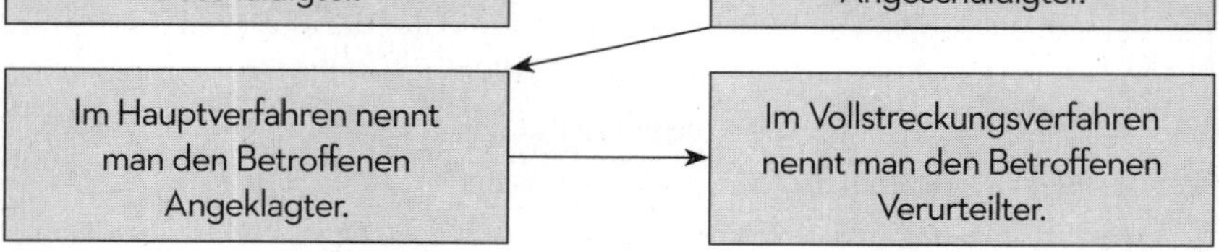

Hauptverfahren

Das Hauptverfahren ist wohl der Teil des Strafverfahrens, den wir in Nachrichten und Unterhaltungsmedien am häufigsten zu sehen bekommen: als Gerichtsprozess, an dessen Ende ein Urteil gefällt wird. Der Betroffene heißt ab diesem Abschnitt des Verfahrens Angeklagter. Anders als in US-amerikanischen

Strafprozessen, wie wir sie aus zahlreichen Filmen und Serien kennen, werden Urteile bei uns nicht von einer Geschworenenjury gefällt. In Deutschland ist jedes Gericht mit mindestens einem Berufsrichter besetzt, der an der Urteilsfindung beteiligt ist. Das ist ein studierter Volljurist mit Befähigung zum Richteramt. Reine Laiengerichte (also solche, die nur mit nicht juristisch ausgebildeten Bürgern besetzt sind) gibt es in unserem Rechtssystem nicht. Teilweise sind aber auch bei uns nichtjuristische ehrenamtliche Richter oder Laienrichter an den Urteilen beteiligt, die sogenannten Schöffen. Deren Mitwirkung soll sicherstellen, dass das Volk bei der Urteilsfindung vertreten ist. Sie haben dasselbe Stimmrecht wie Berufsrichter.

Die genaue Besetzung eines Gerichts unterscheidet sich je nach Art des Gerichts. An Amtsgerichten entscheidet im Regelfall ein Berufsrichter allein über einen Fall. In manchen Fällen, zum Beispiel wenn die zu erwartende Strafe zwischen zwei und vier Jahren beträgt, entscheidet auch am Amtsgericht ein Schöffengericht, bestehend aus einem Berufsrichter und zwei Schöffen. Bei einer höheren zu erwartenden Strafe findet die Verhandlung vor einem Landgericht statt. Die dort ansässigen Strafkammern sind in der Regel mit drei Berufsrichtern und zwei Schöffen besetzt.

Die gerichtliche Hauptverhandlung läuft wie folgt ab: Nach Eröffnung der Sitzung werden zunächst Zeugen und Sachverständige belehrt, und der Angeklagte wird zu seinen persönlichen Verhältnissen (Name, Alter, Wohnort, Beruf, Familienstatus) befragt. Danach verliest die Staatsanwaltschaft die Anklageschrift, in der steht, welche Straftaten dem Angeklagten genau zur Last gelegt werden. Der Angeklagte bekommt die Möglichkeit, sich zu den Vorwürfen zu äußern.

Im Anschluss daran beginnt die Beweisaufnahme, die in der Regel den größten Teil der Hauptverhandlung ausmacht. Anders als im Zivilprozess gilt hier der Amtsermittlungsgrundsatz, das heißt, Strafgerichte sind verpflichtet, die von der Staatsanwaltschaft vorgetragenen Tatsachen auf ihren Wahrheitsgehalt zu untersuchen. Darüber hinaus haben alle Prozessbeteiligten (also der Angeklagte und sein Verteidiger, die Staatsanwaltschaft und etwaige Nebenkläger) das Recht, Beweismittel einzubringen. Dafür müssen sie beim Gericht Beweisanträge stellen. Während der Beweisaufnahme werden zum Beispiel Zeugen vernommen, Sachverständige befragt, Urkunden verlesen oder Beweismittel in Augenschein genommen. Bei der Inaugenscheinnahme können Ortstermine stattfinden. Wird dem Angeklagten beispielweise vorgeworfen, eine fremde Wohnung durch ein Kellerfenster betreten zu haben, und bestehen Zweifel, ob der Angeklagte überhaupt durch das Fenster klettern kann (z. B. wegen seiner Körpermaße oder geringer Beweglichkeit), kann das Gericht den vermeintlichen Tatort aufsuchen, um zu prüfen, ob der geschilderte Tatablauf realistisch ist.

Ist die Beweisaufnahme abgeschlossen, haben die Staatsanwaltschaft und der Angeklagte die Möglichkeit, ihre Schlussvorträge (auch Plädoyers genannt) zu halten und abschließend ihre Ansicht zu den Anträgen und Ausführungen zu äußern. Die Staatsanwaltschaft beantragt hierbei eine Strafe (z. B. Freiheits- oder Geldstrafe) in einer bestimmten Höhe. Für den Angeklagten spricht in der Praxis häufig sein Verteidiger. Am Ende wird dem Angeklagten ein letztes Mal die Möglichkeit gegeben, sich zu den Vorwürfen zu äußern, denn das »letzte Wort« hat im Strafprozess immer der Angeklagte.

Danach zieht sich das Gericht zurück und diskutiert über das Urteil. Steht das Urteil fest, wird es öffentlich und »im Namen des Volkes« verkündet. Der Angeklagte weiß nun, ob er schuldig gesprochen wird oder nicht, und wird darüber informiert, dass er gegen das Urteil Rechtsmittel einlegen kann. Mit der Urteilsverkündung ist das Hauptverfahren abgeschlossen.

Besetzung des Strafgerichts in der 1. Instanz

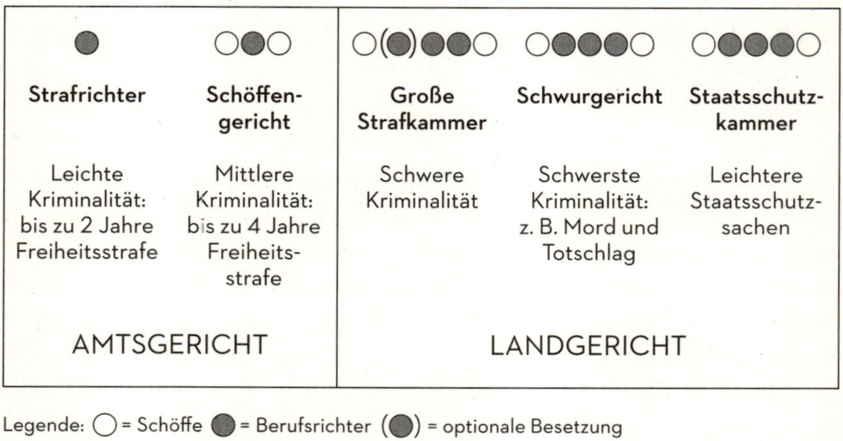

Vollstreckungsverfahren

Steht am Ende des Hauptverfahrens eine Verurteilung, geht das Strafverfahren ins Vollstreckungsverfahren über. Der betroffene Täter wird nun Verurteilter genannt – die Unschuldsvermutung endet hier. Voraussetzung des Vollstreckungsverfahrens ist allerdings, dass das Urteil rechtskräftig ist. Das bedeutet, dass das Urteil nicht mehr mit Rechtsmitteln (vor allem Berufung und Revision) vor Gerichten in höheren Instanzen angefochten werden kann. In der Regel tritt Rechtskraft ein, wenn ein Rechtsmittel innerhalb der dafür vorgesehen Frist nicht eingelegt wurde. Das Vollstreckungsverfahren wird von der Staatsanwaltschaft durchgeführt.

Alternative: Strafbefehl

Bei kleineren Delikten hat die Staatsanwaltschaft die Möglichkeit, einen anderen Weg als den des normalen Strafverfahrens zu beschreiten: Sie kann bei Gericht einen Strafbefehl beantragen. Dabei handelt es sich um ein beschleunigtes Verfahren, in dem das Gericht ohne Hauptverhandlung eine Entscheidung fällt. Es kann also allein nach Aktenlage den Beschuldigten verurteilen. In aller Regel kann es aber keine Freiheitsstrafe verhängen, sondern nur eine Geldstrafe. Gegen einen Strafbefehl kann der Angeklagte innerhalb von zwei Wochen Einspruch einlegen.

Deine Rechte als Beschuldigter

Solltest du einmal zum Beschuldigten in einem Strafverfahren werden, solltest du zumindest schon einmal grob deine wichtigsten Rechte kennen. Die wichtigsten muss die Polizei dir zwar mitteilen – doch in einer solchen Stresssituation wird es dir schwerfallen, dabei überhaupt zuzuhören.

Unschuldsvermutung

Beginnen wir mit einem zentralen Grundsatz des Strafprozessrechts: der Unschuldsvermutung. In jedem Stadium des Verfahrens gilt die Vermutung, dass der Betroffene unschuldig ist – und zwar so lange, bis eine rechtskräftige Verurteilung gegen ihn ergangen ist. Das heißt gerade für das Ermittlungsverfahren: Nicht der Beschuldigte muss seine Unschuld beweisen, sondern die Strafverfolgungsbehörden müssen beweisen, dass er schuldig ist.

Das Recht zu schweigen

Ein weiterer wichtiger Grundsatz verbirgt sich hinter dem lateinischen Satz »nemo tenetur se ipsum accusare«. Wörtlich übersetzt bedeutet das: »Niemand ist verpflichtet, sich selbst anzuklagen«. Von niemandem kann verlangt werden, sich selbst zu belasten beziehungsweise an seiner eigenen Strafverfolgung mitzuwirken. Anders ausgedrückt: Der Verdächtige hat in jedem Stadium des Verfahrens das Recht zu schweigen. Darüber muss die beschuldigte Person bei einer Vernehmung unbedingt belehrt werden.

Anspruch auf rechtliches Gehör

Die Gegenseite des Nemo-tenetur-Grundsatzes ist der Anspruch auf rechtliches Gehör. Wenn gegen eine Person Ermittlungen aufgenommen werden, muss sie die Möglichkeit haben, ihre Sicht der Dinge darzulegen und in ihrem Sinne auf die Ermittlungen einzuwirken. Konkret folgt aus dem Anspruch auf rechtliches Gehör, dass ein Beschuldigter das Recht hat, zu erfahren, was ihm vorgeworfen wird, und sich dazu zu äußern. Dies muss er allerdings nicht tun, weil er – wie eben erklärt – nicht an Ermittlungen gegen seine Person mitwirken muss.

Zusammenfassend lässt sich also sagen: Einem Beschuldigten steht es zu jedem Zeitpunkt des Verfahrens frei, sich zu den Vorwürfen zu äußern oder dazu zu schweigen.

Recht auf Verteidigung

Jeder Beschuldigte hat das Recht, sich während des Verfahrens einen Verteidiger zu nehmen. Aufgabe des Verteidigers ist es, die Rechte des Beschuldigten zu wahren. Es dürfen bis zu drei Verteidiger benannt werden. Wenn es zur Anklage kommt, kann vor Gericht ein Fall der notwendigen Verteidigung vorliegen. Dann braucht der Angeklagte zwingend einen Anwalt, der ihn vertritt. Ein Fall der notwendigen Verteidigung liegt zum Beispiel vor, wenn dem Angeklagten ein Verbrechen zur Last gelegt wird.

DIE STRAFTATEN: VERBRECHEN UND VERGEHEN

Verbrechen sind Straftaten, die im Mindestmaß mit einem Jahr Freiheitsstrafe geahndet werden – also sehr gravierende Delikte wie Mord, Totschlag oder Raub. Vergehen sind dagegen Straftaten, die im Mindestmaß mit einer Freiheitsstrafe von unter einem Jahr oder mit Geldstrafe geahndet werden.

Die Unterscheidung zwischen Verbrechen und Vergehen ist unter anderem für die Frage von Bedeutung, ob man sich für eine nur versuchte Tat strafbar macht. Denn gemäß § 23 StGB ist nicht jede versuchte Tat strafrechtlich relevant. Handelt es sich bei der versuchten Tat um ein Verbrechen, ist die Strafbarkeit stets gegeben und der Versuch wird grundsätzlich genauso bestraft wie die erfolgreiche Tat. So kommt es im Grundsatz auch bei einem versuchten Mord zu einer lebenslangen Freiheitsstrafe. Handelt es sich allerdings um ein Vergehen, so muss die Strafbarkeit des Versuchs gesetzlich gesondert angeordnet werden. Das ist zum Beispiel beim versuchten Diebstahl der Fall (§ 242 Abs. 2 StGB).

Was tun als Beschuldigter?

Nachdem wir einen Blick auf den Ablauf des Strafverfahrens geworfen haben und die wichtigsten Beschuldigtenrechte kennengelernt haben, fragst du dich vielleicht: Wie sollte ich mich im Fall der Fälle verhalten? Grundsätzlich empfiehlt es sich immer, einen Anwalt zu kontaktieren, der sich um das weitere Vorgehen kümmert.

Verhalten als Beschuldigter im Ermittlungsverfahren

Flattert eine Vorladung als Beschuldigter von Polizei oder Staatsanwaltschaft ins Haus, handelt es sich dabei um eine offizielle Einladung zur Aussage. In diesem Fall musst du dir erst einmal klarmachen, dass du im Verdacht stehst, eine Straftat begangen zu haben. In den meisten Fällen enthält so eine Vorladung nicht wirklich detaillierte Informationen über den Tatvorwurf. Nicht zuletzt deshalb ist es in den meisten Fällen ratsam, einen Verteidiger zu beauftragen. Dieser wird dann zunächst einmal Akteneinsicht beantragen und kann so nähere Einblicke in den Tatvorwurf erhalten.

Anders als man vielleicht vermuten würde, ist man allerdings nicht verpflichtet, einer polizeilichen Vorladung Folge zu leisten. Das heißt: Du kannst eine polizeiliche Vorladung getrost ignorieren und musst nicht bei der Polizei erscheinen. Ein Fernbleiben darf sich auch nicht negativ auf dein Verfahren auswirken. Hast du dich allerdings entscheiden, der Vorladung zu folgen und eine Aussage zu machen, ist es wichtig zu wissen, dass du – anders als ein Zeuge – nicht verpflichtet bist, die Wahrheit zu sagen. Das folgt aus dem Nemo-tenetur-Grundsatz, der dir erlaubt, zum gesamten Tatvorwurf zu schweigen. Theoretisch darfst du auch lügen – ob das wirklich klug ist, ist allerdings eine andere Frage. Auf jeden Fall solltest du vermeiden, andere zu Unrecht einer Straftat zu bezichtigen, denn damit kannst du dich schnell strafbar machen, zum Beispiel wegen falscher Verdächtigung (§ 164 StGB).

Außerdem darfst du eine Vertrauensperson zur Vernehmung mitnehmen und auch während einer laufenden Vernehmung einen Verteidiger kontaktieren. Auch hast du das Recht, jederzeit die Vernehmung abzubrechen und zu gehen.

Anders sieht es bei einer Vorladung durch die Staatsanwaltschaft oder das Gericht aus. Dieser musst du nachkommen. Erscheinst du auf eine solche Vorladung hin nicht, kann es zu einer zwangsweisen Vorführung kommen. In dem Fall wirst du von der Polizei abgeholt und zur Vernehmung gebracht. Generell gilt hier aber nur eine Pflicht zum Erscheinen, keine Aussagepflicht. Du musst also keine Aussage zum Tatvorwurf machen. Lediglich deine Personalien musst du angeben.

Verhalten als Angeklagter im Strafprozess

Für den Angeklagten besteht im Strafprozess Anwesenheitspflicht. Sobald man als Angeklagter eine gerichtliche Vorladung zur Hauptverhandlung erhalten hat, muss man bei Gericht erscheinen und während des gesamten Prozesses anwesend sein. Wie oben beschrieben, hat man allerdings auch hier immer das Recht zu schweigen und muss nicht aussagen.

Verhalten bei Zustellung eines Strafbefehls

Hast du einen Strafbefehl erhalten und möchtest dich gegen diesen zur Wehr setzen, ist schnelles Handeln geboten: Du hast die Möglichkeit, innerhalb von zwei Wochen nach Zustellung Einspruch gegen den Strafbefehl einzulegen. Ansonsten wird er rechtskräftig und hat dieselben Wirkungen wie ein Urteil. Auch hier empfiehlt es sich, einen Rechtsanwalt zu kontaktieren.

Strafen und Nebenstrafen

Eine weitere wichtige Frage ist, welche Strafen ein Gericht verhängen darf. Bestimmt hast du schon einmal davon gehört, dass Gerichte sowohl Freiheits- als auch Geldstrafen aussprechen können. Welche Strafe genau verhängt werden darf, ist gesetzlich bestimmt. Bei einer Körperverletzung (§ 223 StGB) besteht beispielsweise die Möglichkeit einer Freiheitsstrafe von bis zu fünf Jahren oder einer Geldstrafe. Welche Strafe genau ausgesprochen wird, ist eine Frage der Strafzumessung. Das Gericht wählt Art und Maß der Strafe nach seinem Ermessen im Rahmen der gesetzlichen Vorgaben. Dabei bewertet es die individuelle Schuld des Täters, indem Umstände, die für und gegen den Täter sprechen, berücksichtigt und gegeneinander abgewogen werden.

Freiheits- und Geldstrafen

Vor allem für schwere Delikte werden Freiheitsstrafen verhängt. Oft gelten weite Strafrahmen. So gibt das Gesetz bei einem Raub (§ 249 StGB) lediglich vor, dass die Freiheitsstrafe nicht unter einem Jahr betragen darf. Das Gericht hat in einem solchen Fall eine große Spanne, innerhalb derer es einen Täter verurteilen darf.

Freiheitsstrafen können zur Bewährung ausgesetzt werden. Das bedeutet, dass der Betroffene zwar zu einer Freiheitsstrafe verurteilt wird, diese Strafe aber nicht vollstreckt wird. Der Verurteilte bleibt auf freiem Fuß, solange er während der Bewährungszeit keine weiteren Straftaten begeht oder nicht gegen etwaig ausgesprochene Auflagen verstößt. Die Strafaussetzung zur Bewährung ist bei einer Freiheitsstrafe von bis zu einem Jahr sogar der Regelfall. Zulässig ist sie bei Freiheitsstrafen von maximal zwei Jahren.

LEBENSLANGE FREIHEITSSTRAFE

Die höchste zu verhängende Freiheitsstrafe, die unser Strafgesetzbuch kennt, ist die lebenslange Freiheitsstrafe. Eine Verurteilung zu einer lebenslangen Freiheitsstrafe bedeutet aber keineswegs, dass der Verurteilte zwangsläufig den Rest seines Lebens hinter Gittern verbringen muss. Zwar wird gegen den lebenslänglich Verurteilten zunächst tatsächlich eine Freiheitsstrafe von unbestimmter Dauer ausgesprochen. Es besteht aber die Möglichkeit, dass ein Verurteilter nach 15 Jahren in Haft auf Bewährung wieder freikommt. Dafür müssen bestimmte Voraussetzungen vorliegen. So darf nicht die besondere Schwere der Schuld festgestellt worden sein, und die Entscheidung muss mit dem Sicherheitsinteresse der Allgemeinheit vereinbar sein.

Bei weniger schweren Delikten werden meist Geldstrafen verhängt. Die Verurteilung zu einer Geldstrafe erfolgt in sogenannten Tagessätzen. Auch hier besteht eine weite Spanne: Gerichte können zu mindestens 5 und höchstens 360 Tagessätzen verurteilen. Die Höhe der Tagessätze wird individuell festgelegt und bestimmt sich nach den wirtschaftlichen Verhältnissen, in denen der Verurteilte lebt, insbesondere nach seinem Einkommen. Ein Verurteilter mit einem monatlichen Nettoeinkommen von 3000 Euro könnte zum Beispiel zu einer Geldstrafe von 60 Tagessätzen à 100 Euro (also insgesamt 6000 Euro) verurteilt werden.

Die Eintreibung des Geldes richtet sich nach dem Justizbeitreibungsgesetz. Ist die Vollstreckung der Geldstrafe nicht möglich, kann auch eine Ersatzfreiheitsstrafe verhängt werden, das heißt, die ursprünglich ausgesprochene Geldstrafe wird in eine Freiheitsstrafe »umgewandelt«: Wer also 30 Tagessätze zu bezahlen hätte, muss für 15 Tage in Haft (bis Ende 2023 waren es sogar noch 30 Tage Haft). Eine Freiheitsstrafe, die nicht zur Bewährung ausgesetzt wurde, muss der Verurteilte in einer Justizvollzugsanstalt absitzen. Etwaige bereits in Untersuchungshaft verbrachte Zeit wird auf die Freiheitsstrafe angerechnet.

> **STRAFRECHTLICHE VERURTEILUNG VON BEAMTEN**
>
> Für Beamte kann eine strafrechtliche Verurteilung besonders harte Konsequenzen haben. Wird ein Beamter zu einer Freiheitsstrafe von einem Jahr oder mehr verurteilt, verliert er seinen Beamtenstatus. Das gilt unabhängig davon, ob die Straftat im Amt oder außerhalb des Dienstes begangen wurde und auch, wenn die Strafe zur Bewährung ausgesetzt wird. Bei bestimmten Straftaten, zum Beispiel bei Hochverrat, reicht sogar schon eine Verurteilung zu sechs Monaten Freiheitsstrafe. Der Verlust des Amtes droht aber nur bei vorsätzlich begangenen Straftaten, nicht bei Fahrlässigkeitsdelikten.

Nebenstrafen

Zusätzlich zur Hauptstrafe (Geld- oder Freiheitsstrafe) kann das Gericht gegen den Verurteilten eine Nebenstrafe verhängen. Das Strafgesetzbuch sieht als Nebenstrafe allerdings nur die Verhängung eines Fahrverbots (§ 44 StGB) vor. Dem Verurteilten kann in einem solchen Fall für die Dauer von einem bis sechs Monaten die Fahrerlaubnis entzogen werden – unabhängig davon, ob die Tat im Straßenverkehr begangen wurde.

Maßregeln

Als Alternative oder als Ergänzung zu einer Strafe können in bestimmten Fällen sogenannte Maßregeln der Besserung und Sicherung ergriffen werden. Häufig werden Maßregeln angeordnet, wenn einer strafrechtlichen Verurteilung die Schuldunfähigkeit des Täters entgegensteht. Sie knüpfen nicht an die individuelle Schuld des Täters an, sondern vielmehr an seine Gefährlichkeit für die Allgemeinheit.

Zu dieser Gruppe gehören verschiedene Sanktionsmaßnahmen wie die Unterbringung in einem psychiatrischen Krankenhaus, die Entziehung der Fahrerlaubnis oder ein Berufsverbot. Auch die Unterbringung in der Sicherungsverwahrung fällt in diese Kategorie.

Was tun als Opfer?

Als Opfer einer Straftat bekommt man den Verstoß gegen die Rechtsordnung am eigenen Leib zu spüren. In der Rechtssprache werden Opfer meist als Verletzte bezeichnet. Verletzte sind laut Gesetz diejenigen, die durch die Tat in ihren Rechtsgütern unmittelbar beeinträchtigt worden sind oder unmittelbar einen Schaden erlitten haben (§ 373b StPO). Weil Verletzte durch die Straftat regelmäßig einen Schaden davontragen, werden sie häufig auch Geschädigte genannt.

Grundsätzlich sehen Staat und Rechtsordnung vor, dass Opfer nicht allein gelassen werden, und statten sie deshalb mit bestimmten Rechten aus. Dies gilt sowohl während der Tat selbst durch die Gewährung des Notwehrrechts als auch im Nachgang durch bestimmte opferschützende Ausgestaltungen des Strafverfahrens und anderweitige Unterstützungsformen.

Selbstverteidigung und Notwehr

Von Notwehr hat wohl jeder schon einmal gehört. Wer eine Tat in Notwehr begeht, kann dafür nicht belangt werden. Das ist allgemein bekannt. Wirst du angegriffen und setzt dich dagegen zur Wehr, machst du dich durch dein eigenes Handeln in der Regel auch dann nicht strafbar, wenn du eigentlich ein Strafgesetz (z. B. eine Körperverletzung) verwirklichst.

Juristisch ausgedrückt ist Notwehr die Verteidigung, die erforderlich ist, um einen gegenwärtigen rechtswidrigen Angriff von sich oder einem anderen abzuwehren (§ 32 Abs. 2 StGB). Es handelt sich bei der Notwehr um einen sogenannten Rechtfertigungsgrund. Das heißt, dass der in Notwehr Handelnde zwar einen gesetzlichen Straftatbestand erfüllt, sein Handeln aber gerechtfertigt ist und er dafür nicht belangt werden kann. Dabei muss allerdings beachtet werden, dass nicht jede Selbstverteidigungshandlung automatisch von der Notwehr gedeckt ist. Die Notwehr ist an verschiedene Voraussetzungen geknüpft, damit sie tatsächlich zur Straflosigkeit führt.

Notwehrlage

Zunächst muss eine sogenannte Notwehrlage vorliegen. Dazu bedarf es zuerst einmal eines gegenwärtigen Angriffs durch einen anderen. Ein Angriff ist jedes menschliche Verhalten, das ein rechtlich geschütztes Interesse bedroht oder verletzt. Rechtlich geschützte Interessen sind zum Beispiel Leib, Leben, Freiheit oder Eigentum. Der Angriff muss außerdem rechtswidrig sein. Das heißt, er darf nicht seinerseits (z. B. durch Notwehr oder einen anderen Rechtfertigungsgrund wie die Einwilligung) gerechtfertigt sein. Liegt ein Angriff vor, muss dieser auch gegenwärtig sein. Das ist der Fall, wenn er unmittelbar bevorsteht oder gerade stattfindet.

Ein Beispiel: Stellen wir uns vor, der Hundehasser H will aus lauter Zerstörungswut die Hundehütte seines Nachbarn N zertrümmern. Mit dem Baseballschläger in der Hand läuft er auf dem Grundstück des N in Richtung der Hundehütte und ist im Begriff, auf die Hütte einzuschlagen. Damit liegt ein Angriff auf ein rechtlich geschütztes Interesse des N vor, denn durch das Zulaufen auf die Hütte mit Zerstörungsabsicht ist sein Eigentum bedroht. Dieser Angriff ist auch rechtswidrig sowie gegenwärtig, denn es reicht aus, dass die Verletzung des Eigentums unmittelbar bevorsteht.

Notwehrhandlung

Bei Bestehen einer Notwehrlage muss man auch zu einer tauglichen Notwehrhandlung greifen, damit die Tat gerechtfertigt ist. Darunter versteht man jede Verteidigungshandlung, die geeignet ist, den Angriff abzuwehren.

In unserem Fall wäre das also erst einmal jede Handlung, durch die N es schafft, die Zerstörung der Hütte abzuwenden. Aber Vorsicht: N darf sich in Ausübung seines Notwehrrechts nicht jeder beliebigen Handlung zur Abwehr des Angriffs bedienen. Denn auch ihm sind hierbei rechtliche Grenzen gesetzt. Genauer gesagt muss seine Verteidigungshandlung erforderlich und geboten sein. Erforderlichkeit bedeutet in diesem Zusammenhang, dass es sich bei der von N gewählten Verteidigungshandlung um das mildeste aller gleichwirksamen Mittel handeln muss. N darf den H also nicht sofort schwer verletzen, wenn es möglich ist, ihm ein Bein zu stellen und den Angriff so zu verhindern.

Beim Einsatz von Schusswaffen sind die Anforderungen an die Erforderlichkeit besonders hoch. Hier muss der in Notwehr Handelnde zunächst einen Warnschuss abgeben und – sofern der Warnschuss erfolglos ist – versuchen, den Angreifer »nur« zu verletzen (z. B. durch einen Schuss ins Bein). Nur als allerletzter Ausweg darf ein tödlicher Schuss abgeben werden.

Darüber hinaus muss die Verteidigungshandlung auch geboten sein. Hierbei ist die Handlung des Verteidigenden sozialethisch zu bewerten. In aller Regel ist von der Gebotenheit auszugehen, denn beim Notwehrrecht gilt der Grundsatz, dass das Recht dem Unrecht nicht zu weichen hat. Nur in Ausnahmefällen ist die Notwehr nicht geboten, zum Beispiel wenn der Verteidigende den Angriff und damit auch die Ausübung des Notwehrrechts bewusst provoziert hat oder wenn ein krasses Missverhältnis zwischen den Folgen der Notwehr und dem drohenden Schaden besteht. Als Beispiel hierfür dient der sogenannte »Kirschbaumfall«.

GEBOTENHEIT DER NOTWEHR: DER KIRSCHBAUMFALL

Ein im Rollstuhl sitzender Rentner beobachtet, wie zwei Jungen sich in seinen Garten schleichen und auf seinen Kirschbaum klettern, um ein paar Kirschen zu stehlen. Als die Kinder bemerken, dass sie beobachtet werden, ergreifen sie schnell die Flucht. Der Rentner fordert die Jungen daraufhin auf stehenzubleiben und warnt sie, dass er schießen werde. Die Kinder leisten seiner Aufforderung allerdings nicht Folge, woraufhin der Rentner sein Gewehr ergreift und in Richtung der Jungen schießt. Dabei wird einer von ihnen schwer verletzt.

Hier ist die Notwehrhandlung zwar erforderlich, denn aufgrund seiner Gehbehinderung steht dem Rentner kein anderes Mittel als die Schussabgabe zur Verfügung, um den Diebstahl der Kirschen zu verhindern. Geboten ist die Verteidigungshandlung aber nicht, denn es besteht ein krasses Missverhältnis zwischen dem drohenden Schaden des Rentners (Verlust von ein paar Kirschen) und den Folgen der Notwehr (Gefährdung von Leib und Leben der Kinder).

Eine sozialethische Bewertung ergibt in diesem Fall, dass der Rentner sein Eigentum nicht durch eine derart harsche Maßnahme verteidigen darf. Die Abgabe des Schusses ist nicht durch Notwehr gerechtfertigt und der Rentner macht sich wegen der Verletzung des Jungen strafbar.

Strafantrag und Strafanzeige

Kommen wir nun zu den Möglichkeiten, die dir als Verletztem im Wege des Strafprozessrechts offenstehen. Wenn du Opfer einer Straftat geworden bist, möchtest du vielleicht, dass ein Strafverfahren gegen den Täter aufgenommen wird. Die Mitteilung einer Straftat an die Strafverfolgungsbehörden ist grundsätzlich per Strafanzeige möglich. Daneben gibt es den Strafantrag. Beide Instrumente haben unterschiedliche Funktionen und Voraussetzungen, auf die wir im Folgenden eingehen werden.

Strafanzeige

Wenn davon die Rede ist, dass jemand Anzeige erstattet, ist üblicherweise die Strafanzeige gemeint – also jede Mitteilung eines möglicherweise strafbaren Sachverhalts an die Polizei, Staatsanwaltschaft oder das Amtsgericht. In den meisten Fällen werden Anzeigen bei der Polizei gestellt. Im Unterschied zum Strafantrag kann eine Strafanzeige von jedem erstattet werden, also vom Opfer selbst oder von Zeuginnen und Zeugen. Die Strafanzeige ist formlos möglich, das heißt, du kannst beispielsweise bei der Polizeiwache vorsprechen und die Anzeige aufnehmen lassen, dort anrufen oder eine E-Mail oder einen Brief schreiben.

Alternativ kannst du eine Anzeige auch online erstatten. Da die Polizei von den Bundesländern organisiert wird, muss die Anzeige im Online-Portal des jeweiligen Bundeslandes gestellt werden. Das ist inzwischen in allen Bundesländern über die sogenannte Onlinewache möglich. Einen guten Überblick bieten die Websites www.online-strafanzeige.de sowie www.portal.onlinewache.polizei.de. Am besten wendest du dich an die Polizei desjenigen Bundeslandes, in dem die Tat begangen wurde. Die Online-Anzeige bietet sich vor allem für Fälle an, die nicht dringlich sind, denn die Bearbeitungszeit dauert im Online-Verfahren länger.

Bei einem akuten Notfall solltest du direkt die Polizei am Ort des Geschehens kontaktieren.

Strafantrag

Ein Strafantrag kann im Gegensatz zur Strafanzeige nur vom Verletzten der Straftat selbst gestellt werden. Um die Funktion und Notwendigkeit des Strafantrags zu verstehen, muss man wissen, dass manche Straftaten nicht automatisch durch die Strafverfolgungsbehörden verfolgt werden, sondern nur auf Antrag des Betroffenen. Das ist bei solchen Straftaten der Fall, die hauptsächlich private Interessen verletzen. Das Interesse der Allgemeinheit an der Verfolgung dieser Straftaten ist hier geringer ist als bei anderen Delikten. Beispiele für solche Antragsdelikte sind der Diebstahl geringwertiger Sachen (§ 248a StGB), der Hausfriedensbruch (§ 123 StGB) oder die Beleidigung (§ 185 StGB).

ABSOLUTE UND RELATIVE ANTRAGSDELIKTE

Dass die Strafverfolgungsbehörden bei Vorliegen eines Antragsdelikts Beleidigung oder einem Hausfriedensbruch nicht automatisch (von Amts wegen) tätig werden, sondern nur dann, wenn der Verletzte einen Strafantrag stellt, haben wir gerade besprochen. Das Gegenstück zu den Antragsdelikten sind die sogenannten Offizialdelikte, bei denen die Strafverfolgungsbehörden in jedem Fall verpflichtet sind, Ermittlungen aufzunehmen. Dazu gehören schwerere Delikte wie Mord, Raub oder Brandstiftung.

Wichtig ist darüber hinaus die Unterscheidung zwischen absoluten und relativen Antragsdelikten. Bei absoluten Antragsdelikten muss unbedingt ein Strafantrag gestellt werden, ansonsten ist eine Strafverfolgung nicht möglich. Relative Antragsdelikte zeichnen sich dadurch aus, dass auch sie in der Regel nur bei Stellen eines Strafantrags verfolgt werden. In Ausnahmefällen kann dieses Erfordernis aber umgangen werden: Besteht ein besonderes öffentliches Interesse an der Strafverfolgung, so ist die Aufnahme von Ermittlungen auch ohne Strafantrag möglich. Ein Beispiel für ein solches relatives Antragsdelikt ist die (einfache) Körperverletzung nach § 223 StGB.

Die verletzte Person muss den Strafantrag spätestens drei Monate, nachdem sie Kenntnis von Tat und Täter erlangt hat, stellen. Wie die Erstattung der Strafanzeige ist die Stellung des Strafantrags nach aktueller Rechtslage formlos bei der Polizei, der Staatsanwaltschaft oder bei Gericht möglich. In den meisten Fällen, in denen es um Ermittlungen wegen einer Straftat gegen dich geht, die ein Antragsdelikt ist, wird die Polizei auf dich zukommen und dich fragen, ob du einen Strafantrag stellen möchtest.

Ein Strafantrag kann bis zum Abschluss des Strafverfahrens zurückgenommen werden. Wichtig ist aber, dass ein einmal zurückgenommener Strafantrag nicht nochmal gestellt werden kann. Im Gegensatz dazu ist die Rücknahme einer Strafanzeige nicht möglich.

Privatklage

Bisher haben wir gesehen, dass ein Tätigwerden der Strafverfolgungsbehörden für eine erfolgreiche Strafverfolgung unerlässlich ist. Eine Ausnahme hiervon stellt die Privatklage (§ 374 StPO) dar. Durch die Privatklage kann der Verletzte bei Gericht Anklage erheben, ohne dass sich zuvor die Staatsanwaltschaft mit dem Tatvorwurf befasst hat. Ankläger ist also nicht – wie sonst üblich – die Staatsanwaltschaft, sondern eine Privatperson.

Die Privatklage ist nur bei ganz bestimmten Delikten (sog. »Privatklagedelikte«) zulässig. Dazu zählen unter anderem Hausfriedensbruch, Beleidigung, Körperverletzung und Nötigung. Liegt kein öffentliches Interesse an einer Strafverfolgung vor, darf die Staatsanwaltschaft die Privatklagedelikte erst gar nicht zur Anklage bringen. In diesem Fall muss der Verletzte also im Wege der Privatklage vorgehen, wenn er eine Verurteilung erreichen will. Die Staatsanwaltschaft hat außerdem zu jedem Zeitpunkt das Recht, das Verfahren an sich zu ziehen.

Opferschutz und Opferrechte im Strafverfahren

Als Opfer im Strafverfahren sollst du nicht auf dich allein gestellt sein. Deshalb kommt der Wahrung von Opferrechten und -interessen im Strafprozess eine wichtige Rolle zu.

Nebenklage

Ein wichtiges Instrument zur Umsetzung von Opferrechten ist die Nebenklage (§ 395 StPO). Mit der Nebenklage erhalten Verletzte die Möglichkeit, sich der öffentlichen Anklage durch die Staatsanwaltschaft anzuschließen. Damit erhalten sie eigene Verfahrensrechte. Grundsätzlich haben Nebenkläger dieselben Möglichkeiten wie die Staatsanwaltschaft, um auf den Prozess einzuwirken. Sie haben beispielsweise das Recht, ständig in der Hauptverhandlung anwesend zu sein oder den Angeklagten und etwaige Zeugen zu befragen. In Einzelfällen können Nebenkläger sogar das Recht auf kostenfreien anwaltlichen Beistand beziehungsweise auf Prozesskostenhilfe haben.

Die Nebenklage ist nur bei bestimmten, meist schwerwiegenden Straftaten möglich. Nebenkläger kann zum Beispiel sein, wer selbst Opfer eines versuchten Tötungsdelikts sowie einer (versuchten oder vollendeten) Sexualstraftat oder Körperverletzung ist. Dasselbe gilt für nahe Angehörige der Opfer von Tötungsdelikten.

Akteneinsichts- und Auskunftsrecht

Verletzte haben das Recht, über einen Rechtsanwalt die Akten des Strafverfahrens einzusehen (§ 406e StPO). Außerdem gehört es zu den Betroffenenrechten, über bestimmte Aspekte des Strafverfahrens informiert zu werden (§ 406d StPO), zum Beispiel über Ort und Zeitpunkt der Hauptverhandlung, den Ausgang des gerichtlichen Verfahrens oder darüber, ob das Verfahren eingestellt wird. Um diese Informationsrechte wahrzunehmen, müssen Verletzte einen Antrag stellen – ob beim Gericht oder bei der Staatsanwaltschaft, hängt davon ab, wer das Verfahren gerade führt.

Aussage unter Ausschluss der Öffentlichkeit

Ein weiteres Verletztenrecht ist der Ausschluss der Öffentlichkeit bei einer Gerichtsverhandlung. Normalerweise verhandeln Gerichte öffentlich. Das liegt daran, dass die Urteilsfindung zum Schutz des Angeklagten nicht geheim, sondern vor den Augen der Öffentlichkeit stattfinden soll. Die Gerichtsbarkeit soll sich nicht der Kontrolle durch Bürgerinnen und Bürger entziehen können, damit von Willkür geprägte Geheimprozesse wie im Mittelalter nicht stattfinden können. Wenn schutzwürdige Interessen eines Verletzten überwiegen, findet die Verhandlung allerdings unter Ausschluss der Öffentlichkeit statt. Diese Regelung kommt vor allem bei Opfern im Kindes- und Jugendalter zur Anwendung (z. B. bei minderjährigen Opfern von Sexualstraftaten). Betroffene können den Ausschluss der Öffentlichkeit beantragen, die Entscheidung darüber trifft das verhandelnde Gericht.

Videovernehmung im Strafprozess

Auch die Möglichkeit zur Videovernehmung stellt eine Ausprägung des Opferschutzes dar. Normalerweise gilt im Strafprozess der Unmittelbarkeitsgrundsatz. Das heißt, vor Gericht sollen nach Möglichkeit alle Beweismittel unmittelbar herangezogen werden. Anstatt das Protokoll einer bereits erfolgten Zeugenvernehmung zu verlesen, sollen Zeugen vor Gericht, soweit möglich, selbst vernommen werden (Grundsatz der persönlichen Vernehmung). Droht einem Zeugen aber ein schwerwiegender Nachteil durch die Vernehmung, so kann von diesem Grundsatz abgewichen werden. Das ist zum Beispiel der Fall, wenn eine Retraumatisierung der verletzten Person, die als Zeuge aussagen soll, durch ein Wiedersehen mit dem Täter vor Gericht droht.

Grundsätzlich bestehen zwei Möglichkeiten: Eine zuvor aufgezeichnete Vernehmung kann als Video in der Gerichtsverhandlung gezeigt werden oder es wird eine Live-Übertragung der Vernehmung in den Gerichtssaal eingerichtet.

Rechtlicher Beistand und psychosoziale Prozessbegleitung

Verletzte dürfen sich im Prozess einen rechtlichen Beistand in Form eines Anwalts nehmen und sich durch diesen vertreten lassen (§ 406f StPO). Sie haben darüber hinaus das Recht auf psychosoziale Prozessbegleitung (§ 406g StPO). Die Prozessbegleitung steht den Opfern als Ansprechperson während des gesamten Strafverfahrens zur Seite, kann Fragen zum Ablauf des Verfahrens beantworten, die Betroffenen zur Polizei und zur Gerichtsverhandlung begleiten und so weiter.

Unter Umständen besteht sogar ein Anspruch auf kostenfreie psychosoziale Prozessbegleitung. Das gilt insbesondere für Opfer im Kindes- und Jugendalter oder für Erwachsene, die besonders schwere Gewalt- oder Sexualverbrechen erlebt haben, sowie für Menschen, die Angehörige durch ein Tötungsdelikt verloren haben. Die psychosoziale Prozessbegleitung muss in einem solchen Fall vom Gericht beigeordnet werden.

Entschädigung und Unterstützung

Wer Opfer einer Straftat geworden ist, hat in der Regel Anspruch auf Zahlung einer Entschädigung gegen den Täter. Diesen Anspruch durchzusetzen, kann Nerven kosten und ist nicht immer ganz einfach. Unabhängig davon bestehen zahlreiche Betreuungs- und Hilfsangebote für die Opfer von Straftaten.

Adhäsionsverfahren

In vielen Fällen steht den Opfern von Straftaten eine Entschädigung in Geld zu, die der Täter zahlen muss. Um diesen Anspruch rechtlich durchsetzen zu können, bedarf es eines Urteils auf Zahlung gegen den Täter. Ein solches Zahlungsurteil muss grundsätzlich von einem Zivilgericht ausgesprochen werden. Daraus folgt: Nur, weil ein Täter strafrechtlich verurteilt wird, heißt das nicht, dass das Opfer automatisch eine Entschädigungszahlung erreichen kann. Das Opfer müsste vor einem Zivilgericht Klage gegen den Täter erheben und ein Urteil erstreiten. Dabei sind Zivilgerichte nicht an strafgerichtliche Urteile gebunden. Es müsste also von Neuem eine Beweisaufnahme durch das zuständige Zivilgericht stattfinden.

Um diesen Ablauf zu erleichtern und dem Verletzten eine Zivilklage zu ersparen, gibt es das sogenannte Adhäsionsverfahren. Dadurch kann der Geschädigte bereits in der Hauptverhandlung vor dem Strafgericht einen möglichen Anspruch auf eine Geldentschädigung geltend machen. Über den Antrag auf Zahlung entscheidet dann ausnahmsweise das Strafgericht im Rahmen des Urteils. Die Geltendmachung eines solchen Anspruchs kann schriftlich bei Gericht oder mündlich in der Gerichtsverhandlung beantragt werden.

Unterstützung für Opfer

Es gibt zahlreiche Angebote, durch die Opfer von Straftaten Unterstützung erhalten können:

Eine wichtige Anlaufstelle für Opfer krimineller Handlungen ist der WEISSE RING e.V. (www.weisser-ring.de). Der Verein verfügt über rund 400 Außenstellen, bietet ein Opfer-Telefon an und unterstützt unter anderem durch Gesprächsangebote, persönliche Betreuung oder die Begleitung zu Terminen bei Gericht und Polizei.

Europaweit können Betroffene unter der Notrufnummer 116 006 an jedem Tag der Woche zwischen 7 und 22 Uhr kostenlos Unterstützung erhalten. In Deutschland wird dieser Dienst vom WEISSEN RING betrieben.

Frauen können sich als Opfer partnerschaftlicher Gewalt deutschlandweit an ungefähr 400 Frauenhäuser wenden. Eine bundesweite Auflistung autonomer Frauenhäuser findet sich beispielsweise unter www.frauenhaus-suche.de.

Das Hilfetelefon »Gewalt gegen Frauen« ist unter der Nummer 116 016 an jedem Tag im Jahr rund um die Uhr erreichbar.

Was tun als Zeuge?

Bist du Zeuge einer Straftat geworden oder verfügst über andere Informationen, die für die Aufklärung der Tat von Bedeutung sein könnten, kann es passieren, dass du vom Gericht als Zeuge geladen wirst. Mit einer gerichtlichen Ladung gehen in diesem Fall sowohl Rechte als auch Pflichten einher.

Pflicht zum Erscheinen?

Zeugen sind per Gesetz verpflichtet, einer gerichtlichen Ladung sowie einer Ladung der Staatsanwaltschaft zur Aussage Folge zu leisten. Ladungen der Polizei ist hingegen nur Folge zu leisten, wenn ihnen ein Auftrag der Staatsanwaltschaft zugrunde liegt. Das steht explizit in der Ladung.

Kommt eine Ladung also nur von der Polizei, kannst du sie erst einmal ignorieren, wenn du das möchtest. Aber es wird vermutlich nicht die letzte Ladung sein. Kommt sie hingegen direkt vom Gericht, besteht nicht einmal Ladungsfrist, sodass du unter Umständen zum sofortigen Erscheinen bei Gericht aufgefordert werden kannst. Bei grundlosem Nichterscheinen kann dir als Zeuge ein Ordnungsgeld auferlegt werden. Außerdem musst du die Kosten tragen, die durch dein Nichterscheinen entstanden sind.

Es gibt aber Entwarnung: In aller Regel musst du wegen einer Ladung als Zeuge keinen Urlaub absagen oder einen anderen wichtigen Termin verpassen. Kannst du einen wichtigen Grund für die Abwesenheit nachweisen, wird dich das Gericht in aller Regel entschuldigen.

Pflicht zur wahrheitsgemäßen Aussage, Vereidigung

Vor Gericht bist du als Zeuge grundsätzlich verpflichtet auszusagen. Das gilt auch für Kinder. Das Recht zu schweigen hast du, anders als ein Angeklagter, im Regelfall nicht. Deine Aussage muss der Wahrheit entsprechen. Das bedeutet, du musst alles sagen, was du weißt, und alles schildern, was du deiner Wahrnehmung nach gesehen hast. Wenn du etwas nicht weißt oder dich nicht erinnern kann, musst du auch das sagen. Ansonsten droht eine Strafbarkeit wegen falscher uneidlicher Aussage (§ 153 StGB). Werden Zeugen das Gericht vereidigt und sagen trotzdem nicht die Wahrheit, begehen sie einen Meineid (§ 154 StGB). Der Meineid ist sogar ein Verbrechen – das bedeutet, es droht immer eine Freiheitsstrafe.

Über die Pflicht zur wahrheitsgemäßen Aussage werden Zeugen zu Beginn der Verhandlung vom Gericht belehrt.

Unterstützung für Zeugen: Zeugenbetreuung

Wenn Zeugen durch ihre Pflicht zur Aussage besonders belastet sind, haben sie in der Regel das Recht auf Zeugenbetreuung mit psychosozialem Schwerpunkt. Manche Gerichte haben sogar Zeugenbetreuungsstellen eingerichtet, an die sich alle Zeugen wenden können. Die Betreuungsstellen informieren beispielsweise über den Ablauf des Verfahrens oder begleiten Zeugen zur Gerichtsverhandlung. Die Angebote sind für Zeugen meistens kostenfrei. Nähere Informationen findest du auf der Website des jeweiligen Gerichts.

Läuft ein Zeuge Gefahr, sich selbst durch die Aussage zu belasten, darf er einen Rechtsanwalt zur Beratung hinzuziehen. Das nennt man Zeugenbeistand. Die Kosten hat in der Regel der Zeuge selbst zu tragen.

Zeugnisverweigerungsrecht

In bestimmten Fällen dürfen Zeugen die Aussage verweigern. Das ist der Fall, wenn der Zeuge der Verlobte oder (Ex-)Ehegatte des Angeklagten ist oder mit diesem verwandt oder verschwägert ist. Außerdem sind die Mitglieder bestimmter Berufsgruppen berechtigt, die Aussage zu verweigern. Dazu gehören unter anderem Geistliche, Rechtsanwälte und Notare, Ärzte, Zahnärzte und Therapeuten, Abgeordnete des Bundestags, eines Landtags oder des Europäischen Parlaments sowie Journalisten. Das Aussageverweigerungsrecht beschränkt sich jeweils auf Informationen, die sie in Ausübung ihres Berufs erlangt haben. Zeugen dürfen darüber hinaus die Aussage verweigern, wenn sie sich selbst oder einen Angehörigen durch die Aussage in die Gefahr bringen könnten, wegen einer Straftat oder Ordnungswidrigkeit verfolgt zu werden. Persönlichen Daten (Name, Alter, Adresse, Beruf) müssen bei Gericht aber in jedem Fall angegeben werden.

Häufige Straftaten

Bisher haben wir uns mit dem – zugegebenermaßen eher »trockenen« – Verfahrensrecht beschäftigt. Jetzt geht es ans Eingemachte: Wir schauen uns ein paar ausgewählte Straftatbestände, die in der Praxis besonders häufig vorkommen, genauer an.

Grundsätzlich kannst du dich der Frage, wann strafbares Verhalten vorliegt, gut nähern, indem du einen Blick ins Strafgesetzbuch wirfst. Die einzelnen Paragrafen, die du dort nachlesen kannst, werden auch *Straftatbestände* genannt. Jeder Straftatbestand zählt die Voraussetzungen auf, die erfüllt sein müssen, damit ein Täter sich strafbar macht. Man spricht deshalb auch von der *Erfüllung* eines Straftatbestandes. Im Strafrecht ist es besonders wichtig, dass verständlich ist, wie die einzelnen Tatbestandsmerkmale genau zu verstehen sind. Denn das Strafgesetzbuch soll den Bürgern klar vermitteln, unter welchen Bedingungen sie sich strafbar machen.

Der Tatbestand, also die vom Gesetz vorgegebenen Voraussetzungen der Strafbarkeit, teilt sich immer in eine objektive und eine subjektive Seite. Zum objektiven Tatbestand gehören Merkmale, die nach außen hin erkennbar sind. Das ist zum Beispiel die Beschädigung oder Zerstörung eines Gegenstands bei der Sachbeschädigung (§ 303 StGB). Neben dem objektiven Tatbestand muss auch der subjektive Tatbestand erfüllt sein. Diesen nennt man auch Vorsatz. Er muss bei allen Vorsatzstraftaten vorliegen.

VORSATZ UND FAHRLÄSSIGKEIT

Im Strafrecht ist die Unterscheidung zwischen Vorsatz- und Fahrlässigkeitsdelikten besonders wichtig. Denn strafbar macht sich grundsätzlich nur, wer vorsätzlich handelt. Fahrlässiges Handeln wird nur dann bestraft, wenn es in einem eigenen Straftatbestand mit Strafe bedroht wird.

Vorsätzliches Handeln bedeutet, dass eine Handlung willentlich ausgeführt wird und sich der Täter über Ausführung und Konsequenzen im Klaren ist. Anders sieht es bei den Fahrlässigkeitsdelikten aus, denn hier handelt der Täter ohne Vorsatz. Ihm wird nicht vorgeworfen, eine Tat absichtlich beziehungsweise im Wissen um die Konsequenzen begangen zu haben, sondern gerade aus Unachtsamkeit einen bestimmten Zustand (z. B. eine Körperverletzung) herbeigeführt zu haben. Strafbar ist in diesem Fall zum Beispiel die fahrlässige Körperverletzung (§ 229 StGB), fahrlässige Tötung (§ 222 StGB) oder fahrlässige Brandstiftung (§ 306d StGB). Eine fahrlässige Sachbeschädigung gibt es dagegen nicht.

Beleidigung, üble Nachrede und Verleumdung

Nach der theoretischen Einführung wollen wir nun genauer auf ein paar ausgewählte Delikte eingehen. Beginnen wir mit den sogenannten Ehrdelikten. Das sind Straftaten, die die Ehre verletzen: Dazu zählen unter anderem die Beleidigung (§ 185 StGB), die üble Nachrede (§ 186 StGB) und die Verleumdung (§ 187 StGB). Diese Straftatbestände schützen die Ehre des Einzelnen.

Was genau die Ehre ausmacht und wann sie verletzt ist, ist schwer zu bestimmen. Auch unter Rechtswissenschaftlern und Gerichten gehen die Meinungen dazu auseinander. Einig ist man sich darüber, dass die Ehre eng an die Personenwürde beziehungsweise den sozialen und personalen Geltungswert eines Menschen geknüpft ist. Gerade weil die Ehre aber ein sehr individuelles Gut ist, ist es wichtig zu wissen, dass sich Gerichte immer an den Moralvorstellungen der Mehrheit orientieren. Das bedeutet: Unserer Gesellschaft fremde Ehrvorstellungen (man denke beispielsweise an die »Ehrenmorde«) werden von den Strafgerichten nicht berücksichtigt.

Beleidigung

Es ist wohl jedem von uns schon einmal passiert, dass wir selbst beleidigt wurden oder jemand anderen beleidigt haben. Besonders, wenn man emotional aufgebracht ist, rutschen einem schnell Begriffe wie »Versager« oder »Penner« über die Lippen. Aber wo verläuft die Grenze zwischen erlaubter Meinungsäußerung und strafbarer Beleidigung (§ 185 StGB)?

Was genau eine Beleidigung ist, wird seit Jahrzehnten von Rechtsprechung und Gerichten herausgearbeitet. Vereinfacht gesagt, liegt eine Beleidigung immer dann vor, wenn eine Missachtung, Geringschätzung oder Nichtachtung kundgegeben wird. Das passiert typischerweise durch ehrverletzende Tatsachenbehauptungen oder Werturteile. Beleidigt werden kann übrigens jeder Mensch, solange er noch lebt, sowie Personengemeinschaften und Verbände (also z. B. die Bundeswehr).

Wir Juristen unterscheiden zwischen Tatsachenbehauptungen und Meinungsäußerungen. Bei Tatsachenbehauptungen kann nachgewiesen werden, ob die jeweilige Aussage wahr oder unwahr ist. Wird jemand als »Verbrecher« bezeichnet, ist das zum Beispiel grundsätzlich nachweisbar. Denn es kann überprüft werden, ob eine Person ein Verbrechen begangen hat oder nicht. Hierbei spielt der Wahrheitsgehalt der Aussage eine wichtige Rolle für die strafrechtliche Beurteilung: Ein verurteilter Straftäter muss sich mehr gefallen lassen als ein unbescholtener Bürger. Im Vergleich dazu sind Werturteile nicht objektiv nachprüfbar, sondern klar subjektive Stellungnahmen. Klassische Beispiele hierfür sind Ausdrücke wie »Idiot« oder »Arschloch«. Dabei handelt es sich eindeutig um persönliche Werturteile, also um eine Meinungsäußerung.

Es ist übrigens nicht erforderlich, dass die Beleidigung wörtlich zum Ausdruck gebracht wird. Auch Handlungen können beleidigend sein, zum Beispiel wenn eine Person angespuckt oder mit Eiern oder Tomaten beworfen wird. Auch Gesten wie der Stinkefinger oder das Zeigen eines Vogels können als Beleidigung angesehen werden.

Eine beleidigende Aussage oder Handlung muss außerdem ehrverletzend sein. Dabei kommt es nicht auf die persönliche Empfindung des Betroffenen an, sondern auf die Sicht eines neutralen Dritten. Maßgeblich hierfür sind der Kontext, in dem die Äußerung gefallen ist, der übliche Umgangston sowie die generellen Auffassungen des jeweiligen sozialen Umfelds.

BELEIDIGUNG VON POLIZISTEN

Ein besondere Fallgruppe der Beleidigungsstrafbarkeit ist die umgangssprachliche »Beamtenbeleidigung«. Die gibt es formaljuristisch nicht, die Beleidigung von Beamten wird genauso bestraft wie jede andere Beleidigung. Kritik an Polizeibeamten ist grundsätzlich erlaubt und möglich – schon allein, weil die Meinungsfreiheit gewährleistet sein muss. Allerdings sind die Gerichte bei der Beleidigung Polizisten oft besonders streng.

Am bekanntesten ist wohl die Bezeichnung »Bulle(n)«. Ob man sich hierdurch strafbar macht, kann man nicht so pauschal beantworten. In den 1980er-Jahren wurde »Bulle« noch klar als Beleidigung eingestuft. In den folgenden Jahrzehnten wandelte sich das Begriffsverständnis aber. Darauf gingen auch die Gerichte ein: In einem Gerichtsurteil aus dem Jahr 2005 wurde die strafrechtliche Relevanz des Begriffs verneint. Begründung: Das Wort habe sich inzwischen umgangssprachlich etabliert und sei kein Schimpfwort mehr. Ein einzelnes Gerichtsurteil darf man aber nicht als Freifahrtschein verstehen. Um auf der sicheren Seite zu sein, solltest du den Begriff besser vermeiden.

Anders sieht es aus, wenn ein Polizist als »Clown«, »scheiß Lutscher«, »Spinner« oder »Hurensohn« bezeichnet wird. Hierfür können mitunter hohe Geldstrafen oder sogar Freiheitsstrafen verhängt werden. Auch das Zeigen des Mittelfingers ist strafbar, und sogar beim Tippen auf die Stirn mit dem Finger kann eine Verurteilung erfolgen. Dasselbe gilt – du kannst es dir sicher schon denken – wenn die Abkürzung ACAB (»all cops are bastards«) gegenüber Polizisten zum Ausdruck gebracht wird, egal ob mündlich oder schriftlich.

Sogar das Duzen von Polizisten kann strafrechtlich verfolgt werden. Auch das ist aber eine Frage des Einzelfalls. Bringt das Duzen im Gesamtkontext eine Herabwürdigung gegenüber dem Beamten zum Ausdruck, ist mit einer Verurteilung zu rechnen. Daraus lässt sich aber auch schließen, dass nicht jedes Duzen ausnahmslos als Beleidigung strafbar ist.

Die »normale« Beleidigung wird mit Freiheitsstrafe bis zu einem Jahr oder mit Geldstrafe bestraft. Wird ein Politiker öffentlich, zum Beispiel im Internet, beleidigt, steigt der Strafrahmen auf bis zu drei Jahre Freiheitsstrafe oder Geldstrafe.

ÄUSSERUNGEN IM ENGSTEN FAMILIENKREIS

Wir kennen es sicher alle: Gegenüber der eigenen Familie sitzt die Zunge in der Regel etwas lockerer, und der Nachbar oder Chef wird in Abwesenheit schneller als sonst »Arschloch« oder »Schwein« genannt. Bestimmt hast du vor deiner Familie schon einmal Beleidigungen in den Mund genommen, die du der betroffenen Person nicht ins Gesicht sagen würdest.

Aus diesem Grund werden bei Äußerungen, die im engen Familienkreis über Dritte gemacht werden, Ausnahmen gemacht: Auch eine eigentlich strafbare Äußerung erfüllt dann nicht die Voraussetzungen des Beleidigungstatbestands. Man spricht auch von einem »beleidigungsfreien Raum« innerhalb des engsten Familienkreises. Solange die betroffene Person davon nichts mitbekommt, darfst du deinen Gefühlen also weiter freien Lauf lassen.

Üble Nachrede

Die üble Nachrede (§ 186 StGB) ist wie die Beleidigung ein Ehrdelikt. Im Gegensatz zur Beleidigung muss bei der üblen Nachrede aber unbedingt eine Tatsachenbehauptung vorliegen, die ehrverletzend ist. Werturteile fallen nicht unter die üble Nachrede. Die Tatsache muss außerdem gegenüber einem Dritten geäußert werden. Darunter fällt also, vereinfacht gesagt, das Verbreiten rufschädigender Gerüchte. Die üble Nachrede kann mit Freiheitsstrafe von bis zu zwei Jahren oder mit Geldstrafe geahndet werden.

Ein Beispiel: Auf deiner Arbeitsstelle wurde ein Laptop geklaut. Es steht nicht fest, wer der Dieb ist. Du bist fest davon überzeugt, dass dein Kollege A den Laptop hat mitgehen lassen, weißt es aber nicht mit Sicherheit. Trotzdem erzählst du deiner Kollegin B, dass A den Diebstahl begangen hat. In dem Fall hast du durch die Äußerung gegenüber deiner Kollegin eine üble Nachrede begangen. Denn die Beschuldigung, einen Diebstahl begangen zu haben, ist eine ehrverletzende Tatsachenbehauptung: Sie ist geeignet, deinen Kollegen in den Augen der anderen herabzuwürdigen. Diese ehrverletzende Tatsache wurde der

Kollegin gegenüber geäußert, also gegenüber einer Dritten. Im Ergebnis hast du dich also strafbar gemacht. Kannst du allerdings nachweisen, dass die Behauptung wahr ist, wirst du nicht strafrechtlich verfolgt.

Verleumdung

Die Verleumdung ist das gravierendste der Ehrdelikte, das erkennt man nicht zuletzt an der hohen Strafandrohung. Es droht eine Freiheitsstrafe von bis zu zwei Jahren oder eine Geldstrafe, in schweren Fällen sogar eine Freiheitsstrafe von bis zu fünf Jahren. Grundsätzlich ähnelt die Verleumdung der üblen Nachrede. Auch hier muss eine ehrverletzende Tatsache einem Dritten gegenüber behauptet werden. Allerdings muss es sich um eine erwiesen unwahre Tatsache handeln, und sie muss wider besseres Wissen behauptet werden – umgangssprachlich geht es hier also um rufschädigende »Lügen«. Steht nicht fest, ob die behauptete Tatsache wahr oder unwahr ist, kann keine Verleumdung vorliegen, wohl aber eine üble Nachrede.

Wandeln wir also unser Beispiel von oben leicht ab: Den Laptop auf deiner Arbeitsstelle hast du selbst gestohlen. Obwohl du weißt, dass du selbst der Täter bist, behauptest du gegenüber deiner Kollegin B, dass Kollege A der Dieb sei. Weil du in diesem Fall wider besseres Wissen eine unwahre Tatsache gegenüber einem Dritten behauptet hast, bist du wegen Verleumdung strafbar.

Hausfriedensbruch

Die Wohnung eines Menschen stellt seinen höchstpersönlichen Schutzraum dar, in den er sich zurückziehen und in dem er sich frei entfalten kann. Der Inhaber einer Wohnung muss selbst darüber entscheiden können, wen er in diesen besonderen Raum hineinlassen will. Deshalb macht man sich wegen Hausfriedensbruchs (§ 123 StGB) strafbar, wenn man das Hausrecht eines anderen missachtet. § 123 StGB erfasst fünf Schutzräume: die Wohnung einer Person (auch Hotelzimmer, Wohnwagen oder Zelte – nicht hingegen Autos), Geschäftsräume (z. B. Büros oder Ladenlokale), befriedetes Besitztum (z. B. mit Zäunen oder Hecken abgetrennte Grundstücke) und abgeschlossene Räume, die zum öffentlichen Dienst (z. B. Behörden, Schulen, Gerichte und Universitäten) oder Verkehr bestimmt sind (z. B. Bus und Bahn, aber auch Bahnhöfe oder Flughäfen).

Den Hausfriedensbruch gibt es in zwei Varianten. Bei der ersten Variante dringt der Täter gegen den Willen des Hausrechtsinhabers in das Objekt ein, und zwar mindestens mit einem Teil seines Körpers. Es reicht dafür schon aus, wenn der Täter seinen Fuß in die Tür stellt, obwohl der Wohnungsinhaber ihn ausdrücklich zum Gehen aufgefordert hat. Ein weiteres Beispiel ist das Betreten eines Ladens, obwohl ein Hausverbot gegen den Täter ausgesprochen wurde. Bei der zweiten Variante verweilt der Täter im Objekt, obwohl er vom Inhaber des Hausrechts zum Gehen aufgefordert wurde. Hierzu zählen vor allem die Fälle, in denen jemand einen Schutzraum zunächst mit Einverständnis des Hausrechtsinhabers betreten hat, dann aber aufgefordert wurde, zu gehen – etwa, weil man sich »danebenbenommen« hat.

Der Hausfriedensbruch gehört zu den Antragsdelikten, der Geschädigte muss also einen Strafantrag stellen, damit die Tat verfolgt wird. Der Hausfriedensbruch wird mit Freiheitsstrafe bis zu einem Jahr oder mit Geldstrafe verfolgt.

Daneben gib es auch noch den schweren Hausfriedensbruch (§ 124 StGB). Dabei geht es darum, dass sich eine Menschenmenge (in der Regel mindestens 15 bis 20 Menschen) mit dem Plan, Personen zu verletzen oder Gegenstände zu beschädigen, zusammenrottet und dann gemeinsam einen Hausfriedensbruch begeht. Dann droht eine Freiheitsstrafe von bis zu zwei Jahren oder eine Geldstrafe.

Sachbeschädigung

Kommen wir als Nächstes zu den sogenannten Vermögensdelikten. Beginnen wir mit der Sachbeschädigung. Am Anfang ist wichtig, dass unter den Begriff der *Sache* nur »körperliche« Gegenstände fallen, also Dinge, die man anfassen kann. Daten sind beispielsweise keine Sachen, Tiere nach dem Gesetz hingegen schon. Wichtig ist außerdem, dass eine Sachbeschädigung nur an fremden Sachen begangen werden kann – also an Sachen, die dem Täter nicht selbst gehören. Mit deinen eigenen Sachen darfst du schließlich umgehen, wie du möchtest.

Beschädigung und Zerstörung

Wann ein Gegenstand beschädigt oder zerstört ist, kannst du dir bestimmt bildlich vorstellen. Was diese Begriffe juristisch bedeuten, ist aber noch einmal eine ganz andere Frage.

Eine Beschädigung ist gegeben, wenn ein Gegenstand nicht mehr für seine bestimmungsgemäße Verwendung benutzt werden kann, weil seine stoffliche Zusammensetzung verändert oder aber seine Unversehrtheit beeinträchtigt wurde. Das kann zum einen durch *Substanzverletzung* geschehen – zum Beispiel wenn man bei einem Auto die Reifen zersticht, Beulen verursacht oder den Lack mithilfe eines Schlüssels zerkratzt, oder wenn man Seiten aus einem Buch herausreißt. Doch auch die *Brauchbarkeitsminderung* ist bereits eine Beschädigung, auch dann, wenn man die Sache selbst nicht »kaputt« macht. Beispiele sind etwa das Beschmieren einer Verkehrsüberwachungskamera, sodass die Kamera keine Aufnahmen mehr anfertigen kann, das schädliche Dopen eines Pferdes oder sogar die Verunreinigung von Kleidung.

Die zweite Gruppe der Sachbeschädigung ist die Zerstörung – wenn man also einen Gegenstand für seinen jeweiligen Zweck völlig unbrauchbar macht, vollständig verändert oder vernichtet, zum Beispiel beim Zertrümmern einer Scheibe.

Veränderung des Erscheinungsbildes

Einen Sonderfall der Sachbeschädigung stellt die unbefugte Veränderung des Erscheinungsbildes dar. Sie ist gesondert im Gesetz geregelt (§ 303 Abs. 2 StGB) und wurde 2005 mit dem Graffiti-Bekämpfungsgesetz eingeführt. Grund für die Gesetzesänderung war die Tendenz der Gerichte, Graffiti nicht als Sachbeschädigung einzustufen. Seitdem sind das unberechtigte Besprühen, Bekleben und Ähnliches strafbar. Zumindest, sofern es immerhin ein bisschen Mühe macht, die Farbe beziehungsweise den Klebstoff wieder zu entfernen. Nicht der Fall ist das etwa bei Sprühkreide, die beim nächsten Regen von allein verschwindet.

Bei einer Sachbeschädigung droht eine Freiheitsstrafe von bis zu zwei Jahren oder Geldstrafe.

Diebstahl und Unterschlagung

Zu den klassischen Vermögensdelikten zählen auch Diebstahl und Unterschlagung. Doch was unterscheidet beides voneinander?

Diebstahl

Der Diebstahl ist diejenige Straftat, die in Deutschland am häufigsten begangen wird. Die gesetzlichen Vorgaben des Diebstahls sind relativ knapp gehalten: Eine fremde bewegliche Sache muss weggenommen werden. Was eine bewegliche Sache ist, ist erst mal selbsterklärend. Fremd ist eine Sache, wenn sie einer anderen Person als dem Dieb gehört. Eine solche Sache muss *weggenommen* werden. Juristisch versteht man unter einer Wegnahme den Bruch fremden und die Begründung neuen *Gewahrsams*.

Auch wenn du gerade vermutlich nur Bahnhof verstehst: So kompliziert ist es gar nicht. Der Gewahrsam an einer Sache ist so etwas Ähnliches wie der Besitz einer Sache. Derjenige, der imstande ist, auf einen Gegenstand einzuwirken, der ihn sozusagen in seiner Gewalt hat, hat Gewahrsam daran. Du hältst, während du diese Zeilen liest, das Buch in der Hand? Herzlichen Glückwunsch, dann hast du gerade Gewahrsam am Buch. Der Gewahrsam geht aber noch weiter: Wenn du mit dem Fahrrad zum Einkaufen fährst und es für die Zeit des Einkaufs vor dem Supermarkt stehen lässt, bleibst du die ganze Zeit über Gewahrsamsinhaber. Denn ein Fahrrad am Straßenrand befindet sich im Gewahrsam desjenigen, der es zuletzt in Besitz hatte und dort abgestellt hat. Um Gewahrsamsinhaber zu sein, musst du nicht Eigentümer einer Sache sein. Zum Beispiel befindet sich ein von dir gemietetes Auto für die Mietzeit in deinem Gewahrsam. Denn du bist als Einziger in der Lage, direkt auf das Auto einzuwirken, seinen Standort zu bestimmen und so weiter.

Beim Diebstahl muss der Gewahrsam des ursprünglichen Gewahrsamsinhabers vom Täter *gebrochen* werden, allerdings gegen den Willen des bisherigen Gewahrsamsinhabers. Man spricht deshalb vom *Bruch* des Gewahrsams. Du nimmst also eine Sache an dich, obwohl du das eigentlich nicht darfst.

Manchmal passiert der Gewahrsamsbruch öffentlich und für alle sichtbar: Nimmst du auf offener Straße ein fremdes Fahrrad an dich, begründest du durch das Losfahren neuen Gewahrsam am Fahrrad. Anders ist das bei Ladendiebstählen. Eigentlich hat der Ladeninhaber Gewahrsam an allen Waren, die sich im Laden befinden. Ein Dieb, der in einem Laden einen Gegenstand in seiner Jackentasche, unter der Kleidung oder in einer mitgebrachten Tasche versteckt, schafft heimlich seine eigene kleine Gewahrsamssphäre. Denn es wäre sozial auffällig, wenn eine Ladeninhaberin oder ein Mitarbeiter einen Kunden dazu auffordern würde, seine Taschen zu leeren oder unter seinen Pullover schauen wollen würde. Bei sehr kleinen Gegenständen kann es zur Gewahrsamsbegründung unter Umständen sogar ausreichen, dass sie in die Hand genommen und dann mit der geballten Faust umschlossen werden. Deshalb aufgepasst: Beim Ladendiebstahl kannst du dich schon dadurch strafbar machen, dass du einen fremden Gegenstand in deine eigene Körpersphäre (geschlossene Hand, unter der Kleidung etc.) einbringst oder in deine Jackentasche steckst. Ein Verlassen des Geschäfts mit der gestohlenen Ware ist dann nicht mal mehr nötig, der Diebstahl wurde schon vollendet.

Straflos ist es selbstverständlich, offensichtlich gewahrsamslose Sachen an sich zu nehmen. An Gegenständen, die sich in einer »Zu verschenken«-Kiste auf dem Gehweg befinden, hat der Gewahrsamsinhaber den Gewahrsam eindeutig aufgegeben. Du darfst sie also bedenkenlos mitnehmen.

Außerdem muss der Täter schon bei der Wegnahme mit *Zueignungsabsicht* gehandelt haben. Diese Zueignungsabsicht fehlt, wenn du nie vorhattest, dir eine Sache anzueignen – beispielweise, wenn du dir ein fremdes Fahrrad ohne Schloss für eine kleine Spritztour ausleihst und es dann dort wieder abstellst, wo du es gefunden hast. Hier hattest du nie den Willen, es zu behalten. Statt eines Diebstahls hast du dich jedoch des unbefugten Gebrauchs eine Fahrzeugs gemäß § 248b StGB schuldig gemacht.

Unterschlagung

Die Unterschlagung ähnelt dem Diebstahl – mit dem Unterschied, dass man die fremde Sache niemandem weggenommen hat, sondern sie bereits im eigenen Gewahrsam hatte und sich dann dazu entschließt, sie sich selbst oder einem Dritten rechtswidrig zuzueignen. Im Detail ist hier auch unter Juristen einiges umstritten.

Wie beim Diebstahl braucht es auch hier die Zueignungsabsicht. Der Wille des Täters, sich die Sache zu eigen zu machen, muss auch nach außen für einen neutralen Dritten sichtbar werden. Ein Beispiel: Du leihst einem Bekannten deinen Werkzeugkasten. Es vergehen ein paar Wochen und du denkst nicht mehr daran. Jetzt gerät dein Bekannter in Geldnot und beschließt, deinen Werkzeugkasten zu verkaufen, um an Geld zu kommen. Bei einem Flohmarkt verkauft dein Bekannter den Kasten an einen ahnungslosen Käufer, der ihn direkt mitnimmt. Der Verkauf fremder Sachen ist ein klassischer Fall der Unterschlagung. Aus der Sicht eines neutralen Beobachters kann das Verhalten deines Bekannten nur so gedeutet werden, dass er sich (unberechtigterweise) als Eigentümer aufführt. Weitere typische Beispiele für eine Unterschlagung sind der Verbrauch beziehungsweise Verzehr fremder Sachen, deren Weiterverarbeitung (beispielsweise das unerlaubte Vernähen eines fremden Kleidungsstücks) oder das Verschenken ausgeliehener Gegenstände.

Die Strafandrohung ist beim Diebstahl etwas höher als bei der Unterschlagung. Ein Diebstahl wird mit Freiheitsstrafe von bis zu fünf Jahren oder mit Geldstrafe geahndet, eine Unterschlagung im Regelfall mit einer Freiheitsstrafe bis zu drei Jahren oder mit Geldstrafe. Beim Diebstahl sieht das Gesetz außerdem einen besonders schweren Fall vor, bei dem Freiheitsstrafen von bis zu zehn Jahren verhängt werden können (§ 243 StGB). Dabei bricht der Täter zur Begehung des Diebstahls zum Beispiel in ein Gebäude ein, stiehlt gewerbsmäßig (also zur Schaffung einer dauerhaften Einnahmequelle) oder stiehlt eine Sache, die durch eine besondere Sicherheitsvorrichtung (z. B. ein Fahrradschloss) geschützt ist.

DIEBSTAHL UND UNTERSCHLAGUNG GERINGWERTIGER SACHEN

Ein Sonderfall ist der Diebstahl beziehungsweise die Unterschlagung geringwertiger Sachen (§ 248a StGB). Handelt es sich beim gestohlenen oder unterschlagenen Gegenstand um eine geringwertige Sache, werden die Taten nur auf Antrag des Betroffenen hin verfolgt – und nicht, wie sonst bei diesen Delikten üblich, automatisch, sobald die Strafverfolgungsbehörden Kenntnis erlangen. Eine Sache ist geringwertig, wenn sie weniger als 50 Euro wert ist.

Betrug

Der Betrug (§ 263 StGB) gehört zu den am häufigsten begangenen Straftaten in Deutschland. Nur Diebstähle finden häufiger statt.

Fast jeder hat wohl schon einmal vom Enkeltrick gehört. Dabei rufen Kriminelle ältere Menschen auf dem Telefon oder Handy an und geben vor, deren Enkel zu sein. Unter einem Vorwand werden die Senioren in ein Gespräch verwickelt und um Geld gebeten. Oft geben die Anrufer sich verzweifelt oder fangen an zu weinen. Meistens wird eine Notlage vorgetäuscht. So soll die vermeintliche Enkelin beispielsweise in einen Autounfall verwickelt gewesen sein und benötigt nun Geld für eine Behandlung im Krankenhaus oder um auf Kaution aus dem Polizeigewahrsam entlassen zu werden. Nebenbei bemerkt: Die Möglichkeit, gegen Zahlung einer Kaution aus dem Gewahrsam freizukommen, gibt es in Deutschland gar nicht.

An der Tagesordnung sind inzwischen auch Betrugsfälle auf eBay und anderen Verkaufsplattformen. Dabei werden Produkte online angeboten, obwohl die Verkäufer nicht vorhaben, die Waren jemals an den Käufer zu schicken. Häufig werden die Verkäuferprofile nach Zahlungseingang gelöscht, sodass die Identität der Täter nicht ermittelt werden kann und Betrugsopfer auf ihrem Verlust sitzen bleiben.

Schauen wir uns die genauen gesetzlichen Voraussetzungen eines Betrugs einmal genauer an: Am Anfang steht eine Täuschung durch den Täter. Ein Täter täuscht das Opfer, indem er ihm falsche Tatsachen vorspielt oder wahre Tatsachen verschleiert oder leugnet. In den oben erwähnten Beispielen werden jeweils falsche Tatsachen vorgetäuscht: Den Großeltern wird vorgespielt, dass sich ihr Enkelkind in einer Notlage (Autounfall, Geldnot etc.) befindet. Dem eBay-Käufer wird vorgespiegelt, dass der Verkäufer den angebotenen Verkaufsgegenstand tatsächlich verkaufen möchte.

Durch diese Täuschung muss beim Opfer ein Irrtum erweckt werden. Ein Irrtum liegt dann vor, wenn es beim Betroffenen zu einer Fehlvorstellung über Tatsachen kommt. In unseren Beispielen stellen sich die Betroffenen vor, dass ein Enkelkind tatsächlich in Not geraten ist und ihre Hilfe braucht oder dass sie den auf der Verkaufsplattform angezeigten Gegenstand tatsächlich kaufen können.

Bedingt durch den entstandenen Irrtum müssen die Opfer dann eine Vermögensverfügung veranlassen. Dazu zählt jede Handlung, die unmittelbar zu einer Verringerung ihres Vermögens führt. Haben die Betrüger in den oben genannten Beispielen Erfolg, kommt es zur Zahlung an die angeblichen Enkel oder an die vermeintlichen Online-Verkäufer. Diese Vermögensverschiebung muss zuletzt zu einem Schaden bei den Betroffenen führen.

Ein Schaden liegt vor, wenn die vorgenommene Zahlung nicht durch eine entsprechende Gegenleistung kompensiert wird. Erhält das Opfer im Falle eines eBay-Betrugs also trotz Zahlung keine Ware, entsteht ihm ein Schaden. Dasselbe gilt, wenn die Zahlung eines Großelternteils nicht für den Zweck verwendet wird, für den sie veranlasst wurde (Behandlung im Krankenhaus oder Zahlung einer – so gar nicht existierenden – Kaution). Der Betrug wird mit Freiheitsstrafe von bis zu fünf Jahren oder mit Geldstrafe bestraft. In besonders schweren Fällen (z. B. gewerbsmäßiger Betrug, Verursachen eines großen Vermögensverlustes, Versicherungsbetrug) kann die Freiheitsstrafe sogar bis zu zehn Jahren betragen.

Es bleibt noch zu sagen, dass niemand vor Betrugsversuchen sicher ist und man – gerade im Internet – immer auf der Hut sein sollte. Möglicherweise kennst du jemanden, der schon einmal Opfer eines Betrugs im Internet geworden ist, oder warst sogar selbst betroffen. Wie kann man sich vor einem solchen Betrug schützen? Auch wenn es keinen absoluten Schutz gibt, ist es zunächst einmal ratsam, immer wachsam zu bleiben. Verlockenden Angeboten wie zum Beispiel von begehrten Markenprodukten zu einem besonders niedrigen Preis sollte man besser mit Skepsis begegnen und nicht direkt zuschlagen.

Ein weiteres Phänomen sind Fake-E-Mails von Online-Portalen, in denen Nutzer dazu aufgerufen werden, Passwörter zu ändern oder Zahlungsdaten zu aktualisieren. Hier empfiehlt es sich, immer auf den Absender zu achten. Erscheint die E-Mail-Adresse vertrauenswürdig, zum Beispiel support@namedesanbieters.de? Falls nicht, sollte man die Mail ignorieren oder sich direkt an den Anbieter wenden. Dasselbe gilt bei Anrufen, in denen Kunden aufgefordert werden, Passwörter zu ändern.

Auch bei Online-Liebesbeziehungen sollte man vorsichtig sein. Es ist keine Seltenheit, dass Betrüger über soziale Netzwerke oder Dating-Portale Kontakt mit Opfern aufbauen, um nach und nach eine persönliche (oft intime) Beziehung mit ihnen aufzubauen. Ist einmal eine Vertrauensbasis geschaffen, versuchen sie, die Opfer wegen eines vorgetäuschten Notfalls zur Überweisung von Geld für eine medizinische Behandlung, wegen der Klärung eines Erbstreits oder Ähnlichem zu bewegen. Gerade dann, wenn die andere Person im Ausland lebt und man sich noch nie im echten Leben begegnet ist, sollte man bei Zahlungsaufforderungen wachsam sein und eventuell Rat bei nahestehenden Personen oder der Polizei suchen.

Auch bei großer Vorsicht kann es dazu kommen, dass man einem Betrug zum Opfer fällt. Das ist zwar unangenehm und unter Umständen auch finanziell schmerzhaft. Wichtig ist aber, sich vor Augen zu führen, dass viele Betrüger Vollprofis sind und es wirklich jedem passieren kann, auf sie hereinzufallen. Falls du von einem Betrug betroffen bist, solltest du dich nicht schämen, sondern zur Polizei gehen und Anzeige erstatten. Auch wenn die Chance einer Aufklärung in der Regel leider gering ist, empfiehlt es sich in jedem Fall, die Tat anzuzeigen – vielleicht ist deine Anzeige das Puzzleteil, das noch gefehlt hat, um einen Täter zu überführen.

Urkundenfälschung

Zu den wichtigsten Urkundendelikten zählen die Urkundenfälschung (§ 267 StGB), die mittelbare Falschbeurkundung (§ 271 StGB) sowie die Urkundenunterdrückung (§ 274 StGB). Strafbar sind außerdem die Veränderung von amtlichen Ausweisen (§ 273 StGB), das Verschaffen von falschen amtlichen Ausweisen (§ 276 StGB) sowie das Ausstellen und der Gebrauch unrichtiger Gesundheitszeugnisse (§ 278 StGB).

Genauer wollen wir uns die klassische Urkundenfälschung nach § 267 StGB anschauen. Dabei muss man erst mal wissen, dass Juristen zwischen echten und unechten sowie verfälschten Urkunden unterscheiden. Tatobjekt ist aber immer eine Urkunde. Typische Beispiele für Urkunden sind Zeugnisse, Verträge, Ausweise oder ärztliche Rezepte.

Alle Urkunden haben gemeinsam, dass man sie anfassen kann. Ausschließlich digital gespeicherte Daten reichen nicht aus. Aus einer Urkunde muss außerdem ersichtlich werden, wer sie ausgestellt hat. Zuletzt erfüllt jede Urkunde eine Beweisfunktion. Das heißt, sie muss im Rechtsverkehr üblicherweise als Beweisstück herangezogen werden können.

Wie schon angedeutet, unterscheidet das Gesetz zwischen echten und unechten Urkunden. Das ist immer eine Frage der Urheberschaft. Eine Urkunde ist echt, wenn derjenige, der als Aussteller erkennbar ist, auch tatsächlich Aussteller der Urkunde ist. Als Aussteller erkennbar ist in der Regel derjenige, der eine Urkunde unterzeichnet. Bei einem Schulzeugnis ist das zum Beispiel die Schule, bei einem Vertrag sind es diejenigen, die den Vertrag unterschreiben. Vereinfacht kannst du dir merken: Wenn eine Person die Urkunde tatsächlich erstellt hat, also geistiger Urheber der Urkunde ist, und dieselbe Person die Urkunde unterschrieben hat, liegt eine echte Urkunde vor. Auf der Kehrseite ist eine Urkunde dann unecht, wenn der vermeintliche Aussteller nicht ihr wahrer Aussteller ist. Das ist beispielsweise bei einem gefälschten Schulzeugnis der Fall.

Urkunden können auf mehrere Arten gefälscht werden. Der kriminellen Kreativität sind hier keine Grenzen gesetzt. Ein Täter kann zum Beispiel eine Urkunde ganz neu herstellen und sie dann mit dem Namen eines anderen unterzeichnen oder dessen Stempel beziehungsweise Signatur benutzen. Nehmen wir mal an, ein Freund von dir steht vor einer wichtigen Matheprüfung und hat Angst, die Prüfung nicht zu bestehen. Wenn du als Mathe-Ass anstelle deines Kumpels zur Prüfung gehst, den Namen deines Freundes auf das Papier schreibst und die Aufgaben für ihn löst, stellst du eine unechte Urkunde her. Auch wenn eine Tochter im Namen ihrer Mutter ein Testament verfasst und unterschreibt, um sich davon Vorteile beim Erbe zu verschaffen, wird eine unechte Urkunde hergestellt. In beiden Fällen wird dem angeblichen Aussteller eine Erklärung untergeschoben, die er in Wahrheit gar nicht selbst abgegeben hat.

Eine weitere Möglichkeit ist das *Verfälschen* einer echten Urkunde. Dazu muss bereits eine echte Urkunde vorliegen, das heißt eine Urkunde, bei der wirklicher und erkennbarer Aussteller identisch sind. Der Inhalt dieser echten Urkunde wird dann nachträglich verfälscht. Wenn also eine Schülerin auf ihrem echten Zeugnis nachträglich eine Note ändert, verfälscht sie es dadurch. Auch hierbei wird dem Aussteller eine Erklärung untergeschoben, die er so nicht abgeben wollte.

Strafbar ist außerdem das *Gebrauchen* einer unechten oder verfälschten Urkunde. Eine Urkunde wird gebraucht, wenn dem Täuschungsopfer die Möglichkeit gegeben wird, sie zur Kenntnis zu nehmen. Das Gesetz ist hier relativ streng. Es ist nicht nötig, dass das Täuschungsopfer die Urkunde auch tatsächlich gesehen hat. Bewirbt sich jemand mit einem unechten oder verfälschten Zeugnis bei einem Arbeitgeber, so kommt es nicht darauf an, ob der Arbeitgeber sich das Zeugnis tatsächlich angeschaut hat. Durch die Übersendung des Zeugnisses hat der Arbeitgeber die Möglichkeit, es zur Kenntnis zu nehmen. Die Urkunde wurde in einem solchen Fall also bereits gebraucht.

Erlaubt ist das bloße Unterschreiben mit einem Fantasienamen, solange erkennbar ist, wer der wirkliche Unterzeichnende ist. Theoretisch darfst du also eine Quittung im Beisein eines Ladenmitarbeiters mit »Mickey Mouse« unterschreiben. Du kannst die Unterschrift hinterher auch nicht anfechten. Handelt es sich allerdings um amtliche Dokumente und leistest du eine Unterschrift gegenüber einer Behörde oder einem Gericht, musst du deinen richtigen Namen verwenden.

NUMMERNSCHILDER ALS URKUNDEN

Auch Nummernschilder auf Fahrzeugen, die mit einer Stempelplakette der Zulassungsstelle versehen sind, sind Urkunden im Sinne des Strafrechts. Denn sie sollen belegen, dass ein bestimmtes Fahrzeug zum öffentlichen Verkehr zugelassen ist. Aussteller ist die Zulassungsstelle. Wer ein Nummernschild von dem Fahrzeug, für das es ausgestellt wurde, abschraubt und an einem anderen Fahrzeug anbringt, der begeht eine Urkundenfälschung, weil er eine unechte Urkunde herstellt. Wird ein Nummernschild an dem Fahrzeug, für das es ausgestellt wurde, manipuliert, zum Beispiel indem aus einer 3 eine 8 gemacht wird, ist das als Verfälschung einer echten Urkunde strafbar.

Auch weitere Veränderungen von Kennzeichen sind nach § 22 Straßenverkehrsgesetz (StVG) als Kennzeichenmissbrauch strafbar. Darunter kann zum Beispiel bereits das Überkleben des EU-Symbols auf dem Kennzeichen fallen.

Eine Urkundenfälschung kann mit einer Freiheitsstrafe bis zu fünf Jahren oder mit Geldstrafe bestraft werden, in besonders schweren Fällen sogar mit Freiheitsstrafe von bis zu zehn Jahren.

Körperverletzung: Strafrechtliche und zivilrechtliche Folgen

Vorsätzliche Körperverletzungen (§ 223 StGB) werden in Deutschland recht häufig begangen. Ungefähr zehn Prozent aller hierzulande verübten Straftaten sind Körperverletzungen. Strafbar macht sich gemäß § 223 StGB, wer eine andere Person körperlich misshandelt oder an der Gesundheit schädigt.

Klassische Beispiele für eine körperliche Misshandlung sind Faustschläge oder Ohrfeigen. Ganz unerhebliche Eingriffe erfüllen die Voraussetzungen einer körperlichen Misshandlung nicht. Vielmehr muss eine bestimmte Schwelle überschritten werden. Nicht strafbar sind deshalb das reine Festhalten einer Person, das Zufügen von kleinen Kratzern oder Hautrötungen sowie, je nach Einzelfall, auch das Stoßen gegen den Oberkörper. Im Gegensatz dazu kann selbst das Abschneiden von Haaren, wenn es nicht völlig harmlos ist, als körperliche Misshandlung eingestuft werden. Bei einer Gesundheitsschädigung wird ein krankhafter Zustand hervorgerufen, gesteigert oder aufrechterhalten. Beispiele sind das Verursachen von Hämatomen (»blaue Flecken«), Brüchen, Rauschzuständen oder Bewusstlosigkeit. Auch die Infizierung mit dem HI-Virus führt zu einer Gesundheitsschädigung.

Wichtig ist, dass nur Angriffe gegen die körperliche Integrität unter § 223 StGB fallen können. Einwirkungen auf die Psyche sind nicht erfasst. Es kann aber sehr wohl passieren, dass sich eine Beeinträchtigung der psychischen Gesundheit negativ auf den Körper einer Person auswirkt, indem zum Beispiel ein Schockzustand, Zittern, Herzrasen oder Weinkrämpfe ausgelöst werden. Auch bei solchen körperlichen Reaktionen muss aber eine gewisse Erheblichkeit vorliegen, damit von strafbarem Verhalten ausgegangen werden kann.

Bisher haben wir nur den Normalfall einer Körperverletzung (§ 223 StGB) kennengelernt, die sogenannte »einfache« Körperverletzung. Daneben gibt es die gefährliche Körperverletzung (§ 224 StGB), für die höhere Strafen verhängt werden können. Wird die Körperverletzung durch den Einsatz von Gift oder anderen gesundheitsschädlichen Stoffen, mittels einer Waffe oder eines anderen gefährlichen Werkzeugs, mittels eines hinterlistigen Überfalls, zusammen mit einem anderen Beteiligten oder mittels einer Behandlung, die das Leben des Opfers gefährdet, begangen, wandelt sie sich von einer einfachen in eine gefährliche Körperverletzung um.

DIE ÄRZTLICHE HEILBEHANDLUNG

Was du bestimmt noch nicht wusstest, ist, dass jeder ärztliche Eingriff erst einmal zu einer Körperverletzung führt – und zwar auch dann, wenn der Eingriff komplett fachgerecht durchgeführt wurde. In aller Regel machen sich Ärzte aber nicht wegen Körperverletzung strafbar, wenn sie einfach nur ihren Job machen und vielleicht sogar handeln, um das Leben eines Patienten zu retten. Das liegt daran, dass die Patienten im Normalfall in die Behandlung eingewilligt haben. Die Einwilligung ist, strafrechtlich betrachtet, ein Rechtfertigungsgrund. Liegt sie vor, kann der Eingriff nicht strafrechtlich verfolgt werden.

Übrigens: Bei Menschen, die gerade nicht einwilligen können (z. B. bewusstlose Unfallopfer), kommt die sogenannte mutmaßliche Einwilligung zum Einsatz – denn in so einer Situation darf ein Arzt davon ausgehen, dass es im Sinne seines Patienten ist, gerettet zu werden.

Besonders aufpassen sollte man bei den *gefährlichen Werkzeugen*. Dazu gehören nicht nur Werkzeuge im umgangssprachlichen Sinn wie ein Hammer, ein Schraubenzieher und so weiter, sondern alle Gegenstände, die durch ihre Beschaffenheit und Verwendung dazu geeignet sind, erhebliche Verletzungen hervorzurufen. In den offensichtlicheren Fällen sind das Steine, Glasscherben oder auch Baseballschläger. Aber auch zunächst harmlos erscheinende Gegenstände des täglichen Gebrauchs können zum gefährlichen Werkzeug werden, wenn man sie entsprechend einsetzt – mit der Konsequenz, dass man für ihren Einsatz wesentlich härter bestraft werden kann. Das gilt zum Beispiel für Kleidungsstücke, die zum Würgen eingesetzt werden, für spitze Bleistifte, mit denen zugestochen wird, oder in bestimmten Fällen für den getragenen Schuh (z. B. bei einem Tritt ins Gesicht).

Bei einer einfachen Körperverletzung droht eine Freiheitsstrafe von bis zu fünf Jahren oder Geldstrafe. Bei einer gefährlichen Körperverletzung erhöht sich die Maximalhöhe der Freiheitsstrafe auf zehn Jahre.

Neben den strafrechtlichen Folgen kann das Opfer auch zivilrechtliche Ansprüche gegen den Täter geltend machen. Das gilt nicht nur für vorsätzliche Körperverletzungen, sondern auch für fahrlässige. Ein in der Praxis wichtiger Fall sind fahrlässig verursachte Autounfälle, bei denen es zu körperlichen Verletzungen gekommen ist. Hierbei muss grundsätzlich zwischen den Kosten der Heilbehandlung und Schmerzensgeld unterschieden werden. Hinsichtlich der Behandlungskosten kann sich die Krankenkasse des Opfers an den Verursacher der Körperverletzung beziehungsweise an dessen Haftpflichtversicherung wenden und eine Übernahme der Kosten verlangen. Daneben gibt es noch das Schmerzensgeld, das den nicht finanziellen Schaden (z. B. körperliche Schmerzen) ausgleichen soll. Allgemein vorherzusagen, wie hoch ein zu zahlendes Schmerzensgeld ausfallen wird, ist schwierig, da offizielle Vorgaben fehlen und die Höhe einer Schmerzensgeldzahlung im Einzelfall durch das Gericht festgelegt wird. Orientierungshilfen können online abrufbare Schmerzensgeldtabellen bieten. Merke dir aber, dass die Höhe des individuell zugesprochenen Schmerzensgelds immer eine Frage des Einzelfalls ist.

Nötigung

Ein zentraler Eckpfeiler in unserer Demokratie ist die Freiheit des Einzelnen. Dazu gehört neben der körperlichen Fortbewegungsfreiheit die Willensfreiheit. Das ist die Freiheit, seinen Willen frei zu bilden und dementsprechend zu handeln. Um die Willensfreiheit des Einzelnen zu gewährleisten, gibt es den Straftatbestand der Nötigung (§ 240 StGB). Strafbar ist es danach, einen Menschen rechtswidrig mit Gewalt oder durch Drohung mit einem empfindlichen Übel zu einer Handlung, Duldung oder Unterlassung zu nötigen (also praktisch zu »zwingen«).

Unter dem Begriff der »Gewalt« kann man sich gut etwas vorstellen. Gewalt wird zum Beispiel ausgeübt, indem das Nötigungsopfer festgehalten oder gefesselt wird oder indem ihm Betäubungsmittel eingeflößt werden. Juristisch betrachtet ist es aber gar nicht so einfach, festzulegen, was Gewalt ist, und im Laufe der Zeit hat sich die Definition gelockert. Mittlerweile ist eine körperliche Kraftentfaltung nicht mehr erforderlich – es reicht aus, dass der Täter sich irgendwie körperlich betätigt. Deswegen kann sich zum Beispiel wegen Nötigung strafbar machen, wer ein Auto abstellt, um anderen den Weg zu versperren, sich an Bahngleise kettet oder – wie in jüngster Zeit geschehen – an der Straße festklebt. Wobei es viele Urteile und sehr viel Argumentationsaufwand unserer höchsten Gerichte brauchte, bis feststand, dass auch solche Sitzblockaden wirklich als »Gewalt« angesehen werden dürfen.

Alternativ zur Ausübung von Gewalt kann der Täter dem Opfer mit einem empfindlichen Übel drohen. Dabei gibt der Täter vor, Einfluss auf einen Nachteil, der dem Opfer droht, zu haben. Egal ist, ob der Täter diesen Einfluss wirklich ausüben kann. Entscheidend ist allein, dass das Opfer die Drohung ernst nehmen soll. Ein Beispiel wäre, wenn der Täter behauptet, als Hacker heimlich peinliche Daten vom PC der Person heruntergeladen zu haben, obwohl das tatsächlich nicht der Fall ist. Wenn du dich jetzt fragen solltest, was der Unterschied zwischen einer Nötigung und einer Erpressung ist: Die Erpressung ist eine Form der Nötigung. Von Erpressung ist immer dann die Rede, wenn eine Nötigung zusätzlich mit einen Vermögensnachteil und einer Bereicherungsabsicht einhergeht.

Die Anwendung des Nötigungsmittels muss zu einem Nötigungserfolg führen. Das bedeutet konkret, dass das Opfer unfreiwillig zu einer Handlung bewegt wird, einen bestimmten Zustand dulden muss oder gezwungen ist, eine Handlung zu unterlassen. Wird durch ein Festkleben an der Straße zum Beispiel ein Stau provoziert, der die Verkehrsteilnehmer an der Weiterfahrt hindert, werden sie zu einem Unterlassen genötigt – sie sind gezwungen, mit ihrem Fahrzeug an Ort und Stelle zu verharren, und können sich nicht mehr fortbewegen.

Nicht jede Handlung, durch die mit der Anwendung eines Nötigungsmittels ein Nötigungserfolg erzielt wird, ist gleich strafbar. Es sind nur solche Nötigungshandlungen strafbar, die als verwerflich anzusehen sind. Verwerflich ist alles, was die Rechtsordnung als nicht akzeptabel ansieht. Die Verwerflichkeit kann sich entweder auf das angewendete Mittel oder auf den angestrebten Zweck beziehen oder aus einem Missverhältnis zwischen Mittel und Zweck folgen. Ein nicht verwerfliches Mittel ist beispielsweise die Drohung mit einem Übel, das man rechtmäßig zufügen darf. Wenn tatsächlich ein Diebstahl begangen wurde, darf das Opfer mit einer Strafanzeige drohen, um die Rückgabe der Sache zu erzwingen. Die Anwendung von Gewalt ist hingegen immer verwerflich, solange sie nicht durch Notwehr oder aus anderen (gesetzlichen) Gründen gerechtfertigt ist. Der angestrebte Zweck ist verwerflich, wenn das Opfer eine Straftat oder Ordnungswidrigkeit begehen soll. Allerdings kann bereits ausreichen, wenn ein Verhalten in hohem Maße sozial unverträglich ist, zum Beispiel wenn im Straßenverkehr ein anderer Autofahrer harsch ausgebremst wird.

Zur Beurteilung, ob das Verhältnis zwischen Mittel und Zweck verwerflich ist, kommt es auf das Gesamtbild der Tat an. Dreht ein Vermieter seinen Mietern während einer Frostperiode die Heizung ab, um sie zur Zahlung der rückständigen Miete zu zwingen, ist das besonders verwerflich. Kündigen Eltern ihrer Tochter an, ihr das Taschengeld zu streichen, wenn sie ihre Hausaufgaben nicht erledigt, wird man das wohl kaum als strafbare Handlung ansehen können. In den umstrittenen Demonstrationsfällen (»Klimakleber«, Sitzblockaden) kann die Frage nach der Verwerflichkeit nicht pauschal beantwortet werden. Es muss stattdessen in jedem Einzelfall entschieden werden, ob eine verwerfliche Tat vorliegt. Einige »Klimakleber« wurden deshalb wegen Nötigung verurteilt, weil ihre Aktionen nicht angekündigt waren, für Betroffene dadurch keine Ausweichmöglichkeit bestand und weil durch das Festkleben die Entfernung der »Klimakleber« erschwert wird und sich die Aktion dadurch zwangsläufig verlängert.

Nötigungen werden mit Freiheitsstrafe von bis zu drei Jahren oder mit Geldstrafe geahndet. In besonders schweren Fällen kann die Freiheitsstrafe bis zu fünf Jahren betragen.

Sexualdelikte

Die Bedeutung sexueller Belästigung und sexueller Übergriffe ist im Alltag immens: Studien zeigen, dass sich 97 Prozent der Frauen und 55 Prozent der Männer mindestens einmal in ihrem Leben sexuell belästigt gefühlt haben. Zwar ist nicht jede dieser Personen bereits Opfer einer tatsächlichen Straftat geworden. Aber leider zeigen diese Zahlen, wie erschreckend häufig Grenzüberschreitungen stattfinden. Mit den Straftaten gegen die sexuelle Selbstbestimmung (kurz: Sexualdelikte) beschäftigt sich ein eigener Abschnitt des Strafgesetzbuchs. Insgesamt gehören dazu rund 30 verschiedene Straftatbestände. Diese Delikte wurden durch die Rechtswissenschaft zum besseren Verständnis in vier Gruppen unterteilt. Und die schauen wir uns zusammen mit den wichtigsten Delikten einmal näher an.

Gruppe 1: Sexueller Übergriff, sexuelle Nötigung und Vergewaltigung

Zur ersten Gruppe gehören der sexuelle Übergriff, die sexuelle Nötigung und die Vergewaltigung (§ 177 StGB).

Bei einem sexuellen Übergriff geht es darum, dass der Täter am Opfer sexuelle Handlungen verübt oder das Opfer dazu zwingt, sexuelle Handlungen vorzunehmen, entweder an sich selbst, am Täter oder an einem Dritten. Erfasst sind auch Fälle, in denen das Opfer gezwungen wird, sexuelle Handlungen, die ein Dritter an ihm vornimmt, über sich ergehen zu lassen. Eine sexuelle Handlung setzt immer Körperkontakt voraus, Hautkontakt ist aber nicht zwingend erforderlich. Es reicht schon aus, dass die betroffene Person mit einem Gegenstand berührt wird. Die Handlung muss nach außen einen eindeutigen Sexualbezug erkennen lassen. Das ist zum Beispiel beim Grapschen an die Brust, dem Anfassen des (auch bekleideten) Intimbereichs oder beim gewaltvollen Ausziehen der Fall. Auch das »Stealthing« ist als sexueller Übergriff strafbar. Dabei zieht ein Mann während des (einvernehmlich begonnenen) Geschlechtsverkehrs plötzlich heimlich sein Kondom ab und fährt danach mit den sexuellen Handlungen fort.

In die zweite Kategorie fällt die sexuelle Nötigung. Dabei setzt der Täter entweder Gewalt ein, droht dem Opfer mit einer gegenwärtigen Gefahr für Leib und Leben oder nutzt eine hilflosen Lage des Opfers aus, um es zur Duldung oder Vornahme sexueller Handlungen zu zwingen. Wird einer Person – wie im Skandal um Harvey Weinstein – damit gedroht, einen bestimmten Job nicht zu bekommen oder negativ auf die Karriere beziehungsweise den Ruf einzuwirken, um Sex, Massagen oder Ähnliches zu erzwingen, wird eine sexuelle Nötigung begangen. Eine hilflose Lage des Opfers wird beispielsweise dann ausgenutzt, wenn sich Täter und Opfer an einem abgelegenen Ort befinden und das Opfer dem Täter wehrlos ausgeliefert ist, weil es aufgrund der Abgeschiedenheit nicht fliehen kann.

Zur dritten Kategorie gehört das schwerwiegendste Delikt in diesem Kontext: die Vergewaltigung. Hierbei muss es zu einem Eindringen in eine Körperöffnung des Opfers kommen, also in dessen Vagina, Anus oder Mund. Es spielt keine Rolle, ob das Eindringen mit einem Körperteil wie dem Penis oder einem Finger oder mit einem Gegenstand vollzogen wird.

In allen Tatvarianten der ersten Gruppe muss der Wille des Opfers, an den sexuellen Handlungen teilzunehmen, erkennbar entgegenstehen, was aus der Sicht eines objektiven Dritten beurteilt wird. Ein Strafgericht stellt hier die Frage, ob – wäre jemand Neutrales als Zuschauer dabei gewesen – dieser einen entgegenstehenden Willen des Opfers hätte erkennen können.

Beim sexuellen Übergriff, der sexuellen Nötigung und der Vergewaltigung handelt es sich um sehr ernst zu nehmende Straftaten – schließlich haben sie oft ein Leben lang schwere Folgen für die Betroffenen. Daher sind Geldstrafen ausgeschlossen. Sexuelle Übergriffe werden mit einer Freiheitsstrafe von sechs Monaten bis zu fünf Jahren geahndet. Sexuelle Nötigung und Vergewaltigung sind Verbrechen: Bei der sexuellen Nötigung beträgt die Mindestfreiheitsstrafe ein Jahr, bei der Vergewaltigung zwei Jahre. Die Höchststrafe liegt jeweils bei 15 Jahren.

Gruppe 2: Sexuelle Belästigung

Die zweite Gruppe ist die Gruppe der sexuellen Belästigung. Neben der klassischen sexuellen Belästigung mittels körperlicher Berührung (§ 184i StGB) gehört hierzu der Exhibitionismus (§ 183 StGB).

Die sexuelle Belästigung zeichnet sich dadurch aus, dass der Täter eine andere Person in sexuell bestimmter Weise körperlich berührt und sie dadurch belästigt. Sie unterscheidet sich vom sexuellen Übergriff durch Intensität und Erheblichkeit der Handlung. Die körperliche Berührung kann auch hier entweder durch direkten Körperkontakt oder mit einem Gegenstand hergestellt werden. Einen sexuellen Einschlag hat die Berührung dann, wenn sie nach außen hin ein sexuelles Erscheinungsbild hat. Das ist zum Beispiel bei der Berührung von Intimbereich, Po oder Brüsten der Fall. Grundsätzlich nicht als sexuell eingeordnet werden Berührungen am Arm, an der Schulter oder am Bein. Ist die Berührung aber eindeutig sexuell gemeint, kann das im Ausnahmefall auch anders gewertet werden. Das Opfer muss sich durch die Berührung konkret belästigt fühlen, also negative Gefühle (z. B. Ekel, Abscheu oder Angst) empfinden.

Beim Exhibitionismus entblößt der Täter seine Genitalien vor einer anderen Person, um sich selbst dadurch sexuell zu erregen. An einer solchen sexuellen Erregung fehlt es beim »Wildpinkeln« in der Öffentlichkeit, beim Aufenthalt in der Sauna, am FKK-Strand oder bei »Flitzern«. Wichtig ist zudem, dass eine Person gegen ihren Willen mit der exhibitionistischen Handlung konfrontiert wird. Die Besonderheit beim Exhibitionismus ist, dass er nur von männlichen Personen begangen werden kann. Entblößt zum Beispiel eine Frau ihre Genitalien und belästigt dadurch eine andere Person, macht sie sich nicht strafbar. Weiblicher Exhibitionismus kommt in der Praxis allerdings auch so gut wie gar nicht vor.

SEXUELLE BELÄSTIGUNG AM ARBEITSPLATZ

Auch am Arbeitsplatz fühlen sich Menschen regelmäßig sexuell belästigt. Ungefähr jede elfte Person war im beruflichen Kontext bereits sexueller Belästigung ausgesetzt. Überschreitet Belästigung die Schwelle zum strafbaren Verhalten (z. B. bei einer sexuellen Belästigung mittels Berührung, die unter § 184i StGB fällt), drohen selbstverständlich auch am Arbeitsplatz strafrechtliche Konsequenzen. Aber auch, wenn es sich »nur« um anzügliche Kommentare oder Blicke handelt, kann das Folgen haben. Dafür sorgt das sogenannte Allgemeine Gleichbehandlungsgesetz (AGG). Demzufolge müssen Arbeitgeber eine Beschwerdestelle einrichten, an die sich Betroffene wenden können (§ 13 Abs. 1 AGG). Arbeitgeber sind außerdem verpflichtet, bei Anschuldigungen Ermittlungsmaßnahmen zu ergreifen (§ 12 Abs. 1 und 3 AGG). Sie können die Verantwortlichen abmahnen, versetzen oder ihnen kündigen – in Extremfällen sogar fristlos.

CATCALLING

Eine weitere Form der sexuellen Belästigung stellt das sogenannte Catcalling dar. Dabei werden Betroffene im öffentlichen Raum verbal durch sexuell anzügliches Rufen, Reden oder Hinterherpfeifen belästigt. Im Gegensatz zu anderen Ländern, zum Beispiel Frankreich, ist Catcalling in Deutschland nicht strafbar. Es ist höchstens denkbar, dass durch das Catcalling eine strafrechtlich relevante Beleidigung (§ 185 StGB) begangen wird. Die Hürden hierfür sind allerdings hoch, sodass im Regelfall keine Strafbarkeit besteht.

Gruppe 3: Jugendschutzdelikte

Besonders schwierig ist für viele wohl die Beschäftigung mit Sexualdelikten, bei denen Minderjährige involviert sind. Man nennt sie, um den besonderen Schutz von Kindern und Jugendlichen besonders hervorzuheben, auch Jugendschutzdelikte.

Sexuelle Kontakte mit Kindern unter 14 Jahren sind in jedem Fall verboten (§ 176 StGB). Außerdem ist Sex mit Unter-18-Jährigen grundsätzlich strafbar, wenn dabei eine Zwangslage ausgenutzt wird (§ 182 Abs. 1 StGB). Liegt keine

Zwangslage vor, dürfen Personen ab 14 Jahren grundsätzlich selbst über ihre Sexualkontakte entscheiden und theoretisch mit Personen jeden Alters sexuell verkehren. Das bedeutet, dass beispielsweise eine 14-Jährige mit einem 20-Jährigen schlafen darf. Ein 15-Jähriger macht sich beim Sex mit seiner 13-jährigen Freundin allerdings strafbar. In besonderen Fällen kann der Sex mit 14- bis 16-Jährigen aber doch strafrechtlich relevant sein. Strafbar macht sich deshalb, wer selbst über 21 Jahre ist und die fehlende Fähigkeit zur sexuellen Selbstbestimmung der jugendlichen Person ausnutzt (§ 182 Abs. 3 StGB). Die Fähigkeit zur sexuellen Selbstbestimmung fehlt bei einem im Vergleich zu Altersgenossen gravierenden Mangel an Urteilsvermögen oder bei erheblicher Willensschwäche.

Eine andere wichtige Ausnahme stellt der Missbrauch Schutzbefohlener (§ 174 StGB) dar, der beispielsweise von Eltern, Großeltern, Lehrern oder Erziehern begangen werden kann. Den Jugendschutz fördern soll außerdem das – relativ neue – Verbot, mit Sexpuppen mit kindlichem Erscheinungsbild zu handeln, sie zu erwerben oder zu besitzen (§ 184l StGB).

Gruppe 4: Pornografie

Zuletzt wollen wir uns noch die Gruppe der Pornografie anschauen. Selbstverständlich macht sich nicht jeder, der einen »normalen« Porno schaut, automatisch strafbar. Allerdings muss die Trennlinie zwischen erlaubtem und verbotenem Verhalten stets beachtet werden. Grundsätzlich erlaubt sind der Konsum und der Besitz »einfacher« pornografischer Inhalte sowie deren Weitergabe an Erwachsene, die damit einverstanden sind. Verboten ist das bei Kinder- und Jugendpornografie (§ 184b und § 184c StGB), also wenn die Personen, die gefilmt wurden, noch minderjährig waren. Strafbar ist außerdem die Verbreitung gewalt- oder tierpornografischer Inhalte (§ 184a StGB).

In besonderen Fällen ist bereits die Verbreitung »normaler« Pornografie strafbar (§ 184 StGB), beispielsweise wenn einer Person unter 18 Jahren Pornografie angeboten wird oder wenn pornografische Inhalte an eine Person weitergeleitet werden, ohne dass sie darum gebeten hat. Man sollte also besonders aufpassen, was man in Chatgruppen (wenn auch nur zum Spaß) teilt.

Ein weiteres Delikt ist die Verletzung des Intimbereichs durch Bildaufnahmen (§ 184k StGB) zum Beispiel durch das sogenannte Upskirting. Verboten ist es demnach, ohne die Erlaubnis der abgebildeten Person Fotos oder Videos von Genitalien, Brust oder Po (nackt oder in Unterwäsche) herzustellen oder an Dritte weiterzugeben.

Stalking

Zuletzt wollen wir uns das Stalking genauer anschauen. Juristisch korrekt spricht man von *Nachstellung* (§ 238 StGB). Stalking ist erst seit 2007 strafbar. Damals reagierte der Gesetzgeber auf das sich ausbreitende Phänomen des Stalkings. Damit von Stalking ausgegangen werden kann, muss der Täter dem Opfer nachstellen. Zum Nachstellen können eine Vielzahl von Handlungen auf Täterseite gehören. Entscheidend ist, dass der Täter wiederholt und gezielt handelt, um das Opfer einzuschüchtern. Das Opfer muss durch das Täterhandeln auch tatsächlich beeinträchtigt werden. Das Gesetz nennt mehrere Beispiele für Nachstellungshandlungen. Ein Täter stellt dem Opfer nach, indem er

- seine räumliche Nähe aufsucht (Nr. 1),
- versucht, Kontakt zum Opfer herzustellen – sei es per Anruf, Brief, digital oder über Dritte (Nr. 2),
- Waren oder Dienstleistungen für das Opfer bestellt oder Dritte dazu bringt, Kontakt zum Opfer aufzunehmen (Nr. 3),
- dem Opfer droht, es selbst oder ihm nahestehende Personen an Leben, Gesundheit, körperlicher Unversehrtheit oder Freiheit zu verletzen (Nr. 4),
- eine Datenstraftat (§§ 202a, b, c StGB) zulasten des Opfers oder einer ihm nahestehenden Person begeht (Nr. 5),
- Fotos oder Videos des Opfers oder ihm nahestehender Personen verbreitet (Nr. 6),
- Inhalte in Schrift, Ton oder Bild verbreitet, die das Opfer herabwürdigen können, und dabei vortäuscht, die Inhalte stammten vom Opfer selbst (Nr. 7),
- eine Handlung vornimmt, die mit den Nummern 1 bis 7 vergleichbar ist.

Die Nachstellungshandlungen müssen sich dazu eignen, die Lebensgestaltung des Opfers nicht nur unerheblich zu beeinträchtigen. Dazu gehören nur schwerwiegende Beeinträchtigungen. Wichtig ist aber, dass die Beeinträchtigung nicht tatsächlich eintreten muss (wenn das beim Stalking auch häufig der Fall sein wird), sondern dass die Nachstellungshandlungen nur geeignet sein müssen, solche Beeinträchtigungen auszulösen.

Die Nachstellung wird mit Freiheitsstrafe bis zu drei Jahren oder mit Geldstrafe bestraft. In besonders schweren Fällen droht eine Freiheitsstrafe von drei Monaten bis zu fünf Jahren (§ 238 Abs. 2 StGB). Ein besonders schwerer Fall liegt beispielsweise vor, wenn die Tathandlungen sich über einen Zeitraum von mindestens sechs Monaten erstrecken oder wenn der Täter über 21 Jahre alt ist, das Opfer aber unter 16.

Versuchte und vollendete Straftaten

Nicht immer werden Straftaten vollendet – manchmal gehen kriminelle Pläne nicht so auf wie gedacht. Und im besten Fall nimmt der Täter vor Vollendung der Pläne Abstand von der Tat. Doch was bedeutet das dann für die Strafbarkeit? Bestimmt hast du schon einmal davon gehört, dass ein Täter wegen versuchten Mordes oder Totschlags schuldig gesprochen wurde. Das ist auch legitim, denn wenn ein Täter unbedingt eine Straftat begehen will und die Tat beispielsweise nur an äußeren Einflüssen scheitert (weil ein abgegebener Schuss fehlgeht und das Opfer verfehlt oder Ähnliches), ist es trotzdem angemessen, ihn zu bestrafen. Deshalb wird der Versuch im Grundsatz genauso bestraft wie die vollendete Tat – die Strafe kann aber gemildert werden.

Doch wann ist eine Handlung schon als Versuch strafbar – und wann kommt man, wenn man über Kriminelles nachdenkt, vielleicht schon ein paar Vorbereitungen anstellt, noch straflos davon? Das Strafgesetzbuch formuliert es so: Eine Straftat wird versucht, wenn der Täter nach seiner Vorstellung von der Tat unmittelbar zur Verwirklichung des Tatbestandes ansetzt (§ 22 StGB). Entscheidend ist also die Vorstellung des Täters von der Tat. Wenn er einen recht konkreten Tatplan im Kopf hat und selbst sagen würde, »Jetzt geht's los!« und keine wesentlichen Zwischenschritte mehr nötig sind, um mit der Tat zu beginnen, dann ist das Versuchsstadium erreicht. Im Gegensatz dazu sind reine Vorbereitungshandlungen straflos. In Gedanken kannst du dir alles Mögliche vorstellen und auch Recherche oder Ähnliches betreiben. Solange deine Pläne unkonkret bleiben, machst du dich nicht strafbar.

Wo genau die Grenze zwischen strafloser Vorbereitung und Versuchsbeginn ist, können auch Juristen nicht immer ganz leicht sagen, da kommt es auf den Einzelfall an. Hierzu folgendes Beispiel:

Ein Mann will seinen Nachbarn umbringen. Der Tatplan sieht so aus, dass der Täter die Rückkehr des Nachbarn abwarten und ihn dann vor seiner Haustür erschießen will. Das Versuchsstadium beginnt hier spätestens in dem Moment, als der Nachbar vor der Tür in Schussweite des Täters steht und dieser beginnt, auf ihn zu zielen. Wenn er dann einen Schuss abgibt, dieser den Nachbarn aber verfehlt, befinden wir uns nach wie vor im Versuchsstadium.

Rücktritt vom Versuch

In beiden Fällen unseres Beispiels – reines Zielen oder aber Zielen und Vorbeischießen – hat der Täter noch zwei Möglichkeiten. Er kann seinen Plan entweder weiterverfolgen, indem er den ersten beziehungsweise – falls der erste sein Ziel nicht erreicht hat – einen zweiten Schuss abgibt. Oder er kann freiwillig auf eine Fortsetzung der Tat verzichten. Im zweiten Fall kommt möglicherweise ein *Rücktritt* vom Versuch in Betracht.

Der Rücktritt ist die »goldene Brücke zurück in die Legalität«. Das Strafrecht will Menschen dazu ermutigen, es sich doch noch einmal anders zu überlegen. Wenn sie freiwillig von ihren Plänen absehen, obwohl es ihnen möglich gewesen wäre, sie zu vollenden, sollen sie nicht wegen des Versuchs bestraft werden können.

Wichtig ist dabei das Wort *freiwillig*: Wenn der Täter durch äußere Umstände zum Aufgeben gezwungen wird, zum Beispiel weil er die sich nähernde Polizei bemerkt oder eine plötzliche Panikattacke bekommt, kann von Freiwilligkeit keine Rede mehr sein.

Außerdem kommt es für die Möglichkeit des Rücktritts darauf an, ob der Versuch – aus Sicht des Täters – fehlgeschlagen ist oder nicht. Fehlgeschlagen wäre er, wenn der Täter feststellt, dass die Tat mit den ihm zur Verfügung stehenden Mitteln und nicht mehr ohne zeitliche Zäsur vollenden kann. Im beschriebenen Fall wäre der Versuch aus Sicht des mordwilligen Nachbarn fehlgeschlagen, wenn er nach Abgabe des ersten Schusses bemerken würde, dass er nur eine Kugel im Lauf hatte. Oder wenn er den Überraschungsmoment verpasst hat und der Nachbar schon durch die Tür ist, wo er ihn nicht mehr so leicht »erwischen« kann. Verschiebt er seine Mordpläne deshalb auf einen späteren Zeitpunkt, hat er – selbst wenn er es sich später noch einmal anders überlegen sollte – bereits einen versuchten Mord begangen. Anders sähe es hingegen aus, wenn er zum Beispiel angesichts der Tatsache, dass der erste Schuss nicht getroffen hat, ein tiefes Gefühl der Erleichterung verspürt – und daraufhin merkt, dass es eigentlich doch keine so gute Idee war, den Nachbarn töten zu wollen. Er steckt seine geladene Pistole ein und geht zurück in sein Haus. In diesem Fall wäre er strafbefreiend vom Versuch zurückgetreten, denn er hätte durchaus noch einen zweiten Schuss abgeben können, der dieses Mal vielleicht auch getroffen hätte. Doch er hat freiwillig darauf verzichtet. In dem Fall, dass – abgesehen von einem Schrecken – niemand verletzt wurde (unbeendeter Versuch), reicht es dafür einfach, dass er die weitere Tatausführung aufgibt.

Hätte der erste Schuss hingegen den Nachbarn bereits verletzt und dieser würde so heftig bluten, dass er – nach der Vorstellung des Täters – daran möglicherweise verbluten könnte (beendeter Versuch), so müsste der Täter mehr tun, als nur von einem weiteren Schuss Abstand nehmen. Er müsste sofort einen Krankenwagen rufen, damit der Nachbar seiner Verletzung nicht erliegt. Würden es die Sanitäter und Ärzte dann tatsächlich schaffen, das Leben des Nachbarn zu retten, würde der reuige Nachbar zwar nicht mehr wegen des versuchten Mordes bestraft – wohl aber wegen der vollendeten gefährlichen Körperverletzung.

Beteiligung an einer fremden Tat

Nicht immer begehen Straftäter ihre Taten allein. Daher ist es wichtig, zu wissen, dass auch Handlungen strafbar sein können, die nicht direkt in einem Straftatbestand beschrieben werden, und dass nicht ein Täter allein alle Handlungen ausführen muss, um bestraft zu werden. Haupttäter ist in der Regel derjenige, der die Tat selbst begeht, also den im Straftatbestand beschriebenen Erfolg selbst herbeiführt. Begehen mehre eine Straftat gemeinschaftlich, werden sie als Mittäter bestraft. Dafür müssen die Beteiligten einem gemeinsamen Tatplan folgen und gemeinsam an der Ausführung der Tat beteiligt sein, das heißt sie müssen vergleichbare Beiträge dafür leisten, dass die Tat begangen wird. Hier könnte man sich als Beispiel gut die Filmreihe *Ocean's Eleven* (oder *12, 13*) vorstellen, in der ein Haufen erfahrener Diebe gemeinsam Pläne schmiedet, um schwierige Einbruchsdiebstähle zu begehen.

Neben der Täterschaft gibt es noch die *Beteiligung* an einer fremden Tat. Hierzu gehören die Anstiftung (§ 26 StGB) und die Beihilfe (§ 27 StGB). Was eine Anstiftung ist, kannst du dir sicher gut vorstellen: Wer einen Täter dazu bewegt, eine Tat zu begehen, der stiftet ihn zur Tat an. Also zum Beispiel jemand, der einen Auftragskiller engagiert – der wird dann genauso bestraft wie der tatsächliche Mörder. Unter die Beihilfe fallen wiederum alle Handlungen, die die Begehung der Tat fördern. Dazu gehören sowohl ausgeführte Handlungen als auch psychische Beihilfe. Wer einen Täter zum Juweliergeschäft fährt, das dieser ausrauben will, der leistet also genauso Beihilfe wie jemand, der den Täter anfeuert, während er einen anderen verprügelt. Gehilfen werden milder bestraft als Haupttäter.

VERWALTUNGSRECHT

Den Umgang zwischen Ämtern beziehungsweise Behörden auf der einen und Bürgern auf der anderen Seite regelt ein eigenes Rechtsgebiet: das Verwaltungsrecht. Das Verwaltungsrecht ist Teil des öffentlichen Rechts. Öffentlich nennt man dieses Rechtsgebiet deshalb, weil es ausschließlich um öffentliche Fragen geht. Das sind genau die Fragen, die uns alle etwas angehen und deshalb nicht privat geregelt werden können.

Jedes Mal, wenn eine Behörde mit einem Bürger in Kontakt tritt oder mehrere Behörden miteinander interagieren, gelten dafür andere Vorschriften als beispielsweise bei einem Vertragsabschluss zwischen zwei Privatpersonen. Auch das Polizeirecht gehört zum öffentlichen Recht, denn es zeichnet sich dadurch aus, dass Polizeibehörden mit Bürgern interagieren. Das Strafrecht stellt nur aus historischen Gründen ein eigenes Rechtgebiet dar.

Wir leben – glücklicherweise – in einem Rechtsstaat. Eine wichtige Konsequenz daraus ist, dass Behörden sich immer an Recht und Gesetz halten müssen und dass es Bürgern möglich sein muss, gegen behördliche Entscheidungen Rechtsschutz (z. B. in Form einer Klage) einzulegen. Ein wichtiges Gesetz, an das sich Behörden halten müssen, ist das Verwaltungsverfahrensgesetz (VwVfG). Im Folgenden wollen wir uns anschauen, wie die Verwaltung in Deutschland aufgebaut ist, den Verwaltungsakt als häufigste Handlungsform von Behörden kennenlernen und uns zum Schluss noch mit der Frage beschäftigen, was Polizeibeamte dürfen.

Behörden in Deutschland

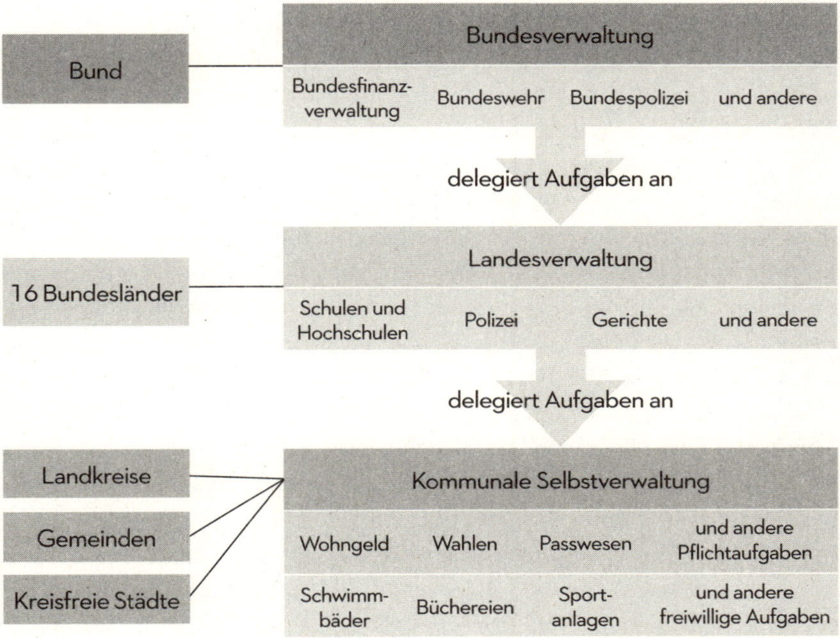

Ämter und Behörden: Wer kümmert sich um was?

Auch du hattest bestimmt schon einmal Kontakt mit einer Behörde, zum Beispiel, wenn das Finanzamt Fragen zu deiner Steuererklärung hat, du deinen Führerschein erhalten oder Berufsausbildungsbeihilfe oder BAföG beantragt hast. Behörden sind eigentlich allgegenwärtig – auch wenn man im Alltag nicht immer viel von ihnen mitbekommt.

Deutschland ist ein föderaler Staat. Das bedeutet, dass die 16 Bundesländer als einzelne Teilglieder zwar über ein gewisses Maß an Eigenständigkeit verfügen, sie gleichzeitig aber zu einer übergeordneten Einheit (der Bundesrepublik Deutschland) zusammengeschlossen sind. Sowohl die Teilglieder als auch das große Ganze verfügen über einen bestimmten Grad an Selbstständigkeit und haben eigene Rechte und Pflichten. Aus diesem Grund gibt es sowohl Bundes- als auch Landesbehörden. Da die einzelnen Länder wiederum in Städte und Gemeinden untergliedert sind, gibt es als dritte Kategorie die Behörden der Gemeinden. Sie machen die Kommunalverwaltung aus.

In Bezug auf die verschiedenen Verwaltungsebenen (Bund, Land, Gemeinden) gilt der Grundsatz der kommunalen Selbstverwaltung. Daraus folgt, dass die Gemeinden alle Angelegenheiten der örtlichen Gemeinschaft grundsätzlich in eigener Verantwortung regeln. In besonderen Fällen gibt es allerdings Ausnahmen von diesem Grundsatz. Dann sind Behörden des Landes oder Bundes zuständig. Das gilt zum Beispiel wenn es um die Organisation nicht nur lokaler Interessen geht (Finanzverwaltung) oder wenn eine einheitliche Arbeitsweise besonders wichtig ist (Polizei).

Zu den Behörden auf Landes- und Bundesebene zählen unter anderem die Ministerien sowie die Bundes- und Landesregierungen. Sie stehen an der Spitze der Behördenhierarchie und werden deswegen oberste Landesbehörden beziehungsweise oberste Bundesbehörden genannt.

Behörden haben verschiedene Möglichkeiten, wie sie gegenüber den Bürgern tätig werden können. Oberste Landes- und Bundesbehörden erlassen in der Regel Verordnungen, in denen festgelegt wird, wie bestehende Gesetze angewandt werden sollen. Die wohl bekannteste Verordnung ist die Straßenverkehrsordnung (StVO), deren ursprüngliche Fassung bereits in den 1930er-Jahren erlassen wurde. Auf kommunaler Ebene handeln Behörden meist durch Verwaltungsakte. Wir werden später genauer darauf eingehen, was ein Verwaltungsakt ist.

Im Umgang mit Behörden ist für Bürger wichtig zu wissen, dass Entscheidungen nicht tatenlos hingenommen werden müssen. Vielmehr können Betroffene – je nachdem, um welche Behörde es sich handelt – bei der Behörde selbst Widerspruch einlegen beziehungsweise eine Klage vor den Verwaltungsgerichten einreichen.

Verwaltungsakt: Was steckt dahinter?

Die wohl häufigste Handlungsform der Verwaltung ist der sogenannte Verwaltungsakt (kurz VA). Durch einen Verwaltungsakt trifft eine Behörde gegenüber einem Bürger (oder einer genau festgelegten Gruppe von Bürgern) eine genau bestimmte Regelung, indem sie ihm zum Beispiel zu einer Handlung verpflichtet oder ihm ein genehmigungspflichtiges Vorhaben gestattet. In vielen Fällen erkennst du einen Verwaltungsakt daran, dass er als »Bescheid« betitelt ist. Schauen wir uns ein paar Beispiele an, um besser zu verstehen, was zur Kategorie »Verwaltungsakt« gehört.

Angenommen, du besuchst eine Demonstration, und es kommt zu gewalttätigen Auseinandersetzungen mit den Besuchern einer Gegendemonstration. Die Polizei entscheidet daraufhin, die Demonstration aufzulösen, und verkündet das über Lautsprecher. Bei der Auflösung handelt es sich um einen Verwaltungsakt. Er bezieht sich auf eine bestimmte Gruppe von Menschen, hier die Teilnehmer der Demonstration und Gegendemonstration. Einen solchen Verwaltungsakt, der gegenüber mehreren Personen ausgesprochen wird, nennt man auch Allgemeinverfügung. Auch wenn die Polizei einen Platzverweis erteilt, liegt ein Verwaltungsakt vor, weil die angesprochene Person zu einer Handlung verpflichtet wird: Ihr wird vorgeschrieben, sich von dem fraglichen Ort zu entfernen und für eine bestimmte Zeit nicht zurückzukehren.

FORMVORSCHRIFTEN BEIM VERWALTUNGSAKT

Verwaltungsakte sind nicht an eine bestimmte Form gebunden. Das bedeutet, sie können mündlich, schriftlich, elektronisch oder auf anderem Weg erlassen werden. Egal, welche Form eine Behörde für einen Verwaltungsakt gewählt hat: Es gelten für jede Mitteilungsform grundsätzlich dieselben gesetzlichen Regelungen. Wichtig ist, dass die Behörde den Betroffenen darüber informiert, wie und wo er einen Rechtsbehelf gegen den Verwaltungsakt einlegen kann. Dabei wird ihm mitgeteilt, bei welcher Behörde oder welchem Gericht und mit welcher Frist er das tun kann. Diese Informationen müssen schriftlich oder elektronisch mitgeteilt werden.

Bei mündlich ausgesprochenen Verwaltungsakten fehlt eine solche »Rechtsbehelfsbelehrung« in aller Regel. Das bedeutet aber nicht, dass der Verwaltungsakt ungültig ist. Es hat nur zur Folge, dass sich die Klagefrist, die normalerweise einen Monat beträgt, auf ein Jahr – gerechnet ab Verkündung des Verwaltungsakts – verlängert.

Eine andere Gruppe des Verwaltungsakts sind behördliche Genehmigungen. Beantragst du beispielsweise eine Baugenehmigung oder eine Gaststättenerlaubnis, stellt die Antwort der Behörde in jedem Fall einen Verwaltungsakt dar – egal, ob die Erlaubnis erteilt oder abgelehnt wird.

Widerspruch und Einspruch: Was tun, wenn der Bescheid falsch ist?

Es kommt immer wieder vor, dass Verwaltungsakte fehlerhaft sind und Bürger sich gegen falsche Bescheide wehren wollen. Hier ist es ganz wichtig zu wissen, dass ein einmal erlassener Verwaltungsakt erst einmal gültig ist, auch wenn er fehlerhaft ist. Inhaltliche Unrichtigkeit führt nicht automatisch zur Nichtigkeit. Wenn du also nicht rechtzeitig etwas gegen einen falschen Verwaltungsakt unternimmst, musst du das, was darinsteht, akzeptieren.

Hat zum Beispiel das Finanzamt bei der Bewertung deiner Steuererklärung einen Fehler zu deinem Ungunsten gemacht und fordert Geld von dir, musst du den Betrag erst einmal zahlen, kannst ihn dir aber durch einen Einspruch zurückholen. Lässt du die Frist für einen Einspruch verstreichen, wird der fehlerhafte Bescheid dennoch bestandskräftig und kann nur noch unter sehr strengen gesetzlichen Vorrausetzungen angefochten werden.

Allerdings musst du dich auf keinen Fall tatenlos geschlagen geben, wenn dir ein Bescheid zugestellt wird, der aus deiner Sicht falsch ist. Du hast dann – je nach Art des Verwaltungsakts – die Möglichkeit, gegen den Verwaltungsakt Widerspruch zu erheben oder Klage vor dem Verwaltungsgericht einzureichen. Dasselbe gilt, wenn du den Erlass eines Verwaltungsakts (z. B. eine Baugenehmigung) beantragt hast und dieser abgelehnt wurde.

Häufig ist die Klage das richtige Verfahren, da der Widerspruch in vielen Bundesländern sehr eingeschränkt wurde. Das Klageverfahren ist in einem eigenen Gesetz geregt, der Verwaltungsgerichtsordnung (VwGO). Von entscheidender Bedeutung ist es, die Klagefrist einzuhalten, denn sonst wird der Verwaltungsakt bestandskräftig und kann nicht mehr mit rechtlichen Mitteln angegriffen werden. Die Klagefrist beträgt einen Monat ab Bekanntgabe des Verwaltungsakts (§ 74 VwGO).

Außerdem muss man wissen, dass nicht jeder gegen jeden Verwaltungsakt klagen kann. Das dürfen nur diejenigen, die selbst durch den Bescheid betroffen sind. Dazu gehören sowohl diejenigen, an die sich der Verwaltungsakt ausdrücklich richtet, als auch alle anderen, deren Rechte durch den Verwaltungsakt konkret verletzt sind. Wenn zum Beispiel dein Nachbar auf die Idee kommt, eine Gaststätte zu eröffnen, und ihm bereits eine Erlaubnis erteilt wurde, kannst du als direkter Nachbar dagegen klagen, wenn du der Meinung bist, dass der dadurch entstehende Lärm für dich nicht zumutbar ist. Lebst du allerdings am anderen Ende der Stadt, bist du nicht klagebefugt.

In manchen Bundesländern muss vor Erhebung der Klage allerdings das besagte Widerspruchsverfahren durchlaufen werden, sonst ist die Klage nicht zulässig. Der Widerspruch muss innerhalb eines Monats ab Bekanntgabe des Verwaltungsakts schriftlich oder elektronisch eingereicht werden. Die Bundesländer, in denen grundsätzlich ein Widerspruchsverfahren durchlaufen werden muss, sind Baden-Württemberg, Berlin, Bremen, Hamburg, Mecklenburg-Vorpommern, Rheinland-Pfalz, Saarland, Sachsen, Schleswig-Holstein und Thüringen. In allen anderen Bundesländern findet im Grundsatz kein Widerspruchsverfahren statt. Es gelten aber überall Ausnahmen. In genau geregelten Fällen muss ein Widerspruchsverfahren dann doch oder doch nicht durchgeführt werden. Da das Verfahrensrecht ziemlich kompliziert ist, ist es in vielen Fällen ratsam, einen Anwalt zu kontaktieren, wenn du einen unerwünschten Verwaltungsakt beseitigen möchtest oder du den Erlass eines Verwaltungsakts, der abgelehnt wurde, anstrebst.

In besonderen Fällen bleibt dir der Klageweg erspart und du darfst einen Verwaltungsakt, der an dich adressiert ist, einfach ignorieren. Denn in ein paar Konstellationen sind Verwaltungsakte tatsächlich von Anfang an nichtig (§ 44 VwVfG). Das ist der Fall, wenn ein Bescheid schriftlich oder mündlich ausgestellt wurde, die ausstellende Behörde aber gar nicht erkennbar ist, oder wenn die Ausführung des Verwaltungsaktes aus tatsächlichen Gründen unmöglich ist. Das ist beispielsweise der Fall, wenn der Abriss eines Bauwerks angeordnet wird, das schon vor Monaten abgerissen wurde. In den meisten Fällen solltest du dich jedoch lieber nicht darauf verlassen, dass ein Verwaltungsakt keine Wirkung hat – vergewissere dich lieber vorher direkt bei der Behörde oder, wenn es Unklarheiten gibt, bei einem Anwalt.

Ordnungswidrigkeiten: Rechte bei kleinen Vergehen

Ein für Bürger besonders ärgerlicher Teil des Verwaltungsrechts ist das Recht der Ordnungswidrigkeiten. Es wird oft als artverwandt mit dem Strafrecht angesehen. Allerdings besteht zum Strafrecht ein wichtiger Unterschied: Verwaltungsbehörden verhängen in der Regel Bußen für Ordnungswidrigkeiten. Dazu gehören Geldbußen oder auch Fahrverbote. Um Strafen handelt es sich dabei nicht, denn die dürfen nur von Strafgerichten verhängt werden. Das Recht der Ordnungswidrigkeiten wird sowohl im Gesetz über Ordnungswidrigkeiten (OWiG) als auch in anderen Gesetzen geregelt. Klassische Beispiele für Ordnungswidrigkeiten sind die Lärmbelästigung (§ 117 OWiG) oder das Halten gefährlicher Tiere (§ 121 OWiG).

Im Alltag begegnest du den meisten Ordnungswidrigkeiten im Straßenverkehr. So etwa, wenn du Geschwindigkeitsbegrenzungen übertrittst, anderen die Vorfahrt nimmst oder eine rote Ampel überquerst. Begehst du eine solche Ordnungswidrigkeit, wird im Regelfall eine Geldbuße gegen dich verhängt. Die Höhe eines zu verhängenden Bußgeldes ist insbesondere in der Bußgeldkatalog-Verordnung festgelegt (BKatV, umgangssprachlich auch »der Bußgeldkatalog« genannt; siehe auch Abschnitt »Verkehrsrecht«, Seite 259). Bei kleineren Ordnungswidrigkeiten können Behörden den Betroffenen auch nur verwarnen und ein Verwarnungsgeld von maximal 55 Euro anordnen.

Das Bußgeldverfahren richtet sich nach eigenen Regeln, die sich vom normalen Verwaltungsverfahren und vom Strafverfahren unterscheiden. Natürlich besteht auch hier die Möglichkeit, sich gegen einen Bußgeldbescheid zu wehren. Erhältst du einen solchen Bescheid, kannst du dagegen Einspruch einlegen. Du solltest allerdings nicht allzu lange damit warten, denn es besteht eine Frist von zwei Wochen nach Zustellung des Bescheids. Der Einspruch muss schriftlich (inkl. eigenhändiger Unterschrift) bei der Behörde, die den Bußgeldbescheid erlassen hat, eingelegt werden. Nach Einlegung des Einspruchs findet zunächst ein Zwischenverfahren statt, in dem die Behörde den Einspruch prüft. Wenn du Glück hast, hebt die Behörde den Bußgeldbescheid nach der Prüfung wieder auf. Will sie allerdings am Bußgeldbescheid festhalten, übersendet sie alle Unterlagen über die Staatsanwaltschaft ans Amtsgericht. Jetzt prüft die Staatsanwaltschaft den Vorfall, leitet ihn unter Umständen ans Gericht weiter und es kann zu einem gerichtlichen Verfahren kommen.

ANHÖRUNGSBOGEN IM BUSSGELDVERFAHREN

Vor Zustellung des Bußgeldbescheids erhältst du im Regelfall einen sogenannten Anhörungsbogen. Mit diesem Bogen sollen persönliche Daten (Name, Adresse, Geburtsort etc.) abgeglichen werden. Außerdem bekommst du die Möglichkeit, eine Stellungnahme zur vorgeworfenen Ordnungswidrigkeit abzugeben. Viele Empfänger eines Anhörungsbogens stellen sich die Frage, ob sie den Anhörungsbogen ausfüllen und zurückschicken müssen. Eine Pflicht zum Ausfüllen besteht nur hinsichtlich der Personendaten – und auch nur dann, wenn der Behörde diese noch nicht bekannt sind. Zum konkreten Vorwurf musst du dich nicht äußern, weil du insofern – wie im Strafverfahren – ein Aussageverweigerungsrecht hast, um dich nicht selbst belasten zu müssen. Solltest du dich entscheiden, auch zum Tatvorwurf Angaben zu machen, dürfen keine vorsätzlich falschen Angaben gemacht werden. Denn sonst kannst du dich strafbar machen.

Was dürfen Polizisten?

Wie oben schon angedeutet, ist auch das Polizeirecht Teil des Verwaltungsrechts. Die Befugnisse der Polizei teilen sich auf zwei Bereiche auf: einerseits das repressive Handeln, andererseits das präventive Handeln.

Repressives Polizeihandeln

Unter repressivem Polizeihandeln versteht man alle Maßnahmen, die die Polizei im Zusammenhang mit der Verfolgung von Straftaten ergreifen darf. Diese Maßnahmen haben ihre rechtlichen Grundlagen in der Strafprozessordnung (StPO). Die Polizei darf zur Aufklärung von Straftaten zum Beispiel Beweismittel sicherstellen (§ 94 StPO), die Telekommunikation von Verdächtigen abhören (§ 100a StPO) oder verdeckt ermitteln (§ 110a StPO), wenn die jeweiligen Voraussetzungen dafür gegeben sind. Das Recht des Strafverfahrens wurde schon im Abschnitt über das Strafrecht thematisiert und kann dort nachgelesen werden (Seite 276).

Präventives Polizeihandeln

Neben dem repressiven Handeln ist die Polizei auch befugt, präventive, also vorbeugende Maßnahmen zu ergreifen. Das Ziel präventiven Polizeihandelns ist neben der Verhütung von Straftaten die Abwehr von Gefahren. Besteht eine Gefahr für die öffentliche Sicherheit oder Ordnung, darf die Polizei die notwendigen Maßnahmen ergreifen, um diese Gefahr abzuwenden. Eine Gefahr liegt zum Beispiel dann vor, wenn Rechtsverstöße drohen oder bereits begangen wurden (z. B. Parken in der Feuerwehrzufahrt). Die gesetzlich zulässigen Maßnahmen finden sich in den Polizeigesetzen der Bundesländer. Zu den Befugnissen für präventives Polizeihandeln gehören unter anderem die Erteilung eines Platzverweises, die Durchsuchung von Personen oder Sachen sowie die Sicherstellung gefährlicher Gegenstände.

Eine besonders einschneidende Maßnahme zur Abwehr von Gefahren ist der polizeiliche Gewahrsam. Er ist nur in besonderen Fällen möglich, zum Beispiel wenn sich eine Person – aufgrund von starker Alkoholisierung oder aus anderen Gründen – selbst gefährdet oder sie im Begriff ist, eine schwerwiegende Straftat zu begehen. Weil die Anordnung des Gewahrsams besonders intensiv in die Rechte des Betroffenen eingreift, muss die in Gewahrsam genommene Person so schnell wie möglich einem Richter vorgeführt werden. Durch eine gerichtliche Entscheidung wird spätestens am Ende des Folgetages bestätigt oder abgelehnt, ob die Person länger in Gewahrsam genommen werden darf.

Auch gegen präventive Maßnahmen der Polizei können Bürger sich rechtlich wehren. Da es sich bei polizeilichen Maßnahmen um Verwaltungsakte (siehe oben) handelt, können diese mit einer Klage vor dem Verwaltungsgericht angegriffen werden. Dabei spielt es keine Rolle, ob die Auswirkungen, die von der Maßnahme ausgehen, bereits abgeschlossen sind. Hat die Polizei dir beispielsweise einen Platzverweis erteilt, gegen den du rechtlich vorgehen möchtest, kannst du also auch noch danach dagegen klagen, um die Rechtswidrigkeit feststellen zu lassen.

GRUNDSATZ DER VERHÄLTNISMÄSSIGKEIT

Egal, zu welcher Maßnahme die Polizei greift, um Gefahren für die Öffentlichkeit abzuwenden: In jedem Fall sind Polizeibeamte dem sogenannten Grundsatz der Verhältnismäßigkeit verpflichtet, der für jedes staatliche Handeln gilt.

Hinter dem Begriff der Verhältnismäßigkeit verbergen sich vier Punkte: Erstens muss das polizeiliche Handeln einem legitimen Zweck dienen. Legitim ist jeder Zweck, der nicht ausdrücklich verboten ist. Zweitens muss die eingesetzte Maßnahme dazu geeignet sein, den angestrebten Zweck zu erreichen. Drittens muss die Maßnahme erforderlich sein: Es darf kein milderes Mittel geben, das den Zweck genauso fördert. Und viertens muss das polizeiliche Handeln insgesamt angemessen sein. Angemessenheit bedeutet in diesem Zusammenhang, dass die konkret ergriffene Maßnahme nicht außer Verhältnis zum angestrebten Zweck stehen darf. Der Betroffene darf durch die Maßnahme nicht mehr als notwendig belastet werden. Hier müssen die Beamten die Interessen des Staates und des betroffenen Bürgers gegeneinander abwägen.

Ein Beispiel: Zwei Polizeibeamte treffen abends auf einem Platz eine stark alkoholisierte Person an. Die Person pöbelt rum, beleidigt Passanten und es kommt beinahe zu Handgreiflichkeiten. Aus diesem Grund sprechen die Polizeibeamten einen Platzverweis gegenüber der betrunkenen Person aus. Dieser Platzverweis verfolgt den legitimen Zweck, weitere Beleidigungen und etwaige körperliche Verletzungen anderer Bürger zu verhindern. Dieser Zweck wird durch das Wegschicken der Person gefördert. In der konkreten Situation gibt es keine milderen Mittel, die dieses Ziel ebenso erreichen würden. Denn andere denkbare Maßnahmen (z. B. eine Ingewahrsamnahme) wären im Vergleich zum Platzverweis sogar härter. Die Erteilung des Platzverweises ist außerdem, wenn man das Gesamtbild betrachtet und den Eingriff in die Rechte des Pöblers der Sicherheit der Allgemeinheit gegenüberstellt, angemessen. Insgesamt haben die Polizeibeamten also den Grundsatz der Verhältnismäßigkeit beachtet.

Verwaltungsakte der Polizei ergehen meist mündlich und enthalten keine Rechtsbehelfsbelehrung, sodass die Klagefrist in aller Regel sogar ein Jahr ab Bekanntgabe der Maßnahme beträgt (§ 58 Abs. 2 VwGO). Außerdem ist es bei rechtswidrigem Polizeihandeln möglich, gerichtlich Schadensersatz oder Entschädigung zu verlangen. In jedem Fall solltest du einen Anwalt konsultieren, wenn du gegen rechtswidriges Handeln einer Behörde vorgehen möchtest – am besten einen Fachanwalt für Verwaltungsrecht.

GEFAHRENABWEHR DURCH POLIZEI UND ORDNUNGSAMT

Neben der Polizei ist in den meisten Bundesländern (außer in Baden-Württemberg und Sachsen) auch das Ordnungsamt für die Abwehr von Gefahren zuständig. Auch wenn man das Ordnungsamt wohl hauptsächlich mit dem Verteilen von Strafzetteln verbindet: In Fragen der Gefahrenabwehr haben Ordnungsbeamte in vielen Bundesländern grundsätzlich dieselben Befugnisse wie die Polizei. Waffen tragen dürfen Ordnungsbeamte allerdings nicht. Auf Seiten der Polizei besteht eine sogenannte Eilzuständigkeit. Das bedeutet, dass Polizeibeamte immer dann einschreiten dürfen, wenn ein Handeln des Ordnungsamtes nicht oder nicht rechtzeitig möglich ist.

VERSICHERUNGSRECHT

Mit den Versicherungen ist das so eine Sache. Das viele Kleingedruckte. Der lästige Papierkram. Muss das wirklich sein? Im Fall der Pflichtversicherungen – wie zum Beispiel deiner Krankenversicherung – lautet die Antwort eindeutig Ja. Doch auch bei einigen freiwilligen Versicherungen kann es sich für dich lohnen, dich durch eine Police – so wird ein Versicherungsvertrag genannt – zu arbeiten. Wichtig zu wissen ist auch, was du tun musst, um deinen Versicherungsschutz nicht zu gefährden. Und natürlich, was du tun kannst, wenn eine Versicherung nicht zahlen will.

Arten von Versicherungen: Was ist Pflicht, was ist sinnvoll?

Pflichtversicherungen

Für Angestellte zählen vor allem die gesetzlichen Sozialversicherungen zu den Versicherungen, die man haben muss. Aber auch einige andere Versicherungen – etwa im Straßenverkehr oder im Berufsleben für bestimmte Berufsgruppen – sind vorgeschrieben:

Pflichtversicherung	Pflichtversicherte Gruppen	Ausnahmen / Besonderheiten
Krankenversicherung	Arbeitnehmer mit Einkommen unterhalb der sog. Versicherungspflichtgrenze (auch als Jahresarbeitsentgeltgrenze bekannt), Auszubildende, Studierende (unter bestimmten Voraussetzungen), Rentner, Arbeitslose	Arbeitnehmer mit Einkommen über der Versicherungspflichtgrenze können sich privat versichern, Beamte, Richter, Soldaten sind in der Regel privat versichert, Selbstständige können sich freiwillig gesetzlich oder privat versichern, geringfügig Beschäftigte (Minijobber) sind versicherungsfrei, können sich jedoch freiwillig versichern.
Rentenversicherung	Arbeitnehmer, Auszubildende, Selbstständige in bestimmten Berufen (z. B. selbstständige Lehrer, Pflegepersonen), Künstler und Publizisten über die Künstlersozialkasse, Personen in Elternzeit oder Pflegezeit	Beamte, Richter, Soldaten sind versicherungsfrei, Selbstständige außerhalb der genannten Berufe sind in der Regel nicht versicherungspflichtig, können sich jedoch freiwillig versichern, geringfügig Beschäftigte können sich von der Rentenversicherungspflicht befreien lassen.
Pflegeversicherung	Alle gesetzlich Krankenversicherten sind automatisch pflegeversichert, privat Krankenversicherte müssen eine private Pflegeversicherung abschließen.	Beamte, Richter, Soldaten sind in der Regel privat pflegeversichert, Personen ohne Krankenversicherungsschutz müssen sich eigenständig um eine Pflegeversicherung kümmern.
Gesetzliche Unfallversicherung	Automatischer Versicherungsschutz für Arbeitnehmer, Auszubildende, Studierende während Hochschulveranstaltungen, Kinder in Kindertageseinrichtungen, ehrenamtlich Tätige, Selbstständige in bestimmten Branchen (z. B. Handwerk)	Selbstständige außerhalb der genannten Branchen sind nicht automatisch versichert, können sich jedoch freiwillig versichern, Beamte, Richter, Soldaten sind über spezielle Unfallfürsorgesysteme abgesichert.
Arbeitslosenversicherung	Arbeitnehmer, Auszubildende	Selbstständige sind nicht versicherungspflichtig, können sich jedoch freiwillig versichern, Beamte, Richter, Soldaten sowie geringfügig Beschäftigte sind versicherungsfrei.

Pflichtversicherung	Pflichtversicherte Gruppen	Ausnahmen / Besonderheiten
Kfz-Haftpflichtversicherung	Halter von in Deutschland zugelassenen Kraftfahrzeugen (Autos und Motorräder), die am öffentlichen Straßenverkehr teilnehmen	Fahrzeuge, die ausschließlich auf privatem Gelände genutzt werden, benötigen keine Kfz-Haftpflichtversicherung, bestimmte Sonderfahrzeuge (z. B. landwirtschaftliche Maschinen) können unter bestimmten Bedingungen ebenfalls von der Kfz-Haftpflicht ausgenommen sein.
Berufshaftpflichtversicherung	Rechtsanwälte, Steuerberater, Wirtschaftsprüfer, Ärzte, Architekten, Ingenieure, Notare, Versicherungsvermittler	Für andere Berufsgruppen besteht keine gesetzliche Pflicht, jedoch kann der Abschluss sinnvoll oder durch berufsständische Regelungen erforderlich sein (die genauen Anforderungen können je nach Bundesland und Kammer variieren).

Weitere wichtige Informationen zum Thema Sozialversicherungen findest du im Abschnitt über das Sozialrecht ab Seite 349.

HUNDEHAFTPFLICHT

In sechs Bundesländern – Berlin, Hamburg, Niedersachsen, Sachsen-Anhalt, Schleswig-Holstein und Thüringen – bist du als Hundehalter verpflichtet, eine Hundehaftpflichtversicherung abzuschließen – und zwar unabhängig von der Größe oder Rasse des Hundes. In allen anderen Bundesländern gibt es nur für bestimmte Hunde, die als gefährlich eingestuft worden sind, eine Versicherungspflicht. Lediglich in Mecklenburg-Vorpommern besteht gar keine gesetzliche Pflicht zum Abschluss einer Hundehaftpflichtversicherung. Sie wird allerdings empfohlen, da Hundehalter für Schäden, die ihre Tiere verursachen, haftbar gemacht werden können und die Privathaftpflicht lediglich Schäden durch Kleintiere wie Hamster oder Vögel abdeckt – nicht jedoch Schäden durch große Haustiere wie Hunde.

Freiwillige Versicherungen

Neben den Pflichtversicherungen kannst du privat so ziemlich alles versichern, wonach dir der Sinn steht. Deinen Laptop, dein Smartphone, dein Reisegepäck oder sogar deine Brille. Doch nicht alle dieser Versicherungen sind sinnvoll. Eine Insassenunfallversicherung für Mitfahrende in deinem Auto brauchst du zum Beispiel in der Regel nicht, da für Schäden der Mitfahrenden je nach Sachlage und Schuld immer eine der beiden Kfz-Haftpflichtversicherungen aufkommt. Auch Geräteversicherungen, die meist beim Kauf mitangeboten werden, sind oft teuer und ohne großen Nutzwert, der über die gesetzliche Gewährleistung hinausgeht. Schon eher Sinn machen dagegen die folgenden freiwilligen Versicherungen:

Private Haftpflichtversicherung

Mein persönlicher Favorit und aus meiner Sicht ein absolutes Muss! Diese Versicherung springt ein, wenn du versehentlich jemand anderem einen Schaden zufügst. Der berühmte Rotweinfleck auf dem Designerteppich des Freundes. Dein Kind stößt die teure Vase der Nachbarin um. Du verursachst als Fußgänger oder Radfahrer einen Unfall mit jeder Menge Blechschaden. Solche Missgeschicke können ohne Versicherung schnell ruinös werden. Private Haftpflichtversicherungen kosten in der Regel wenig und schützen vor vielem!

Berufsunfähigkeitsversicherung (BU)

Eine oft unterschätzte Versicherung und wichtig für alle, bei denen sich selbst kleine Unfälle gravierend auf den Beruf auswirken können. Ein Chirurg, der sich an der Hand verletzt? Kann nicht mehr operieren. Ein Pilot, der in Folge eines Unfalls einen Hörverlust erleidet? Verliert seine Flugtauglichkeit. Wo immer körperliche Unversehrtheit oder handwerkliches Geschick im Beruf vonnöten sind, ist eine BU nützlich. Du solltest dabei versuchen, ungefähr 80 Prozent deines Nettoeinkommens zu versichern. Da die Prämienzahlungen für die gleiche Versicherungssumme um bis zu 100 Prozent auseinander liegen können, lohnt sich ein Vergleich der Versicherer.

Hausratversicherung

Sie schützt alles, was sich in deiner Wohnung oder deinem Haus befindet (Möbel, Kleidung, Elektronik), gegen Schäden durch Feuer, Leitungswasser, Sturm, Hagel und Einbruchdiebstahl.

Wohngebäudeversicherung

Ein Muss für jeden Hausbesitzer. Sie versichert das Gebäude selbst (Mauern, Dach, fest verbaute Teile) gegen die gleichen Gefahren wie die Hausratversicherung. Elementarschäden (Überschwemmung, Erdbeben etc.) müssen in der Regel extra versichert werden.

Rechtsschutzversicherung

Als Anwalt sehe ich natürlich den Nutzen: Sie übernimmt Anwalts- und Gerichtskosten bei Rechtsstreitigkeiten (je nach Vertrag z. B. im Arbeitsrecht, Mietrecht, Verkehrsrecht). Aber Achtung: Nicht alles ist versichert, und oft gibt es Wartezeiten oder Selbstbehalte. Prüfe genau, was du brauchst (siehe »Brauchst du eine Rechtsschutzversicherung?«, Seite 379)!

Sonstige Versicherungen

Gibt es noch weitere empfehlenswerte Versicherungen? Hier kommt es auf deine Lebensumstände an. Eine private Unfallversicherung könnte für dich interessant sein, wenn du besonders regelmäßig einer unfallträchtigen Sportart in deiner Freizeit nachgehst. Mit einer Risikolebensversicherung könntest du im Todesfall deine Familie absichern. Und wenn du viel mit dem Auto unterwegs bist, solltest du vielleicht auch über eine Kaskoversicherung – Teil- oder Vollkasko – nachdenken.

Bei den freiwilligen Versicherungen gilt: Analysiere stets deine persönliche Situation und deine Risiken. Wogegen *müsstest* du dich absichern, weil ein Schaden dich finanziell ruinieren würde? Die Privathaftpflicht steht da meist ganz oben.

Eine gute Anlaufstelle, um sich eine tiefergehende Übersicht zu einzelnen Versicherungen zu verschaffen, ist einmal mehr die Verbraucherzentrale.

Schadensmeldung: Wie gehst du vor und was musst du beachten?

Bumm, an der Kreuzung hat es beim Abbiegen gekracht! Oder der Keller steht unter Wasser. Wer versichert ist, muss seiner Versicherung »den Eintritt des Versicherungsfalles« unverzüglich anzeigen (§ 30 VVG). Und zwar, sobald man selbst davon Kenntnis erlangt hat. Zusätzlich kann im Versicherungsvertrag eine bestimmte Frist – zum Beispiel eine Woche – für die Schadensmeldung festgelegt sein.

In welcher Form die Meldung zu erfolgen hat, ist gesetzlich nicht festgelegt. In der Regel reicht eine E-Mail oder ein Brief. Oft können Schadensmeldungen auch online über ein Formular beim Versicherer abgegeben werden. Bedenke: Ein Anruf allein hat nicht dieselbe Beweiskraft wie eine schriftliche Nachricht. Solltest du diesbezüglich unsicher sein: Setze dich sofort mit deinem Versicherer in Verbindung, um zu erfahren, welche Informationen er in welcher Form von dir benötigt.

In der Regel gilt: Eine wahrheitsgemäße Dokumentation des Unfallhergangs sowie des Schadens sind das A und O. Falsche Angaben in deiner Schadensmeldung – ob bewusst oder unbewusst aus der Aufregung heraus – können dazu führen, dass die Versicherung die Leistung verweigert oder sogar den Vertrag kündigt. Du kannst Fotos oder Videos vom Schaden aus verschiedenen Perspektiven machen. Füge der Schadensmeldung am besten gleich – wenn vorhanden – alle Belege wie Rechnungen oder Kostenvoranschläge an. Benenne – wenn möglich – Zeugen.

Vergiss nicht, dass du eine Pflicht zur Schadenminderung hast (§ 254 Abs. 2 BGB). Bei einem Autounfall bist du verpflichtet, die Unfallstelle zu sichern (siehe Seite 260). Bei einem Wasserrohrbruch gilt es, den Haupthahn zudrehen oder Gegenstände vor dem Wasser in Sicherheit zu bringen. Bei größeren Schäden schickt die Versicherung oft einen Gutachter. Eigene Reparaturen oder Neuanschaffungen (außer zur Schadenminderung) solltest du vorher mit der Versicherung abstimmen.

Wichtig: Die Klärung der Schuldfrage ist Sache der Versicherungen. Du selbst solltest daher niemals gegenüber der Polizei oder einem Geschädigten ein Schuldanerkenntnis unterschreiben oder äußern. Vertraue auch nicht auf ein Schuldeingeständnis, wenn du von anderen geschädigt wurdest.

In Braunschweig wurde das zum Beispiel einer Frau nach einem Unfall zum Verhängnis. Statt den Schaden an ihrem Fahrzeug binnen Wochenfrist – wie im Vertrag festgeschrieben – bei ihrer Versicherung zu melden, verließ sie sich auf die Aussage des Unfallverursachers, dass seine Versicherung den Schaden schon regulieren werde. Das machte diese jedoch nicht. Als die Frau schließlich nach einem Jahr ihre eigene Versicherung belangen wollte, weigerte die sich zu zahlen. Unter anderem mit der Begründung, dass eine genaue Feststellung, welche Schäden konkret durch den angezeigten Unfall verursacht worden seien, nach so langer Zeit gar nicht mehr möglich sei. Das sah das Gericht genauso und gab der Versicherung recht. Die Frau blieb auf ihrem Schaden sitzen. (OLG Braunschweig, Beschluss vom 16.01.2020 – 11 U 131/19).

Doch es gibt auch Fälle, in denen Versicherungen Geschädigten zu Unrecht eine Leistung verweigern wollen. Wer seine Rechte kennt, lässt seinen Versicherer damit nicht durchkommen.

Ablehnung von Leistungen: Was kannst du tun?

Du hast deiner Versicherung einen Schaden gemeldet, aber sie will nicht zahlen. Ärgerlich, aber kein Grund, den Kopf in den Sand zu stecken. Die folgenden Möglichkeiten stehen dir abgestuft zur Verfügung, um an dein Recht zu kommen.

Stufe 1: Widerspruch einlegen

Fordere eine ausführliche Begründung an, warum die Versicherung nicht zahlen will. Die Versicherung muss ihre Ablehnung schriftlich und nachvollziehbar begründen. Woran hakt es? Prüfe deinen Vertrag und die Allgemeinen Versicherungsbedingungen (AVB). Stimmt die Begründung der Versicherung mit dem Vertrag überein? Hast du eine Obliegenheit verletzt, zum Beispiel eine Meldefrist versäumt oder falsche Angaben gemacht? Oder gibt es einen Risikoausschluss für deinen Fall?

Hältst du die Ablehnung immer noch für ungerechtfertigt, lege schriftlich Widerspruch ein. Begründe, warum du anderer Meinung bist. Lege gegebenenfalls weitere Belege vor. Setze der Versicherung eine Frist zur erneuten Prüfung (z. B. vier Wochen).

Stufe 2: Ombudsmann einschalten

Eine gute und kostenlose Möglichkeit, deine Ansprüche durchzusetzen, ist die Beschwerde beim Versicherungsombudsmann (versicherungsombudsmann.de). Dabei handelt es sich um eine unabhängige Schlichtungsstelle, die deinen Fall prüft und eine Empfehlung abgibt. Bis zu einem bestimmten Streitwert ist die Entscheidung für die Versicherung sogar bindend.

Stufe 3: Anwalt konsultieren

Spätestens, wenn der Ombudsmann nicht hilft oder es um viel Geld geht, solltest du über anwaltliche Hilfe nachdenken. Ein Anwalt kann Akteneinsicht nehmen, die Rechtslage prüfen und deine Ansprüche professionell durchsetzen – notfalls auch vor Gericht. Womöglich hast du eine Rechtsschutzversicherung, die auch Versicherungsstreitigkeiten abdeckt?

Stufe 4: Klage einreichen

Der letzte Schritt ist die Klage vor Gericht. Das ist oft langwierig und mit Kostenrisiken verbunden, manchmal aber der einzige Weg. Hier ein paar Urteile, die dir zeigen, dass sich der Klageweg für dich lohnen kann:

Kasko-Leistung nach Unfall beim Driften im Kreisverkehr

Der Kläger wollte von seiner Versicherung einen Schaden am Auto erstattet bekommen, nachdem er beim gezielten Driften im Kreisverkehr von der Fahrbahn abgekommen und gegen eine Mauer geprallt war. Die Versicherung lehnte unter anderem wegen angeblichen Vorsatzes einen Schadensersatz ab. Das Gericht erkannte jedoch kein vorsätzliches Handeln. Der Kläger war davon ausgegangen, dass sein Driftmanöver gelingen würde. Er handelte daher zwar grob fahrlässig, doch ein solches Handeln hatte der Versicherer im Gegensatz zum Vorsatz nicht von der Versicherungsleistung ausgeschlossen. Der Drifter hatte daher Glück im Unglück und bekam den Schaden tatsächlich erstattet (LG Coburg, Urteil vom 26.01.2024 –24 O 366/23).

Wasserschaden an Boden und Tapete

Durch das versehentliche Anbohren der Hauswasserleitung wurden in einer Wohnung Parkett und Tapete beschädigt. Die Klägerin forderte von ihrer Wohngebäudeversicherung den Komplettaustausch beider Beläge, die Versicherung zahlte jedoch zunächst nur für Teilflächen. Das Gericht beauftragte einen Sachverständigen und entschied danach, dass der Parkettboden auf Kosten der Versicherung komplett ersetzt werden muss, da eine Reparatur technisch unmöglich und das Originalparkett nicht mehr lieferbar sei. Die Folge wären unzumutbare optische Brüche. Die Tapeten müssten hingegen nicht komplett erneuert werden. Hier sei ein Wechsel zwischen Wohn- und Essbereich ästhetisch zumutbar. Ein guter Kompromiss, mit dem beide Parteien leben können (LG Lübeck, Urteil vom 5. Juni 2024 – 4 O 345/22).

Ausparkschaden auf einer Privatfeier

Ein Fahrer wollte um zwei Uhr nachts seine Freundin von einer Privatfeier abholen. Beim Rückwärtsfahren stieß er nach eigener Aussage unabsichtlich gegen den geparkten Wagen des Gastgebers und beschädigte diesen. Die Haftpflichtversicherung unterbreitete zunächst ein Restwertangebot, lehnte dann aber eine Regulierung ab und behauptete eine abgesprochene Unfallmanipulation. Das Gericht stellte jedoch fest, dass der Hergang glaubhaft und widerspruchsfrei geschildert wurde, kein verdächtiger Kontakt zwischen den Fahrern bestand und auch kein akustisches Warnsignal vorsätzlich ignoriert worden war. Außerdem hätte die Versicherung keine glaubhaften Beweise vorlegen können, dass der Geschädigte die Beschädigung gewollt hatte. Das Gericht verurteilte die Versicherung zur Zahlung des vollen Schadens (LG Lübeck, Urteil vom 26.09.2024 – 3 O 193/22).

Versicherungsbetrug: Welche Konsequenzen drohen?

Die Idee, einen Unfall zu erfinden, einen alten Schaden als neu zu verkaufen oder die Schadenssumme etwas aufzubauschen und damit durchzukommen, mag verlockend klingen. Aber: Lass besser die Finger davon! Versicherungsbetrug ist kein Kavaliersdelikt, sondern eine Straftat gemäß § 263 StGB (Betrug) oder § 265 StGB (Versicherungsmissbrauch).

Als Versicherungsbetrug gelten:

- das Vortäuschen eines Versicherungsfalls, etwa durch einen gestellten Unfall,
- das Melden eines Schadens, der schon vor Vertragsbeginn bestand,
- bewusst falsche Angaben zum Schadenhergang oder zur Schadenshöhe,
- das Einreichen gefälschter Rechnungen.

Wird der Betrug aufgedeckt, sind die Konsequenzen mitunter happig. Die Versicherung kann dir die Leistung verweigern und zahlt natürlich keinen Cent. Bereits erhaltene Leistungen musst du zurückzahlen. Die Versicherung hat außerdem das Recht, den Vertrag fristlos zu kündigen. Mit großer Wahrscheinlichkeit musst du zudem mit einer Strafanzeige rechnen. Mögliche Folgen des Strafverfahrens sind eine Geldstrafe oder sogar eine Freiheitsstrafe. Dir droht außerdem ein Eintrag im Hinweis- und Informationssystem der Versicherungswirtschaft (HIS). Das ist eine Art »schwarze Liste«, die es dir schwerer machen kann, zukünftig neue Versicherungen abzuschließen.

Mein Rat als Anwalt: Ehrlich währt am längsten – und erspart dir massiven Ärger. Der kurzfristige Gewinn eines solchen Betrugs steht in keinem Verhältnis zum Risiko.

Kündigung und Wechsel von Versicherungen: Wann darf wer?

Versicherungsverträge sind keine Ehen für die Ewigkeit. Manchmal willst du die Versicherung kündigen, etwa weil du woanders günstigere Konditionen bekommst. Manchmal will eine Versicherung Kunden, die zu viel kosten, loswerden. Aber geht das so einfach?

Wann darf die Versicherung dir kündigen?

Eine ordentliche Kündigung durch deine Versicherung ist in der Regel zum Ende der vereinbarten Vertragslaufzeit unter Einhaltung der vereinbarten Kündigungsfrist (meist drei Monate) problemlos möglich. Eine außerordentliche Kündigung, die fristlos oder mit kurzer Frist erfolgt, ist dagegen nur unter folgenden Bedingungen möglich:

- *Nach einem Schadensfall:* Nachdem die Versicherung einen Schaden reguliert (oder abgelehnt) hat, haben oft *beide* Seiten ein Sonderkündigungsrecht (meist innerhalb eines Monats).
- *Bei Nichtzahlung der Prämie:* wenn du trotz Mahnung deine Beiträge nicht zahlst.

- *Bei Vertragsverletzung:* wenn du wichtige Pflichten (sog. Obliegenheiten) verletzt hast, zum Beispiel beim Abschluss falsche Angaben gemacht hast (arglistige Täuschung) oder den Schaden vorsätzlich herbeigeführt hast.

Insbesondere wenn Versicherer eine Schadensregulierung ablehnen und dennoch Gebrauch von ihrem Sonderkündigungsrecht machen, solltest du die Kündigung und die Ablehnung unverzüglich prüfen lassen. Durch eine Kündigung kann die Leistungspflicht nicht rückwirkend beendet werden. Du kannst dein Recht also immer noch durchsetzen.

RECHT BEKOMMEN

Bei einigen Pflichtversicherungen wie der Kfz-Haftpflicht oder der Gesetzlichen Krankenversicherung (GKV) ist das Kündigungsrecht für den Versicherer eingeschränkt. Auch existenzsichernde Versicherungen wie eine Kapital- oder Risikolebensversicherung oder eine Berufsunfähigkeitsversicherung können in der Regel nicht so einfach einseitig vom Versicherer gekündigt werden.

Wann darfst du der Versicherung kündigen?

Auch hier gilt: Eine ordentliche Kündigung kann zum Ende der Vertragslaufzeit mit der vereinbarten Frist (meist ein oder drei Monate) erfolgen. Achtung: Verträge verlängern sich oft automatisch um ein Jahr, wenn du nicht rechtzeitig kündigst.

Ein außerordentliches Kündigungsrecht oder Sonderkündigungsrecht hast du zum Beispiel in folgenden Fällen:

- *Nach einem Schadensfall:* Genau wie die Versicherung hast auch du nach der Regulierung (oder Ablehnung) eines Schadens meist ein Sonderkündigungsrecht.
- *Bei Prämienerhöhung:* Erhöht die Versicherung den Beitrag, ohne dass sich die Leistungen verbessern (z. B. keine Anpassung an geänderte Typklassen bei der Kfz-Versicherung), hast du ein Sonderkündigungsrecht.
- *Wenn das versicherte Risiko wegfällt:* Du verkaufst dein Auto und benötigst keine Kfz-Versicherung mehr.

- *Doppelversicherung:* Wenn du feststellst, dass du für das gleiche Risiko zweimal versichert bist, kannst du den jüngeren Vertrag oft aufheben.

RECHT BEKOMMEN

Bei Pflichtversicherungen wie der Krankenversicherung oder der Kfz-Haftpflicht darf keine Lücke im Versicherungsschutz entstehen. Dein neuer Schutz muss nahtlos anschließen. Achte hier besonders auf die Kündigungsfristen und lass dir deine Kündigung für den Altvertrag unbedingt schriftlich bestätigen.

SOZIALRECHT

Das Sozialrecht betrifft jeden von uns, von der Wiege bis zur Bahre, oder zumindest vom ersten Arzt- oder Krankenhausbesuch bis zur wohlverdienten Rente. Klingt staatstragend? Ist es auch. Das Sozialrecht regelt schließlich, wie unser wichtigstes Sicherheitsnetz – der Sozialstaat – funktioniert. Dieses Netz soll jeden auffangen, der im Leben mal stolpert – sei es durch Krankheit, Jobverlust oder im Alter. Geregelt ist das Sozialrecht im Sozialgesetzbuch (SGB), einem wahren Monsterwerk in zwölf (!) Bänden.

RECHT BEKOMMEN

Im Sozialrecht kann es schnell um die Existenz gehen. Etwa, wenn eine Erwerbsminderungsrente von der Rentenversicherung abgelehnt wird, ein Arbeitsunfall, der eine Berufsunfähigkeit nach sich zieht, nicht anerkannt wird oder wenn es wegen vermeintlicher Pflichtverletzungen zu Sanktionen beim Bürgergeld kommt.

Um den Bürgern den Zugang zur Sozialgerichtsbarkeit zu erleichtern, sind Klageverfahren für Versicherte, Leistungsempfänger oder Menschen mit Behinderung grundsätzlich kostenlos. Und zwar in allen Instanzen (§ 183 SGG). Der Grundsatz »Wer verliert, trägt die Kosten« gilt für dich als Kläger beim Sozialgericht nicht. Die Kostenfreiheit erstreckt sich allerdings nur auf die Gerichtskosten und Kosten für gerichtliche Ermittlungen wie zum Beispiel Gutachten. Deine Anwaltskosten musst du, wenn du den Prozess verlierst, selbst tragen.

Beantragst du Prozesskostenhilfe, die in der Regel nur gewährt wird, wenn der Prozess Aussicht auf Erfolg hat, kannst du auch diese Ausgaben mindern. Eine Anwaltspflicht besteht vor dem Sozialgericht nicht. Erst vor dem Landessozialgericht kann eine Anwaltspflicht teilweise verordnet werden. Vor dem Bundessozialgericht ist anwaltliche Vertretung zwingend.

Das SGB enthält sogar etwas mehr Paragrafen als das Bürgerliche Gesetzbuch. Jeder Band beschäftigt sich dabei mit einem bestimmten Thema – von der Arbeitsförderung über die Kinder- und Jugendhilfe bis hin zur Inklusion oder Sozialhilfe. Im Folgenden wird es speziell um Krankenversicherung, Arbeitslosengeld, Bürgergeld und Rente gegen. Die Gesetzliche Unfallversicherung, die im SGB VII geregelt ist, war bereits im Arbeitsrecht Thema.

Krankenversicherung: Ansprüche und Leistungen

Deine Gesundheit ist dein höchstes Gut. Eine Kalenderweisheit. So richtig bewusst wird einem der große Wahrheitsgehalt dieses Spruchs jedoch meist erst dann, wenn es gesundheitlich mal nicht so läuft. Ein Ermüdungsbruch im Fuß. Ein Kreuzbandriss. Eine Depression. Ein Schlaganfall. Eine Krebsdiagnose. Eine Erkrankung kann dein Leben von heute auf morgen auf den Kopf stellen. Umso wichtiger ist es, dass du deine Rechte kennst und weißt, welche Kosten die Gesetzliche Krankenversicherung (GKV) übernehmen muss und welche nicht. Die Private Krankenversicherung bleibt an dieser Stelle außen vor, da hier die Regelungen von Tarif zu Tarif zu individuell sind, um allgemeingültige Aussagen treffen zu können.

Zuzahlungen bei Regelleistungen

Selbst bei sogenannten Regelleistungen wie Medikamenten oder einem Krankenhausbesuch wirst du in der GKV an den Kosten beteiligt. So ist es in § 61 SGB V gesetzlich festgelegt:

Regelleistung	Zuzahlung	Erläuterung
Arzneimittel, Verbandmittel	10 % (mind. 5 Euro, max. 10 Euro)	Nur für verschreibungspflichtige Medikamente
Heilmittel (z. B. Physiotherapie)	10 % + 10 Euro je Verordnung	Anteil an Kosten und Pauschale

Regelleistung	Zuzahlung	Erläuterung
Hilfsmittel (z. B. Hörgeräte)	10 % (mind. 5 Euro, max. 10 Euro)	Nur bei medizinischer Notwendigkeit
Krankenhausaufenthalt	10 Euro/Tag (max. 28 Tage/Jahr)	Auch bei Reha-Maßnahmen
Fahrkosten (z. B. Taxi zur Chemotherapie)	10 % (mind. 5 Euro, max. 10 Euro) pro Fahrt	Nur bei genehmigter Notwendigkeit

Individuelle Gesundheitsleistungen (»IGeL«)

Bei den individuellen Gesundheitsleistungen handelt es sich um Behandlungen, die medizinisch nicht zwingend notwendig sind. Diese Leistungen musst du als Patient voll selbst zahlen. Allerdings nur dann, wenn der Arzt dich über die Kosten transparent aufgeklärt hat und du eine Zustimmung zur Kostenübernahme unterschrieben hast. Fehlt deine Unterschrift, ist kein Behandlungsvertrag zustande gekommen. Eine Rechnung des Arztes müsstest du in so einem Fall nicht bezahlen (LG Mannheim in seinem Urteil vom. 18.01.2008 – 1 S 99/07).

Es hat auch schon Ärzte gegeben, die gesetzliche Leistungen der Krankenkasse gegenüber Patienten einfach als individuelle Gesundheitsleistung ausgegeben und abgerechnet haben. So konnten sie mit der Behandlung mehr verdienen. Als bei einem Arzt in München diese unlautere Abrechnungspraxis aufflog, war er seine Zulassung sofort los (LSG Bayern, Urteil vom 05.11.2011 – L 12 KA 116/10).

Beispiele für individuelle Gesundheitsleistungen:

- Ultraschall zur Krebsvorsorge auf eigenen Wunsch (z. B. Brust oder Prostata). Besteht jedoch ein ärztlicher Verdacht auf Krebs, übernimmt wieder die Krankenkasse.
- Glaukomvorsorge (grüner Star). Auch hier kommt eine Kostenübernahme durch die GKV womöglich in Frage, wenn bestimmte Risikofaktoren vorliegen oder Altersgrenzen überschritten sind.
- Bestimmte Atteste (z. B. für den Führerschein)
- Reiseimpfungen
- Akupunktur (außer bei chronischen Rückenschmerzen/Kniearthrose)

Brillen und Sehhilfen

Obwohl mehr als 40 Millionen Erwachsene ab 16 Jahren regelmäßig oder ständig eine Brille tragen müssen, schauen sie bei der Kostenübernahme durch die GKV in die Röhre. Denn für Erwachsene gibt es meist keine Leistung mehr für Brillengläser und -gestelle. Nur bei einer sehr starken Sehbehinderung oder bestimmten Krankheiten zahlt die Kasse.

Zahnersatz

Die GKV übernimmt bei Zahnersatz nur den sogenannten befundbezogenen Festzuschuss. Ein Beispiel: Dir fehlt ein Zahn im Backenbereich. So lautet der Befund. Behandeln lässt sich die Lücke mit einer Brücke, einem Implantat oder gar einer Keramikbrücke. Egal, für welche Behandlung du dich entscheidest: Der Zuschuss der GKV ist in allen drei Fällen immer gleich hoch. Du zahlst immer die Differenz zu den Gesamtkosten.

Spezialfälle

Knifflig kann es mit der Kostenübername werden, wenn du dich mit einem speziellen Fall – wie zum Beispiel einer Kinderwunschbehandlung oder der Operation einer Fettschürze nach einer großen Gewichtabnahme – an deine Krankenkasse wendest. Hier einige aktuelle Urteile, in denen die Kostenübernahme von Krankenkassen verhandelt wurde und die aufzeigen, auf welcher Grundlage Gerichte entscheiden:

CFS-Syndrom

Ein Patient, der am Chronischen Fatigue-Syndrom (CFS) leidet, verklagte seine Krankenkasse erfolgreich auf die Kostenübernahme einer experimentellen Behandlung mit hochdosierten Immunglobulinen (Antikörpern). Die Krankenkasse wollte lediglich sechs Behandlungszyklen übernehmen. Das Gericht verurteilte die Krankenkasse zur Kostenübernahme für weitere sechs Behandlungszyklen, da die Behandlung tatsächlich angeschlagen hatte. Eine Dauertherapie konnte der Patient jedoch nicht durchsetzen (LSG Niedersachsen-Bremen, Beschluss vom 20.03.2025 – L 4 KR 20/25 B ER).

Kinderwunschbehandlung

Krankenkassen müssen die hälftigen Kosten für drei erfolglose Versuche der Kinderwunschbehandlung übernehmen (§ 27a Absatz 1 Nr. 2 SGB V). Eine Frau hatte nun von ihrer Krankenkasse die Erstattung der Kosten für zwei erfolglose Versuche einer Kinderwunschbehandlung mittels intrazytoplasmatischer Spermieninjektion (ICSI) verlangt. Die wollte die Krankenkasse nicht übernehmen, da zuvor bereits andere Versuche mit anderen Methoden fehlgeschlagen, die drei Versuche also aufgebraucht waren. Geht so nicht, sagte das LSG Berlin-Brandenburg. Unterschiedliche Maßnahmen der künstlichen Befruchtung dürfen bei der Zählung der erfolglosen Behandlungsversuche grundsätzlich nicht addiert werden (LSG Berlin-Brandenburg, Urteil vom 16.10.2024 –L 16 KR 101/22).

Männerbrüste

Ein Patient mit einer Gynäkomastie, also einer Brustdrüsenschwellung, wollte von seiner Krankenkasse eine Mastektomie, eine operative Entfernung von Brustgewebe, bezahlt bekommen. Er berief sich dabei auf Schmerzen beim Sport und sogar in Ruhe. Die sah das Gericht jedoch nicht als gegeben an und stimmte der Krankenkasse zu, die die Behandlung zuvor abgelehnt hatte (Hessisches Landessozialgericht, Urteil vom 03.09.2024 – L 1 KR 193/22).

Hautstraffung nach Gewichtsabnahme

Eine Patientin reduzierte ihr Gewicht nach einer Schlauchmagenoperation im Ausland von 118 auf 75 Kilogramm bei einer Körpergröße von 1,58 Metern. Die dadurch entstandenen Hautfalten und Fettschürzen wollte sie durch eine Operation entfernen lassen. Die GKV lehnte ab. In den Falten sei es weder zu Entzündungen noch zu Pilzbefall gekommen. Das Hessische Landessozialgericht folgte der Argumentation der Krankenkasse. Die Frau musste die Kosten für die Operation selbst tragen (Hessisches Landessozialgericht, Urteil vom 02.05.2024 – L 1 KR 247/22).

Linsenoperation

Eine Frau, die an einem grauen Star litt, ließ sich 2019 während eines Aufenthaltes in der Türkei in einer Privatklinik operieren und wollte die Kosten hinterher von der GKV erstattet haben. Sie begründete die Notwendigkeit der Operation mit einem Notfall. Die Augen hätten sich plötzlich sehr verschlechtert, was bei einem grauen Star normalerweise nicht der Fall ist. Das LSG Niedersachsen-

Bremen konnte diesen Ausführungen nicht folgen, zumal die Frau keine Diagnose für die Verschlechterung ihrer Augen vorlegen konnte (Landessozialgericht Niedersachsen-Bremen Urteil vom 19.12.2023 – L 16 KR 196/23).

Krankengeld

Bist du länger als sechs Wochen krank, endet die Lohnfortzahlung im Krankheitsfall durch den Arbeitgeber (siehe Seite 188) und du erhältst fortan Krankengeld von deiner Krankenkasse. Es beträgt in der Regel 70 Prozent des Bruttoverdienstes, jedoch nicht mehr als 90 Prozent des Nettogehalts (§ 47 SGB V). Die Zahlung des Krankengeldes ist auf maximal 78 Wochen innerhalb von drei Jahren für dieselbe Erkrankung begrenzt (§ 48 SGB V). Krankengeld kann jedoch von der Krankenkasse auch abgelehnt oder eingestellt werden. Zum Beispiel wenn keine gültige Arbeitsunfähigkeitsbescheinigung vorliegt, Zweifel an der Arbeitsunfähigkeit bestehen oder wenn du trotz Krankheit arbeitest (§ 50 SGB V).

Seit 2022 haben übrigens auch Begleitpersonen, die einen versicherten Patienten ins Krankenhaus begleiten, Anspruch auf Krankengeld. Und zwar, wenn die Mitaufnahme medizinisch geboten ist oder der Patient auf die Begleitperson angewiesen ist, zum Beispiel wegen einer Behinderung (§ 44b SGB V).

Solltest du Arbeitslosengeld beziehen und krank werden, bekommst du Krankengeld in Höhe deines Arbeitslosengeldes (§ 47b SGB V).

Was tun, wenn die Krankenversicherung nicht zahlen will?

Du fühlst dich im Recht, aber deine Krankenkasse stellt sich stur und will die Kosten für eine Behandlung partout nicht übernehmen? Folgendes kannst du tun:

- *Begründung verlangen*
  Fordere eine schriftliche Ablehnung an, in der die Krankenkasse die rechtlichen Gründe für die Ablehnung der Kostenübernahme aufführt.

- *Widerspruch einlegen*
  Bei Ablehnungen der GKV hast du einen Monat Zeit, um schriftlich Widerspruch einzulegen (§ 84 Sozialgerichtsgesetz). Diese Frist ist heilig – verpasse sie nicht! Begründe in deinem Widerspruch, warum du die

Entscheidung für falsch hältst. Berufe dich, wenn möglich, auf die entsprechenden Paragrafen und Urteile.

- *Unterstützung suchen*
  Vielleicht kann dir die Unabhängige Patientenberatung Deutschland (UPD) weiterhelfen. Du erreichst sie unter patientenberatung.de. Die Beratung ist kostenlos, egal, ob du anrufst oder eine Mail schickst.

- *Sozialgericht*
  Scheitert dein Widerspruch bei der GKV, kannst du eine Klage beim Sozialgericht einreichen. Denk dran: Für Versicherte ist das Verfahren in der Regel gerichtskostenfrei.

Arbeitslosengeld (ALG I): Was tun, wenn der Job weg ist?

Der Job ist weg – ein Schock. In diesem Zustand solltest du aber nicht allzu lange verharren, um deinen Anspruch auf Arbeitslosengeld nicht zu verlieren. Das ALG I, wie es oft auch genannt wird, ist eine Versicherungsleistung für alle, die in den letzten 30 Monaten vor der Arbeitslosmeldung mindestens 12 Monate versicherungspflichtig beschäftigt waren und dadurch automatisch in die Arbeitslosenversicherung eingezahlt haben. Zu den Anspruchsvoraussetzungen gehört jedoch nicht nur, dass du zuvor in die Versicherung eingezahlt hast, sondern auch, dass du im Falle deiner Arbeitslosigkeit aktiv nach Arbeit suchst und für Vermittlungsbemühungen zur Verfügung stehst. Ein Sabbatical auf Staatskosten ist das ALG I nicht.

Um deinen Anspruch auf Arbeitslosengeld nicht zu verlieren, musst du dich, sobald du von deiner Kündigung weißt (spätestens jedoch nach drei Tagen) oder spätestens drei Monate vor Ende des Arbeitsverhältnisses, beim Arbeitsamt arbeitssuchend melden. Wichtig ist auch: Mindestens einmal musst du auch persönlich beim Arbeitsamt vorstellig werden – spätestens am ersten Tag ohne Beschäftigung. Sonst wird deine Meldung nicht rechtswirksam (§38 Abs. 1 SGB III). Die Bezugsdauer des ALG I beträgt maximal 12 bis 24 Monate – abhängig vom Alter und von der Dauer deiner vorherigen Beschäftigung.

Sanktionen (Sperrzeiten): Was kann dir wofür blühen?

Bei Pflichtverletzungen versteht die Arbeitsagentur keinen Spaß und kann dich entsprechend sanktionieren. Die sogenannte Sperrzeit (§ 159 SGB III) bedeutet: kein Geld für eine bestimmte Zeit (meist eine bis zwölf Wochen).

Gründe für eine Sperrzeit können sein (die Dauer in Klammern bezieht sich jeweils auf den Regelfall):

- Eigenkündigung oder Aufhebungsvertrag (12 Wochen)
- Verhaltensbedingte Kündigung durch Arbeitgeber (12 Wochen)
- Nicht rechtzeitige Meldung als arbeitssuchend (1 Woche)
- Erstmalige Ablehnung eines zumutbaren Jobangebots (3 Wochen)
- Abbruch einer Eingliederungsmaßnahme (3 Wochen)
- Nichtantritt einer Maßnahme trotz Zusage (3 Wochen)
- Nichtbewerbung auf zumutbare Stellenangebote (3 Wochen)
- Nichtteilnahme an einer zumutbaren Maßnahme (3 Wochen)
- Weigerung, eine zumutbare Arbeit aufzunehmen (3 Wochen)
- Mangelnde Mitwirkung bei der Arbeitsvermittlung (3 Wochen)
- Verstoß gegen Meldepflichten (1 Woche)

Solltest du einen wichtigen Grund haben, der eine Sperrzeit nicht rechtfertigt, kannst du zunächst Widerspruch einlegen. Dieser sollte spätestens nach einem Monat erfolgen. Sollte das Arbeitsamt auf der Sperrzeit beharren, hast du wiederum einen Monat Zeit, Klage einzureichen. Etwa, wenn es um die Bewertung eines Aufhebungsvertrags geht. Für das Arbeitsamt zieht so ein Vertrag meist eine Sperrzeit nach sich, da unterstellt wird, dass du mit dem Aufhebungsvertrag deiner Kündigung zugestimmt hast. Hier kann es sich lohnen, vor Gericht zu gehen und deutlich zu machen, dass die Kündigung alternativlos war und der Aufhebungsvertrag zum Beispiel lediglich einer gemeinsamen Abfindungsvereinbarung diente. Auch wenn du eine der Maßnahmen des Arbeitsamtes durch Krankheit versäumt hast, kannst du gegen eine Sperrzeit vorgehen. Wichtig ist nur, dass du dem Amt ein ärztliches Attest vorlegen kannst.

RECHT BEKOMMEN

In der Agentur für Arbeit hast du einen persönlichen Ansprechpartner. Allerdings vertritt dieser meist die Interessen der Agentur und nicht deine. Besser können dir oft Beratungsstellen (z. B. von Wohlfahrtsverbänden), Gewerkschaften oder Fachanwälte für Sozialrecht weiterhelfen.

Bürgergeld: Das Grundnetz für alle Fälle

Wenn das ALG I ausläuft oder gar kein Anspruch bestand und das eigene Geld nicht zum Leben reicht, springt das Bürgergeld ein. Früher hieß es Hartz IV oder ALG II. Das Bürgergeld soll das Existenzminimum sichern und dich weiterhin bei der Jobsuche unterstützen.

Anspruchsvoraussetzungen

Um Anspruch auf Bürgergeld zu haben, musst du folgende Voraussetzungen erfüllen: Du musst erwerbsfähig sein, das heißt mindestens drei Stunden täglich arbeiten können. Außerdem musst du hilfebedürftig sein. Dein Einkommen und verwertbares Vermögen (also Ersparnisse oberhalb bestimmter Freibeträge, des sogenannten Schonvermögens) darf nicht ausreichen, um deinen Lebensunterhalt und – falls vorhanden – den deiner Bedarfsgemeinschaft (Partner und Kinder) zu decken. Und zu guter Letzt musst du zwischen 15 Jahre und dem Rentenalter sein und in Deutschland leben.

Antragstellung und Leistungen

Zuständig für das Bürgergeld ist das örtliche Jobcenter. Der Antrag ist umfangreich. In ihm gibst du Auskunft über deine Lebenssituation, dein Erwerbsleben, deine Wohnsituation sowie deine Kranken- und Pflegeversicherung. Dem Hauptantrag sind verschiedene Nachweise beizufügen, etwa zu Mietzahlungen oder deinem Vermögen. Er kann online ausgefüllt werden.

Die Leistungen des Bürgergeldes setzen sich zusammen aus:

- *dem Regelbedarf:* Pauschale für Essen, Kleidung, Strom etc.,
- *den Kosten für Unterkunft und Heizung:* Miete und Heizkosten werden in angemessener Höhe übernommen,
- *den Mehrbedarfen:* für besondere Situationen (z. B. Schwangerschaft, Alleinerziehende).

Gemeinsam mit dem Jobcenter erarbeitest du einen sogenannten Kooperationsplan, mit dem deine Integration in Arbeit gefördert werden soll. Auch hier greifen deine Mitwirkungspflichten (8. Kapitel des SGB II, §§ 56–62). Kommst du ihnen nicht nach, drohen dir Leistungsminderungen (§§ 31 ff. SGB II) – etwa für versäumte Termine im Jobcenter ohne wichtigen Grund, die Ablehnung einer zumutbaren Arbeit, Ausbildung oder Maßnahme oder für Verstöße gegen Absprachen im Kooperationsplan.

Die Minderungen erfolgen in der Regel gestuft: Beim ersten Pflichtverstoß erhältst du 10 Prozent weniger Regelbedarf für einen Monat, beim zweiten 20 Prozent für zwei Monate, danach 30 Prozent für drei Monate. Die Kosten der Unterkunft werden in der Regel zunächst nicht gekürzt. Das Motto beim Bürgergeld lautet zwar »Fördern und Fordern«, aber wer gar nicht mitspielt, muss mit Kürzungen rechnen.

RECHT BEKOMMEN

Im Jobcenter selbst steht dir ein Fallmanager zur Seite. Anlaufstellen außerhalb der Behörde sind soziale Beratungsstellen, zum Beispiel von der Caritas, der Diakonie oder der Arbeiterwohlfahrt sowie von unabhängigen Erwerbsloseninitiativen wie der Berliner Initiative Basta!. Bei gerichtlichen Auseinandersetzungen helfen dir Fachanwälte für Sozialrecht weiter.

Rente: Lohn für ein langes Arbeitsleben?

Endlich Ruhestand! Aber wovon leben? Dafür gibt es die gesetzliche Rente. Doch Rente ist nicht gleich Rente, denn nicht jede Erwerbsbiografie verläuft gleich. Die folgenden gesetzlichen Rentenarten gibt es:

- *Regelaltersrente*
  Der Klassiker. Das Eintrittsalter steigt stufenweise auf 67 Jahre an. Wer nach 1964 geboren ist, kann mit 67 in Rente gehen.

- *Altersrente für langjährig Versicherte*
  Nach 35 Versicherungsjahren. Du musst allerdings mindestens 63 Jahre alt sein.

- *Altersrente für besonders langjährig Versicherte*
  Die »Rente ohne Abschläge« nach 45 Versicherungsjahren. Du kannst – ab Jahrgang 1964 – mit 65 Jahren ohne Einbußen in Rente gehen.

- *Erwerbsminderungsrente*
  Wenn du aus gesundheitlichen Gründen gar nicht mehr oder nur noch eingeschränkt arbeiten kannst (volle oder teilweise Erwerbsminderung). Diese Rente ist nicht an ein Alter geknüpft.

- *Hinterbliebenenrente*
  Witwen-, Witwer- und Waisenrenten.

Fassen wir zusammen: In der Regel musst du für einen klassischen Rentenanspruch das jeweilige Mindestalter erreicht haben und die Mindestversicherungszeit (auch Wartezeit genannt) für die jeweilige Rente erfüllen. Für die Regelaltersrente sind das nur fünf Jahre, für andere Rentenarten deutlich mehr (z. B. 35 oder 45 Jahre). Es ist wichtig zu wissen, was alles der Wartezeit zugerechnet werden kann, schließlich können auch Kindererziehungszeiten auf die Rente angerechnet werden. Die rechtlichen Grundlagen sind in den Paragrafen §§ 54–71 SGB VI festgehalten.

Die Wartezeit setzt sich zusammen aus …	Beispiele	Rechtliche Grundlage
Beitragszeiten	Pflichtbeiträge aus Beschäftigung, freiwillige Beiträge, Zeiten mit ALG I oder Krankengeld	§§ 55–63 SGB VI
Kindererziehungszeiten	Kindererziehung bis zum 3. Lebensjahr, Berücksichtigungszeiten bis zum 10. Lebensjahr	§ 56 SGB VI
Anrechnungszeiten	Schule/Studium ab dem 17. Lebensjahr, Krankheit ohne Leistungsbezug, Arbeitslosigkeit ohne ALG	§ 58 SGB VI
Ersatzzeiten	Kriegsdienst, Kriegsgefangenschaft, politische Haft	§ 250 SGB VI (alte Fassung), nur für ältere Jahrgänge
Zurechnungszeiten	Fiktive Zeiten bei Erwerbsminderung oder Tod (z. B. bis 65 Jahre)	§§ 59, 253a SGB VI
Übergangs-/Sonstige Zeiten	Pflege Angehöriger, freiwilliges soziales Jahr, weitere Sonderfälle	z. B. § 3 SGB VI (Pflege), Sonderregelungen

Erwerbsminderungsrente

Die Erwerbsminderungsrente dient der finanziellen Absicherung von Personen, die aus gesundheitlichen Gründen nur noch eingeschränkt oder gar nicht mehr arbeiten können. Sie wird grundsätzlich in zwei Formen gewährt: als volle Erwerbsminderungsrente, wenn jemand weniger als drei Stunden täglich auf dem allgemeinen Arbeitsmarkt arbeiten kann, oder als teilweise Erwerbsminderungsrente, wenn eine Erwerbsfähigkeit von drei bis unter sechs Stunden täglich besteht. Die Beurteilung erfolgt auf Grundlage medizinischer Gutachten, wobei alle Tätigkeiten auf dem allgemeinen Arbeitsmarkt berücksichtigt werden – nicht nur der zuletzt ausgeübte Beruf. Erwerbsminderung ist also etwas anderes als Berufsunfähigkeit.

Voraussetzung für den Bezug der Erwerbsminderungsrente ist neben der gesundheitlichen Einschränkung auch die Erfüllung versicherungsrechtlicher Bedingungen. So muss der Antragsteller in den letzten fünf Jahren vor Eintritt der Erwerbsminderung mindestens drei Jahre Pflichtbeiträge zur gesetzlichen Rentenversicherung gezahlt haben. Zusätzlich muss die allgemeine Wartezeit von fünf Jahren erfüllt sein.

Kein Anspruch auf die Erwerbsminderungsrente besteht hingegen, wenn die medizinischen Voraussetzungen nicht vorliegen – wenn du also noch mindestens sechs Stunden täglich arbeiten kannst – oder wenn die erforderlichen Versicherungszeiten nicht erreicht sind. Auch die fehlende Mitwirkung im Antragsverfahren, etwa durch Nichtvorlage erforderlicher medizinischer Unterlagen, kann zur Ablehnung führen.

Die Rente wegen Erwerbsminderung wird in der Regel zunächst befristet gewährt. Eine unbefristete Gewährung ist nur dann möglich, wenn nach Einschätzung der Rentenversicherung keine wesentliche Besserung des Gesundheitszustands zu erwarten ist. Zudem bestehen Hinzuverdienstgrenzen: Werden diese überschritten, kann die Rente anteilig gekürzt werden oder sogar ganz entfallen.

Witwen-, Witwer- und Waisenrenten

Die gesetzliche Rentenversicherung in Deutschland sieht verschiedene Leistungen für Hinterbliebene vor, darunter die Witwen- und Witwerrente sowie die Waisenrente. Diese Renten dienen der finanziellen Absicherung von Angehörigen nach dem Tod eines Versicherten.

Witwen- und Witwerrente

Nach dem Tod eines Ehepartners oder eingetragenen Lebenspartners kann der überlebende Partner Anspruch auf eine Witwen- oder Witwerrente haben. Voraussetzung ist, dass die Ehe oder Lebenspartnerschaft mindestens ein Jahr bestanden hat, es sei denn, der Tod trat durch einen Unfall ein oder es lag keine sogenannte *Versorgungsehe* – also eine Ehe, die nur zum Zweck der Hinterbliebenenversorgung geschlossen wurde – vor. Zudem muss der Verstorbene die allgemeine Wartezeit von fünf Jahren in der Rentenversicherung erfüllt haben.

Es wird zwischen der kleinen und der großen Witwen- beziehungsweise Witwerrente unterschieden. Die kleine Rente beträgt 25 Prozent der Rente des Verstorbenen und wird in der Regel für 24 Monate gezahlt. Die große Rente beträgt 55 Prozent (in Altfällen 60 Prozent) und wird unbefristet gezahlt, wenn der Hinterbliebene bestimmte Voraussetzungen erfüllt, wie beispielsweise ein bestimmtes Alter, Erwerbsminderung oder die Erziehung eines Kindes.

In den ersten drei Monaten nach dem Tod des Versicherten wird die volle Rente gezahlt, das sogenannte Sterbevierteljahr. Eigene Einkünfte des Hinterbliebenen können auf die Rente angerechnet werden, wobei ein Freibetrag gilt.

Nach einer Scheidung besteht grundsätzlich kein Anspruch auf Witwen- oder Witwerrente. Eine Ausnahme gilt, wenn die Ehe vor dem 1. Juli 1977 geschieden wurde und bestimmte Voraussetzungen erfüllt sind, wie z. B. der Bezug von Unterhalt im letzten Jahr vor dem Tod des Ex-Partners. Im Rahmen des Versorgungsausgleichs (siehe Seite 226) werden bei einer Scheidung die während der Ehe erworbenen Rentenanwartschaften beider Partner hälftig geteilt. Dies kann dazu führen, dass die Rente eines Hinterbliebenen nach dem Tod des Ex-Partners geringer ausfällt, da bereits ein Teil der Rentenansprüche im Versorgungsausgleich übertragen wurde.

Waisenrente

Kinder eines verstorbenen Versicherten haben Anspruch auf Waisenrente, sofern der Verstorbene die allgemeine Wartezeit erfüllt hat. Die Halbwaisenrente beträgt 10 Prozent, die Vollwaisenrente 20 Prozent der Rente des Verstorbenen. Der Anspruch besteht grundsätzlich bis zum 18. Lebensjahr. Er kann bis zum 27. Lebensjahr verlängert werden, wenn das Kind sich in Ausbildung befindet, einen Freiwilligendienst leistet oder aufgrund einer Behinderung nicht selbst für seinen Unterhalt sorgen kann.

Rentenantrag und Berechnung: Wie kommt das Geld aufs Konto?

Wer Rente will, muss einen Antrag stellen! Die Rente kommt nicht automatisch. Dein Antrag sollte circa drei Monate vor dem gewünschten Beginn bei der Deutschen Rentenversicherung (DRV) gestellt werden. Wie hoch deine Rente sein wird, hängt maßgeblich davon ab, wie viele Entgeltpunkte (auch Rentenpunkte genannt) du gesammelt hast. Bei der Bestimmung deiner Entgeltpunkte wird dein Jahresverdienst mit dem Durchschnittsverdienst aller Versicherten verglichen. Verdienst du durchschnittlich, gibt es einen Punkt. Verdienst du mehr oder weniger, gibt es entsprechend mehr oder weniger Punkte. Die Summe aller

Punkte wird am Ende mit dem aktuellen Rentenwert (wird jährlich angepasst) und anderen Faktoren multipliziert. Deine gesammelten Punkte und eine erste Hochrechnung findest du in der jährlichen Renteninformation, die du von der DRV bekommst.

Alterseinkünftegesetz

Ja, auch die Rente muss in Deutschland versteuert werden – zusammen mit den anderen Einkünften, die du vielleicht aus privater oder betrieblicher Altersvorsorge beziehst. Die gesetzliche Rente wird dabei nach dem sogenannten Kohortenprinzip besteuert. Wer im Jahr 2025 in Rente geht, muss 85 Prozent seiner Rente versteuern. Dieser steuerpflichtige Anteil steigt für jeden neuen Rentenjahrgang jährlich an und erreicht ab dem Jahr 2040 die volle Besteuerung von 100 Prozent. Der steuerfreie Anteil wird im ersten Rentenjahr festgelegt und bleibt lebenslang konstant. Versteuert wird allerdings nur der Teil der Rente, der den jährlichen Grundfreibetrag übersteigt. Wie hoch dieser ist, erfährst du auf der Website der DRV.

Die betriebliche Altersvorsorge, bei der während des Erwerbslebens steuerlich begünstigt Beiträge angespart werden, ist in der Auszahlungsphase voll steuerpflichtig. Die Steuerpflicht bezieht sich sowohl auf Rentenzahlungen als auch auf einmalige Kapitalauszahlungen. Bei gesetzlich versicherten Rentnern kommt hinzu, dass zusätzlich Beiträge zur Kranken- und Pflegeversicherung gezahlt werden müssen, sofern bestimmte Freigrenzen überschritten werden.

Bei der privaten Altersvorsorge kommt es bei der Versteuerung auf die Art des Produkts an. Die Rürup-Rente (Basisrente) wird wie die gesetzliche Rente nachgelagert besteuert – auch hier beträgt der steuerpflichtige Anteil im Jahr 2025 rund 85 Prozent. Die Riester-Rente unterliegt ebenfalls der nachgelagerten Besteuerung: Da die Beiträge durch Zulagen und Steuervergünstigungen gefördert wurden, sind die Auszahlungen in vollem Umfang steuerpflichtig. Nachgelagerte Besteuerung heißt, dass Beiträge zu einer Rentenversicherung steuerlich absetzbar sind, die Auszahlung aus einer Rentenversicherung dagegen versteuert werden muss.

Bei klassischen privaten Renten- oder Lebensversicherungen hängt die Besteuerung vom Vertragsabschluss ab. Für Verträge, die vor 2005 abgeschlossen wurden, können die Kapitalauszahlungen unter bestimmten Voraussetzungen steuerfrei sein. Für Verträge ab 2012 gilt: Wird das Kapital nach mindestens zwölf Jahren Laufzeit und nach Vollendung des 62. Lebensjahres ausgezahlt, ist lediglich die Hälfte des Ertrags steuerpflichtig. Bei Rentenzahlungen aus privaten Versicherungen wird dagegen nur der sogenannte Ertragsanteil versteuert. Dieser variiert je nachdem, wie alt du beim Rentenbeginn bist.

Insgesamt werden alle diese Einkünfte im Rahmen der jährlichen Einkommensteuererklärung zusammengerechnet. Die tatsächliche Steuerlast ergibt sich dann aus dem Gesamteinkommen unter Berücksichtigung von Freibeträgen, Sonderausgaben und weiteren steuerlichen Regelungen.

RECHT HABEN UND RECHT BEKOMMEN

Hast du schon einmal das Gefühl gehabt, im Recht zu sein und trotzdem nicht das zu bekommen, was dir zusteht? Damit bist du nicht allein! Egal, ob der gekaufte Gebrauchtwagen sich als mangelhaft erweist oder der Vermieter nach deinem Auszug die Kaution nicht herausrückt – eine Klage vor den Zivilgerichten kann dir zu deinem Recht verhelfen.

Bei Verfahren vor den Zivilgerichten geht es um die Durchsetzung zivilrechtlicher Ansprüche. Es dreht sich also alles um die Rechtsverhältnisse zwischen zwei oder mehr Privatpersonen beziehungsweise privaten Unternehmen. Wie auch das Strafverfahren ist der Zivilprozess rechtlich kompliziert geregelt. Die entscheidenden gesetzlichen Vorgaben findest du in der Zivilprozessordnung (ZPO) und im Gerichtsverfassungsgesetz (GVG). Aber keine Sorge: Du musst dich nicht allein durch den Dschungel von über 1000 Paragrafen schlagen! Wir helfen dir dabei, die wichtigsten Fragen zu klären. Zum Beispiel: Was ist ein Zivilgerichtsverfahren überhaupt und wie läuft es ab? Brauche ich einen Anwalt, oder kann ich auch selbst als »Rechtsanwalt in Teilzeit« auftreten? Und welche Kosten kommen auf mich zu, wenn ich mich entscheide, vor Gericht zu ziehen? Also, nichts wie los – wagen wir den Sprung ins Recht des Zivilprozesses!

Die meisten von uns werden es schon einmal erlebt haben: Die Durchführung abgeschlossener Verträge (z. B. Arbeits-, Miet- oder Kaufverträge) läuft nicht so, wie erhofft. Stellen wir uns zum Beispiel vor, dein neu gekauftes Handy gibt nach ein paar Monaten den Geist auf. Oder die Autovermietung wirft dir vor, das gemietete Auto beschädigt zurückgegeben zu haben. Häufig sehen sich in solchen Situationen beide Parteien im Recht. Wenn eine Einigung nicht in Sicht ist, stellt sich die Frage: Solltest du klagen?

Wann lohnt sich der Gang zum Gericht?

Auch wenn ein Gang zum Gericht in vielen Fällen Erfolg versprechen kann: Er ist nicht gerade mit einem Gang ins Schwimmbad zu vergleichen – so ein Gerichtsverfahren kann ganz schön stressig werden und kostet oft auch Geld. Aber davon sollte man sich nicht abschrecken lassen, denn ein Gerichtsprozess kann auch gut ausgehen. Es gibt ein paar Anzeichen, die dir zeigen, dass es sich in deinem Fall durchaus lohnen könnte, ein Zivilgericht anzurufen. Das wollen wir hier einmal aufdröseln.

- *Es steht viel auf dem Spiel.*
  Eine Klage kann sich lohnen, wenn viel auf dem Spiel steht, also zum Beispiel, wenn du viel Geld verloren hast oder es um deinen Arbeitsplatz oder andere wichtige Rechte geht.

- *Der Streit ist nicht zu lösen.*
  Angenommen, du liegst mit deinem Nachbarn im Dauerclinch oder bei einem Erbstreit ist kein Ende in Sicht. Solche Situationen können psychisch sehr belastend sein, und häufig wünschen sich alle Beteiligten nichts sehnlicher als eine Klärung des Konflikts. Wenn man es selbst nach etlichen Gesprächen nicht schafft, einen Streit beizulegen, kann ein Gerichtsprozess die Lösung sein. Bedenke aber, dass es zahlreiche außergerichtliche Angebote (z. B. Mediation, siehe Seite 388) gibt, die man wahrnehmen sollte, bevor man sich vor Gericht trifft.

- *Du bist im Recht und kannst das beweisen.*
  Manchmal hat man einfach recht und will, dass das anerkannt wird. Wenn du sicher im Recht bist und das auch nachweisen kannst (z. B. durch Zeugen oder Dokumente), kann sich ein Gang zum Gericht lohnen.

- *Du hast keine Angst vor einem kleinen Abenteuer.*
  So ein Zivilprozess kann aufregend sein – ein bisschen wie ein Krimi. Du wirst neue Menschen kennenlernen und in einem echten Gerichtssaal sitzen. Eine interessante Geschichte, die du im Freundeskreis erzählen kannst, entsteht beim Gang zum Gericht bestimmt!

AB WELCHER SUMME KANNST DU KLAGEN?

Hartnäckig hält sich das Gerücht, dass ein bestimmter Mindestbetrag überschritten sein muss, damit man Klage erheben darf. Das ist aber nicht so: Es gibt für Klagen keinen Mindestbeitrag beziehungsweise Mindeststreitwert. Theoretisch dürfest du also schon einen Cent einklagen.

Trotz allem solltest du nicht vergessen, dass ein Prozess Zeit und Nerven kostet. Mit jeder Klageerhebung gehst du außerdem das Risiko ein, den Prozess zu verlieren. Am Ende ist es immer eine Abwägungsentscheidung, ob du bereit bist, dieses Risiko einzugehen. Folgende Fragen können bei der Entscheidung weiterhelfen: Wie sicher bist du dir, dass du recht hast? Kannst du sicher beweisen, dass deine Seite der Ereignisse stimmt? Wie wichtig ist es dir, dass du den Rechtsstreit gewinnst? Sei ganz ehrlich zu dir: Bist du vielleicht gerade einfach nur stur oder ist die andere Seite wirklich im Unrecht? Die Erfolgsaussichten sind immer eine Frage des Einzelfalls. Lass dich am besten anwaltlich beraten, um herauszufinden, ob sich ein Gerichtsverfahren in deinem Fall lohnt.

Wie läuft ein Zivilgerichtsverfahren ab?

Meistens zielt die Klage darauf ab, den Beklagten zu einer bestimmten Handlung zu verurteilen – beispielsweise zur Zahlung oder Reparatur. Allerdings dreht sich nicht alles immer um Verträge: Auch bei Verkehrsunfällen oder anderen schädigenden Handlungen werden Zivilgerichte angerufen. Darüber hinaus gibt es Fälle, in denen durch die Klageerhebung festgestellt werden soll, ob eine bestimmte Handlung rechtmäßig war, zum Beispiel eine Kündigung durch den Arbeitgeber.

Der erste Schritt im Zivilgerichtsverfahren ist die Einreichung der Klage beim zuständigen Gericht. Ist die Klage beim Gericht eingegangen, wird dort zunächst geprüft, ob die Klageerhebung zulässig ist. Nur dann kann eine Klage überhaupt vom Gericht angenommen werden. Ein paar wichtige sogenannte Zulässigkeitsvoraussetzungen wollen wir uns hier einmal genauer anschauen.

Klageberechtigung

Grundsätzlich kann jeder Mensch an einem Rechtsstreit vor Gericht als Kläger oder Beklagter beteiligt sein, auch Kinder oder nicht geschäftsfähige Personen. Das nennt man Parteifähigkeit. Die Fähigkeit, einen Prozess zu führen (die sogenannte Prozessfähigkeit), also zum Beispiel selbst Klage zu erheben, haben allerdings nur geschäftsfähige Volljährige. Alle anderen (vor allem Kinder) müssen sich von ihrem gesetzlichen Vertreter vor Gericht vertreten lassen.

Zuständigkeit des angerufenen Gerichts

Besonders wichtig ist, dass die Klage vor dem zuständigen Gericht erhoben wird. Sonst wird sie sofort als unzulässig abgewiesen. In der ersten Instanz kommen als zuständige Gerichte die Amts- oder Landgerichte in Frage. Die Zuständigkeit orientiert sich am sogenannten Streitwert.

STREITWERT UND ZUSTÄNDIGKEIT

Grundsätzlich entscheidet der Streitwert darüber, welches Gericht für die Klage zuständig ist. Der Streitwert beschreibt, vereinfacht gesagt, den Wert des vor Gericht geltend gemachten Anspruchs.

Zwei Beispiele: Wenn du von deinem Arbeitgeber die Zahlung eines Monatsgehalts in Höhe von 2000 Euro verlangst, beträgt der Streitwert 2000 Euro. Hast du im Internet Waren im Wert von 500 Euro bestellst, die nicht geliefert wurden, und möchtest nun den Verkäufer auf Lieferung der Waren verklagen, beträgt der Streitwert 500 Euro.

Bei einem Streitwert von bis zu 5000 Euro sind grundsätzlich die Amtsgerichte zuständig, bei einem höheren Streitwert die Landgerichte. Das ergibt sich aus § 23 Nr. 1 GVG. Es gibt aber Ausnahmen: Bei Ansprüchen aus einem Mietvertrag über Wohnraum sind zum Beispiel immer die Amtsgerichte zuständig, egal wie hoch der Streitwert ist.

Wenn feststeht, ob du dich ans Amts- oder Landgericht wenden musst, musst du im nächsten Schritt herausfinden, welches örtliche Gericht für deine Klage zuständig ist, also ob du die Klage beispielsweise beim Amtsgericht Bonn oder Berlin erheben musst. Die örtliche Zuständigkeit nennen Juristen auch Gerichtsstand.

Der allgemeine Gerichtsstand befindet sich am Wohnsitz des Beklagten, §§ 12, 13 ZPO. Das heißt, du kannst eine Person grundsätzlich am Gericht ihres Wohnsitzes verklagen. Für den Beklagten, der sich nicht ausgesucht hat, verklagt zu werden, hat das den Vorteil, dass er keine weite Reise in Kauf nehmen muss, um am Prozess teilzunehmen.

Darüber hinaus gibt es mehrere sogenannte besondere Gerichtsstände, an denen in besonderen gesetzlich geregelten Fällen geklagt werden kann. Kommst du bei einem Verkehrsunfall zu Schaden, kannst du beispielsweise auch am Unfallort Klage erheben (§ 32 ZPO). Grundsätzlich darfst du dir bei mehreren Gerichtsständen aussuchen, wo du klagen möchtest. Du musst dich aber für ein Gericht entscheiden und darfst nicht bei mehreren Gerichten gleichzeitig Klage erheben.

Ein Sonderfall sind die sogenannten ausschließlichen Gerichtsstände. Diese greifen bei Klagen über das Eigentum an Grundstücken (§ 24 ZPO) oder bei Streitigkeiten, die Miet- oder Pachtverträge über Räume betreffen (§ 29a ZPO). In diesen Fällen darfst du nur an dem Ort klagen, an dem das sich das Grundstück beziehungsweise die vermieteten oder verpachteten Räume befinden.

Beachtung der Formvorschriften

Eine weitere Zulässigkeitsvoraussetzung ist die Beachtung der Formvorschriften. Klagen vor dem Amtsgericht können mündlich oder schriftlich erhoben werden. Für eine mündliche Klageerhebung musst du die Rechtsantragsstelle des Amtsgerichts aufsuchen. Die Beamten vor Ort nehmen deine Klage dann auf. Das hat den Vorteil, dass du bei der Klageerhebung Unterstützung hast. Denn die Mitarbeitenden des Gerichts achten darauf, dass alle notwendigen Informationen vorliegen. Klagen vorm Landgericht müssen schriftlich und durch einen Anwalt eingereicht werden.

GERICHTSKOSTENVORSCHUSS

Mit der Einreichung muss der Kläger außerdem einen Gerichtskostenvorschuss zahlen. Wenn ein Gericht tätig wird, fallen Kosten an. Grundsätzlich muss die Partei, die den Prozess verliert, diese Kosten tragen. Wenn du als Kläger auftrittst, musst du aber meistens einen Teil der Gerichtskosten vorstrecken. Du musst also im Voraus die Verfahrensgebühr zahlen, damit deine Klage überhaupt an den Beklagten weitergeleitet wird. Wie hoch dieser Gerichtkostenvorschuss ausfällt, orientiert sich wieder am Streitwert (siehe Seite 368). Wir gehen darauf im Abschnitt zu den Kosten eines Prozesses ab Seite 375 nochmals genauer ein.

Wichtig: In bestimmten Fällen musst du keinen Vorschuss zahlen, zum Beispiel bei arbeitsrechtlichen Klagen oder wenn dir Prozesskostenhilfe bewilligt wurde. Dazu aber später mehr.

Zustellung der Klageschrift

Kommt das Gericht zum Ergebnis, dass die Klage zulässig ist, leitet sie die Klageschrift an den Beklagten weiter. Die Zustellung beim Beklagten erfolgt durch eine Postzustellungsurkunde. Der Beklagte kann sich also nicht herausreden, indem er behauptet, die Klage niemals erhalten zu haben. Wenn dir eine Klage zugeht, solltest du das Schriftstück inklusive Umschlag unbedingt aufbewahren. Denn darauf ist das Datum der Zustellung vermerkt, und das spielt bei der Berechnung von Fristen eine wichtige Rolle.

Sobald die Klageschrift dem Beklagten zugestellt wurde, ist die Klage *rechtshängig* – der Rechtsstreit ist also bei einem Gericht anhängig – und der Zivilprozess kann beginnen. Das entscheidende Gericht hat jetzt zwei Möglichkeiten: Es kann entweder ein schriftliches Vorverfahren (§ 276 ZPO) anordnen (Regelfall) oder einen frühen ersten Termin zur mündlichen Verhandlung bestimmen (§ 275 ZPO). Beide Möglichkeiten führen dazu, dass die Beteiligten zu einem Termin zur mündlichen Verhandlung (Hauptverhandlung) geladen werden.

Wird ein schriftliches Vorverfahren angeordnet, bekommt der Beklagte die Möglichkeit, sich innerhalb von zwei Wochen schriftlich beim Gericht zu melden und mitzuteilen, ob er sich gegen die Klage wehren möchte. Mit einer Frist von weiteren zwei Wochen kann der Beklagte dem Gericht schriftlich seine

Sicht der Dinge mitteilen, sodass sich die Richter vor der mündlichen Verhandlung intensiv mit den Auffassungen von Kläger und Beklagtem vertraut machen können.

Setzt das Gericht einen frühen ersten Termin an, wird meistens mit der Zustellung der Klage das Datum der mündlichen Verhandlung mitgeteilt. Zwischen dem Datum der Zustellung und der geplanten Gerichtsverhandlung müssen mindestens zwei Wochen liegen, in denen der Beklagte aufgefordert wird, eine Klageerwiderung zu verfassen.

Klage im Briefkasten – was tun?

Es kann jedem passieren und trifft Betroffene zum Teil sehr unerwartet: Unverhofft flattert dir ein gelber Umschlag vom Gericht ins Haus und du bist verklagt worden. Eine Klageschrift zu empfangen, kann sehr überfordernd sein. Deswegen wollen wir für den Fall der Fälle einmal deine verschiedenen Optionen durchgehen und uns anschauen, was zu tun ist. Eine Sache kannst du dir aber vorab schon mal merken: Hebe unbedingt alle Unterlagen auf, die du im Zusammenhang mit der Klage erhältst! Denn auf den Schriftstücken sind die einzuhaltenden Fristen vermerkt und die sind, wie du noch sehen wirst, sehr wichtig.

- *Option 1: Du ignorierst die Klage.*
  Vielleicht klingt es für dich verlockend, den Problemen, die durch eine Klage möglicherweise auf dich zukommen, einfach aus dem Weg zu gehen und die Klage zu ignorieren. Warum du das aber auf keinen Fall tun solltest, wollen wir uns einmal vor Augen führen. Wenn du eine Klage einfach ignorierst, läufst du Gefahr, dass gegen dich ein sogenanntes Versäumnisurteil ergeht. Bei einem Versäumnisurteil schaut sich das Gericht alle Informationen genauer an, die es vom Kläger erhalten hat. Dabei denkt sich das Gericht: Angenommen, alle Angaben, die der Kläger gemacht hat, stimmen – hat der Kläger dann einen Anspruch gegen den Beklagten? Mögliche Einwände und Verteidigungsmittel, die du vielleicht gegen die Behauptungen des Klägers hast, kann das Gericht nicht berücksichtigen. Es hat von dir ja keinerlei Informationen erhalten. Zwar kannst du gegen ein Versäumnisurteil innerhalb von 14 Tagen Einspruch einlegen. Bedenke aber, dass schon ein Versäumnisurteil ausreicht, um die Zwangsvollstreckung zu betreiben. Deshalb solltest du es auf keinen Fall darauf ankommen lassen und eine Klage niemals ignorieren!

- *Option 2: Du reagierst fristgerecht auf die Klage.*
  Zusammen mit der Klageschrift erhältst du in der Regel eine Mitteilung vom Gericht, in der du dazu aufgefordert wirst, dem Gericht innerhalb von 14 Tagen mitzuteilen, ob du dich gegen die Klage verteidigen möchtest. Das solltest du unbedingt tun. Dafür reicht schon die schriftliche Mitteilung: »Ich werde mich gegen die Klage verteidigen.« Die vom Gericht festgelegte Frist solltest du in jedem Fall einhalten und dir möglichst schnell einen Anwalt suchen, der dich vertritt. Zwar hast du in der Regel nach Ablauf der ersten Frist noch mal 14 Tage Zeit, um dem Gericht mitzuteilen, mit welchen Mitteln du dich gegen die Klage verteidigen wirst. Allerdings wird kein Anwalt begeistert sein, wenn du dich am Freitagnachmittag bei ihm meldest und die Frist schon am Montag darauf abläuft.

- *Option 3: Du reagierst verspätet auf die Klage.*
  Was passiert, wenn du zwar auf die Klage reagierst, aber erst nach über 14 Tagen? Das ist, ehrlich gesagt, ein bisschen Glückssache und hängt von mehreren Faktoren ab. Angenommen, deine Verteidigungsanzeige geht zwar verspätet bei Gericht ein, aber noch bevor die Richter ein Versäumnisurteil unterschrieben haben. In diesem Fall darf kein Versäumnisurteil mehr gegen dich ergehen. Konntest du die Frist ohne eigenes Verschulden nicht einhalten, weil du zum Beispiel im Krankenhaus lagst oder länger im Ausland warst, kannst du einen Antrag auf Wiedereinsetzung in den vorigen Stand stellen (§ 233 ZPO). Die Einzelheiten sind ziemlich kompliziert, sodass du dich auf jeden Fall an einen Anwalt wenden solltest.

- *Option 4: Du erkennst die Klage sofort an.*
  In dem seltenen Fall, dass du dem Inhalt der Klage recht gibst und bereit bist, die Forderung des Klägers zu erfüllen, kannst du den Anspruch sofort anerkennen (§ 93 ZPO). Dafür reicht es in der Regel aus, dass du dem Gericht innerhalb von 14 Tagen mitteilst, dass du bereit bist, den geltend gemachten Anspruch zu begleichen. Das hat den Vorteil, dass dir die Strapazen eines Prozesses erspart bleiben und der Kläger auf den Gerichtskosten sitzen bleibt. Denn er hätte sich die Klage auch sparen und vorher mit dir reden können. Dieser Fall tritt sehr selten ein, denn normalerweise kündigt der Kläger die Erhebung der Klage vorher an.

Wie du siehst, ist es wichtig, schnell zu reagieren, wenn dir eine Klage zugestellt wird. Die im Gesetz vorgeschriebenen Fristen sind aus Beklagtensicht ziemlich kurz, und es ist unter Umständen sehr aufwendig, die Verteidigung gegen eine Klage zu planen – vor allem für einen Anwalt, der sich ganz neu in deinen Fall einarbeiten muss. Erste Anlaufstelle kann neben einem Anwalt übrigens auch die Rechtsantragsstelle bei Gericht sein. Dort kann dir aber nur eine erste Hilfestellung gegeben werden, denn eine umfangreiche Beratung darfst du aus gesetzlichen Gründen nur von Angehörigen der rechtsberatenden Berufe (vor allem also von Anwälten) erhalten.

Mündliche Verhandlung

In jedem Fall kommt es also früher oder später zur mündlichen Verhandlung. Bevor diese losgehen kann, findet vorher meist eine Güteverhandlung statt. In der Güteverhandlung versucht das Gericht, eine Einigung zwischen den Parteien herbeizuführen. Werden sich die Parteien hierbei einig, ist der Rechtsstreit vorbei. Meistens kommt es aber nicht direkt zur Einigung, und die mündliche Verhandlung beginnt.

Die mündliche Verhandlung ist das Herzstück des Zivilprozesses. Alle Parteien tragen die Fakten aus ihrer Sicht vor und argumentieren für ihre Sichtweise der Dinge. Weichen die vorgetragenen Fakten objektiv voneinander ab, kommt es zur Beweisaufnahme. Das Gericht versucht hierbei herauszufinden, wie sich die behaupteten Geschehnisse in Wahrheit abgespielt haben. Es stehen mehrere Beweismittel zur Verfügung:

- Befragung von Zeugen und Sachverständigen (z. B. Kfz-Gutachter)
- Prüfung von Urkunden
- Vernehmung der Parteien selbst
- Inaugenscheinnahme von Beweismitteln (z. B. Ansehen von Fotos)

Anders als im Strafprozess ist das Gericht im Zivilprozess nicht dafür verantwortlich, den Sachverhalt selbst zu erforschen. Deswegen müssen die Parteien Beweisanträge stellen, wenn sie eine bestimmte Tatsache nachweisen wollen. In der Regel werden solche Beweisanträge vor der Verhandlung in vorbereitenden Schriftsätzen gestellt. Nach Abschluss der Beweisaufnahme bekommen alle Parteien die Möglichkeit, noch einmal Stellung zu nehmen.

Urteil und Verfahrenskosten

Nach der mündlichen Verhandlung bildet sich das Gericht eine Meinung zu den vorgetragenen Ansichten und fällt ein Urteil, das allen Parteien zugestellt wird. Außerdem entscheidet es über die Kosten des Verfahrens. Diese setzen sich aus den Gerichts- und den Anwaltskosten zusammen. Weil das Gericht oft beiden Seiten teilweise recht gibt, werden auch die Kosten häufig aufgeteilt. Nach Erstreiten eines Urteils besteht die Möglichkeit, im Wege der Zwangsvollstreckung gegen den Beklagten vorzugehen, um einen Anspruch mit staatlicher Hilfe durchzusetzen. Darauf gehen wir ab Seite 386 noch genauer ein.

Wann brauchst du einen Anwalt?

So manch einer scheut den Gang zum Anwalt aus Angst vor hohen Kosten oder einem aussichtslosen Prozess. Solche Ängste sind oft unbegründet und blenden die großen Vorteile aus, die die Mandatierung eines Anwalts mit sich bringt. Denn ohne Anwalt können Laien ihre Rechte meist nicht bestmöglich durchsetzen. Anwälte haben nicht umsonst jahrelang Jura studiert: Sie können dir nicht nur erklären, wie die Rechtslage in deinem konkreten Anliegen aussieht, sondern dich auch über Verfahrensmöglichkeiten und alternative Streitbeilegungsmethoden aufklären. In manchen Fällen kommst du gar nicht darum herum, einen Anwalt zu mandatieren. Kommt es zum Rechtsstreit vor einem Landgericht, Oberlandesgericht oder Familiengericht, musst du dich als Kläger oder Beklagter anwaltlich vertreten lassen. Denn hier herrscht ein sogenannter Anwaltszwang. Ausnahme: Rechtsanwälte dürfen sich natürlich selbst vertreten.

Anders sieht es vor den Amtsgerichten aus. Hier kannst du dich theoretisch selbst vertreten. Auch hier ist aber nur mit anwaltlicher Vertretung sichergestellt, dass du alle Verfahrensmöglichkeiten voll ausschöpfst. Wenn du dir aus Kostengründen keinen Anwalt leisten kannst, kannst du Prozesskostenhilfe beantragen. Aber darauf kommen wir auf Seite 377 noch genauer zu sprechen.

Natürlich kannst du dich auch schon an einen Anwalt wenden, bevor eine Klage im Raum steht. Eine fachmännische Rechtsberatung kann dir mit Rat und Tat zur Seite stehen und dir dabei helfen, überflüssige Prozesse zu vermeiden. Du siehst also: In aller Regel lohnt sich der Gang zum Anwalt – auch dann, wenn es nur bei einem einzigen Beratungsgespräch bleibt.

Wie teuer ist ein Gerichtsverfahren?

Ein Gerichtsverfahren kann hohe Kosten mit sich bringen. In den meisten Fällen nehmen beide Seiten einen Anwalt oder eine Anwältin, die bezahlt werden müssen. Daneben entstehen dem Gericht selbst Kosten: Richter wollen für ihre Arbeit bezahlt werden, und auch die Nutzung des Gerichtsgebäudes verursacht Kosten. Darüber hinaus fallen gerichtliche Auslagen an, zum Beispiel für die Anfertigung von Gutachten oder die Übersetzung von Dokumenten.

Grundsätzlich müssen alle Kosten von der Partei gezahlt werden, die den Prozess verliert (§ 91 Abs. 1 ZPO). Verliert ein Beklagter einen Prozess, muss er also nicht nur die Summe zahlen, zu deren Zahlung er verurteilt wurde. Hinzu kommen die Gebühren und Auslagen des Gerichts sowie die Anwaltskosten für sich selbst und für die Gegenseite.

Aber wie hoch sind Gerichts- und Anwaltskosten genau? Willst du die Kosten schnell wissen, google einfach »Gerichtskostenrechner«, gib dort den Streitwert ein und wähle aus, welche Kosten dir angezeigt werden sollen. Die Summe ist grundsätzlich gesetzlich festgelegt. Die Höhe der Verfahrensgebühr für die Gerichtskosten richtet sich nach dem Streitwert (siehe Seite 368). Bei einem Streitwert von beispielsweise 2000 Euro beträgt die Verfahrensgebühr 98 Euro. Genauer kannst du das in Anlage 2 zum Gerichtskostengesetz (GKG) nachlesen. Dieser Betrag wird bei Verfahren vor dem Amts- oder Landgericht nochmals mit dem Faktor 3 multipliziert. Das folgt aus Anlage 1 zum GKG. In diesem Fall wären also Gerichtskosten von insgesamt 294 Euro fällig. Die Vergütung von Dolmetschern und Sachverständigen ist in einem eigenen Gesetz, dem Justizvergütungs- und Entschädigungsgesetz (JVEG), geregelt.

Auch für die Höhe der Anwaltskosten gibt es ein Gesetz: das Rechtsanwaltsvergütungsgesetz (RVG). Die Gebührensätze von Rechtsanwälten hängen grundsätzlich vom Streitwert ab und lassen sich in Anlage 2 zum RVG nachlesen. Anwälte haben aber – im Gegensatz zu Gerichten – mehr Freiheiten, wenn es um das Thema Abrechnung geht. Nur, weil Gebühren gesetzlich geregelt sind, heißt das nicht, dass Anwälte nicht einen höheren Stundenlohn verlangen können. Die im Gesetz aufgelisteten Beträge stellen vielmehr eine Art »Mindestvergütung« dar. Das bedeutet, ein Anwalt kann für seine Dienste auch mehr (aber nicht weniger!) als die gesetzlich vorgeschriebene Gebühr verlangen. Solche Vergütungsvereinbarungen können zum Beispiel beinhalten, dass ein Vielfaches der gesetzlichen Gebühr abgerechnet wird oder eine Gebühr mehrfach anfällt. Außergerichtlich können Anwälte dagegen ihre Beratungsleistung auch günstiger anbieten und zum »Freundschaftspreis« beraten. Offiziell vertreten können sie einen Mandaten dann allerdings nicht.

Gute Nachrichten: Dem Prozessverlierer entstehen keine Nachteile, wenn der Gegner einen besonders teuren Anwalt auswählt. Zwar muss die unterliegende Partei die Anwaltskosten der Gegenseite tragen – allerdings immer nur bis zur Höhe der gesetzlich geregelten Gebühr. Den Rest muss die Partei, die den Prozess gewonnen hat, selbst zahlen.

Als Sonderfall gibt es außerdem das sogenannte Erfolgshonorar. Dein Anwalt verlangt von dir, zu unterschreiben, dass er – unter der Bedingung, dass der Prozess gewonnen wird – einen Teil des eingeklagten Betrags für sich behalten darf? Dann soll ein Erfolgshonorar vereinbart werden. Solche Honorare sind vor allem in den USA verbreitet und bei uns im Grundsatz aus guten Gründen grundsätzlich verboten (§ 49a Abs. 2 S. 1 Bundesrechtsanwaltsordnung – BRAO). Sie dürfen nur ausnahmsweise vereinbart werden, wenn es um eine Geldforderung von höchstens 2000 Euro oder um außergerichtliche Inkassodienstleistungen geht oder in dem seltenen Fall, dass du als Mandant ohne das Erfolgshonorar von der Rechtsverfolgung absehen würdest, weil dir das Risiko zu hoch ist. Damit ein Erfolgshonorar in solchen Fällen wirksam vereinbart wird, müssen bestimmte Informationen vertraglich genau festgehalten werden, zum Beispiel unter welchen Umständen welcher Betrag gezahlt werden soll oder warum das Erfolgshonorar die vereinbarte Höhe hat (§ 4a Abs. 3 RVG).

In vielen Fällen entscheiden Gerichte, dass beide Seiten zu einem gewissen Anteil recht haben. Dann werden auch die Kosten aufgeteilt. Übrigens kann für die Zahlung von Gerichtskosten auch eine Ratenzahlung beantragt werden. In diesem Fall muss aber durch Kontoauszüge oder Ähnliches nachgewiesen werden, dass die Gerichtskosten nicht auf einen Schlag beglichen werden können.

Wie viel kostet die außergerichtliche Beratung durch einen Anwalt?

Nicht immer vertreten Rechtsanwälte ihre Mandanten gerichtlich. Oft werden sie kontaktiert, um eine mündliche oder schriftliche Auskunft zu geben, ein Gutachten anzufertigen oder um in einem Konflikt als Mediatoren aufzutreten. In diesen Fällen schreibt das Gesetz vor, dass zwischen Mandant und Anwalt ein Honorar vereinbart werden soll. Wenn du mit deinem Anwalt keine Vereinbarung über die Kosten getroffen hast, gilt das marktübliche Honorar als vereinbart. Darunter versteht man die Kosten, die ein Anwalt in einem ähnlichen Fall (wegen seiner eigenen Spezialisierung und Erfahrung, der Schwierigkeit der Anfrage sowie der Größe der Kanzlei) üblicherweise verlangt.

MAXIMALKOSTEN BEI DER BERATUNG VON PRIVATPERSONEN

Die Vereinbarung des marktüblichen Honorars soll nicht darauf hinauslaufen, dass du als Privatperson, die eine Rechtsberatung braucht, schlecht dastehst. Deshalb werden Verbraucher durch das Gesetz extra geschützt: Die Kosten, die ein Anwalt bei Fehlen einer Vereinbarung maximal verlangen darf, sind gesetzlich gedeckelt. Wenn du mit deinem Anwalt nichts vereinbart hast, darf eine Beratung oder die Erstellung eines Gutachtens für dich als Verbraucher höchstens 250 Euro kosten. Ein erstes (noch oberflächliches) Beratungsgespräch darf dich nicht mehr als 190 Euro (jeweils zzgl. Umsatzsteuer) kosten. Das folgt aus § 34 Abs. 1 S. 3 RVG.

Aber aufgepasst: Die Höchstwerte gelten nicht, wenn du zuvor mit deinem Anwalt gesprochen hast und dich einverstanden erklärt hast, einen höheren Betrag zu zahlen.

Am Ende gilt: Wenn es ums Geld geht, ist Schweigen oft Silber und Reden Gold! Bist du unsicher, welche Kosten bei der Beauftragung eines Anwalts auf dich zukommen, frag bei deinem Anwalt nach. Anwälte sind verpflichtet, dich umfassend über Kosten und Gebühren aufzuklären, damit du dir in Ruhe überlegen kannst, ob die Beauftragung für dich infrage kommt.

Prozesskosten- und Beratungshilfe

Stellen wir uns einmal vor, dein Arbeitgeber hat dir seit drei Monaten keinen Lohn mehr gezahlt. Trotz mehrmaligen Nachfragens kannst du ihn nicht zur Zahlung bewegen. Wenn du nun einen Anwalt einschalten und gerichtlich gegen deinen Arbeitgeber vorgehen willst, aber keine finanziellen Rücklagen hast, kann dich das schnell vor Probleme stellen. Für solche Fälle gibt es die

Prozesskostenhilfe (§ 114 ZPO). Du kannst sie bei dem Gericht beantragen, bei dem du auch die Klage erheben willst. Bei Bewilligung werden die Gerichts- und Anwaltskosten komplett oder anteilig übernommen. Erstattet werden prinzipiell alle Gerichtskosten und Auslagen sowie deine eigenen Anwaltskosten, aber nicht die Anwaltskosten der Gegenseite – wenn du den Prozess verlierst, musst du diese selbst zahlen.

Bevor dir Prozesskostenhilfe bewilligt wird, musst du nachweisen, dass du wirklich auf finanzielle Hilfe angewiesen bist. Außerdem müssen vorher kostengünstigere Alternativen ausgeschöpft worden sein, zum Beispiel eine außergerichtliche Einigung, und die von dir angestrebte Klage muss mit einer gewissen Wahrscheinlichkeit erfolgreich sein.

Die Antragstellung ist bis zum Ende des Gerichtsverfahrens möglich. Um sicher zu gehen, dass die Kosten wirklich übernommen werden und du dich nicht verschuldest, solltest du den Antrag aber besser schon vor Prozessbeginn stellen. Hierbei kann dir ein Anwalt helfen, der auch den Antrag für dich bei Gericht stellen kann.

Achtung: Die Prozesskostenhilfe ist nicht als Geschenk des Staats an dich zu verstehen, das nicht zurückgezahlt werden muss. Verbessern sich deine wirtschaftlichen Verhältnisse innerhalb der nächsten vier Jahre, kann das Gericht bei dir anklopfen und die Rückzahlung verlangen.

Manchmal will man sich anwaltlichen Rat einholen, ohne einen Prozess anzustreben. Dafür gibt es die Beratungshilfe. Voraussetzung für die Beratungshilfe ist, dass du nachweislich bedürftig bist, zum Beispiel weil du Sozialhilfe beziehst oder ein geringes Einkommen hast. In Bezug auf dein Anliegen darf kein gerichtliches Verfahren laufen.

Den Antrag auf Beratungshilfe kannst du beim Amtsgericht deines Wohnortes mündlich oder schriftlich stellen. Bei einigen Amtsgerichten findest du den Antrag online. Wird der Antrag angenommen, erfolgt die Beratung durch das Amtsgericht selbst oder durch eine Beratungsperson (z. B. Rechtsanwalt, Steuerberater, Rentenberater) deiner Wahl. Für die Beratung durch einen Rechtsanwalt musst du dann nur 15 Euro zahlen. Einige Kanzleien erlassen die Gebühr aber auch ganz.

Wenn du eine Rechtsschutzversicherung abgeschlossen hast, die dein Problem abdeckt, hast du übrigens keinen Anspruch auf Prozesskosten- oder Beratungshilfe.

Brauchst du eine Rechtsschutzversicherung?

Wie wir gesehen haben, kostet ein Rechtsstreit schnell viel Geld. Der Abschluss einer Rechtsschutzversicherung kann dir dabei helfen und es manchmal überhaupt erst ermöglichen, vor Gericht zu gehen. Aber nicht alle Rechtsstreitigkeiten werden dadurch abgedeckt. Allgemein solltest du dir gut überlegen, ob sich der Abschluss einer Rechtsschutzversicherung für dich lohnt. In diesem Unterkapitel wollen wir klären, welche Kosten von der Versicherung übernommen werden, in welchen Fällen es sinnvoll sein kann, eine Rechtsschutzversicherung abzuschließen, und wann eher davon abzuraten ist.

Wichtig: Die Rechtsschutzversicherungen der verschiedenen Anbieter können sich voneinander unterscheiden. Schaue dir daher den Leistungsumfang genau an.

Was zahlt die Rechtsschutzversicherung?

Eine Rechtsschutzversicherung deckt einige, aber nicht alle Kosten ab, die im Verlauf eines Rechtsstreits anfallen können. Die guten Nachrichten zuerst: Bezahlt werden die Gerichts- und Rechtsanwaltskosten, die Auslagen des Gerichts (Kosten für Sachverständige und Dolmetscher, Entschädigung von Zeugen, Kosten des Gerichtsvollziehers). Es werden auch die Reisekosten zum Gericht (sogar ins Ausland) übernommen. Die Rechtsschutzversicherung übernimmt die genannten Kosten bis zur Höhe der vereinbarten Versicherungssumme, unabhängig davon, ob du den Prozess gewinnst oder verlierst.

Welche Fälle deckt eine Rechtsschutzversicherung ab?

Zu den vier klassischen Bereichen der Rechtsschutzversicherungen gehören die folgenden:

- *Privatrechtsschutz*
  Hierzu gehören unter anderem die Durchsetzung eigener Schadensersatzansprüche, Streitigkeiten aus Kauf- oder anderen Verträgen, steuer- oder sozialrechtliche Probleme sowie das Strafrecht, wenn du Opfer einer Straftat geworden bist oder dir eine strafbare fahrlässige Handlung vorgeworfen wird.

- *Verkehrsrechtsschutz*
  In diese Kategorie fallen zum Beispiel Streitigkeiten rund um Verkehrsunfälle oder verkehrsrechtliche Ordnungswidrigkeiten (z. B. Führerscheinentzug oder Bußgelder).

- *Eigentümer- und Mieterrechtsschutz*
  Die Versicherung deckt Probleme im Zusammenhang mit Mietverträgen ab, also zum Beispiel Mieterhöhungen, verspätete Mietzahlungen, eine nicht zurückgezahlte Kaution, Mängel an der Mietsache, Räumung oder Kündigung – und zwar sowohl für Mieter als auch für Vermieter. Außerdem gibt es Tarife für Eigentümer von Grundstücken, beispielsweise bei steuer- oder abgabenrechtlichen Problemen.

- *Berufsrechtsschutz*
  Angestellte können eine Rechtsschutzversicherung abschließen, um bei Ärger mit ihrem Arbeitgeber vorbereitet zu sein, also zum Beispiel bei Rückständen in der Gehaltszahlung, bei Abmahnung oder Kündigung oder um die Ausstellung eines Arbeitszeugnisses zu erzwingen. Selbstständige können ihr Gewerbe oder ihre freiberufliche Tätigkeit versichern.

Welche Fälle deckt eine Rechtsschutzversicherung nicht ab?

Es gibt ein paar Fälle, die eine Rechtsschutzversicherung üblicherweise nicht abdeckt. Dazu zählen unter anderem erbrechtliche Streitigkeiten, Scheidungen, Hausbau und Baufinanzierung oder strafrechtliche Vorwürfe wegen vorsätzlicher Taten. Nicht abgedeckt ist außerdem die Abwehr von Schadensersatzansprüchen anderer gegen dich, denn dazu gibt es die Haftpflichtversicherung.

Wann lohnt sich der Abschluss einer Rechtsschutzversicherung?

In welchem Fall lohnt sich der Abschluss einer Rechtsschutzversicherung? Das kann man natürlich nicht pauschal sagen. Die Vorteile einer solchen Versicherung sollten mit den Nachteilen, die durch die Beitragspflicht entstehen, abgewogen werden. Die Entscheidung, ob du eine Rechtsschutzversicherung abschließen solltest, kann dir keiner abnehmen. Frage dich also ganz konkret: Wie viel würde mich ein Anwalt ohne Rechtsschutzversicherung kosten? Gibt es günstigere Alternativen, zum Beispiel die Hilfe durch einen Mieterverein oder eine Gewerkschaft? In ein paar Konstellationen kann sich eine Versicherung durchaus lohnen. Diese Fälle wollen wir uns kurz anschauen.

Eins schon mal vorweg: Wenn bei Abschluss der Versicherung bereits ein Rechtsstreit besteht oder absehbar ist, dass es zum Rechtsstreit kommen wird, erhältst du keinen Versicherungsschutz. Erst nach einer Wartezeit von drei Monaten (manchmal auch von sechs Monaten) nach Abschluss des Versicherungsvertrags darf die Ursache für einen Rechtsstreit entstehen, damit du im Streitfall finanziell abgesichert bist.

- *Fall 1: Du nimmst regelmäßig am Straßenverkehr teil.*
  Wenn du regelmäßig als Halter, Fahrer oder Mieter eines Kraftfahrzeugs am Straßenverkehr teilnimmst, kann es dir früher oder später passieren, dass du – wenn auch unverschuldet – in einen Unfall verwickelt wirst. Gerade nach Verkehrsunfällen kommt es häufig zu Rechtsstreitigkeiten – eine Verkehrsrechtsschutz kann hier nicht schaden.

- *Fall 2: Du hältst Streitereien mit deinem Vermieter für wahrscheinlich.*
  Zwar sind Vermieter (und Mieter!) auch nur Menschen. Allerdings sind ein paar Vertreter dieser Gruppe durchaus ein wenig speziell, und Streitigkeiten zwischen Mietern und Vermietern sind statistisch gesehen der häufigste Grund für Klagen. Befürchtest du ernsthaft, dass du mit deinem Vermieter (oder Mieter) irgendwann einmal aneinandergeraten könntest, lohnt sich der Abschluss einer Rechtsschutzversicherung.

- *Fall 3: Du hältst Streitereien mit deinem Arbeitgeber für wahrscheinlich.*
  Was für Streitigkeiten aus einem Mietvertrag gilt, kann auf Streitereien im Arbeitsverhältnis übertragen werden. Am häufigsten ist hier die Kündigungsschutzklage. Auch hier gilt also: Wenn du nicht ausschließen kannst, dass es zwischen dir und deinem Arbeitgeber irgendwann einmal knallt, empfiehlt sich der Abschluss einer Rechtsschutzversicherung.

Welche Rechtsschutzversicherung sollst du abschließen?

Wenn du eine Rechtsschutzversicherung abschließt, hast du die Wahl, für welche Bereiche du dich genau versichern willst. Um dich möglichst günstig und deinen Bedürfnissen entsprechend abzusichern, ist es ratsam zu überlegen, welche Bereiche für dich sinnvoll sind, und nur diese abzusichern. Wenn du im

Eigenheim lebst, ergibt es wenig Sinn, eine Mieterrechtsschutzversicherung abzuschließen. Genauso ist es nicht unbedingt sinnvoll, dich für Verkehrsrechtsschutz zu versichern, wenn du nie Auto fährst. Zum Glück besteht die Möglichkeit, einzelne Versicherungs»pakete« zu wählen.

Wie verhältst du dich als Kläger vor Gericht?

Als juristischer Laie ist die Teilnahme an einem Gerichtsprozess ziemlich aufregend. Denn anders als bei Richtern oder Anwälten gehört es nicht zum eigenen Alltag, vor Gericht aufzutreten. Als Kläger gibt es ein paar Dinge zu beachten. Wenn du anwaltlich vertreten wirst, sollte sich dein Anwalt um alles Notwendige rund um Fristen, Anwesenheitspflichten und so weiter kümmern. Wie bereits besprochen, kommst du in manchen Fällen gar nicht darum herum, dich anwaltlich vertreten zu lassen, zum Beispiel wenn die Klage vor einem Landgericht (und nicht vor einem Amtsgericht) eingereicht werden muss. Denn dort herrscht Anwaltszwang.

Wenn du dich anwaltlich vertreten lässt, solltest du in Vorbereitung auf den Prozess deinem Anwalt den Sachverhalt genau und wahrheitsgemäß schildern und ihm alle relevanten Beweismittel zukommen lassen. Details wird dir dein Anwalt erklären.

Für den (zugegebenermaßen unwahrscheinlichen) Fall, dass du ohne Anwalt vor Gericht auftrittst, wollen wir dir ein paar Hinweise an die Hand geben: Du musst zum Termin, den das Gericht für die mündliche Verhandlung festgesetzt hat, pünktlich erscheinen. Ansonsten riskierst du ein Versäumnisurteil, und deine Klage wird abgewiesen (§ 330 ZPO). Vor Gericht bist du verpflichtet, die Wahrheit zu sagen und nichts auszulassen, was du weißt (§ 138 Abs. 1 ZPO). Darauf weist dich das Gericht bei Prozessbeginn auch hin. Wenn der Gegner etwas vorträgt, womit du nicht einverstanden bist, weil es deiner Meinung nach falsch ist, musst du den Vortrag des Gegners ausdrücklich bestreiten. Was von dir nicht als falsch bezeichnet wird, gilt als zugestanden, das heißt als wahr. Das Gericht ermittelt nicht von sich aus, sondern darf nur das berücksichtigen, was du beantragst und vorträgst.

Zusammenfassend kann nochmal gesagt werden, dass es zwar möglich ist, sich (vor dem Amtsgericht) selbst zu vertreten. Allerdings können dadurch – auch in einfach gelagerten Fällen – Nachteile entstehen. Stell dir nur vor, der

Klagegegner hat einen Anwalt beauftragt, der sich als Fachmann ausgezeichnet mit Prozess- und Beweisrecht auskennt. Auch wenn du eigentlich im Recht bist, ziehst du unter Umständen den Kürzeren. Es bleibt dabei: Ein Anwalt ist häufig günstiger als kein Anwalt.

Vom Automobilhersteller bis zur Versicherung: Sammelklagen von Verbrauchern

Erinnerst du dich noch an den VW-Abgasskandal? Der Autohersteller hatte in seine Autos eine Manipulationssoftware eingebaut, die dazu führte, dass der Ausstoß von Abgasen bei Schadstofftests reduziert wurde. In Wahrheit stießen die Autos viel mehr Schadstoffe aus, als gesetzlich erlaubt war. Die Käufer wurden dabei gezielt getäuscht, die gekauften Autos waren mangelhaft. Viele wollten ihren gekauften Wagen zurückgeben oder verlangten Schadensersatz vom Autohersteller.

Dieser Skandal war 2018 Anlass für die Einführung der sogenannten Musterfeststellungsklage. Sie kommt bei Fällen zum Einsatz, in denen viele Privatperson einen ähnlich gelagerten Schaden erleiden, weil sich ein Unternehmen falsch verhalten hat. Zu denken ist dabei neben Autoherstellern zum Beispiel an Banken, Versicherungen oder Fitnessstudio-Ketten, die unzulässige AGB verwenden. Weitere Anwendungsfälle sind Klagen wegen Flugverspätungen oder gegen Social-Media-Plattformen beziehungsweise Streaming-Anbieter, die sich rechtswidrig verhalten.

Würden alle Verbraucher einzeln gegen ein Unternehmen klagen, wären zum einen die Gerichte schnell überlastet. Denn sie müssten Klagen von möglicherweise Hunderten Verbrauchern einzeln bearbeiten. Außerdem sind die Chancen von Privatpersonen, gegen einen großen Konzern vor Gericht zu gewinnen, gering: Große Unternehmen können unglaublich viel Geld für die besten Anwälte und Gutachter in die Hand nehmen. Aus diesem Grund gibt es die sogenannten Sammelklagen. Diese Klageverfahren ermöglichen es Verbraucherschutzverbänden, Unternehmen zu verklagen, sobald sich mindestens 50 Verbraucher ins dafür vorgesehene, öffentlich bekannt gemachte Verbandsklageregister des Bundesamts für Justiz eingetragen haben. Als Betroffener kannst du dich einfach ins Klageregister eintragen. Du brauchst dafür keinen eigenen Anwalt und musst nicht selbst klagen.

Das Verbandsklageregister wird vom Bundesamt für Justiz (BfJ) geführt und kann auf dessen Website eingesehen werden. Die Eintragung ist für dich kostenfrei. Aber Achtung: Nur, weil du dich ins Klageregister eingetragen hast und an sich im Recht bist, heißt das nicht, dass du am Ende des Verfahrens sofort eine Zahlung vom Unternehmen verlangen kannst. Denn im Muster*feststellungs*verfahren wird – wie der Name vermuten lässt – nur *festgestellt*, ob den Verbrauchern die geltend gemachten Ansprüche zustehen. Um diese Ansprüche durchzusetzen, musst du nach Abschluss des Verfahrens das Unternehmen selbst verklagen. Die gute Nachricht ist aber, dass alle Sach- und Rechtsfragen durch das Musterfeststellungsklage bereits geklärt wurden und du im Hinblick darauf nichts mehr beweisen musst.

So funktionieren Sammelklagen

1. VERBAND KLAGT NACH MASSENSCHADEN	**2. ANMELDUNG**	**3. DAS GERICHT FÄLLT EIN URTEIL**
Verbraucherverband verklagt Unternehmen.	**Geschädigte** Verbraucher registrieren sich für die Klage beim Bundesamt für Justiz.	**Positives Urteil*** **Feststellung:** Der Anspruch wird nur festgestellt. Verbraucher müssen die Leistungen individuell einklagen. **Leistung:** Verbraucher erhalten Zahlungen ohne eigene Klage. *auch Vergleich oder negatives Urteil möglich

Neben der Musterfeststellungsklage ist die sogenannte Abhilfeklage die zweite Möglichkeit einer Sammelklage. Sie wurde 2023 speziell für die Verbraucherzentralen eingeführt und führt, anders als die Musterfeststellungsklage, dazu, dass du als Verbraucher einen gerichtlich bestätigten Anspruch unmittelbar durchsetzen kannst. Wenn die Verbraucherzentrale den Prozess gewinnt, kannst du also direkt Zahlung vom Unternehmen verlangen. Um dich einer Abhilfeklage anzuschließen, musst du dich ebenfalls ins Verbandsklageregister eintragen.

Ob das Musterfeststellungs- oder das Abhilfeverfahren beschritten wird, entscheidet die klagende Verbraucherzentrale. Manchmal erhebt sie auch beide Klagen gleichzeitig. Dann kannst du entscheiden, welchem Verfahren du dich anschließen möchtest. Einen guten Überblick über aktuelle Sammelklagen und weitere Informationen findest du unter www.sammelklagen.de.

Was tun, wenn du als Zeuge geladen wirst?

Im Zivilprozess kannst du auf Antrag einer Partei als Zeuge geladen werden. Mit einer solchen Anfrage gehen für dich bestimmte Pflichten einher, an die du dich halten musst.

Manchmal reicht dem Gericht bereits deine schriftliche Aussage aus. Du musst dann ein dir zugeschicktes Formular ausfüllen und nicht noch mal extra vor Gericht aussagen.

Wirst du allerdings offiziell als Zeuge geladen, musst du zum angegebenen Termin vor Gericht erscheinen. Dadurch entstehende Kosten und Verdienstausfälle werden dir auf Antrag erstattet. Fehlst du unentschuldigt, kann ein Ordnungsgeld gegen dich verhängt werden, und du musst die Kosten tragen, die durch dein Fernbleiben entstehen (z. B., weil sich der Prozess verlängert). Du bist außerdem verpflichtet, deine persönlichen Daten (Name, Alter, Wohnort) anzugeben und bei deiner Aussage die Wahrheit zu sagen und nichts auszulassen. Befragen dürfen dich die Richter, die Rechtsbeistände der Parteien sowie – wenn das Gericht es zulässt – die Parteien selbst. Du kannst für deine Aussage sogar vereidigt werden. In dem Fall, dass du unter Eid die Unwahrheit sagst, begehst du einen Meineid. Aber auch ohne Vereidigung machst du dich strafbar, wenn du vor Gericht nicht die Wahrheit sagst. Wenn du etwas nicht weißt oder dich nicht erinnerst, musst du das genau so sagen. Über die Wahrheitspflicht wirst du vor deiner Aussage belehrt.

Bestimmte Personen haben das Recht, die Aussage zu verweigern. Das trifft auf dich zu, wenn du einer bestimmten Berufsgruppe angehörst (Geistliche, Journalisten, gesetzlich zur Verschwiegenheit Verpflichtete wie Ärzte, Anwälte, Psychologen u. a.) oder mit einer Partei verlobt, verheiratet, verwandt oder verschwägert bist. Auch darüber wirst du aber gegebenenfalls durch das Gericht informiert.

Bist du verhindert, an der Verhandlung teilzunehmen, zum Beispiel weil du Urlaub gebucht hast, dein bester Freund heiratet oder du krank bist, musst du nicht am angegebenen Termin vor Gericht erscheinen. Denn bei genügender Entschuldigung kannst du vom Termin fernbleiben. Du musst das aber dem Gericht rechtzeitig, das heißt so schnell wie möglich, unter Angabe des Grundes mitteilen. Oftmals reicht es in einem solchen Fall aus, wenn du dem Gericht deine Aussage schriftlich schickst. Das wird dir das Gericht aber mitteilen.

Was, wenn du einen Prozess verloren hast?

»Mal verliert man und mal gewinnen die anderen.« Was Otto Rehhagel einmal über den Fußball sagte, gilt auch im Zivilprozess. Auch wenn dein Rechtsbeistand einen guten Job gemacht hat und du viele Beweise hattest, kann es passieren, dass du einen Prozess verlierst oder dir zumindest nicht alles zugesprochen wird, was du dir erhofft hast. In solch einer Situation sind dir aber nicht die Hände gebunden: Du kannst gegen das Urteil Rechtsmittel einlegen und dadurch verhindern, dass es rechtskräftig wird. Als Rechtsmittel stehen dir die Berufung und die Revision zur Verfügung (siehe »Grundlagen des Rechts«, Seite 13).

RECHTSKRAFT EINES URTEILS

Normalerweise kannst du ein Urteil, mit dem du nicht einverstanden bist, anfechten. Bei rechtzeitiger Einlegung eines Rechtsmittels wird das Urteil noch einmal überprüft. Der Rechtsstreit geht dann in die nächste Instanz, also zum Beispiel vom Amtsgericht zum Landgericht. Es leuchtet ein, dass das nicht unbegrenzt möglich sein kann. Schließlich sollen Urteile Rechtssicherheit ausstrahlen, und irgendwann muss es auch mal gut sein – juristisch spricht man davon, dass *Rechtsfrieden* eintreten soll. Deshalb gelten für die Einlegung von Rechtsmitteln strenge Fristen. Wehrst du dich nicht fristgerecht gegen ein Urteil, wird es *rechtskräftig*. Das bedeutet, du kannst gegen das Urteil nichts mehr unternehmen und musst es so akzeptieren, wie es ist. Selbst dann, wenn das Urteil falsch ist. Eine erneute Klage ist dann unzulässig.

Was passiert nach dem Urteil? Zwangsvollstreckung

Angenommen, du hast vor dem Zivilgericht ein Zahlungsurteil erstritten und wartest jetzt darauf, dass der Klagegegner an dich zahlt. Im Idealfall überweist dir der Zahlungspflichtige (auch Schuldner genannt) nach Zustellung des Urteils das Geld von alleine. Manchmal verläuft aber nicht alles nach Plan und du wartest und wartest auf dein Geld. Auch in diesem Fall bist du nicht auf dich allein gestellt, sondern kannst auf staatliche Hilfe hoffen. Denn hierfür gibt es die Zwangsvollstreckung. Mit der Zwangsvollstreckung wird eine öffentliche Stelle (in der Regel der Gerichtsvollzieher) damit beauftragt, deinen gerichtlich bestätigten Anspruch für dich durchzusetzen.

Dafür hat der Gerichtsvollzieher weitreichende Befugnisse: Klassischerweise pfändet er beim Schuldner Gegenstände, um sie dann zwangszuversteigern und den Erlös aus der Versteigerung an dich auszahlen. Ein kleiner Tipp zum Zeitvertreib: Gepfändete Gegenstände kannst du unter www.justiz-auktion.de einsehen und ersteigern. Geld, das der Gerichtsvollzieher beim Schuldner findet, darf er mitnehmen und bei dir abliefern. Möglich ist auch die Pfändung von Zahlungsforderungen: Bekommt der Schuldner monatlich ein Gehalt von seinem Arbeitgeber ausgezahlt, kann dem Arbeitgeber verboten werden, an den Schuldner zu zahlen. Das Gehalt wird dann an dich weitergeleitet, aber natürlich nur in der Höhe deines eigenen Anspruchs. Darum kümmert sich aber nicht der Gerichtsvollzieher, sondern das Vollstreckungsgericht. Wird der Schuldner nicht zur Zahlung, sondern zur Herausgabe einer Sache verurteilt, nimmt der Gerichtsvollzieher dem Schuldner die Sache ab und liefert sie bei dir ab.

Die Zwangsvollstreckung muss beim zuständigen Gericht beantragt werden. Zuständig ist dabei das Amtsgericht des Ortes, in dem die Zwangsvollstreckung stattfinden soll. Das ist der Ort, an dem sich die gepfändeten Sachen befinden, in aller Regel also der Wohnort des Schuldners. Bei der Vollstreckung in Geldforderungen ist das Gericht am Wohnsitz des Schuldners zuständig. Formulare für den Vollstreckungsauftrag findest du im Internet auf der Website des Bundesministeriums der Justiz (BMJ). Ansonsten kannst du den Antrag aber auch mündlich bei Gericht stellen.

Alternative Konfliktlösungsmethoden

Es gibt viele Gründe, nicht vor Gericht gehen zu wollen: Für die meisten von uns ist ein Zivilprozess unbekanntes Terrain, viele scheuen die Kosten und Nerven sowie das Prozessrisiko. Manch andere streiten sich mit Familienangehörigen oder Nachbarn und wollen den Konflikt – auch aus emotionalen Gründen – lieber auf anderem Wege lösen. Zum Glück gibt es mehrere Möglichkeiten, zivilrechtliche Streitigkeiten abseits des Gerichtsgebäudes zu klären.

Mediation

Die wohl bekannteste Möglichkeit der alternativen Konfliktlösung ist die Mediation. Bei der Mediation geht es darum, die beteiligten Parteien selbst unter Anleitung eines neutralen Dritten eine Lösung erarbeiten zu lassen, mit der alle gut leben können. Der Konflikte soll also gerade nicht – wie im Prozess üblich – durch eine dritte Person ohne Einbeziehung der Beweggründe und Anliegen der Streitparteien gelöst werden. Bei der Mediation ist die neutrale dritte Person der Mediator. Mediatoren sind häufig Rechtsanwälte, Richter oder Psychologen und müssen eine zusätzliche Mediationsausbildung durchlaufen. Besonders verbreitet ist die Familienmediation, die sich häufig schwerpunktmäßig mit den Themen Ehe beziehungsweise Scheidung oder Erbstreitigkeiten beschäftigt, sowie die Nachbarschaftsmediation. Aber auch in vielen anderen Bereichen, zum Beispiel im Arbeitsrecht oder zwischen Mietern und Vermietern, findet Mediation statt.

Mediation hat den Vorteil, dass sie die Beteiligten selbst in den Mittelpunkt rückt und den Erhalt der Beziehung zum Ziel hat. Zwischenmenschliche Konflikte werden dadurch eher abgemildert als in einem Gerichtsprozess, der einen Streit noch verschärfen kann. Mediationsverfahren sind deutlich kürzer als Gerichtsverfahren, die im Durchschnitt mehrere Monate dauern. Im Idealfall ist die Mediation innerhalb eines oder einiger weniger Tage erledigt. Ein weiterer Pluspunkt ist die freie Wahl des Mediators sowie des Ortes, an dem die Gespräche stattfinden. Im Gegensatz dazu kann man sich den Ort eines Gerichtsverfahrens genauso wenig aussuchen wie die Personen, die das Verfahren leiten. Weil für Mediationsverfahren nicht wie vor Gericht der Grundsatz der Öffentlichkeit gilt, ist nicht zu befürchtet, dass intime Informationen an die Öffentlichkeit gelangen. Denn Mediatoren sind zur Verschwiegenheit verpflichtet.

Den vielen Vorteilen einer Mediation stehen ein paar wenige Nachteile gegenüber: Mediation kostet Geld. Und das muss in jedem Fall von beiden Seiten zur Hälfte gezahlt werden – vor Gericht wird hingegen nur zur Kasse gebeten, wer den Prozess verliert. Üblich sind Honorare von 150 bis 300 Euro pro Stunde. Es geht aber auch billiger oder teurer. Trotz dieser anfallenden Kosten halten sich die Kosten im Vergleich zu den Kosten eines Prozesses – insbesondere bei hohen Streitwerten – noch immer in Grenzen. Außerdem decken einige Rechtsschutzversicherungen mittlerweile auch die Mediation ab. Weil am Ende keine rechtsverbindliche Lösung steht, kann es außerdem passieren, dass eine Partei nach Abschluss der Mediation doch noch Klage erhebt.

Schlichtung

Die Schlichtung ist genau wie die Mediation ein freiwilliges Verfahren und weist auch sonst einige Ähnlichkeiten zu ihr auf. Sie wird von einer neutralen Person, dem Schlichter, geleitet. Der Unterschied besteht darin, dass die Schlichtung in der Regel auf einen Einigungsvorschlag des Schlichters hinausläuft. Die Parteien arbeiten also nicht ganz so eigenverantwortlich an der Lösung des Konfliktes mit wie bei der Mediation. Auch die Schlichtung spart Zeit und Kosten und sichert die Privatsphäre der Beteiligten, indem Informationen vertraulich behandelt werden müssen.

Vergleich

Eine weitere Option zur einvernehmlichen Streitbeilegung ist der sogenannte Vergleich. Dabei handelt es sich um einen Vertrag, den die Parteien schließen, um den Rechtsstreit zu beseitigen. Häufig wird so ein Vergleich während eines laufenden Gerichtsprozesses auf Vorschlag des Gerichts geschlossen. Der Vergleich beendet den Prozess, und aus ihm kann die Zwangsvollstreckung betrieben werden. In dem Vergleichsvertrag wird auch bestimmt, wer welche Verfahrenskosten trägt.

Verbraucherschlichtung (Verbraucherstreitbeilegungsgesetz)

Jeder Vertrag, den du als Privatperson mit einem Unternehmer abschließt, ist ein Verbrauchervertrag. Als Verbraucher bist du zwar durch viele gesetzliche Vorschriften geschützt, im Falle eines Rechtsstreits befindest du dich aber trotzdem schnell in einer schwierigen Lage – allein schon deshalb, weil sich Unternehmen mühelos teure und sehr gute anwaltliche Vertretung leisten können.

Zur gerechteren Lösung von Konflikten im Zusammenhang mit Verbraucherverträgen wurden sogenannte Verbraucherschlichtungsstellen eingerichtet. Das sind staatlich anerkannte Stellen, die dich dabei unterstützen, einfach, kostenfrei und unbürokratisch eine Schlichtung mit dem Unternehmer zu erzielen. Solche Schlichtungsstellen gibt es unter anderem in den Bereichen Energie, Telekommunikation, Reisen und Verkehr, Versicherungen und Banken. Das Schlichtungsverfahren beginnt, sobald du bei der entsprechenden Stelle einen Schlichtungsantrag gestellt hast. Nähere Infos findest du unter dem Stichwort »Verbraucherschlichtung« auf der Website des Bundesministeriums der Justiz (BMJ).

MEIN SCHLUSSPLÄDOYER

Ich hoffe, dass dieses Buch dir in Zukunft einen leichteren Zugang zum Thema Recht verschafft. Dass es dich vor rechtswidrigem Verhalten schützt, weil du fortan besser informiert bist. Und dass es dich ermutigt, in dem einen oder anderen Fall für dein Recht einzustehen. Etwa gegenüber deinem Arbeitgeber, deinem Vermieter, deiner Versicherung oder gegenüber einem Verkäufer, der dir eine mangelhafte Ware angedreht hat. Es ist wichtig, diesen Mut aufzubringen.

Mit niedergeschriebenen Gesetzen allein – oder mit den Informationen in diesem Buch – ist noch niemandem geholfen. Gesetze müssen in konkreten Fällen Anwendung finden und Konsequenzen nach sich ziehen. Wer gegen das Gesetz verstößt, muss zur Rechenschaft gezogen werden. Damit Recht und Gerechtigkeit ihre positive Wirkung in unserer Gesellschaft entfalten können, müssen sie gelebt werden. Von dir, aber auch von deinen Freunden, deiner Familie, deinen Kollegen. Ermutige auch sie. Mache sie auf ihre Rechte aufmerksam. Und habt keine Scheu vor uns Rechtsanwälten. Wir sind da, um euch zu helfen.

STICHWORTREGISTER

C

D

E

J

K

L

M

W

Y

Z